CW01498324

VORWORT

Herzlich Willkommen zur „Expedition zum ICH" und einem – davon sind wir überzeugt – äußerst ungewöhnlichen Lese-Erlebnis! Sie haben mit diesem Buch eine Entdeckungsreise vor sich: 40 Tage, in denen Sie in unbekanntes Gebiet vorstoßen können. Und wir garantieren Ihnen: Es wird aufregend.

Schon deshalb, weil unsere Expedition nicht nur eines, sondern zwei Ziele hat. Zum einen geht es darum, dass Sie sich selbst, Ihren Fragen, Hoffnungen, Sehnsüchten und Möglichkeiten näher kommen und neue Facetten Ihrer Persönlichkeit entdecken und entwickeln. Ideal wäre es, wenn Sie am Ende der 40 Tage sagen könnten: „Jetzt verstehe ich viel besser, wer ich eigentlich bin."

Zum anderen wollen wir Sie im Lauf der Expedition zu den zentralen Stellen der Bibel führen, so dass sie einen guten Überblick über die vieldiskutierten Ideen, Werte und Verheißungen des Alten und des Neuen Testamentes bekommen. Orientieren werden wir uns dabei an sechs existenziellen Grundfragen des Lebens.

Und nun kommt das Entscheidende: Wir sind der festen Überzeugung, dass diese beiden Ziele – die Suche nach sich selbst und die Suche nach Gott – zusammengehören. Warum? Weil der Gott, der sich selbst mit dem Namen „ICH bin" vorstellt, die beste Quelle für menschliche Selbsterkenntnis ist, die es gibt. Ob und wie das funktioniert, werden wir allerdings erst ausprobieren müssen. Und darum freuen wir uns, dass Sie bereit sind, sich 40 Tage lang auf diesen Prozess einzulassen.

Natürlich können Sie das Buch in einem Rutsch durchlesen, angelegt ist es aber so, dass Sie sich wirklich Zeit nehmen, die täglichen Impulse im Lauf von sechs Wochen in aller Ruhe zu durchdenken, die vielen Anregungen umzusetzen – und die Themen mit anderen Expeditionsteilnehmern zu diskutieren.

Dabei verzichten wir bewusst auf eine durchgehende Didaktik. Die 40 Texte, die wir behandeln, sind wie Mosaiksteine: Bisweilen scheinen sie ein wenig unvermittelt nebeneinander zu stehen, aber Sie werden erleben, dass sich daraus am Ende ein Bild ergibt – Ihr ganz persönliches Bild.

Weil Expeditionen immer ein Erlebnis für alle Sinne sind, gibt es zu Beginn jeden Kapitels einen „KreAperitiv", eine inspirierende künstlerische Einstimmung, die hoffentlich Ihre Phantasie anregt und Ihnen Lust macht, die Reise trotz aller persönlicher Herausforderungen richtig zu genießen. Pietro Sutera

KLAUS DOUGLASS
FABIAN VOGT

Expedition zum ICH

In 40 Tagen durch die Bibel

© 2006 by C & P Verlagsgesellschaft mbH
Glashütten

4. Auflage 2012

Gestaltung und Produktion: Markus Göbel
Umschlagfoto: photocase.com
Fotos: Pietro Sutera
Cartoons: Thees Carstens
Zeichnungen: Miriam Küllmer-Vogt
Druck: GGP Media GmbH, Pößneck

C & P Verlag   978-3-86770-081-8
Deutsche Bibelgesellschaft   978-3-438-06045-7

hat wunderschöne Fotos, Thees Carstens freche Cartoons und Miriam Küllmer-Vogt nicht nur Bilder, sondern auch ganz konkrete Wohlfühlanregungen beigesteuert. Es macht Spaß, eine Expedition mit solchen Künstlern zu machen – das werden Sie bald entdecken. Dazu kommen noch Meditationen und eigens komponierte Lieder, die sie auf der beiliegenden CD finden.

Die Bibeltexte, die wir erforschen wollen, finden Sie in zwei Versionen vor: in der berühmten und sprachlich noch immer prägenden Übersetzung Martin Luthers und in einer neuen, poetischen Übertragung von Fabian Vogt. Diese Varianten konkurrieren nicht, im Gegenteil, sie ergänzen einander und regen an, der faszinierenden Bedeutungsvielfalt von Worten nachzuspüren, den Sinn hinter den Sätzen zu ergründen und vielleicht sogar noch andere Übersetzungen hinzuzuziehen.

In diesem Zusammenhang legen wir Ihnen eine Erfahrung ans Herz, die Menschen über Generationen gut getan hat: nämlich einzelne Bibelverse besonders dadurch wirken zu lassen, dass man sie auswendig lernt. Am Ende jedes „Tages" finden Sie einen solchen Vers zum Lernen. Vielleicht werden Sie ja neugierig und versuchen das einfach mal.

Außerdem möchten wir Sie ermutigen, von Anfang an den direkten Kontakt mit diesem Gott, von dem die Bibel spricht, zu suchen. Das erscheint Ihnen vielleicht merkwürdig, aber wenn Sie die täglichen Anregungen sehen, werden Sie feststellen, dass Beten viel mehr ist als Händefalten und Kopfsenken, ja, dass es Dutzende unterschiedlicher Arten des Betens gibt, die uns helfen, mit Gott zu kommunizieren. Einen Versuch ist es bestimmt wert.

Schließlich tut es gut, auf einer Expedition immer wieder Kraft zu tanken. Wir empfehlen, sich dazu eine Art Tagebuch anzulegen, in dem Sie Ihre Gedanken und Gebete festhalten können. Denn bei aller Freude am Lesen – am meisten bringt Ihnen dieses Buch, wenn Sie selbst aktiv werden und den Vorschlägen folgen, die wir Ihnen auf den grau unterlegten Seiten am Ende jedes Kapitels machen.

So! Und jetzt geht es los. Wir wünschen Ihnen erfolgreiche Tage, viel Spaß beim „Reisen" – und dass Sie beide Ziele erreichen.

Herzlich
Klaus Douglass & Fabian Vogt

INHALT

Wer bin ich wirklich?

11 Tag 1 / Was ist der Mensch
Psalm 8

19 Tag 2 / Die Krone der Schöpfung
1. Buch Mose / Genesis 1

29 Tag 3 / Das Risiko Gottes
1. Buch Mose / Genesis 2

37 Tag 4 / Täter und Opfer zugleich
1. Buch Mose / Genesis 3

47 Tag 5 / Vom Bösen ergriffen
1. Buch Mose / Genesis 4

55 Tag 6 / Von Gott ausgeliefert
Brief des Paulus an die Gemeinde in Rom 1

63 Tag 7 / Eingeladen zum Neuanfang
Lukasevangelium 15

Wie werde ich frei?

73 Tag 8 / Von Gott geführt und beschützt
Psalm 23

81 Tag 9 / Zum Vertrauen herausgefordert
1. Buch Mose / Genesis 12 und 15

91 Tag 10 / Mit Gott auf Du und Du
2. Buch Mose / Exodus 3

101 Tag 11 / Von der Ohnmacht befreit
2. Buch Mose / Exodus 14

113 Tag 12 / Orientiert an Gottes An-Geboten
2. Buch Mose / Exodus 20

123 Tag 13 / Aus ganzem Herzen
5. Buch Mose / Deuteronomium 6

131 Tag 14 / Zum Leben befreit
Markusevangelium 5

Was bestimmt mein Handeln?

141   Tag 15 / Das Lied der Liebe
       1. Brief des Paulus an die Gemeinde in Korinth 13

151   Tag 16 / Der Mut zum Träumen
       Prophet Jeremia 1

161   Tag 17 / Die Suche nach Gott
       Prophet Jesaja 55

169   Tag 18 / Der Blick nach vorne
       Prophet Jesaja 43

177   Tag 19 / Die Sehnsucht Gottes
       Prophet Micha 6

185   Tag 20 / Die Feier des Lebens
       Prophet Amos 5

193   Halbzeit-Pause
       Brief des Paulus an die Gemeinde in Rom 12

Wie bekomme ich eine Beziehung zu Gott?

199   Tag 21 / Das Mensch gewordene Wort Gottes
       Johannesevangelium 1

207   Tag 22 / Der Rabbi
       Lukasevangelium 5

215   Tag 23 / Der Arzt
       Markusevangelium 2

223   Tag 24 / Der Seelsorger
       Johannesevangelium 4

235   Tag 25 / Der Lehrer des Gebets
       Matthäusevangelium 6

243   Tag 26 / Der Gekreuzigte
       Prophet Jesaja 52 und 53

253   Tag 27 / Der Auferstandene
       Markusevangelium 16

Wo gehöre ich hin?

263 Tag 28 / In Christus verwurzelt
Johannesevangelium 15

271 Tag 29 / Von Gott beauftragt
Matthäusevangelium 28

279 Tag 30 / Von Gott begeistert
Apostelgeschichte 2

287 Tag 31 / Zur Umkehr berufen
Apostelgeschichte 2

297 Tag 32 / In Liebe verbunden
Apostelgeschichte 2

305 Tag 33 / Miteinander herausgefordert
1. Brief des Paulus an die Gemeinde in Korinth 12

315 Tag 34 / Von Gnade gehalten
Brief des Paulus an die Gemeinde in Rom 3

Wohin gehe ich?

325 Tag 35 / Gottes unüberbietbare Nähe
Psalm 139

335 Tag 36 / Das Letzte und das Vorletzte
1. Brief des Paulus an die Gemeinde in Korinth 7

343 Tag 37 / Die christliche Hoffnung
Brief des Paulus an die Gemeinde in Rom 8

353 Tag 38 / Die Auferstehung der Toten
1. Brief des Paulus an die Gemeinde in Korinth 15

363 Tag 39 / Das Jüngste Gericht
Lukasevangelium 19

373 Tag 40 / Gottes zukünftige Welt
Offenbarung des Johannes 21

381 Abschluss
Matthäusevangelium 5

Anhang

Woche 1 / **Genesis**

Wer bin ich wirklich?

Tag 1 / **Was ist der Mensch**

ÜBERBLICK

In den Mythologien aller Völker gibt es bildhafte Vorstellungen davon, wie die Welt und die Menschen entstanden sein könnten: Da kämpfen vorzeitliche Wesen gegeneinander, gebären überirdische Mütter die Erde, versteinern gewaltige Drachen zu Gebirgen oder finden vielfältig geartete kosmische Katastrophen statt.

Das Alte Testament erzählt im Buch Genesis (oft einfach nur „1. Mose" genannt) eine ganz andere Geschichte. Die Geschichte eines kreativen Gottes, der die Welt erschafft, weil er sie erschaffen will – weil er sich nach ihr und den Menschen sehnt. Und das Universum und die Geschöpfe, die dabei herauskommen, sind eben keine Zufallsprodukte, sondern das Ergebnis von Sehnsucht, Leidenschaft und der Lust am Leben.

Gott entdeckt seine Freude am Erschaffen übrigens fast spielerisch, als er wieder einmal auf das düstere Urchaos schaut, das ihn am Anfang umgibt: Er macht nämlich einfach das Licht an. Und schon diese Veränderung gefällt ihm so gut, dass er wie in einem Rausch in sechs Tagen ein wirklich göttliches Meisterwerk erschafft: die Welt. Seine Welt, in der es aus lauter Begeisterung nicht nur Raum und Zeit, sondern auch Gestirne, Kontinente, Pflanzen, Fische, Vögel und Säugetiere gibt.

Immer wieder stellt Gott dabei freudig fest, wie gelungen das alles ist, was da vor seinen Augen, allein durch seine Worte, Gestalt annimmt. Und um das Ganze zu vollenden, beschließt er in einer Art Selbstgespräch, dass er ein Wesen schaffen will, das ihm wirklich entspricht: den Menschen. Ein von Anfang an geliebtes Gegenüber, das in Symbiose mit der Schöpfung in einem paradiesischen Garten leben darf.

Allerdings gibt es für diesen Menschen im Urzustand eine Einschränkung: Er weiß noch nicht, was gut und was böse ist. Weil Gott das erste Menschenpaar aber nicht entmündigen will, stellt er einen Baum auf, dessen Früchte tabu sind, so dass die beiden „Erdlinge" sich frei entscheiden können, ob sie ihrem Schöpfer vertrauen oder nicht. Und natürlich tun sie es nicht. Angestachelt von einer hinterhältigen Schlange bekommen sie zum ersten Mal Angst, sie könnten mit dem, was sie haben, möglicherweise nicht auf ihre Kosten kommen – und beißen zu.

Die Frage „Kann und will der Mensch seinem Schöpfer vertrauen?" wird nach diesem so genannten „Sündenfall" zum eigentlichen Leitmotiv der Bibel. Sie steht beim ersten Mord der biblischen Überlieferung im Hintergrund, sie beschäftigt die vielen Menschen, die von Gott berufen werden, besondere Aufgaben zu erfüllen, sie erklärt, warum Gott später selbst zu einem Menschen werden muss – und sie ist heute so brisant wie am ersten Tag im Paradies.

PSALM 8

2 HERR, unser Herrscher, wie herrlich ist dein Name in allen Landen, der du zeigst deine Hoheit am Himmel!

3 Aus dem Munde der jungen Kinder und Säuglinge hast du eine Macht zugerichtet um deiner Feinde willen, dass du vertilgest den Feind und den Rachgierigen.

4 Wenn ich sehe die Himmel, deiner Finger Werk, den Mond und die Sterne, die du bereitet hast:

5 was ist der Mensch, dass du seiner gedenkst, und des Menschen Kind, dass du dich seiner annimmst?

6 Du hast ihn wenig niedriger gemacht als Gott, mit Ehre und Herrlichkeit hast du ihn gekrönt.

7 Du hast ihn zum Herrn gemacht über deiner Hände Werk, alles hast du unter seine Füße getan:

8 Schafe und Rinder allzumal, dazu auch die wilden Tiere,

9 die Vögel unter dem Himmel und die Fische im Meer und alles, was die Meere durchzieht.

10 HERR, unser Herrscher, wie herrlich ist dein Name in allen Landen!

Gott, du wundervoller Herrscher!
Die ganze Welt spiegelt deine Herrlichkeit –
weil deine Macht vom Himmel kommt.

Selbst dem Lobgesang
der Kleinsten und Unscheinbarsten
lässt du eine Kraft entspringen,
an der deine Gegner und
Widersacher scheitern.

Wenn ich mir das endlose Universum ansehe,
das du geschaffen hast,
den Mond und die Sterne,
die du so sorgsam angeordnet hast,
dann frage ich mich:
Was ist der Mensch?
Wie kommt es, dass du gerade ihn
so sehr ins Herz geschlossen hast?
Warum kümmerst du dich so um ihn?

Du hast den Menschen
fast so herrlich gemacht,
wie du selbst es bist,
und ihn mit Würde und Größe beschenkt.
Er darf über deine Schöpfung herrschen,
weil du ihm alles anvertraut hast:
nicht nur die Schafe und die Rinder,
sondern auch die wilden Tiere,
die Vögel am Himmel,
die Fische im Meer
und alle Lebewesen,
die das Meer durchstreifen.

Gott, du wunderbarer Herrscher,
die ganze Welt spiegelt deine Herrlichkeit.

Wenn Sie, liebe Leserin und lieber Leser, bisher gar nicht an Gott glauben, ist dieser Psalm gleich zu Beginn unserer Reise wahrscheinlich ziemlich starker Tobak für Sie. Ich mute Ihnen den Text trotzdem zu – mit der Bitte um einen kleinen Vertrauensvorsprung. Wir können uns schließlich nicht auf eine Entdeckungsfahrt durch die Bibel machen und dabei Texte ausklammern, die allzu deutlich von Gottes Wirken und Handeln in dieser Welt sprechen. Für die meisten, die dieses Buch lesen, wird dies kein Problem sein. Sie glauben in irgendeiner Weise an Gott und wollen auf unserer Expedition mehr über ihn und sich erfahren. Aber wo immer Sie auch stehen: Ich mache Ihnen Mut, sich trotz eventueller Bedenken auf die Reise zu machen und zumindest für die nächsten 40 Tage mal so zu tun, als ob es stimmt: als ob es Gott gäbe. Ob ein Glaube trägt oder nicht, bekomme ich tatsächlich nur heraus, wenn ich mal so tue, als ob er wahr wäre.

Sie halten das für unredlich? Ist es aber nicht. Wenn jemand schwimmen lernen möchte, kann er natürlich vorher Informationen einholen, wie das physikalisch vor sich geht, dass manche Körper schwimmen und andere nicht. Er kann sich auch von anderen Menschen erzählen lassen, wie sie schwimmen gelernt haben und wie toll es ist, sich vom Wasser getragen zu fühlen. Und er kann am Ufer Trockenübungen machen. Aber eins ist klar: Wenn er wirklich schwimmen lernen will, muss er früher oder später zwangsläufig ins Wasser. Und wer sich zum Schwimmkurs anmeldet, wird zumindest die Möglichkeit in Betracht ziehen, dass da Wasser ist. Es ist völlig unsinnig mit dem Schwimmlehrer zu diskutieren, ob es Wasser gibt oder nicht. Der wird – zu Recht! – sagen: „Komm her, probier es aus." Genau das möchte ich Ihnen auch sagen, und werfe Sie daher schon mit unserem ersten Text ins „kalte Wasser". Denn dieser geht definitiv davon aus, dass Gott existiert, ja mehr noch: Der Beter des 8. Psalmes behauptet sogar, dass die ganze Welt die Herrlichkeit und Größe dieses Gottes widerspiegelt. Eine ziemlich gewagte Aussage, nicht wahr?

Doch gehen wir noch einmal einen Schritt zurück: Warum sollten wir die Frage nach Gott überhaupt stellen? Kann es uns nicht letztlich egal sein, ob es ihn gibt oder nicht? Sind das nicht einfach nur Gedankenspielereien für Menschen, die offensichtlich zu viel Zeit haben?

Ich behaupte: Die Frage nach Gott ist keine intellektuelle Spielerei, sondern von grundlegender Bedeutung. Und zwar aus einem einfachen Grund: Gott – wenn es ihn gibt – ist das tiefste Geheimnis des Menschen. Ohne ihn können wir nicht verstehen, wer wir wirklich sind. Und ohne ihn ist alles Vermuten über das Woher, Wohin und Wozu unseres Lebens reine Spekulation, ein Stochern im Nebel, das letztlich ohne Antwort bleibt. Die Frage nach Gott ist deshalb wichtig, weil von ihr die Frage nach dem Menschsein abhängt.

Wenn es tatsächlich einen Gott gibt, der uns Menschen geschaffen, „konstruiert" oder erfunden hat (oder wie auch immer Sie es nennen wollen), wäre es dann nicht interessant zu wissen, was er sich dabei gedacht hat? Wobei „interessant" noch ein recht schwaches Wort ist. Wäre es nicht ausgesprochen wichtig, ja von existenzieller Bedeutung für uns alle, zu wissen, warum Gott uns schuf, wozu er uns schuf und wie wir funktionieren? Umgekehrt gefragt: Meinen wir im Ernst, diese Fragen beantworten zu können, ohne diesen „Erfinder" – biblisch gesprochen: den Schöpfer – in dieser Frage zu konsultieren? Wenn es einen Gott gibt, der uns geschaffen hat, kommen wir in der Frage nach dem Wesen, dem Sinn und dem Gelingen unseres Menschseins auf keinen grünen Zweig, wenn wir die Frage nach Gott außen vor lassen. Das meine ich mit dem Satz: Gott – wenn es ihn gibt – ist das Geheimnis des Menschen.

Zu diesem Ergebnis kommt auch der biblische König David, der Beter des 8. Psalms. Nach der für ihn (freilich nicht für uns) selbstverständlichen Aussage, dass die ganze Welt die Herrlichkeit und Größe Gottes widerspiegelt, kommt David auf die Frage nach dem Sein des Menschen zu sprechen: „Was ist der Mensch?" Das ist eine uralte Menschheitsfrage. Täglich bekommen wir Dutzende von sich widersprechenden Antworten darauf, was nur beweist, dass wir mit ihr im Grunde nicht fertig werden: „Der Mensch ist schön", sagen die Fotos der Illustrierten und der Werbung. „Der Mensch ist klug", zeigen die Errungenschaften der Technik. „Der Mensch ist stark und schnell", suggeriert uns der Sport. – Freilich gibt es auch ganz andere Antworten. Wir finden sie da, wo wir nicht so gerne hingehen: „Der Mensch ist böse", behaupten die Gefängnisse. „Der Mensch ist zum Leiden gemacht", sagen die Krankenhäuser. „Er verfällt", verkünden die Altenheime. „Er ist Staub", erzählen die Friedhöfe.

Was ist der Mensch? Diese Frage ist deshalb so schwer zu beantworten, weil uns der Maßstab fehlt, mit dessen Hilfe wir das herauskriegen können. Der Mensch ist in unserer Vorstellung das schlechthin Unvergleichliche – woran wollen wir ihn eigentlich messen? David richtet zunächst seinen Blick hoch ins Universum: „Wenn ich mir das endlose Universum ansehe, das du geschaffen hast, den Mond und die Sterne, die du so sorgsam angeordnet hast ..." – mit einem Mal kommt sich David ganz klein vor. Wenn wir uns an der unermesslichen Weite des Alls messen, dann sind wir Menschen ein verschwindendes

Nichts. David richtet seinen Blick nach oben, legt die Messlatte am Himmel an – und ihm tut sich eine schwindelnde Weite auf. Daraufhin wechselt er schnell die Blickrichtung und hält die Messlatte sozusagen nach unten. David stellt fest, dass ihm die Schafe und Rinder untertan sind, dass er Macht über die Natur und die Tierwelt hat. So weit, so gut. Abgesehen davon, dass das ja heute recht fragwürdig geworden ist mit unserer Herrschaft über die Natur, müssen wir auch fragen: Wissen wir denn, was der Mensch ist, wenn wir die Messlatte nach unten halten und sagen, dass wir Schafe züchten, Fische fangen und Vögel in Käfige sperren können? Ist das der Mensch? Haben wir ihn damit wirklich befriedigend erfasst?

Was ist der Mensch? Wenn wir uns den Psalm genau anschauen, dann fällt auf, dass David gar keine richtige Frage stellt. Es ist eher ein Staunen, es ist der überraschte Ton freudiger Verwunderung: „Wie kommt es eigentlich, dass du gerade den Menschen so ins Herz geschlossen hast? Warum kümmerst du dich so um ihn?" – Wie groß, wie wertvoll muss der Mensch sein, wenn du, Gott, dir Gedanken über ihn machst, wenn du ihn mit deiner Liebe begleitest und dich seiner annimmst? Macht das nicht unsere eigentliche „Würde" und „Größe" aus, die Bedeutung unseres Menschseins schlechthin: dass Gott, der Schöpfer, an uns denkt und uns liebt und begleitet? Macht uns diese Tatsache nicht wirklich „fast so herrlich", wie Gott selbst es ist?

Das ist ein aufregender Maßstab, den David da anlegt! Wir Menschen verschwinden angesichts der Weite des Universums oder müssten uns mit dem traurigen Maßstab von uns unterlegenen Wesen wie Schafen und Rindern abgeben, wenn da nicht ein Gott wäre, der an uns denkt! Wohlverstanden: David misst sich nicht an Gott – das wäre im wahrsten Sinne des Wortes vermessen –, nein, er misst sich und seinen Wert an der *Zuwendung* Gottes, an dessen Gnade und Liebe. Beim Propheten Jeremia (31, 3) heißt es: „Gott spricht: Ich habe dich je und je geliebt, darum habe ich dich zu mir gezogen aus lauter Güte." Das ist schon einmal eine wichtige Wegmarke am ersten Tag unserer Expedition: Wir brauchen uns weder in der Weite des Alls zu verlieren, noch müssen wir uns damit begnügen, uns als „evolutionär weiter entwickelte Kaulquappe" zu verstehen. Gott hat uns schon immer geliebt – das ist der Maßstab, an dem wir uns zu messen haben, und mit weniger brauchen und sollten wir uns nicht zufrieden geben.

NACH-DENKEN

Gott liebt den Menschen nicht, weil er so wertvoll ist,
sondern der Mensch ist so wertvoll, weil Gott ihn liebt.

Helmut Thielicke

FRAGEN

» Sehen Sie in dieser Welt und in Ihrem Leben irgendwelche „Spuren Gottes"?

» Haben Sie sich je gefragt, welche Rolle Sie innerhalb
des Universums spielen? Wenn ja: Zu welcher Antwort sind Sie gekommen?

» Haben Sie den Eindruck, dass Sie Gott wichtig sind?

» Was bedeutet der Satz „Gott ist das Geheimnis des
Menschen?" – Können Sie dem zustimmen?

» Wenn Gott wirklich das Geheimnis Ihres Lebens wäre
– was würde sich ändern?

ANREGUNG
ZUM GEBET

Mein Brief an Gott

Schreiben Sie Gott doch einfach mal einen Brief (maximal
eine Seite). Versuchen Sie, im Blick auf Ihr bisheriges
Leben, seine Spuren zu finden: Wo hat er Ihnen gut getan,
wo hat er versucht, Kontakt zu Ihnen aufzunehmen, wie
haben Sie reagiert, wann haben Sie sich verlassen gefühlt
usw. Seien Sie in diesem Brief sehr ehrlich. Schreiben Sie
„Gott, wenn es dich gibt", „Gott, ich bin wütend auf dich"
oder „Gott, es tut mir Leid" – je nachdem, wie es Ihnen
ums Herz ist. Beenden Sie den Brief mit einem Wunsch,
den Sie für die kommenden 40 Tage haben.

MERKVERS

Gott spricht: „Ich habe dich je und je geliebt,
darum habe ich dich zu mir gezogen aus lauter Güte."
Jeremia 31, 3

MEDITATION

Ich denke, also bin ich
ziemlich unsicher, wer ich bin.
Meine Gedanken ringen
haltlos miteinander,
weil sie in mir kein Zuhause finden:
Wer bin ich?

Bin ich der,
für den mich alle halten?
Aber wofür halten die
mich eigentlich?
Die einen und die anderen?
Kennen die mich?
Sie sagen mir:
So bist du!
So wirkst du!
So sollst du sein!
Und ich sitze da
und denke:
So bin ich nicht.
Wer bin ich?

Bin ich der,
für den ich mich selbst halte?
Aber wofür halte ich
mich eigentlich?
Gestern, heute oder morgen?
Kenne ich mich?
Ich sage mir:
So bin ich!
So wirke ich!
So sollte ich sein!

Und ich sitze da und denke:
So bin ich nicht.
Wer bin ich?

Immer wieder überrasche ich mich
und erschrecke dabei zutiefst:
Gerade dachte ich,
ich hätte mich gefunden,
da habe ich mich
schon wieder verloren.
Ich gleite mir aus dem Sinn.

Wer ist das: Ich?
Was ist das: Ich?
Welche Grenzen und Möglichkeiten
warten noch darauf,
entdeckt zu werden?
Und vielleicht,
ich bin nicht sicher,
aber vielleicht
wartet da noch ein ganz anderer
in mir
auf mich:
Ich!

Ich denke, also bin ich
ziemlich unsicher, wer ich bin.
Wer bin ich?
Ich ahne:
An dieser Frage hängt eigentlich
alles.

1 Am Anfang schuf Gott Himmel und Erde.

2 Und die Erde war wüst und leer, und es war finster auf der Tiefe; und der Geist Gottes schwebte auf dem Wasser.

3 Und Gott sprach: Es werde Licht! Und es ward Licht.

4 Und Gott sah, dass das Licht gut war. Da schied Gott das Licht von der Finsternis

5 und nannte das Licht Tag und die Finsternis Nacht. Da ward aus Abend und Morgen der erste Tag.

6 Und Gott sprach: Es werde eine Feste zwischen den Wassern, die da scheide zwischen den Wassern.

7 Da machte Gott die Feste und schied das Wasser unter der Feste von dem Wasser über der Feste. Und es geschah so.

8 Und Gott nannte die Feste Himmel. Da ward aus Abend und Morgen der zweite Tag.

9 Und Gott sprach: Es sammle sich das Wasser unter dem Himmel an besondere Orte, dass man das Trockene sehe. Und es geschah so.

10 Und Gott nannte das Trockene Erde, und die Sammlung der Wasser nannte er Meer. Und Gott sah, dass es gut war.

11 Und Gott sprach: Es lasse die Erde aufgehen Gras und Kraut, das Samen bringe, und fruchtbare Bäume auf Erden, die ein jeder nach seiner Art Früchte tragen, in denen ihr Same ist. Und es geschah so.

Am Anfang schuf Gott
den Himmel und die Erde.
Die Welt war damals noch öd und leer,
und es herrschte Finsternis
über den endlosen Wassermassen –
doch über allem schwebte Gottes Geist.

Dann sagte Gott: „Licht!" Und das Licht kam.
Gott erkannte sofort,
dass Licht etwas Herrliches ist.
Er trennte das Licht von der Finsternis
und nannte das Helle Tag
und das Dunkle Nacht.
So verging ein Abend und ein Morgen:
der erste Tag.

Dann sagte Gott: „Raum!
Es soll eine neue Dimension
zwischen all den Wassermassen geben."
Und genau das geschah:
Gott schuf das Firmament
und trennte das Wasser
unter dem Firmament
vom Wasser darüber.
Dieses Firmament nannte er Himmel.
So verging ein Abend und ein Morgen:
der zweite Tag.

Dann sagte Gott: „Land
soll man sehen können,
indem sich das Wasser an besonderen
Orten versammelt."
Und genau das geschah:
Gott nannte das Land Erde
und den Zusammenfluss der Wasser Meer.
Und es gefiel ihm, was er sah.
Dann fuhr er fort: „Pflanzen,
Gräser, Kräuter, die Samen tragen
und blühende Bäume, die Früchte bringen,

12 Und die Erde ließ aufgehen Gras und Kraut, das Samen bringt, ein jedes nach seiner Art, und Bäume, die da Früchte tragen, in denen ihr Same ist, ein jeder nach seiner Art. Und Gott sah, dass es gut war.

13 Da ward aus Abend und Morgen der dritte Tag.

14 Und Gott sprach: Es werden Lichter an der Feste des Himmels, die da scheiden Tag und Nacht und geben Zeichen, Zeiten, Tage und Jahre

15 und seien Lichter an der Feste des Himmels, dass sie scheinen auf die Erde. Und es geschah so.

16 Und Gott machte zwei große Lichter: ein großes Licht, das den Tag regiere, und ein kleines Licht, das die Nacht regiere, dazu auch die Sterne.

17 Und Gott setzte sie an die Feste des Himmels, dass sie schienen auf die Erde

18 und den Tag und die Nacht regierten und schieden Licht und Finsternis. Und Gott sah, dass es gut war.

19 Da ward aus Abend und Morgen der vierte Tag.

20 Und Gott sprach: Es wimmle das Wasser von lebendigem Getier, und Vögel sollen fliegen auf Erden unter der Feste des Himmels.

21 Und Gott schuf große Walfische und alles Getier, das da lebt und webt, davon das Wasser wimmelt, ein jedes nach seiner Art, und alle gefiederten Vögel, einen jeden nach seiner Art. Und Gott sah, dass es gut war.

sollen auf der Erde wachsen."
Und genau das geschah:
Es sprossen Gräser und Kräuter,
die sich selbständig vermehren konnten,
und Bäume, die Früchte trugen.
Und Gott gefiel, was er sah.
So verging ein Abend und ein Morgen:
der dritte Tag.

Dann sagte Gott: „Gestirne
sollen am Firmament leuchten,
um Tag und Nacht zu unterscheiden
und um die Tage, die Jahreszeiten
und die Zeitläufe zu bestimmen.
Sie sollen am Himmel scheinen
und die Erde erhellen."
Und genau das geschah:
Gott machte zwei große Lichter,
die Sonne, die den Tag beherrscht,
und den Mond für die Nacht,
dazu die Sterne.
Er setzte alle ans Firmament,
damit sie der Erde Licht geben,
Tag und Nacht bestimmen
und Licht und Finsternis trennen.
Und Gott gefiel, was er sah.
So verging ein Abend und ein Morgen:
der vierte Tag.

Dann sagte Gott: „Lebewesen
sollen sich im Wasser tummeln
und Vögel durch die Luft fliegen."
Da schuf er große Seetiere
und verschiedenste Fische,
die im Wasser schwimmen;
dazu alle Arten von gefiederten Vögeln.
Und Gott gefiel, was er sah.
Er segnete die neuen Geschöpfe
und sagte: „Seid fruchtbar
und vermehrt euch,
füllt das Wasser im Meer.

22 Und Gott segnete sie und sprach: Seid fruchtbar und mehret euch und erfüllet das Wasser im Meer, und die Vögel sollen sich mehren auf Erden.

23 Da ward aus Abend und Morgen der fünfte Tag.

24 Und Gott sprach: Die Erde bringe hervor lebendiges Getier, ein jedes nach seiner Art: Vieh, Gewürm und Tiere des Feldes, ein jedes nach seiner Art. Und es geschah so.

25 Und Gott machte die Tiere des Feldes, ein jedes nach seiner Art, und das Vieh nach seiner Art und alles Gewürm des Erdbodens nach seiner Art. Und Gott sah, dass es gut war.

26 Und Gott sprach: Lasset uns Menschen machen, ein Bild, das uns gleich sei, die da herrschen über die Fische im Meer und über die Vögel unter dem Himmel und über das Vieh und über alle Tiere des Feldes und über alles Gewürm, das auf Erden kriecht.

27 Und Gott schuf den Menschen zu seinem Bilde, zum Bilde Gottes schuf er ihn; und schuf sie als Mann und Weib.

28 Und Gott segnete sie und sprach zu ihnen: Seid fruchtbar und mehret euch und füllet die Erde und machet sie euch untertan

31 Und Gott sah an alles, was er gemacht hatte, und siehe, es war sehr gut. Da ward aus Abend und Morgen der sechste Tag.

2.2 So vollendete Gott am siebten Tag seine Werke, die er machte, und ruhte am am siebten Tag von allen seinen Werken, die er gemacht hatte.

3 Und Gott segnete den siebten Tag und heiligte ihn.

Und ihr Vögel,
vermehrt euch auf der Erde."
So verging ein Abend und ein Morgen:
der fünfte Tag.

Dann sagte Gott: „Tiere
soll auch die Erde hervorbringen:
wilde Tiere, Tiere des Feldes
und alles, was herumkriecht,
ganz unterschiedliche Arten."
Und genau das geschah.
Er schuf das Wild,
das Vieh und die Würmer im Boden.
Und ihm gefiel, was er sah.

Dann sagte Gott:
„Lasst uns Menschen erschaffen,
Wesen, die uns gleich sind.
Sie werden über die Erde herrschen:
über all die Fische im Meer,
die Vögel am Himmel,
die Tiere des Feldes und über die Insekten
und Würmer, die am Boden kriechen."
Und Gott schuf die Menschen
als sein Abbild,
sie sollten ihm entsprechen –
so schuf er einen Mann und eine Frau.
Er segnete die beiden und sagte:
„Seid fruchtbar und vermehrt euch,
erfüllt die Erde und regiert über sie."

Dann sah sich Gott all das an,
was er geschaffen hatte -
und es gefiel ihm sehr.
So verging ein Abend und ein Morgen:
der sechste Tag.

Am siebten Tag hatte Gott sein Werk vollendet
und ruhte sich aus.
Diesen Tag segnete er
und sprach ihn heilig.

Der Abschnitt, den Sie eben gelesen haben, gehört zu den bekanntesten Bibeltexten überhaupt: Es handelt sich um den so genannten „Schöpfungsbericht" – ein Begriff, der schon deswegen irreführend ist, weil bei der Erschaffung der Welt schlechthin niemand dabei war, der uns davon „Bericht" geben könnte. Der Begriff „Bericht" legt außerdem nahe, dass die Dinge, von denen hier die Rede ist, „so und nicht anders" geschehen sind – eine Aussage, die uns in einige Spannung mit den Erkenntnissen der heutigen Naturwissenschaft bringt: Ist die Welt wirklich in sieben 24-Stunden-Tagen entstanden? Sind vielleicht, wie die Bibel selbst schreibt, vor Gott „tausend Jahre wie ein Tag"; oder geht es um noch größere, göttliche Dimensionen? Ist die Erde wirklich eine Scheibe, die – von einer Art Käseglocke („Feste") behütet – auf der Urflut schwimmt? So stellten sich die Schreiber der Bibel das nämlich vor. Wir wissen heute vor allem eines: Das war das Weltbild des alten Babylon, und unser Text wurde – wen wundert's? – von frommen Juden in Babylon aufgeschrieben.

Sagen wir es deutlich: Die Texte der so genannten Urgeschichte – also die ersten elf Kapitel der Bibel – sind keine modernen Berichte, sondern Glaubenszeugnisse. Das heißt, die Verfasser verbanden ihre Glaubenserfahrung mit dem damals vorhandenen Wissen sowie alten Erzählungen und schufen aus alledem eine großartige Vision über den Anfang der Welt, die bis heute nichts von ihrer Faszination und ihrer theologischen Wahrheit verloren hat, auch wenn wir naturwissenschaftlich heute einiges anders sehen.

„Augenblick", sagen Sie jetzt wahrscheinlich, „du redest dich heraus! Wie löst du denn den Jahrhunderte alten Streit zwischen Naturwissenschaft und Glaube?" – Ich behaupte: Dieser Streit existiert gar nicht wirklich. Es gibt jede Menge namhafter Naturwissenschaftler, die an Gott glauben. Auf der anderen Seite wurden wesentliche Ansichten der modernen Naturwissenschaft von Theologen formuliert. So stammt beispielsweise die Idee des „Urknalls" vom belgischen Priester und Forscher Georges Lemâitre. Und wussten Sie, dass Charles Darwin studierter Theologe war? Er hat seine christlichen Wurzeln nie verleugnet, trotz aller Anfeindungen, die er durch die Kirche erfuhr.

Naturwissenschaft und Glaube können sehr gut nebeneinander bestehen, solange die Aufgabenverteilung klar ist. Die Naturwissenschaft klärt die Frage, wie die Welt entstand, der Glaube ist zuständig für die Frage nach dem „Woher", „Warum" und „Wozu". Zwischen Glauben und Wissen gibt es keinen Konflikt auf der gleichen Ebene. Zu einem solchen kommt es erst, wenn eine der beiden Disziplinen anfängt, in das Gebiet der jeweils anderen hineinzureden: etwa, wenn die Wissenschaft versucht, die Frage nach Sinn, Werten und

Zielen zu beantworten. Oder wenn der Glaube der Wissenschaft vorschreiben will, was sie über das „Wie" der Weltentstehung zu denken oder nicht zu denken hat – etwa nach dem Motto: „In der Bibel steht nichts von Evolution (was übrigens so nicht stimmt), darum kann diese Theorie nicht richtig sein."

Die Bibel ist kein naturwissenschaftliches Lehrbuch, sondern kleidet wichtige theologische Aussagen in die jeweiligen Erkenntnisse ihrer Zeit ein. Wie anders wollen wir uns das auch vorstellen? Dass Gott im sechsten Jahrhundert vor Christus allen Ernstes den Menschen etwas von Quantensprüngen und schwarzen Löchern erzählt? (Die übrigens auch nur zeitbedingte Vorstellungen sind, die eines Tages überholt sein werden). Die Frage, wie die Welt entstand, ist für uns zwar interessant und spannend, theologisch aber ziemlich unbedeutend. Die Beantwortung dieser Frage hat Gott dem forschenden Verstand der Menschen überlassen. Was die Bibel interessiert, ist Folgendes: Wo kommt unsere Welt her? Warum hat Gott die Menschen erschaffen? Woraufhin zielt das Ganze? Ich möchte aus der Fülle der theologischen Aussagen unseres Bibeltextes drei Aspekte herausgreifen:

1. Hinter der Entwicklung dieser Welt steht ein steuernder Geist, „Gott" genannt. Dass die Welt überhaupt entstand und sich Leben entwickelt hat und dass es uns Menschen gibt, ist kein Zufall. Das Problem, das ich als Theologe mit der Evolutionstheorie habe, ist daher nicht der Gedanke der Entwicklung, sondern die damit oft verbundene Aussage, die Welt sei ein Produkt von Zeit und Zufall. Edwin Conklin, ein amerikanischer Biologe des letzten Jahrhunderts, hat einmal gesagt: „Die Entstehung des Lebens auf der Erde mit dem Zufall erklären, heißt, von der Explosion einer Druckerei das Zustandekommen eines Lexikons zu erwarten." Die Bibel macht vom ersten Satz an deutlich, dass hinter der Schöpfung und Entwicklung der Welt eine steuernde Energie steckt, ein Geist oder eine Intelligenz, wenn Sie so wollen: eben Gott.

Die Bibel stellt diesen Gott von Anfang an als Person dar. Dieser Gedanke fällt uns vor allem deswegen schwer, weil wir uns unter einer „Person" unwillkürlich einen Menschen vorstellen. Darum sagen viele Leute lieber: „Gott ist eine Kraft; Gott ist eine Macht, die alles durchdringt." So richtig das sicherlich ist, es ist zu wenig. Dass Gott Person ist, bedeutet, dass er „ICH" sagen kann: dass er Selbstbewusstsein hat und selbstbestimmt handelt. Als Person kann Gott kommunizieren, das heißt wir können mit ihm reden und Antwort bekommen. Und Gott kann lieben. Wenn er nur eine Kraft wäre, könnte er das nicht, das heißt: Wir könnten mehr als er. Gott aber ist Person. All unser Personsein ist zu allererst abgeleitet von der Person Gottes, denn wir sind nach seinem Bild geschaffen. Wir reden also nicht menschlich von Gott, wenn wir Gott als Person bezeichnen, sondern wir reden „göttlich" vom Menschen, wenn wir sagen, der Mensch sei Person. Wir wurden dazu geschaffen, in eine persönliche Beziehung mit Gott zu treten und aus dem Gespräch mit ihm heraus in dieser Welt verantwortlich zu leben und zu handeln.

2. Die Welt ist von Anfang an hochgradig gefährdet. Wenn wir uns den Text genau ansehen, *schafft* Gott nicht nur, er muss dieses Geschaffene auch ständig sichern, abgrenzen und bewahren. Gegen die Macht der Urflut setzt Gott die „Feste", gegen die Macht der Dunkelheit setzt er das Licht. Die Erde, so heißt es hier, war „wüst und leer" – „tohuwabohu" heißt das auf Hebräisch. Gott muss seinen Geist schicken, damit aus diesem Tohuwabohu etwas Geordnetes entstehen kann. Die Schöpfung war also von Anfang an keineswegs perfekt, sondern lässt viel Raum für Entwicklung.

Gleich die ersten Sätze der Bibel machen deutlich, dass das Leben und dass unsere Erde Schutz brauchen. Wir sind gehalten über einem Abgrund. Diesen Abgrund stellte man sich damals als große Urflut vor – Babylon war das Land der Überschwemmungen. Wir wissen heute, dass unsere Erde nicht ringsherum von Wasserfluten umgeben ist. Aber damit wird die Aussage, dass das Leben eine höchst verletzliche Angelegenheit und dass unsere Welt hochgradig gefährdet ist, keineswegs außer Kraft gesetzt. Unser Jahrtausend ist noch jung und doch haben sich in ihm bereits einige der größten Katastrophen ereignet, die es je gab: Der Anschlag auf das World Trade Center im Jahr 2001, der Tsunami mit rund 250.000 Toten im Jahr 2004 oder die Erdbebenkatastrophe in Pakistan mit über 73.000 Toten im Jahr 2005. Immer, wenn so etwas passiert, bekommen wir eine Ahnung davon, wie zerbrechlich und verletzlich unsere Welt ist. Wir sind gehalten über einem Abgrund. In unserem Text wird das symbolisiert durch Finsternis, Urflut und Tohuwabohu.

Woher kommen diese Chaosmächte? Die Bibel schweigt sich über diese Frage aus. Es ist nicht klar, ob hier eine geheimnisvolle Gegenmacht – etwa der Teufel bzw. „das Böse" – ihre Hände im Spiel hat, oder ob all das Bedrohliche einfach nur durch die Abwesenheit Gottes zu Stande kommt: Wo Gott nicht Licht bringt, ist eben Dunkelheit, und wo er nicht Leben schafft und Leben erhält, herrscht der Tod. Die Herkunft des Bösen wird in der Bibel nicht erklärt. Es ist einfach da und muss überwunden werden – und zwar offensichtlich von uns Menschen. Damit bin ich bei meinem dritten Punkt:

3. Innerhalb der Schöpfung nimmt der Mensch eine Sonderstellung ein. Früher sprach man gerne von der „Krone der Schöpfung", eine Formulierung, die heute hoch umstritten ist. Zum einen wissen wir nicht, ob es in unserem Universum nicht noch anderes intelligentes Leben gibt. Wenn überhaupt, könnte man also allenfalls von der Krone der uns bekannten Schöpfung sprechen. Vor allem aber: Hat der Mensch seinen Anspruch, „Krone" der Schöpfung zu sein, nicht gründlich verspielt durch die Art, wie er seinesgleichen und die übrige Schöpfung übervorteilt, unterdrückt, ausbeutet und bedroht?

Im Blick auf die Tatsache, dass wir uns hier nicht gerade mit Ruhm bekleckert haben, klingt die Aussage, wir hätten eine Sonderstellung innerhalb der Gesamtschöpfung, zweifellos vermessen. Und doch ist genau das die Hauptaussage des ersten Kapitels der Bibel: Der Mensch ist der „krönende Abschluss" des gesamten Schöpfungsprozesses – und er ist auch insofern die „Krone" der Schöpfung, als er den Auftrag hat, sie im Auftrag und in der Verantwortung gegenüber Gott zu regieren, eben über sie zu „herrschen". – Doch warum sollen wir das tun? Wäre nicht alles viel mehr in Ordnung, wenn wir die Dinge sich selbst überließen?

Diese Vorstellung ist zwar sehr romantisch, hält aber einer genaueren Prüfung nicht stand. Die Welt ist auch ohne den Menschen alles andere als in Ordnung. Bei aller Naturliebe sollten wir nicht übersehen, was Natur eben auch ist: nämlich Erdbeben und Naturkatastrophen, Krebsgeschwüre und Seuchen, Fressen und Gefressenwerden. Und wahrscheinlich ist das genau der Grund, warum wir über sie herrschen sollten. So wie Gott dem Tohuwabohu seinen Geist, der Finsternis das Licht und der „Urflut" die „Feste" entgegensetzt, setzt er gegen das Chaos auf Erden – uns Menschen! Wir sollten über die Erde herrschen, weil sie so, wie sie existiert, keineswegs in Ordnung ist. Darum sollten wir Gott helfen, diese Welt dauerhaft vor dem Chaos zu retten und vor dem Abgrund zu bewahren, über den sie gehalten ist. Dazu hat Gott uns Menschen in einzigartiger Weise begabt. Kein anderes Wesen auf Erden wäre auch nur ansatzweise in der Lage, diesem Auftrag nachzukommen. Wir sollten der Welt zum „Bild Gottes" werden. Das heißt: An uns Menschen sollte die übrige Schöpfung sehen können, wie gut, barmherzig, weise und gerecht Gott ist. Zugespitzt formuliert: Nicht die Tatsache, dass wir über die Welt herrschen, ist das Problem, sondern die Tatsache, dass wir es nicht als „Bild Gottes" tun. Es ist paradox: Wir sollten die Welt vor dem Abgrund bewahren und sind selbst Teil dieses „Abgrunds" geworden.

Der Mensch ist nur dann die Krone der Schöpfung,
wenn er weiß, dass er es nicht ist.

Gottfried Benn

FRAGEN
» Was unterscheidet Ihrer Meinung nach den Menschen
von den anderen Geschöpfen?
» Ist der Mensch die Krone der Schöpfung? Ist er (noch)
„Bild Gottes"?
» Wie stehen Sie zu den Aussage, dass Gott eine „Per-
son" ist?
» Haben Sie naturwissenschaftliche Zweifel daran, dass
Gott der Schöpfer dieser Welt ist?
» Können Sie mithelfen, die Welt um Sie herum ein
bisschen fester über dem Abgrund zu halten? – Wie?

ANREGUNG
ZUM GEBET

Über Abgründen gehalten
Machen Sie eine Liste der „Abgründe", über denen Sie in
Ihrem bisherigen Leben geschwebt haben. Wie haben Sie
diese Abgründe überlebt? Was meinen Sie, zu welchem
Zweck Sie vor dem Absturz ins Chaos bewahrt wurden?
Sprechen Sie mit Gott darüber!

MERKVERS

Gott schuf den Menschen zu seinem Bilde, zum Bilde
Gottes schuf er ihn; und schuf sie als Mann und Frau.
1. Mose 1, 27

Es war zu der Zeit, da Gott der HERR Erde und Himmel machte.

5 Und alle die Sträucher auf dem Felde waren noch nicht auf Erden, und all das Kraut auf dem Felde war noch nicht gewachsen; denn Gott der HERR hatte noch nicht regnen lassen auf Erden, und kein Mensch war da, der das Land bebaute;

6 aber ein Nebel stieg auf von der Erde und feuchtete alles Land.

7 Da machte Gott der HERR den Menschen aus Erde vom Acker und blies ihm den Odem des Lebens in seine Nase. Und so ward der Mensch ein lebendiges Wesen.

8 Und Gott der HERR pflanzte einen Garten in Eden gegen Osten hin und setzte den Menschen hinein, den er gemacht hatte.

9 Und Gott der HERR ließ aufwachsen aus der Erde allerlei Bäume, verlockend anzusehen und gut zu essen, und den Baum des Lebens mitten im Garten und den Baum der Erkenntnis des Guten und Bösen.

15 Und Gott der HERR nahm den Menschen und setzte ihn in den Garten Eden, dass er ihn bebaute und bewahrte.

16 Und Gott der HERR gebot dem Menschen und sprach: Du darfst essen von allen Bäumen im Garten,

17 aber von dem Baum der Erkenntnis des Guten und Bösen sollst du nicht essen; denn an dem Tage, da du von ihm issest, musst du des Todes sterben.

Als Gott die Erde
und den Himmel erschuf,
gab es auf dem Land
weder Pflanzen, noch Gras,
weil er es ja noch nicht
hatte regnen lassen.
Es gab auch noch niemanden,
der das Land hätte bebauen können.
Doch dann kam Wasser aus der Erde
und tränkte das Land.

Da nahm Gott
etwas von dieser Erde,
formte daraus einen Menschen
und hauchte ihm Leben ein.
So entstand das erste Lebewesen.

Nun pflanzte Gott im Osten,
im Gebiet Eden, einen Garten an
und setzte den Mann,
den er geschaffen hatte, hinein.
Aus der Erde dort ließ er
viele Arten von herrlichen Bäumen
mit wohlschmeckenden Früchten wachsen;
und in der Mitte des Gartens standen
der Baum des Lebens und
der Baum der Erkenntnis,
durch den man erkannte,
was gut und was böse ist.

Dorthin also setzte Gott den Menschen,
weil dieser den Garten
pflegen und bewahren sollte.
Vorher aber ermahnte er ihn:
„Du darfst von allen Bäumen hier essen,
nur nicht vom Baum der Erkenntnis,
denn wenn du das tust, stirbst du."
Dann sagte Gott:

„Mir gefällt das gar nicht,
dass der Mensch so einsam ist.

18 Und Gott der HERR sprach: Es ist nicht gut, dass der Mensch allein sei; ich will ihm eine Gehilfin machen, die um ihn sei.

19 Und Gott der HERR machte aus Erde alle die Tiere auf dem Felde und alle die Vögel unter dem Himmel und brachte sie zu dem Menschen, dass er sähe, wie er sie nennte; denn wie der Mensch jedes Tier nennen würde, so sollte es heißen.

20 Und der Mensch gab einem jeden Vieh und Vogel unter dem Himmel und Tier auf dem Felde seinen Namen; aber für den Menschen ward keine Gehilfin gefunden, die um ihn wäre.

21 Da ließ Gott der HERR einen tiefen Schlaf fallen auf den Menschen, und er schlief ein. Und er nahm eine seiner Rippen und schloss die Stelle mit Fleisch.

22 Und Gott der HERR baute ein Weib aus der Rippe, die er von dem Menschen nahm, und brachte sie zu ihm.

23 Da sprach der Mensch: Das ist doch Bein von meinem Bein und Fleisch von meinem Fleisch; man wird sie Männin nennen, weil sie vom Manne genommen ist.

24 Darum wird ein Mann seinen Vater und seine Mutter verlassen und seinem Weibe anhangen, und sie werden sein ein Fleisch.

25 Und sie waren beide nackt, der Mensch und sein Weib, und schämten sich nicht.

Ich werde ihm jemanden erschaffen,
der zu ihm passt und ihm beisteht."
Da machte Gott aus Erde
die vielen Tiere des Feldes
und all die Vögel am Himmel
und brachte sie zu dem Mann,
weil er sehen wollte,
wie dieser sie nennen würde;
denn so sollten sie dann heißen.

Der Mensch gab dem Vieh,
den Wildtieren und den Vögeln Namen;
nur für ihn selbst fand sich kein Gegenüber,
das wirklich zu ihm gepasst hätte.
Da ließ Gott den Mann
in einen tiefen Schlaf fallen,
nahm eine seiner Rippen heraus
und verschloss die Wunde wieder mit Fleisch.
Aus der Rippe aber formte er eine Frau
und stellte sie an seine Seite.
Da jubelte der Mann:
„Endlich jemand, der zu mir passt.
Sie ist genau wie ich,
ein weiblicher Mensch,
so wie ich ein männlicher Mensch bin."
Für so eine Frau wird ein Mann
seine Mutter und seinen Vater verlassen
und mit ihr eine neue Einheit sein.
Und obwohl beide nackt waren,
der Mann und die Frau,
schämten sie sich nicht.

Der Text, den Sie eben gelesen haben, ist etwa 400 Jahre älter als das Kapitel, das uns gestern beschäftigt hat und führt uns in eine völlig andere Welt, obwohl er vom gleichen Thema handelt. Die beiden ersten Kapitel der Bibel entstammen nämlich nicht nur unterschiedlichen Zeiten, sondern auch völlig anderen Kulturkreisen. So wird beispielsweise das Wasser in der kargen Steppe Palästinas, wo unser Text entstanden ist, nicht wie in Genesis 1 als Bedrohung, sondern als lebenspendende Gottesgabe gesehen. Nicht von sieben Tagen ist hier die Rede, sondern nur von einem einzigen Schöpfungstag. Der Mensch wird vor den Pflanzen und Tieren geschaffen. Mann und Frau werden nicht gemeinsam, sondern nacheinander geschaffen. Und Gott schafft den Menschen auch nicht durch die Kraft seines Wortes, sondern sehr viel handfester, indem er ihn aus der Erde formt und ihm zur Belebung seinen Atem einhaucht. Alles in allem eine deutlich primitivere Vorstellung.

Das wusste natürlich auch jener Mann, der das erste Buch Mose aus verschiedenen Erzählsträngen zu einer Einheit zusammenfügte. Dass dieser Mann, den wir heute den „Redaktor" des ersten Mosebuches nennen, diese beiden Geschichten trotzdem so hart aufeinander folgen und sich damit auch teilweise widersprechen lässt, gibt uns einen guten Einblick, worauf es ihm ankam und worauf eben nicht. Die Wie-Frage, die Reihenfolge der Schöpfungswerke, die Anzahl der Schöpfungstage – das alles interessiert ihn im Grunde genommen gar nicht! Auch hier gilt, wie bei dem gestrigen Text: Man muss bei den Erzählungen der so genannten Urgeschichte das Vordergründige, offen zu Tage Liegende durchstoßen. Das, was uns Menschen zutiefst und unbedingt angeht, ist nicht an der Oberfläche dieser Texte zu finden, sondern eine Ebene tiefer. Obwohl uns diese Texte durchaus zu denken geben, zielen sie in erster Linie nicht auf den Kopf, sondern auf das Herz. Mit einem Wort: Es geht in diesen Texten um Weisheit, nicht um Wissen. Wenn einem das bewusst ist, merkt man, dass die beiden ersten Kapitel der Bibel durchaus zusammen passen. Sie ergänzen einander hervorragend und verstärken sich in ihrer Aussage gegenseitig. Drei dieser Aussagen möchte ich herausheben. Sie sind bereits in Genesis 1 angedeutet und angelegt; hier in Genesis 2 werden sie in plastischer Anschaulichkeit erzählerisch entfaltet:

1. Der Mensch ist ein Gemeinschaftswesen. Nachdem es in Kapitel 1 am Ende jedes Schöpfungstages regelmäßig hieß: „Siehe, es war gut" – und bei der Erschaffung des Menschen sogar: „Siehe, es war sehr gut", heißt es hier nun zum ersten Mal in der Bibel: „Es ist *nicht* gut." Es ist nicht gut, dass der

Mensch allein ist. In Genesis 1 hieß es: „Gott schuf den Menschen zu seinem Bilde – und zwar als Mann und Frau." Nun sagt die Bibel nirgends, dass Gott ein geschlechtliches Wesen wäre. Es ist nicht die Geschlechtlichkeit, die uns zum Bilde Gottes macht (die teilen wir mit Tieren und Pflanzen!), sondern die Sozialität, das Angelegtsein auf Gemeinschaft. Der Mensch ist wesentlich Mit-Mensch. Seine wesentlichen Lebensäußerungen sind Kommunikation, Liebe und das Dasein für andere. Er ist aus sich selbst heraus nicht lebensfähig, und wenn er nur für sich selbst lebt, verfehlt er seinen Sinn. Darum darf kein Menschenbild diesen Aspekt ausblenden: Der Mensch ist kein Solist, sondern ein Gemeinschaftswesen. Das verdichtet sich in der Beziehung zwischen Mann und Frau, ist aber keineswegs darauf beschränkt.

Spannend, dass das Angelegtsein auf Gemeinschaft zu unserer Gottebenbildlichkeit gehört! Scheinbar ist auch Gott ein „Beziehungswesen". Wie hieß es doch in Genesis 1, 26? „Dann sagte Gott: Lasst *uns* Menschen erschaffen, Wesen, die uns gleich sind. ..." Christen glauben nur an *einen* Gott, – aber wer, bitte schön, ist dann dieses „wir"? Mit wem redet Gott da? Sind das Selbstgespräche? Oder kommt dieses „Ich und Du", als das er uns Menschen erschafft, auch irgendwie in Gott selber vor? Ich kann die Frage hier nicht vertiefen. Es sei nur der Hinweis erlaubt, dass das Christentum diese Verse schon früh auf die so genannte Dreieinigkeit Gottes (Vater, Sohn und Heiliger Geist) deutete. Diese wird uns am 30. Tag unserer Expedition noch näher beschäftigen.

2. Der dreifache Auftrag des Menschen: „Benennen, bebauen, bewahren." So wie in unserem gestrigen Text betont auch dieses Kapitel die absolute Sonderstellung des Menschen innerhalb der Schöpfung. Doch statt des für uns eher anstößigen Begriffs „herrschen" steht hier, dass der Mensch die Erde „bebauen und bewahren" soll. Dazu kommt der für uns etwas merkwürdig klingende Auftrag, den Tieren Namen zu geben. All das ist eine wichtige Erläuterung dessen, was wir unter „herrschen" zu verstehen haben und was nicht.

Bei dem Auftrag, die Erde zu bebauen, denken wir zunächst einmal an Straßen, Brücken und Häuser, darüber hinaus aber auch an Ackerbau und Landwirtschaft sowie Skulpturen, Kunstwerke, Gefäße und vieles andere mehr. Das Wort „bebauen" umfasst all das, was wir heute als „Kultur" bezeichnen würden. Es ist also Auftrag des Menschen von Anfang an, Kultur auszubilden. Der Mensch ist jenes Lebewesen, zu dessen „Natur" die „Kultur" gehört. Das ist sozusagen unser Schöpfungsauftrag. Bei alledem bekommt der Mensch von Gott allerdings eine deutliche Grenze gewiesen bzw. eine

Richtung angezeigt, wohin dieses „Bebauen" führen soll: nämlich zu einer Bewahrung der Schöpfung. Zwar hat Gott uns den Auftrag zur Kultur gegeben, aber eben nicht im Sinne eines Raubbaus und der Ausbeutung dieser Erde. Kultur im Sinne Gottes bedeutet, bewahrend zu handeln.

Der dritte hier genannte Auftrag ist der, den Tieren Namen zu geben, sie zu „benennen". Damit ist selbstverständlich nicht nur gemeint, dass der Mensch irgendwelche lustigen Bezeichnungen für die ihn umgebenden Mitgeschöpfe erfindet. Indem der Mensch die Lebewesen um sich herum benennt, ergreift er vielmehr in gewisser Weise Besitz von ihnen. Die Namensgebung ist im Alten Orient ein hoheitlicher Akt: „Du gehörst zu meiner Welt". Auch dies ist kein Freibrief zur Ausbeutung unserer Mitgeschöpfe, wohl aber Ausdruck eines enormen Vertrauens, das Gott von Anfang an in uns Menschen hineingelegt hat. Wir alle wissen, dass sich der Mensch dieses Vertrauens nicht würdig erwiesen hat. Er hat es missbraucht und die Welt um sich herum, ja sogar seine Mitmenschen in bitteres Leid gestürzt. Die Frage ist: Wie konnte Gott sich so irren? Hätte er nicht wissen müssen, dass der Mensch die Schöpfung sehr wohl bebauen und benennen, nicht aber bewahren würde? Meine These ist: Gott wusste es nicht und konnte es auch nicht wissen. Denn mit der Erschaffung des Menschen ging Gott ein unkalkulierbares Risiko ein. Dieses Risiko bestand in nichts Geringerem als in der Gabe der Freiheit: Der Mensch kann wählen, ob er Gottes Willen tun will oder nicht.

3. Die Gabe der Freiheit. Stellen Sie sich vor, Sie seien ein allmächtiges Wesen, der Schöpfer des Himmels und der Erde. Zum guten Schluss möchten Sie dieser Schöpfung die Krone aufsetzen mit etwas Einmaligem: einem Wesen, dem Sie etwas verleihen, das es so und in diesem Ausmaß auf dieser Welt kein zweites Mal gibt. Sie wollen ein Wesen schaffen, das mit Wahlfreiheit ausgestattet ist, ein Wesen, das sein Leben und die Richtung seines Lebens selbst in die Hand nehmen und bestimmen kann.

„Warum", so fragen Sie mit Recht, „sollte ich so etwas Törichtes tun? Wenn ich der Schöpfer wäre, ich würde mich hüten!" Denn so viel ist Ihnen klar: Die Sache wäre hochgradig riskant. Wer weiß, was dieses Wesen mit seiner Freiheit anfangen würde? Es könnte beispielsweise Dinge wählen, die Sie als sein Schöpfer ganz und gar nicht möchten. Klar, als Allmächtiger könnten Sie es verhindern. Aber wenn Sie diese Karte ausspielen, wäre Ihr Geschöpf nicht wirklich frei. Ein echtes Dilemma. Denn es bedeutet: In dem Moment, in dem Gott sich entscheidet, ein freies Wesen zu schaffen, verzichtet er auf seine eigene Allmacht. Jede Freiheit, die Gott einem Wesen einräumt, ist zugleich für ihn eine Selbstbegrenzung. An dem Tag, an dem Gott den Menschen schuf, hörte Er auf, seine Allmacht auszuüben. In gewisser Weise knüpft Gott sein eigenes Schicksal an das Schicksal der Menschen. Der Mensch ist nicht mehr und nicht weniger als „das Risiko Gottes" (Helmut Thielicke). „Lasst uns Menschen machen, ein Bild, das uns gleich sei", heißt es. Und er hat Wort gehalten. Der Mensch ist ihm gleich, vor allem durch die Gabe der Freiheit.

In Genesis 2 wird diese Freiheit durch zweierlei symbolisiert: Zum einen durch die nahezu unbeschränkte Vollmacht des Menschen über den Garten, zum anderen durch den Baum in der Mitte des Gartens, von dessen Früchten der Mensch nicht essen darf. „Moment", sagen Sie. „Wieso soll das Freiheit sein, von einem Baum nichts essen zu dürfen? Das sieht doch eher nach einer Begrenzung aus als nach Freiheit?" – Ja, aber dieser Baum ist gleichzeitig der Ort, an dem sich Gott selbst begrenzt. Der Baum ist der Ort, an dem der Mensch wählen kann und wählen muss: Erfülle ich den Willen Gottes – das wäre ja durchaus auch eine Option, freilich eine frei gewählte – oder verweigere ich mich? Der Baum in der Mitte des Gartens ist der Ort der freien Entscheidung des Menschen, der Ort, an dem Gott nicht mehr allmächtig ist.

Wiederum stellt sich die Frage: Wieso tut Gott etwas derart Riskantes, wieso verleiht er dem Menschen die Gabe der Freiheit? Die Antwort lautet: Weil der Mensch ein Bild Gottes sein sollte. Wir erinnern uns: Die restliche Schöpfung sollte an uns Menschen ablesen können, wie gut, liebevoll, weise und gerecht Gott ist. Alle diese Eigenschaften haben eine gemeinsame Grundvoraussetzung: die Freiheit. Gut kann man nur sein, wenn man die Wahl hat, gegebenenfalls auch nicht gut zu sein. Stellen Sie sich vor, Sie würden einen Menschen zwingen, immer nur Gutes zu tun: Er würde zwar Gutes tun, aber er wäre nicht gut. Ein Wesen, das Gutes nur deshalb tut, weil es das tun muss, ist nicht gut. Wir können erst recht nicht sagen, dass dieses Wesen liebt. Denn es fehlt ihm die Voraussetzung zur Liebe und zum Gutsein, nämlich die Freiheit. Auf den Punkt gebracht: Nur, wer böse sein kann, kann auch gut sein. Nur der kann lieben, der die Wahl hat, auch nicht zu lieben. Darum belegt Gott den Baum in der Mitte des Gartens mit einem Verbot. Er schafft einen Ort der Entscheidung, an dem der Mensch wählen kann, ob er den Willen Gottes tun will oder nicht. Nur an dem Ort, an dem der Mensch böse sein kann, kann er auch gut sein. Der Baum der Erkenntnis von Gut und Böse wurde uns gegeben, damit wir an ihm unser volles Potenzial entfalten und unsere Bestimmung ergreifen, Gottes Gutsein in diese Welt hinein widerzuspiegeln.

Freiheit bedeutet Verantwortlichkeit; das ist der Grund,
warum sich die meisten Menschen vor ihr fürchten.

George Bernard Shaw

FRAGEN
» Wenn Sie Gott wären, hätten Sie den Menschen
geschaffen?
» Sind Sie eher ein „Bebauer", ein „Bewahrer" oder ein
„Benenner"?
» „Das Wesentliche im Leben sind Beziehungen." – Gibt
es etwas, was Ihnen wichtiger ist? Was hat in Ihrem
Leben höchste Priorität?
» Was ist Freiheit für Sie?
» Wünschen Sie sich manchmal mehr oder weniger
Freiheit?

ANREGUNG
ZUM GEBET

Gottes Brief an mich
Schreiben Sie diesmal einen „Brief Gottes" an sich selber:
Beginnen Sie den ersten Absatz mit den Worten: „Mein
Kind, ich habe dich gut geschaffen, denn ...". Den zweiten
Absatz fangen Sie an mit „Ich habe dich geschaffen,
damit ...". Und den dritten: „Du hast die Wahl ...".

MERKVERS

Ich habe euch Leben und Tod, Segen und Fluch vorgelegt,
damit du das Leben erwählst und am Leben bleibst, du
und deine Nachkommen, indem ihr den HERRN, euren
Gott, liebt und seiner Stimme gehorcht.
5. Mose 30, 19–20

Tag 4 / **Täter und Opfer zugleich**

MUSIK

Wenn Sie zu den Menschen gehören, die sich von Tönen, Melodien und Poesie berühren lassen, dann wird Ihnen unsere heutige Einstimmung besonders gefallen. Als Hinführung zum Thema finden Sie auf der beiliegenden CD als Track 1 das Lied „Wer bin ich?", als Track 2 „Das Lied der Schöpfung", in dem das Verhältnis des Menschen zur Schöpfung wie in einem modernen Psalm besungen wird. Sie werden merken: Nach dem Hören liest man anders weiter. Viel Vergnügen.

1 Aber die Schlange war listiger als alle Tiere auf dem Felde, die Gott der HERR gemacht hatte, und sprach zu der Frau: Ja, sollte Gott gesagt haben: Ihr sollt nicht essen von allen Bäumen im Garten?

2 Da sprach die Frau zu der Schlange: Wir essen von den Früchten der Bäume im Garten;

3 aber von den Früchten des Baumes mitten im Garten hat Gott gesagt: Esset nicht davon, rühret sie auch nicht an, dass ihr nicht sterbet!

4 Da sprach die Schlange zur Frau: Ihr werdet keineswegs des Todes sterben,

5 sondern Gott weiß: an dem Tage, da ihr davon esst, werden eure Augen aufgetan, und ihr werdet sein wie Gott und wissen, was gut und böse ist.

6 Und die Frau sah, dass von dem Baum gut zu essen wäre und dass er eine Lust für die Augen wäre und verlockend, weil er klug machte. Und sie nahm von der Frucht und aß und gab ihrem Mann, der bei ihr war, auch davon und er aß.

7 Da wurden ihnen beiden die Augen aufgetan und sie wurden gewahr, dass sie nackt waren, und flochten Feigenblätter zusammen und machten sich Schurze.

8 Und sie hörten Gott den HERRN, wie er im Garten ging, als der Tag kühl geworden war. Und Adam versteckte sich mit seiner Frau vor dem Angesicht Gottes des HERRN unter den Bäumen im Garten.

Die Schlange war das listigste aller Tiere, die Gott geschaffen hatte.
Und eines Tages flüsterte sie der Frau zu:
„Hat Gott wirklich verboten,
dass ihr von den Bäumen im Garten esst?"
Die Frau erwiderte:
„Nein, wir dürfen die Früchte natürlich essen.
Nur von dem Baum
in der Mitte des Gartens hat Gott gesagt:
‚Esst nicht davon, ja, berührt ihn nicht einmal,
weil ihr sonst sterben müsst.'"
Die Schlange zischte:
„O nein, ihr würdet davon nicht sterben.
Im Gegenteil:
Gott weiß, dass euch an dem Tag,
an dem ihr davon esst,
die Augen geöffnet werden,
so dass ihr begreift, was gut und was böse ist,
und so werdet wie er."

Die Frau sah den Baum an,
und die Früchte erschienen ihr plötzlich
ungemein verlockend:
Sie sahen köstlich aus
und es war doch äußerst reizvoll,
dass man davon klug werden sollte.
Sie konnte einfach nicht mehr widerstehen,
pflückte eine Frucht, aß sie
und gab auch ihrem Mann davon,
der ebenfalls probierte.
Da wurden beiden die Augen geöffnet
und sie erkannten, dass sie nackt waren,
so dass sie sich schnell Kleider
aus Feigenblättern flochten.

Am Abend, als es kühler wurde,
hörten Adam und seine Frau,
dass Gott durch den Garten ging
und versteckten sich vor ihm
unter den Bäumen.

9 Und Gott der HERR rief Adam und sprach zu ihm: Wo bist du? 10 Und er sprach: Ich hörte dich im Garten und fürchtete mich; denn ich bin nackt, darum versteckte ich mich. 11 Und er sprach: Wer hat dir gesagt, dass du nackt bist? Hast du nicht gegessen von dem Baum, von dem ich dir gebot, du solltest nicht davon essen? 12 Da sprach Adam: Die Frau, die du mir zugesellt hast, gab mir von dem Baum und ich aß. 13 Da sprach Gott der HERR zur Frau: Warum hast du das getan? Die Frau sprach: Die Schlange betrog mich, sodass ich aß.

14 Da sprach Gott der HERR zu der Schlange: Weil du das getan hast, seist du verflucht, verstoßen aus allem Vieh und allen Tieren auf dem Felde. Auf deinem Bauche sollst du kriechen und Erde fressen dein Leben lang. 15 Und ich will Feindschaft setzen zwischen dir und der Frau und zwischen deinem Nachkommen und ihrem Nachkommen; der soll dir den Kopf zertreten, und du wirst ihn in die Ferse stechen. 16 Und zur Frau sprach er: Ich will dir viel Mühsal schaffen, wenn du schwanger wirst; unter Mühen sollst du Kinder gebären. Und dein Verlangen soll nach deinem Mann sein, aber er soll dein Herr sein.

Da rief Gott nach Adam: „Wo bist du?"
Adam antwortete kleinlaut:
„Ich habe gehört, dass du im Garten bist,
und Angst bekommen, weil ich ja nackt bin.
Darum habe ich mich versteckt."
Gott sagte: „Woher weißt du denn,
dass du nackt bist?
Hast du etwa von dem
verbotenen Baum gegessen?"
Adam sagte:
„Die Frau, die du mir zur Seite gestellt hast,
hat mir eine Frucht gegeben."
Da wandte sich Gott an die Frau:
„Warum hast du das bloß gemacht?"
Die Frau sagte: „Es war die Schlange.
Sie hat mich dazu gebracht,
die Früchte zu versuchen."

Gott fuhr die Schlange an:
„Ich verfluche dich, weil du das gemacht hast.
Ich verstoße dich aus dem Kreis der Tiere.
Von nun an musst du auf dem Bauch kriechen
und dein Leben lang Erde fressen.
Zwischen dir und der Frau
und zwischen ihrem
und deinem Nachkommen
wird immer Feindschaft sein;
er wird dir den Kopf zertreten,
und du wirst ihn in die Ferse beißen."

Zur Frau sagte Gott:
„Ich werde dir das Leben nicht leicht machen.
Wenn du schwanger bist,
wirst du deine Kinder unter
Schmerzen zur Welt bringen.
Du wirst Verlangen nach deinem Mann haben
und von ihm abhängig sein."

Dann sagte er zum Mann:
„Weil du auf deine Frau gehört
und von dem verbotenen Baum gegessen hast,
lege ich einen Fluch auf deine Arbeit.

17 Und zum Mann sprach er: Weil du gehorcht hast der Stimme deiner Frau und gegessen von dem Baum, von dem ich dir gebot und sprach: Du sollst nicht davon essen –, verflucht sei der Acker um deinetwillen! Mit Mühsal sollst du dich von ihm nähren dein Leben lang.

18 Dornen und Disteln soll er dir tragen, und du sollst das Kraut auf dem Felde essen.

19 Im Schweiße deines Angesichts sollst du dein Brot essen, bis du wieder zu Erde werdest, davon du genommen bist. Denn du bist Erde und sollst zu Erde werden.

20 Und Adam nannte seine Frau Eva; denn sie wurde die Mutter aller, die da leben.

21 Und Gott der HERR machte Adam und seiner Frau Röcke von Fellen und zog sie ihnen an.

22 Und Gott der HERR sprach: Siehe, der Mensch ist geworden wie unsereiner und weiß, was gut und böse ist. Nun aber, dass er nur nicht ausstrecke seine Hand und breche auch von dem Baum des Lebens und esse und lebe ewiglich!

23 Da wies ihn Gott der HERR aus dem Garten Eden, dass er die Erde bebaute, von der er genommen war.

24 Und er trieb den Menschen hinaus und ließ lagern vor dem Garten Eden die Cherubim mit dem flammenden, blitzenden Schwert, zu bewachen den Weg zu dem Baum des Lebens.

Dein Leben lang wird es dir Mühe bereiten,
dich zu ernähren.
Dein Acker wird Dornen und Disteln tragen,
und du wirst das Kraut
auf dem Feld verzehren.
Im Schweiße deines Angesichts
wirst du dein Brot essen,
bis du wieder selbst zu der Erde wirst,
aus der ich dich geformt habe.
Du bist aus Erde
und kehrst zurück in die Erde."

Adam nannte seine Frau Eva, das Leben,
weil sie die Mutter aller Menschen wurde.
Und Gott machte Adam und seiner Frau
Kleider aus Fellen und zog sie ihnen an.
Er sagte zu sich:
„Jetzt ist der Mensch wirklich
so geworden wie wir.
Er weiß, was gut und was böse ist.
Nun darf es nicht passieren,
dass er seine Hand ausstreckt
und auch noch vom Baum des Lebens
eine Frucht abbricht und isst,
denn dann würde er ewig leben."

So wies Gott den Menschen
aus dem Paradies,
damit er fortan die Erde bebauen sollte,
aus der er geschaffen worden war.
Gott trieb den Menschen mit Gewalt hinaus
und stellte vor den Garten Eden
mächtige Engel mit Flammenschwertern,
die den Weg zum
Baum des Lebens bewachten.

Wenn Sie die Möglichkeit und die Macht hätten, ein einziges Problem auf Erden zu lösen, welches würden Sie wählen? Würden Sie eher ein persönliches Problem nennen und beispielsweise etwas an Ihren Schulden oder an der Krankheit Ihres Partners ändern? Oder würden Sie eher ein globales Problem wählen, etwa die Umweltzerstörung, die Armut oder den Krieg? Oder würden Sie noch eine Stufe abstrakter werden und sich generell für die Abschaffung des Egoismus', des Hasses oder gar des Todes entscheiden?

Was ist eigentlich das größte Problem auf Erden? Die Bibel gibt auf diese Frage eine überraschende Antwort: Das größte Problem auf Erden, sagt sie, ist die Trennung des Menschen von Gott. Diese Trennung ist es, der wir alle anderen Probleme überhaupt erst zu verdanken haben. Die Loslösung des Menschen von Gott ist sozusagen die Wurzel, während alle anderen großen und kleinen Probleme der Menschheit lediglich die Symptome und Folgen dieses Urproblems sind.

Das Grundproblem der Menschheit ist kein moralisches, kein politisches und kein ökologisches, sondern ein religiöses. Zwischen Gott und den Menschen ist ein gewaltiger Graben. Die Bibel nennt diesen Graben Sünde. Das ist überraschend, weil wir unter „Sünden" (Mehrzahl) normalerweise irgendwelche bösen Taten verstehen. Wenn die Bibel hingegen von der Sünde in der Einzahl spricht, meint sie meist nicht irgendwelche Taten, sondern den Zustand der Trennung von Gott. Sünde ist also keine Tat, sondern ein Zustand. Allerdings ein Zustand mit katastrophalen Folgen. Denn wenn es stimmt, dass Gott der Ursprung und der Inbegriff des Lebens ist, bedeutet die Trennung von ihm doch nichts anderes als den Tod. Wenn Gott wirklich die Liebe und die Güte ist, bedeutet Trennung von ihm Lieblosigkeit und Egoismus. Wenn Gott die Wahrheit ist, bedeutet Trennung von ihm, in der Lüge zu verbleiben. Und die Abwendung von Gottes Licht lässt uns in Dunkelheit fallen. Die Sünden (Mehrzahl) sind also letztlich eine Folge der Sünde (Einzahl).

In unserem heutigen Text kommt der Begriff „Sünde" nicht vor. Trotzdem wird Genesis 3 seit Jahrhunderten als die Geschichte vom „Sündenfall" des Menschen bezeichnet; und das mit gutem Recht. Denn diese Geschichte beschreibt in anschaulicher Weise, wie es zu der Trennung zwischen Mensch und Gott kommt. Vielleicht merken Sie, dass ich in der Gegenwart schreibe. Ich sage nicht: „Der Text beschreibt, wie es zur Trennung des Menschen von Gott kam." Die Erzählung legt vielmehr nahe, dass diès eine Geschichte ist, die wir alle irgendwo in uns tragen und ständig aufs Neue wiederholen. Dass ich mit dieser Aussage richtig liege, wird schon durch die Wahl des Namens

„Adam" bestätigt. Denn „Adam" ist hebräisch und bedeutet einfach „Mensch". Adam ist in dieser Geschichte ein Symbolname. Die Rede ist nicht eigentlich von einem Menschen, der den Namen Adam trug, so wie ich Klaus heiße. Die Rede ist vielmehr vom Menschen überhaupt, von Ihnen und mir. Ähnliches ließe sich übrigens für den Namen „Eva" (Lebensspenderin) zeigen. In diesen Texten geht es um uns. Die Frage, ob Adam und Eva wirklich gelebt haben, führt auf eine falsche Spur, denn sie führt von uns selber weg. Nur wenn wir beim Lesen dieser Texte dazu kommen, über uns selbst zu reden, werden wir ihnen gerecht. Zunächst einmal beschreibt Genesis 3, wie es zur Loslösung des Menschen von Gott kommt. Es ist nicht Bösartigkeit oder abgrundtiefe Schlechtheit, die den Menschen dazu führt. Vielmehr ist es eine Verkettung von mehreren Motiven, die uns allen durchaus vertraut sind und die in ihrem Zusammenspiel eine höchst katastrophale Wirkung entfachen.

Das erste Motiv: Zweifel. Die Rede ist hierbei nicht von *intellektuellem* Zweifel, etwa an der Existenz Gottes. Es geht vielmehr um den *existenziellen* Zweifel an der Liebe Gottes, darum, ob der liebe Gott es wirklich gut meint mit den Menschen. Eine Frage, die wir uns leicht stellen, wenn es uns schlecht geht, die man aber offensichtlich selbst dann stellen kann, wenn es einem gut geht, ja sogar wenn man im Paradies lebt: Könnte, ja müsste es mir nicht noch besser gehen? Die Schlange – durch alle Schichten der Bibel hindurch der Inbegriff der Hinterlist – ist eine Symbolgestalt und repräsentiert hier die Abwendung von Gott. Ihre Herkunft wird nicht näher erklärt, sie gehört offensichtlich zu den am 2. Tag unserer Expedition beschriebenen Chaosmächten, die der Mensch eigentlich bekämpfen soll. Stattdessen geht er ihr auf den Leim. Erst ganz subtil, dann immer unverblümter stellt die Schlange in Frage, ob Gott mit seinen Weisungen und Verboten dem Menschen wirklich helfen oder ob er ihm nicht vielmehr etwas vorenthalten will. Anfangs wehrt sich Eva noch tapfer gegen diese Unterstellungen, aber mehr und mehr nisten sich Zweifel und Misstrauen in ihrem Herzen ein.

    Das zweite Motiv: Begehrlichkeit. „Die Frau sah den Baum an, und die Früchte erschienen ihr plötzlich ungemein verlockend: Sie sahen köstlich aus und es war doch äußerst reizvoll, dass man davon klug werden sollte. Sie konnte einfach nicht mehr widerstehen, pflückte eine Frucht, aß sie und gab auch ihrem Mann davon, der ebenfalls probierte." War es die verlockende Farbe der Frucht, war es die listige Argumentation der Schlange oder ganz allgemein der Reiz des Verbotenen? Irgendwann wurde die Versuchung für

Eva zu groß und sie griff zu. Hier wird deutlich: Die Menschen sündigen in aller Regel nicht, weil sie böse sind, sondern weil sie mehr vom Leben haben wollen. Dafür, dass sie mehr vom Leben haben, lassen sie sich gerne zu einem „kleinen Regelverstoß" verführen, und wenn das Ziel groß und verlockend genug erscheint, nötigenfalls auch zu einem großen.

Das dritte Motiv: der Drang nach Selbstbestimmung. Das ist vielleicht das raffinierteste Argument der Schlange: „An dem Tag, an dem ihr davon esst, werden euch die Augen geöffnet werden, so dass ihr begreift, was gut und was böse ist, und ihr genauso mächtig werdet wie er." Es ist viel gerätselt worden, was es mit dieser „Erkenntnis von Gut und Böse" auf sich hat. Wir sollten das nicht philosophisch überfrachten. Im Hebräischen ist das ganz pragmatisch und bedeutet: Ihr werdet selber wissen, was gut und schlecht für euch ist. Dieser Drang lebt von Kindheit an in uns Menschen: Wir wollen selber entscheiden, was für uns richtig ist, wir wollen raus aus der Fremdbestimmung, hin zu größtmöglicher Autonomie. Das ist verständlich und auch gut. Aber gerade das Beispiel des Kindes macht deutlich, dass es auf Grund seines begrenzten Horizontes und seiner mangelnden Erfahrung nicht die nötige Reife und das nötige Wissen hat, um autonom leben zu können. Es muss erst dahin erzogen werden. Ich denke, dass das für den Menschen ganz allgemein gilt. Er hat nicht den Überblick und die Weisheit, nicht die „Erfahrung", die Gott hat. Und auch wenn Gott den Menschen zu einer größtmöglichen Autonomie erziehen will, tut der Mensch doch gut daran, auf den Wissens- und Erfahrungsvorsprung Gottes zu bauen und seinen Weisungen zu vertrauen.

Genau das ist der Punkt: Es geht nicht um blinden Gehorsam, sondern um Vertrauen. Ich schlage vor, das Wort „Gehorsam" komplett aus dem Vokabular des christlichen Glaubens zu streichen und durch das Wort „Vertrauen" zu ersetzen. Es ändert im äußeren Ergebnis nicht viel, aber in der inneren Einstellung alles! Denn auch Gott möchte, dass wir in größtmöglichem Maß selbstbestimmt leben. Schließlich hat er uns als freie Wesen geschaffen! Aber es gibt nun einmal Dinge, die weiß er besser als wir, weil wir sie „hier unten" nicht sehen und durchschauen können. Darum gibt er uns Weisungen und Verbote – als Hilfen! Und als Herausforderungen, unserer Bestimmung nachzukommen, Bild Gottes zu sein. Der Drang nach Selbstbestimmung ist also nicht *per se* schlecht, aber in Verbindung mit Begehrlichkeit und Zweifel führt er zu einer Abkehr und Loslösung von Gott und damit gerade nicht zur Selbstbestimmung, sondern in Unfreiheit und Abhängigkeit, wie der weitere Text aufzeigt. Hier geht es um die Konsequenzen unserer Loslösung von Gott:

Die erste Konsequenz: Der Mensch ist nicht mehr im Einklang mit sich selbst. Er schämt sich und beginnt, sich zu verhüllen. Hier geht es nicht um Genierlichkeit, sondern um das tief in uns verwurzelte Bewusstsein: „So, wie ich bin, bin ich nicht in Ordnung. Es gibt etwas an mir, das ich nicht verändern, aber auch nicht offen zeigen, sondern bestenfalls verhüllen kann." Darum versteckt sich der Mensch auch vor Gott. Angst und Schuldgefühle beginnen sein Leben zu prägen, er sucht seine Zuflucht in Ausflüchten und Lügen.

Die zweite Konsequenz: Der Mensch ist nicht mehr im Einklang mit seinem Mitmenschen. Da der Mensch ein Beziehungswesen ist, färbt seine Sünde, seine Abkehr von Gott und sein Verlust des inneren Friedens auch auf seinen Mitmenschen ab. Nicht nur das Verhältnis zu Gott, sondern auch untereinander wird zu einem Versteckspiel. Man benutzt sich gegenseitig als Sündenbock. Plötzlich beginnt der Mensch die Macht, die er von Gott verliehen bekommen hat, gegen andere Menschen zu wenden. Und selbst die innige Zweierbeziehung zwischen Mann und Frau wird plötzlich von Rivalität und Machtspielchen gekennzeichnet.

Die dritte Konsequenz: Der Mensch ist nicht mehr im Einklang mit seiner Umwelt. Nur mit Mühe kann er dem Acker seine Frucht entreißen. Es hat etwas Gewaltsames, wie er mit der Natur umgeht. Das ursprünglich beabsichtigte Zusammenspiel des Menschen mit der Natur im Sinne eines „Bebauens und Bewahrens" entartet zu einem Kampf aller gegen alle: Er tritt der Schlange auf den Kopf, diese sticht ihm dafür in die Ferse. Der Mensch kämpft gegen die Natur und die Natur gegen den Menschen. Selbst die Geburt eines Kindes, das Natürlichste auf der Welt, ist von Schmerz und Wehen begleitet.

All das – der Verlust des inneren wie des äußeren Friedens – ist nicht etwa göttliche Strafe, sondern eine logische Folge der Loslösung des Menschen von Gott. Selbst der Tod ist weniger eine Strafe als vielmehr eine Konsequenz. Denn wohin soll die Abwendung von Gott, dem Inbegriff des Lebens, denn führen, wenn nicht in den Tod? Darum schreibt Paulus in seinem Römerbrief: „Der Tod ist der Preis, den wir für unsere Sünde zahlen." Auch die Vertreibung aus dem Paradies ist nur eine logische Konsequenz. Der Garten Eden ist der Inbegriff einer Welt, in der Gott das Sagen hat. Eine Welt hingegen, in der Misstrauen, Gier und der ungezügelte Drang nach Selbstbestimmung herrschen, ist kein Paradies mehr. Seither lebt der Mensch „jenseits von Eden".

Die Welt wird nicht bedroht von den Menschen, die böse sind, sondern von denen, die das Böse zulassen.

Albert Einstein

» Wenn Sie die Möglichkeit und die Macht hätten, ein Problem auf Erden zu lösen, für welches würden Sie sich entscheiden?

» Was denken Sie: Meint Gott / meint das Leben es gut mit Ihnen?

» Was nimmt in Ihrem Leben den größten Raum ein: Zweifel, Begehrlichkeiten oder der Wille zur Selbstbestimmung? Inwiefern trennt Sie das von Gott?

» Was, glauben Sie, ist die schlimmste Konsequenz der Trennung des Menschen von Gott?

» Was für eine Auswirkung hätte es, den Begriff des Gehorsams innerhalb des christlichen Glaubens durch den des Vertrauens zu ersetzen?

Eva und ich
Schreiben Sie ein dreiteiliges Gebet auf:
1. Welche Rolle spielen in Ihrem Leben Zweifel bzw. Misstrauen gegenüber Gott?
2. Von welchen Wünschen und Begehrlichkeiten sind Sie so getrieben, dass Gott dabei auf der Strecke bleibt?
3. Wie viel darf Gott in Ihrem Leben bestimmen?
Seien Sie in Ihrem Gebet bitte ganz ehrlich.

Schaffe in mir, Gott, ein reines Herz, und gib mir einen neuen, beständigen Geist. Verwirf mich nicht von deinem Angesicht, und nimm deinen heiligen Geist nicht von mir.
Psalm 51, 12–13

CARTOON

1 Und Adam erkannte seine Frau Eva, und sie ward schwanger und gebar den Kain und sprach: Ich habe einen Mann gewonnen mit Hilfe des HERRN.

2 Danach gebar sie Abel, seinen Bruder. Und Abel wurde ein Schäfer, Kain aber wurde ein Ackermann.

3 Es begab sich aber nach etlicher Zeit, dass Kain dem HERRN Opfer brachte von den Früchten des Feldes.

4 Und auch Abel brachte von den Erstlingen seiner Herde und von ihrem Fett. Und der HERR sah gnädig an Abel und sein Opfer,

5 aber Kain und sein Opfer sah er nicht gnädig an. Da ergrimmte Kain sehr und senkte finster seinen Blick.

6 Da sprach der HERR zu Kain: Warum ergrimmst du? Und warum senkst du deinen Blick?

7 Ist's nicht also? Wenn du fromm bist, so kannst du frei den Blick erheben. Bist du aber nicht fromm, so lauert die Sünde vor der Tür, und nach dir hat sie Verlangen; du aber herrsche über sie.

8 Da sprach Kain zu seinem Bruder Abel: Lass uns aufs Feld gehen! Und es begab sich, als sie auf dem Felde waren, erhob sich Kain wider seinen Bruder Abel und schlug ihn tot.

9 Da sprach der HERR zu Kain: Wo ist dein Bruder Abel? Er sprach: Ich weiß nicht; soll ich meines Bruders Hüter sein?

Adam wurde mit Eva, seiner Frau, ganz eins. Da wurde Eva schwanger und brachte Kain zur Welt. Sie jubelte laut: „Mit Gottes Hilfe habe ich einen weiteren Menschen hervorgebracht." Wenig später wurde auch Abel geboren, sein Bruder. Abel wählte den Beruf des Hirten, Kain den des Bauern.

Eines Tages nahm Kain nun einige Früchte von seinen Feldern und brachte sie Gott, um sich zu bedanken. Abel kam ebenfalls, weil er Gott die ersten Neugeborenen seiner Herde bringen wollte. Gott freute sich sehr über Abel und dessen Geschenke, aber Kain und sein Opfer sah er nicht einmal an.

Da wurde Kain unglaublich wütend und blickte erbost auf den Boden. Gott fragte ihn: „Warum bist du so zornig? Warum senkst du deinen Blick? Wenn du ein reines Gewissen hast, dann kannst du doch erhobenen Hauptes dastehen. Wenn du aber mit dem Dasein haderst, dann wirst du der Sünde nicht widerstehen können. Du musst stärker sein als die Versuchung, die dich bedrängt."

Später sagte Kain zu seinem Bruder Abel: „Komm, wir gehen zusammen aufs Feld!" Und als sie dort hinkamen, griff Kain seinen Bruder an und schlug ihn tot.

10 Er aber sprach: Was hast du getan? Die Stimme des Blutes deines Bruders schreit zu mir von der Erde.

11 Und nun: Verflucht seist du auf der Erde, die ihr Maul hat aufgetan und deines Bruders Blut von deinen Händen empfangen.

12 Wenn du den Acker bebauen wirst, soll er dir hinfort seinen Ertrag nicht geben. Unstet und flüchtig sollst du sein auf Erden.

13 Kain aber sprach zu dem HERRN: Meine Strafe ist zu schwer, als dass ich sie tragen könnte.

14 Siehe, du treibst mich heute vom Acker, und ich muss mich vor deinem Angesicht verbergen und muss unstet und flüchtig sein auf Erden. So wird mir's gehen, dass mich totschlägt, wer mich findet.

15 Aber der HERR sprach zu ihm: Nein, sondern wer Kain totschlägt, das soll siebenfältig gerächt werden. Und der HERR machte ein Zeichen an Kain, dass ihn niemand erschlüge, der ihn fände.

16 So ging Kain hinweg von dem Angesicht des HERRN und wohnte im Lande Nod, jenseits von Eden, gegen Osten.

Gott fragte Kain dann:
„Wo ist dein Bruder Abel?"
Kain antwortete: „Was weiß ich?
Muss ich etwa
auf meinen Bruder aufpassen?"
„Weißt du eigentlich,
was du da getan hast?" schrie Gott,
„ich sehe doch das Blut Abels auf der Erde.
Hör mir gut zu!
Ich verfluche dich und die Erde,
die durch dich mit dem Blut
deines Bruders getränkt wurde.
Von nun an gilt:
Wenn du den Acker bebaust,
wird er keinen Ertrag mehr bringen,
und du wirst ein heimatloser Flüchtling sein."

Da flehte Kain zu Gott:
„Die Strafe ist zu schwer,
das kann niemand ertragen.
Du vertreibst mich von meinem Acker,
ich soll mich vor dir verbergen,
und ich soll haltlos umherirren:
Jeder, der mich sieht,
wird mich einfach totschlagen."
Gott erwiderte:
„Das wird nicht passieren.
Wenn jemand dich totschlägt,
werde ich es siebenfach rächen."
Und er kennzeichnete Kain mit einem Mal,
das jedem deutlich machte,
dass er unter Gottes Schutz stand.
Kain aber lief davon,
um Gottes Blicken zu entgehen,
und wohnte jenseits von Eden im Osten,
im Land Nod.

Auch heute beschäftigt uns ein Text aus der so genannten Urgeschichte. Zwei weitere, hoch interessante, muss ich leider auslassen: den über Noah und die Flut und den über den Turmbau zu Babel. Vielleicht haben Sie Lust, diese in Ihrer Bibel nachzulesen. Sie finden sie in Genesis in den Kapiteln 6 bis 8 und 11. Diese Texte beschreiben die Spirale der Schuld, in die sich der Mensch verstrickt, der sich von Gott losgelöst hat. Die in Genesis 3 angekündigten Konsequenzen des Abfalls von Gott werden samt und sonders Wirklichkeit; Gottes schlimme Erwartungen werden in gewisser Weise sogar noch übertroffen: Die Menschen bringen sich gegenseitig um (Kain und Abel), allgemeine Schlechtigkeit überzieht die Erde (Noah), ja die Menschen machen in ihrem unheilvollen Streben nicht einmal vor Gott halt, sondern versuchen, den Himmel zu erstürmen (Turmbau zu Babel). In all diesen Geschichten wird ein Dreifaches deutlich:

Erstens: Das Menschenbild der Bibel ist ausgesprochen nüchtern. Die heute weit verbreitete Ansicht, dass der Mensch grundsätzlich gut sei, teilt die Bibel nicht. Freilich verfällt sie auch nicht in ein lamentierendes „Der Mensch ist schlecht". Der Satz, der nach der Erschaffung des Menschen über die ganze Schöpfung gesprochen wird – „… und siehe, es war sehr gut" (Genesis 1, 31) – wird nicht zurückgenommen. Ihm wird einige Kapitel später freilich ein anderer Satz an die Seite gestellt: „Das Dichten und Trachten des menschlichen Herzens ist böse von Jugend auf." (Genesis 8, 21) Auf Seite 43 hatte ich bereits erläutert, dass das Wort „böse" im Hebräischen nicht das gleiche bedeutet wie im Deutschen. Gut heißt so viel wie „dem Leben dienlich". Und böse so viel wie „dem Leben abträglich." Die Bibel konstatiert also ganz nüchtern, dass der Mensch von Kindheit an nach Dingen strebt, die dem Leben eher schaden als nutzen. Gründe dafür gibt es genug: Dummheit, Angst, Verblendung, Täuschung, falscher Stolz, Verbohrtheit, Eigendünkel, Gier, innere Verhärtung, Trägheit, Gleichgültigkeit und vieles andere mehr. Gleichzeitig ist der Mensch, wenn auch oft verzerrt und entstellt, immer noch das Ebenbild Gottes, das lieben kann, das sich nach Liebe sehnt, das durch Liebe verändert werden kann und das – zumindest dann und wann – zu echter Güte fähig ist.

Zweitens: Die Verstrickung in die Sünde wird immer größer. Ich nenne das die „Spirale der Schuld", die Tradition sagt dazu – durchaus missverständlich – „Erbsünde". Das Leben des von Gott losgelösten Menschen ist gekennzeichnet von Misstrauen, Gier und Überheblichkeit. In der Folge kennzeichnen Angst, Schuld, Leid und Tod unsere Existenz. Aus diesem Mangel heraus schaffen die Menschen – immer größeren Mangel: Sie „lösen" ihre Probleme, indem sie neue Probleme schaffen. Es fängt an mit der verbotenen Frucht. Es geht weiter mit Kains Brudermord. In Windeseile verbreiten sich Bosheit und Tücke über die ganze Welt, so dass Gott eine große Flut schickt. Aber auch der neue Anfang, den Gott mit Noah und seiner Familie setzt, geht schief. Am Ende rotten sich die Menschen zusammen, um einen Turm zu bauen und den Himmel zu erstürmen. Dem wehrt Gott, indem er den Turm zerstört und den Menschen die gemeinsame Sprache nimmt. Denn er weiß: Sie würden so nicht den Himmel auf die Erde holen, sondern Gewalt, Angst und Egoismus in den Himmel tragen. Damit aber wäre niemandem gedient.

Drittens: Alle Sünde hat eine Tiefendimension. Wir versündigen uns nicht nur an unseren Mitmenschen, an unseren anderen Mitgeschöpfen oder an uns selbst, sondern gleichzeitig immer auch an Gott. Gott liebt seine Schöpfung; es ist, als hätte er in jedes einzelne Detail ein Stück seines Herzens gelegt. Beim Menschen können wir das definitiv sagen, schließlich lebt in uns ein Stück seines Bildes. Aber auch der Rest der Schöpfung ist ein „Herzwerk" Gottes. Er hat sie mit Liebe gemacht und jede Verletzung, jede Ausbeutung und jeder Schmerz, den wir seiner Schöpfung zufügen, fügt Gott einen tiefen Schmerz zu. Jesus bringt das folgendermaßen auf den Punkt: „Was ihr dem Geringsten meiner Brüder getan habt, das habt ihr mir getan" (Matthäus 25, 40). Dieser Satz gilt im Guten wie im Schlechten. Wenn wir unseren Mitmenschen und Mitgeschöpfen Gutes tun, tun wir auch Gott gut. Wenn wir ihnen hingegen Böses antun, zerreißt es Gott das Herz. Der Mensch, der sich an der Schöpfung vergreift, vergreift sich gleichzeitig an ihrem Schöpfer. Das zeigt auch die Geschichte von Kain und Abel.

Kain und Abel

Was uns über Kain und Abel erzählt wird, verläuft zunächst genau parallel. Beide stammen von den selben Eltern, beide üben einen soliden Beruf aus: Der eine ist Bauer, der andere Hirte. Beide treten an einen Altar, glauben also an Gott, und es wird auch nicht berichtet, dass die Qualität ihrer Opfer unterschiedlich gewesen wäre. Da ist also nichts, was Kain in irgendeiner Weise unsympathisch machen und von Abel unterscheiden würde. Doch auf einmal, ohne, dass das näher erklärt wird, heißt es dann plötzlich: „Gott freute sich sehr über Abel und dessen Geschenke, aber Kain und sein Opfer sah er nicht einmal an." Was ist der Grund für Gottes merkwürdige Reaktion?

Es gibt tatsächlich einen großen Unterschied zwischen Kain und Abel. Wir finden ihn ganz am Anfang der Geschichte, bei der Namensgebung. Kain bedeutet so viel wie: „Ich habe einen Mann erworben". Abel dagegen heißt: „Nichtigkeit, Hinfälligkeit". Aus dem ersten Namen spricht der ganze Stolz der Eltern, aus dem zweiten – aus welchen Gründen auch immer – spricht Enttäuschung. Der jüngere Bruder scheint von Anfang an im Schatten des Älteren gestanden zu haben. Und so wächst Kain auf als einer, der das erste Recht für sich beansprucht. Der Wille zur Macht und zur Selbstbehauptung ist ihm von Kindheit an eine Selbstverständlichkeit. Er ist der Starke, Abel der Schwache. Abel ist für ihn kein Bruder im Sinne eines Partners, sondern nur der Statist. Auch Kain steht am Altar. Auch Kain möchte sich religiös an Gott binden und ihn auf seiner Seite wissen. Ja, wer weiß, ob er seine Vorrangstellung nicht sogar auf Gott selber zurückführt: Schließlich hilft Gott dem Tüchtigen.

Es ist für Kain selbstverständlich, dass Gott mit ihm ist. Er hat keinerlei Probleme damit, dass es Bevorzugte Gottes in dieser Weltgeschichte gibt, weil er sich selbst dazu zählt. Aber plötzlich am Altar – fragen Sie mich nicht, wie! –, offenbart es sich, dass Gott in dieser Weltgeschichte gerade nicht den Stärkeren, sondern den Schwächeren bevorzugt. Vor Gott sind nicht alle Menschen gleich. Das hat Kain auch nie geglaubt, aber plötzlich muss er erkennen: Es ist der *andere*, es ist sein Bruder Abel, an dem Gott Wohlgefallen hat. Abel, das ist der Arme, der Kranke, der Flüchtling, der Ausländer, der Jude, der Behinderte, der wie auch immer Benachteiligte, der Unscheinbare; Abel ist alles andere als das, worauf wir in unserem Leben stolz sind. Doch gerade für Abel, gerade für das Schwache, zeigt Gott am Altar plötzlich seine Schwäche.

Mit einem Mal gerät die von Kindheit an eingeübte Vormachtstellung Kains ins Wanken. Er spürt auf einmal, dass bei Gott ganz andere Maßstäbe gelten als bei uns. Kain ist der tüchtige Deutsche, der es zu etwas gebracht hat, Kain ist der aufrechte Protestant, der stolz auf sich sein kann, oder der gläubige Katholik, der immer alles richtig gemacht hat. Aber das alles und noch viel mehr, worauf wir so stolz sind, beeindruckt Gott nicht sonderlich. Abel jedoch, der aus der Armut, aus dem Leiden, aus der Krankheit und Verfolgung heraus sich immer noch an Gott bindet, obwohl ihm das keinen Gewinn verschafft, ihm immer noch Opfer bringt, als hätte er in seinem Leben noch nicht genug entbehren müssen – das macht auf Gott gewaltigen Eindruck! Verstehen wir, warum Kain so wütend wird?

„Da sagte Kain zu seinem Bruder Abel: ‚Komm, wir gehen zusammen aufs Feld!' Und als sie dort hinkamen, griff Kain seinen Bruder an und schlug ihn tot." An dieser Stelle fällt es uns schwer, uns mit Kain zu identifizieren. Wenn es um das fünfte Gebot geht, halten wir uns für einigermaßen unangreifbar.

Man kann über uns sagen, was man will, aber Mörder sind wir nicht! Doch Jesus sagt in seiner Bergpredigt, dass es keineswegs dessen bedarf, dass buchstäblich Blut vergossen wird, um andere Menschen zu „töten". Auch wer seinem Bruder zürnt, ihn klein hält, ausschaltet, auspresst, fertig macht, an die Wand drückt oder aufs Kreuz legt, macht sich des fünften Gebotes schuldig (vgl. Matthäus 5, 22). Der Mord, das Ausschalten des missliebigen oder einfach nur störenden Mitmenschen, beginnt in unseren Herzen. Ja, unser Text gibt uns geradezu ein Kennwort an die Hand, das den Brudermord – wo und in welcher Gestalt versteckt er auch daherkommt – entlarvt: Als Kain antwortete: „Was weiß ich? Muss ich etwa auf meinen Bruder aufpassen?", da hatte er schon keinen Bruder mehr, da hatte er ihn bereits umgebracht. Wo wir die Verantwortung für unseren Mitmenschen nicht mehr empfinden, da ist er in unserem Herzen bereits tot, vielleicht sogar schon buchstäblich. Vielleicht ist das die sublimste Form des Mordens, dass wir die Menschen in ihrer Not schon gar nicht mehr sehen. Dass wir die Augen vor dem verschließen, was der andere durchmacht, wonach er sich sehnt und was er braucht. Doch das Blut Abels schreit zum Himmel. Wir können uns unserer Verantwortung nicht mit einem patzigen „Was weiß ich?" entziehen.

Dennoch fällt das Urteil Gottes über Kain überraschend milde aus. Einerseits muss er die Konsequenzen seiner Tat tragen: Gottlos, heimatlos und brotlos muss er fortan sein Dasein fristen. Gott, Heimat und Brot fallen dem Menschen nicht mehr einfach so zu, er muss sie sich erkämpfen. Religion ist mühsam geworden; die Suche nach einem Platz im Leben, einer wirklichen Heimat, bleibt bei vielen unerfüllt; um Brot, um die elementare Absicherung des Lebens, muss man besorgt sein. Der Mensch ist und bleibt rastlos.

Dennoch wendet sich Gott nicht von dem Menschen ab, der sich von ihm abgewandt hat. Er bleibt trotz der Untat Kains weiter mit ihm im Gespräch. Ja, mehr noch: Das berühmte Kainsmal ist nichts anderes als ein Segen (das Wort „Segen" kommt aus dem Lateinischen „signare" = kennzeichnen). Es soll den Verbrecher nicht brandmarken, es soll ihn schützen. Dies ist der erste Segen, den Gott nach dem Sündenfall über einen Menschen spricht. Auch mit Kain darf man nicht einfach machen, was man will; durch ein strenges Gesetz schützt Gott ihn und seine Nachkommen. Empören Sie sich nicht zu schnell über diesen Segen! Wir alle leben von nichts anderem als von dieser unverdienten Güte Gottes. So schickt Gott Kain zwar in das Land „Nod", in das Land der Läuterung. Kain muss nun vollends „jenseits von Eden" sein Dasein fristen, aber Gott segnet ihn und schützt ihn auf seinem langen Weg.

NACH-DENKEN

Das Wesen des Guten ist: Leben erhalten, Leben fördern, Leben auf seinen höchsten Wert bringen.
Das Wesen des Bösen ist: Leben vernichten, Leben schädigen, Leben in seiner Entwicklung hemmen.

Albert Schweitzer

FRAGEN

» Mit wem können Sie sich eher identifizieren: mit Kain oder mit Abel?
» Wenn Sie Ihre guten (lebensfördernden) und schlechten (lebensschädigenden) Taten auf die Schalen einer Waage verteilen würden, was hätte das Übergewicht?
» Glauben Sie, dass zur Beurteilung unseres Lebens auch unsere Unterlassungen zählen?
» Warum segnet Gott den Kain? Was will er damit bewirken?
» Warum muss Kain trotzdem die Konsequenzen seines Handelns tragen und „gottlos, brotlos und heimatlos" sein Dasein fristen?

ANREGUNG ZUM GEBET

Gut und Böse

Teilen Sie eine Seite in zwei Spalten. Schreiben Sie bitte in die erste, wo Sie *Gutes getan, das heißt Leben erhalten* und gefördert haben. Schreiben Sie bitte in die zweite Spalte, wo Sie Gutes unterlassen oder *Böses getan, das heißt Leben vernichtet,* geschädigt oder gehemmt haben. Sprechen Sie mit Gott darüber und fragen Sie ihn, wo Sie in Ihrem Leben stärker zum Guten wirken können.

MERKVERS

Das Dichten und Trachten des menschlichen Herzens ist böse von Jugend auf.

Genesis 8, 21

WOHLFÜHLINSPIRATION

Wann haben Sie das letzte Mal eines Ihrer alten (oder auch noch nicht so alten) Fotoalben angeschaut? Wie wäre es mit jetzt oder heute Abend? Holen Sie sich etwas Nettes zu trinken, suchen Sie sich einen bequemen Platz, und nehmen Sie ein Fotoalbum zur Hand. Interessant, wie Sie damals aussahen ... Und was Sie alles schon erlebt haben!

Ach ja, und wenn Sie noch ein bisschen Zeit haben: Da war doch diese herrliche Reise, die Sie mal gemacht haben. Vielleicht ist an diesem Wochenende die Gelegenheit, sich wieder mal die Dias anzusehen, die im Keller schon verstauben. Und wenn Sie ganz viel Zeit und Lust dazu haben, dann schnappen Sie sich die Kiste mit den Fotos, die eigentlich schon länger auf ihren Platz im Album warten.

18 Denn Gottes Zorn wird vom Himmel her offenbart über alles gottlose Wesen und alle Ungerechtigkeit der Menschen, die die Wahrheit durch Ungerechtigkeit niederhalten.

19 Denn was man von Gott erkennen kann, ist unter ihnen offenbar; denn Gott hat es ihnen offenbart.

20 Denn Gottes unsichtbares Wesen, das ist seine ewige Kraft und Gottheit, wird seit der Schöpfung der Welt ersehen aus seinen Werken, wenn man sie wahrnimmt, sodass sie keine Entschuldigung haben.

21 Denn obwohl sie von Gott wussten, haben sie ihn nicht als Gott gepriesen noch ihm gedankt, sondern sind dem Nichtigen verfallen in ihren Gedanken, und ihr unverständiges Herz ist verfinstert.

22 Da sie sich für Weise hielten, sind sie zu Narren geworden

23 und haben die Herrlichkeit des unvergänglichen Gottes vertauscht mit einem Bild gleich dem eines vergänglichen Menschen und der Vögel und der vierfüßigen und der kriechenden Tiere.

24 Darum hat Gott sie in den Begierden ihrer Herzen dahingegeben in die Unreinheit, sodass ihre Leiber durch sie selbst geschändet werden,

Gottes Zorn kommt vom Himmel
und bringt die Gottlosigkeit
und die Ungerechtigkeit
der Menschen ans Licht, die jetzt noch
die Wahrheit des Lebens verdunkeln.

Gott hat den Menschen
alles zugänglich gemacht,
was nötig ist, um ihn zu entdecken.
Seine ewige Macht
und seine Göttlichkeit sind zwar unsichtbar,
aber an der Schöpfung
und an allem, was er tut,
kann man ihn erkennen,
wenn man wirklich will.
Die Menschen können sich also
nicht herausreden.
Obwohl sie von Gott wussten,
haben sie ihn nicht geliebt
und ihm nicht gedankt.
Im Gegenteil:
Sie denken nur an wertlose Dinge
und in ihren Herzen sieht es düster aus.
Sie halten sich für besonders gescheit
und beweisen gerade
dadurch ihre Dummheit:
Sie tauschen die Herrlichkeit
des ewigen Gottes
gegen von Menschen gemachte Idole ein,
die alle vergänglich sind;
gegen Götzenbilder von Vögeln,
von vierfüßigen
oder gar von kriechenden Tieren.

Gott hat die Menschen
ihren Leidenschaften ausgeliefert –
und sie schänden sich tatsächlich
durch ihre Ausschweifungen;

25 sie, die Gottes Wahrheit in Lüge verkehrt und das Geschöpf verehrt und ihm gedient haben statt dem Schöpfer, der gelobt ist in Ewigkeit. Amen.

26 Darum hat sie Gott dahingegeben in schändliche Leidenschaften; denn ihre Frauen haben den natürlichen Verkehr vertauscht mit dem widernatürlichen;

27 desgleichen haben auch die Männer den natürlichen Verkehr mit der Frau verlassen und sind in Begierde zueinander entbrannt und haben Mann mit Mann Schande getrieben und den Lohn ihrer Verirrung, wie es ja sein musste, an sich selbst empfangen.

28 Und wie sie es für nichts geachtet haben, Gott zu erkennen, hat sie Gott dahingegeben in verkehrten Sinn, sodass sie tun, was nicht recht ist,

29 voll von aller Ungerechtigkeit, Schlechtigkeit, Habgier, Bosheit, voll Neid, Mord, Hader, List, Niedertracht; Zuträger,

30 Verleumder, Gottesverächter, Frevler, hochmütig, prahlerisch, erfinderisch im Bösen, den Eltern ungehorsam,

31 unvernünftig, treulos, lieblos, unbarmherzig.

32 Sie wissen, dass, die solches tun, nach Gottes Recht den Tod verdienen; aber sie tun es nicht allein, sondern haben auch Gefallen an denen, die es tun.

genau die Menschen,
die schon immer lieber gelogen,
als die Wahrheit gesagt,
und lieber das Geschaffene
als den Schöpfer verehrt haben;
den, der für alle Zeiten gelobt werden soll.

Gott hat die Menschen
ihren Lüsten ausgeliefert –
und die Frauen haben lieber
unnatürlichen Geschlechtsverkehr
als natürlichen.
Die Männer aber verlassen ihre Frauen,
begehren einander
und treiben miteinander Unzucht;
dadurch empfangen sie am eigenen Leib das,
was ihnen für diese Verwirrung zusteht.

Gott hat die Menschen
ihren Irrtümern ausgeliefert –
weil sie sich überhaupt nicht bemüht haben,
mit ihm vertraut zu werden.
Nun tun sie lauter Dinge,
die nicht richtig sind:
Überall findet man Ungerechtigkeit,
Niedertracht, Habgier, Bosheit,
Neid, Mord, Streit, Betrug
und schlechte Absichten.
Die Menschen lästern, verleumden einander,
freveln und verachten Gott.
Außerdem sind sie hochmütig,
arrogant, hinterhältig,
respektlos gegenüber ihren Eltern,
unvernünftig, untreu,
hart und unbarmherzig.

Sie wissen sehr gut, dass alle, die so leben,
nach Gottes Ordnung den Tod verdienen,
trotzdem machen sie einfach weiter
und freuen sich sogar noch über diejenigen,
die genau so handeln.

Der Text, den ich für heute ausgewählt habe, entstammt dem Neuen Testament. Sie werden während unserer Expedition immer wieder erleben, dass ich zwischen Altem und Neuem Testament scheinbar „springe", aber die Systematik der Expedition ergibt sich aus den Leitfragen und -gedanken der jeweiligen Woche. Diese versuche ich von verschiedenen Seiten der Bibel zu beleuchten. Nachdem wir uns in den letzten Tagen überwiegend mit dem biblischen Menschenbild beschäftigt haben, soll uns heute und morgen die Frage beschäftigen, welche Rolle Gott bei alledem spielt. Vier verblüffende Gedanken steuert unser heutiger Text zu dieser Frage bei.

1. Gott existiert und man kann ihn erkennen. Zumindest Letzteres ist eine der wirklich überraschenden Aussagen unseres Textes. Hier steht nicht mehr und nicht weniger, als dass Gott so viele Zeichen seiner Existenz in diese Welt hineingelegt hat, dass man ihn erkennen kann. Natürlich „sind seine ewige Macht und seine Göttlichkeit nicht sichtbar, aber an der Schöpfung und an allem, was er tut, kann man ihn erkennen, wenn man wirklich will." Ja, Paulus geht sogar so weit, zu sagen, dass wir Menschen uns nicht damit herausreden können, dass Gott unsichtbar sei. Gott kann man zwar nicht beweisen, denn er ist ewig. Wie sollten wir das aus unserer raum-zeitlich begrenzten Welt heraus auch tun? Aber Gott hinterlässt Spuren in dieser Welt. Es gibt zwar keine Beweise, wohl aber eine Menge Hinweise auf Gott.

Woran also liegt es, wenn wir ihn nicht erkennen? Zunächst einmal an einer falschen Erwartung. Wir denken oft, wenn Gott uns begegnet, dann muss es krachen und blitzen; irgendetwas Übernatürliches muss geschehen. Ich bin davon überzeugt, dass es solche „übernatürlichen" Erscheinungen Gottes gibt. Aber das ist nicht das, wovon Paulus hier schreibt, wenn er sagt: Wir alle könnten Gott erkennen, wenn wir nur wollten. Er denkt an viel „normalere" Zeichen, ganz natürliche Dinge inmitten unseres Alltags. Ein Sonnenaufgang, die Geburt eines Kindes, das Lachen eines Freundes, die Liebe des Partners, die Versöhnung mit einem Feind – all das und noch viel mehr kann zu einem Hinweis auf die Gegenwart und die Liebe Gottes werden. Ganz natürliche Dinge also, die etwas in unserem Herzen zum Schwingen bringen.

Der zweite Grund, warum wir Gott nicht erkennen, ist der falsche Zugang. Gott wird nicht mit äußeren Augen, sondern mit dem Herzen erkannt. Das äußere Auge sieht nur die Oberfläche, nie die Tiefendimension der Dinge. Wie heißt es so schön im „Kleinen Prinzen"? „Man sieht nur mit dem Herzen gut. Das Wesentliche ist für die Augen unsichtbar." Um Gott zu sehen, müssen wir lernen, mit dem Herzen zu sehen. Andernfalls lassen wir uns vom oberflächlichen Schein der Dinge blenden und bleiben in Äußerlichkeiten stecken.

Der dritte Grund, warum wir Gott nicht erkennen, ist mangelnde Aufmerksamkeit. Was wir beachten, verstärkt sich in unserem Bewusstsein. Und umgekehrt: Worauf wir nicht achten, das übersehen wir. Ich habe mit vielen Menschen gesprochen, die Christen wurden und mir dann sagten: „Gott hat sich in meinem Leben so oft bemerkbar gemacht, aber ich habe es nie gesehen. Heute, wo ich mit ihm rechne, erfahre ich seine Gegenwart andauernd."

2. Gott ist nicht allmächtig. Ich vermute mal, dass diese Aussage einigen Widerspruch erregen wird. Steht nicht in der Bibel andauernd, dass Gott „allmächtig" ist? Antwort: Nein, das ist nicht der Fall. Jedenfalls nicht im Urtext. Die hebräische Sprache hält überhaupt kein Wort für „Allmacht" bereit. Dort, wo in deutschen Übersetzungen „allmächtig" steht, stehen im Original verschiedene Begriffe, die alle eine „große Macht" beschreiben, nicht aber das, was wir landläufig als „Allmacht" bezeichnen. Auch Jesus hat Gott nie als „allmächtig" beschrieben. Sein Leben spiegelte einerseits die große Macht Gottes wider, beispielsweise Wunder zu tun, andererseits aber auch die Ohnmacht Gottes angesichts menschlicher Bosheit und Borniertheit. Nein, so zentral, wie wir manchmal denken, ist der Begriff der Allmacht für christliches Denken keineswegs. Platt gesagt: Wenn Jesus auf den Begriff der Allmacht verzichten konnte, können wir das auch.

Das Problem ist nämlich, dass wir uns unter „Allmacht" oft etwas ziemlich Naives vorstellen, nämlich dass Gott „alles kann". Doch bereits am 3. Tag unserer Expedition haben wir gesehen, dass Gott mit der Freiheit des Menschen seine eigene Macht einschränkt. Auch unser Text zeigt in bewegenden Worten auf, dass diese Welt ganz und gar nicht so läuft, wie Gott sich das vorstellt und wie er es eigentlich gerne hätte. Es ist nicht Gottes ursprünglicher Wille, dass er seine rebellischen Geschöpfe den teilweise katastrophalen Folgen ihrer Gier und ihres irrigen Denkens einfach preisgibt. Mit „Allmacht" hat das jedenfalls nicht viel zu tun. Manchmal scheint einem das Handeln Gottes eher von Ohnmacht und Ratlosigkeit geprägt; etwa der Versuch, mit der großen Flut einen völlig neuen Anfang zu schaffen, der dann wieder gründlich schief geht. Fest steht: Wenn Gott wirklich allmächtig sein wollte, gäbe es das Böse auf der Welt nicht. Ich schlage also vor, auf den Begriff der Allmacht zu verzichten. Er schafft mehr Probleme, als er löst. Der Gott der Bibel hat zweifellos sehr große Macht, aber „allmächtig" im landläufigen Sinne ist er nicht.

3. Gott hat Gefühle. Auf den ersten Blick erscheint uns das nicht gerade einleuchtend: Schließlich sind Gefühle unzuverlässig und lassen uns einen Haufen Dummheiten begehen. Darum haben die Philosophen immer wieder gesagt: „Eine Gottheit hat keine Gefühle." Aristoteles etwa sprach von dem „unbewegten Beweger", einem von allen Belangen dieser Welt losgelösten, unbeteiligten und natürlich auch gefühllosen Schöpfer. – Ganz anders der Gott der Bibel! Er hat Gefühle, große Gefühle: Leidenschaft, Erbarmen, Zorn, Eifersucht, Mitleid, Sehnsucht, Liebe, Frustration, Freude, Entzücken – die komplette Skala. Doch reden wir damit nicht allzu menschlich von Gott? Der Einwand lässt sich schwer entkräften. Ich behaupte allerdings, dass es genau umgekehrt ist: Unsere Fähigkeit, Gefühle in einer derart großen Bandbreite empfinden zu können, ist ein Teil unserer Gottebenbildlichkeit.

Im heutigen Text werden vor allem negative Gefühle Gottes beschrieben: Zorn, Wut und Trauer. An anderen Stellen erfahren wir auch von positiven Gefühlen: Freude, Entzücken, Wohlgefallen. Doch durch die ganze Bibel ziehen sich immer wieder Berichte darüber, wie Gott von Menschen enttäuscht und in Trauer und Wut versetzt wird. Und das ist für uns durchaus problematisch. Denn wenn jemand zornig und ärgerlich wird, hat das bei uns Menschen oft den Beigeschmack des Fragwürdigen. Selten ist der Zorn eines Menschen völlig rational zu begründen, und noch seltener reagiert ein Mensch angemessen in seinem Zorn. Gott verliert nicht die Kontrolle, wie wir das oft tun. Aber er ist auch nicht aus Stein. In Psalm 103, 8–13 heißt es: „Barmherzig und gnädig ist der HERR, geduldig und von großer Güte. Er wird nicht für immer zornig bleiben. Er vergilt uns nicht nach unsrer Missetat. Denn so hoch der Himmel über der Erde ist, lässt er seine Gnade walten über denen, die ihn fürchten." Gott ist unglaublich geduldig und vergebungsbereit. Seine Geduld ist nahezu grenzenlos, aber er weiß auch, wo Geduld nichts mehr bringt. Gottes Zorn ist der Weg, den Gott geht, wenn kein anderer Weg mehr weiterführt. Dieser Zorn besteht auch nicht darin, dass Gott uns straft oder sonst etwas Böses antut. Vielmehr überlässt er uns den Folgen unseres Tuns.

4. Gott straft nicht, sondern überlässt uns den Folgen unseres Tuns und Denkens. Der Gedanke, dass Gott unsere bösen Taten straft, ergibt sich fast zwingend aus der Vorstellung, dass Gott „zornig" ist. Bei uns Menschen ist es auf jeden Fall so: Wenn wir zornig sind und die entsprechende Macht haben, nutzen wir diese auch und strafen diejenigen, auf die wir zornig sind. Ich gestehe, dass ich Mühe habe, dieses menschliche Bild einfach auf Gott zu übertragen. Ich glaube, dass Gott selbst in seinem Zorn gütig, weise und gerecht bleibt. Entsprechend muss man, wenn man im Hinblick auf Gott überhaupt von Strafe reden will, differenzieren: Es gibt zwei Arten von Strafe. Die eine ergibt sich unmittelbar als Folge aus einem falschen Tun, sie ist deren logische Konsequenz. Zum Beispiel: Ich lüge jemanden an, und er vertraut mir nicht mehr. Vielleicht erzählt er auch noch anderen: „Klaus ist nicht vertrauenswürdig." Das muss ich in Kauf nehmen, das sind alles mittelbare und unmittelbare Folgen meiner Handlung, es ist meine „Strafe", wenn man so will. Die andere Art der Strafe ergibt sich nicht direkt aus unserem Tun, sondern erfolgt zusätzlich. Wenn ein Kind im Winter ohne Pullover herumläuft und sich erkältet, ist das eine „Strafe" im Sinne einer Konsequenz. Wenn seine Mutter ihm dafür zusätzlich den Hintern versohlt oder das Taschengeld kürzt, ist das eine Strafe im Sinn einer zusätzlichen Sanktion.

Wenn Gott „straft", dann nicht im Sinne einer zusätzlichen Sanktion („Erst überlasse ich dich den Konsequenzen deines Tuns, und außerdem musst du in die Hölle"). So wird es auch in Römer 1 beschrieben: Gottes „Zorn" führt nicht dazu, dass er uns irgendwelche Strafen vom Himmel schickt, sondern dass er uns den Folgen unseres Denkens und Trachtens „ausliefert". In Vers 24 liefert Gott uns unseren „Leidenschaften" aus. In Vers 26 den Folgen unserer „Lüste". Und in Vers 28 den Konsequenzen unserer „Irrtümer". Präziser kann man nicht beschreiben, wo die Quelle unserer Probleme liegt: in falschem Wollen, falschem Tun und falschem Denken.

Auf einen Punkt kann ich hier nicht näher eingehen, aber ich will ihn wenigstens kurz erwähnen, weil hier oft etwas missverstanden wird: Die Verse 26 und 27 reden nicht von Homosexualität als Veranlagung oder gar von homosexueller Liebe. Was Paulus hier vielmehr als „Verirrung" bezeichnet, sind damals durchaus übliche homosexuelle Praktiken an sich heterosexueller, verheirateter Menschen. Liebe und Lust gehören in seinen Augen zusammen und lassen sich nicht ohne gravierende Konsequenzen auseinanderreißen.

Nicht Gott straft uns, wir bestrafen uns selber. Wir wollen eine Welt nach unserem Willen, also bekommen wir sie. Es ist so wie bei der Vertreibung aus dem Paradies: Die Menschen *wollten* ohne Gott leben, nun müssen sie ohne ihn leben. Das ist der „Zorn Gottes", wie Paulus ihn versteht: dass Gott nicht einschreitet, sondern uns gewähren lässt. Wenn dies das einzige wäre, was wir von Gott wüssten, wäre dies ein ziemlich düsteres Bild. Die Bibel malt aber auch ein anderes Bild Gottes, nämlich das des sehnsüchtigen, voller Liebe auf uns wartenden Vaters. Davon morgen mehr.

Strafen heißt, absichtlich ein Übel zufügen. Wer in diesem Sinne strafen will, muss sich eines höheren Auftrags zuversichtlich bewusst sein.

Gustav Radbruch

FRAGEN

» Wieso kann man Gott nicht beweisen?
» Wie kann man lernen, mit dem Herzen zu sehen?
» Was glauben Sie: Welche Gefühle hat Gott, wenn er über Sie nachdenkt?
» Welche positiven, welche negativen Konsequenzen hat es, wenn man auf den Begriff der Allmacht Gottes verzichtet?
» Glauben Sie, dass Gott straft?

ANREGUNG
ZUM GEBET

Spuren Gottes in Ihrem Leben
Versuchen Sie für ein paar Minuten, mit den „Augen des Herzens" zu schauen. Schreiben Sie in Ihr Gebetstagebuch alle Spuren in Ihrem Leben, die auf Gott hinweisen: Situationen, in denen Sie glaubten, dass Gott zu Ihnen gesprochen hat oder sich anderweitig bemerkbar machen wollte. Wie haben Sie darauf reagiert? Was ist daraus geworden? Reden Sie mit Gott darüber.

MERKVERS

Der Sünde Sold ist der Tod; die Gabe Gottes aber ist das ewige Leben in Christus Jesus.

Römer 6, 23

11 Und er sprach: Ein Mensch hatte zwei Söhne.

12 Und der jüngere von ihnen sprach zu dem Vater: Gib mir, Vater, das Erbteil, das mir zusteht. Und er teilte Hab und Gut unter sie.

13 Und nicht lange danach sammelte der jüngere Sohn alles zusammen und zog in ein fernes Land; und dort brachte er sein Erbteil durch mit Prassen.

14 Als er nun all das Seine verbraucht hatte, kam eine große Hungersnot über jenes Land und er fing an zu darben

15 und ging hin und hängte sich an einen Bürger jenes Landes; der schickte ihn auf seinen Acker, die Säue zu hüten.

16 Und er begehrte, seinen Bauch zu füllen mit den Schoten, die die Säue fraßen; und niemand gab sie ihm.

17 Da ging er in sich und sprach: Wie viele Tagelöhner hat mein Vater, die Brot in Fülle haben, und ich verderbe hier im Hunger!

18 Ich will mich aufmachen und zu meinem Vater gehen und zu ihm sagen: Vater, ich habe gesündigt gegen den Himmel und vor dir.

19 Ich bin hinfort nicht mehr wert, dass ich dein Sohn heiße; mache mich zu einem deiner Tagelöhner!

20 Und er machte sich auf und kam zu seinem Vater. Als er aber noch weit entfernt war, sah ihn sein Vater und es jammerte ihn; er lief und fiel ihm um den Hals und küsste ihn.

Jesus erzählte:

„Ein Mann hatte zwei Söhne,
und der Jüngere sagte
eines Tages zu seinem Vater:
,Gib mir bitte jetzt schon
meinen Anteil am Erbe.'
Da teilte der Mann seinen ganzen Besitz
unter den beiden auf.
Wenig später verkaufte
der jüngere Sohn sein Erbe
und zog mit dem Erlös in ein fremdes Land,
wo er in kurzer Zeit alles verprasste.

Als er völlig mittellos war,
kam es in dem Land auch noch
zu einer schweren Hungersnot,
so dass er bald große Not litt.
Verzweifelt bat er
einen Einheimischen um Hilfe,
und arbeitete auf dessen Acker
    als Schweinehirt.
In dieser Zeit war er manchmal so hungrig,
dass er sogar mit dem Schweinefutter
zufrieden gewesen wäre,
aber nicht einmal davon gab man ihm etwas.
Da sagte er zu sich:
„Mein Vater hat so viele Angestellte,
die genug zu essen bekommen,
und ich sterbe hier vor Hunger.
Ich werde zu meinem Vater zurückkehren
und ihm offen eingestehen:
,Vater, ich habe alles falsch gemacht –
dir gegenüber, aber auch Gott gegenüber.
Ich weiß, dass ich es nicht mehr wert bin,
als dein Sohn bei dir zu sein –
lass mich wenigstens für dich arbeiten.“

Er machte sich also
auf den Weg zu seinem Vater.

21 Der Sohn aber sprach zu ihm: Vater, ich habe gesündigt gegen den Himmel und vor dir; ich bin hinfort nicht mehr wert, dass ich dein Sohn heiße.

22 Aber der Vater sprach zu seinen Knechten: Bringt schnell das beste Gewand her und zieht es ihm an und gebt ihm einen Ring an seine Hand und Schuhe an seine Füße

23 und bringt das gemästete Kalb und schlachtet's; lasst uns essen und fröhlich sein!

24 Denn dieser mein Sohn war tot und ist wieder lebendig geworden; er war verloren und ist gefunden worden. Und sie fingen an, fröhlich zu sein.

Doch schon, als er noch ein gutes Stück
vom Haus entfernt war,
entdeckte ihn der Vater
und brach in Tränen aus,
er rannte ihm entgegen,
fiel ihm um den Hals
und küsste ihn.
Der Sohn sagte dann das,
was er sich vorgenommen hatte:
„Vater, ich habe alles falsch gemacht.
Ich bin vor dir und dem Himmel
schuldig geworden.
Ich verdiene es nicht mehr,
dass du mich deinen Sohn nennst."

Der Vater rief jedoch sofort
nach den Knechten:
„Holt etwas Edles zum Anziehen
und kleidet ihn neu ein,
steckt ihm einen Ring an die Hand
und Schuhe an die Füße.
Und schlachtet das gemästete Kalb.
Heute wollen wir feiern
und es uns gut gehen lassen.
Mein Sohn war tot –
und ist wieder lebendig.
Er war verloren –
aber jetzt ist er wieder da!"
Und es begann ein großes Fest.

Jesu Erzählung vom „Verlorenen Sohn" gehört zu den bekanntesten Erzählungen der Bibel. Obwohl sie dem Neuen Testament entstammt, nehme ich sie zum Abschluss unserer Genesis-Woche dazu, weil sie die Sündenfallgeschichte und ihre Folgen noch einmal aus einer besonderen Perspektive erzählt.

Gott wird in dieser Geschichte symbolisiert durch die Figur des Vaters. Jesus hat Gott gerne als unseren „Vater", ja wörtlich sogar als „Papa" bezeichnet. Das war damals eine Sensation. Gott galt bei den Juden wohl als Vater des Volkes Israel, nicht aber als Vater einzelner Menschen. Selbst 2000 Jahre nach Christus klingt für uns die Anrede Gottes als „Papa" befremdlich. In den Ohren der Menschen damals war sie geradezu gotteslästerlich. Die Vorstellung, dass Gott unser „Vater" ist, bereitet uns außerdem aus ganz anderen Gründen Probleme. Zum einen wegen der geschlechtlichen Zuordnung Gottes: Hieß es nicht in Genesis 1, dass Gott den Menschen „als Mann und Frau" zu seinem Bilde geschaffen hat? Und hat der biblische Gott nicht auch weibliche, ja, mütterliche Züge an sich? (Beispiele finden Sie in Jesaja 49, 15; Jesaja 66, 11–13; Hosea 11, 8; Lukas 13, 34 u. a.) Außerdem haben viele von uns keine guten Erfahrungen mit ihren Vätern gemacht – was den Zugang zu einem Gott, der einem als „Vater" präsentiert wird, nicht gerade erleichtert. Darum ist ganz wichtig zu wissen: Das Bild des Vaters ist nicht geschlechtlich gemeint, der Vergleichspunkt liegt im Erzeugen, Lieben, Erziehen und Versorgen.

Normalerweise wird das Gleichnis vom verlorenen Sohn aus der Perspektive des Sohnes ausgelegt und das ist auch richtig so: Schließlich wollte Jesus, dass wir uns in dieser Figur wiedererkennen. Ich habe mir die Geschichte einmal aus der Perspektive des Vaters angesehen. Und dabei fallen mir drei grundlegende Eigenschaften Gottes auf:

1. Gottes Großzügigkeit

Alles, was wir sind und haben, kommt letzten Endes von Gott. Das ist etwas, was viele „Self-made-men" und „Self-made-women" gerne vergessen: Sie haben sich eben nicht selbst gemacht. Mag sein, dass wir uns aus eigener Kraft emporgearbeitet und im Leben einiges erreicht haben. Wir dürfen darauf auch gerne stolz sein, aber größer als unser Stolz sollte unsere Dankbarkeit bleiben: denn die Kraft, der Wille, die Ausdauer, die Fähigkeiten und die Gelegenheit, das alles auch umzusetzen, kommen von Gott. Unser Leben ist zu 99 Prozent Geschenk und wahrscheinlich zu nicht einmal ein Prozent eigene Leistung. Dieses eine Prozent macht in der Praxis freilich oft einen so großen Unterschied, dass wir die 99 Prozent Geschenk darüber gern vergessen.

Dass der jüngere Sohn aus unserer Geschichte ist, wer er ist, verdankt er seinem Vater bzw. seinen Eltern. Und ich stelle mir vor, dass der Vater durchaus mit Stolz und Wohlwollen auf seine Kinder schaut: auf ihre Fähigkeiten und Talente und ihr erworbenes Know-how. Mein Bild ist, dass er ihnen dabei weitgehend freie Hand auf seinem Grund und Boden lässt: „Von allen Bäumen des Gartens darfst du essen ..." – nur das letzte Wort behält er sich vor.

Genau dies stört den jungen Mann aus unserer Geschichte. Weitgehend freie Hand ist eben nicht völlig freie Hand. Er möchte lieber Chef in seiner eigenen Firma sein als Juniorchef in der Firma seines Vaters. Er denkt sich: „Wenn schon selbstständig, dann ganz" und bittet den Vater, ihm sein Erbteil vorzeitig auszuzahlen. Dieser gibt seinem Sohn das Erbe und ermöglicht ihm damit, ein Leben ohne ihn zu führen. Es ist paradox: Ohne die Zuwendung Gottes könnten wir ein Leben in der Abwendung von Gott gar nicht führen!

Warum macht Gott so etwas? Hätte er seinen Sohn nicht lieber zwingen sollen, daheim zu bleiben oder ihm zumindest die Unterstützung verweigern sollen? „Du wirst schon sehen, wie weit du ohne mich kommst!" Aber der Vater im Gleichnis denkt nicht so. Er liebt seinen Sohn. Und weil er ihn liebt, lässt er ihn frei. Nichts wünscht er sich sehnlicher, als dass der Sohn seine Liebe erwidert. Aber genau damit verträgt sich keinerlei Gewalt. „Man kann das Lied der Freiheit nicht auf dem Instrument der Gewalt spielen", sagt der polnische Dichter Stanislaus Lec. Liebe braucht Freiheit, sie lässt sich nicht erzwingen. Darum macht der Vater nicht den leisesten Versuch, seinen Sohn gegen dessen Willen zurückzuhalten. Vielmehr gibt er ihm alles mit auf den Weg, was er braucht, um auch ohne ihn zurechtzukommen. Dass der Sohn letzten Endes bei den Schweinen landet, ist alles andere als zwangsläufig. Sein Vater hat ihm genug Kapital mitgegeben. Die Not des jungen Mannes ist darauf zurückzuführen, dass er das Kapital verprasst. Ist das nicht unglaublich, dass Gott uns die Möglichkeit gegeben hat, unser Leben ohne ihn zu genießen, ohne dabei zu kurz zu kommen? Was muss das für eine Liebe sein!

2. Gottes Sehnsucht

Ich überspringe den „Absturz" des verlorenen Sohnes und bleibe gedanklich bei dem zu Hause wartenden Vater. Die Geschichte gibt uns keinen Hinweis darauf, wie lange die Trennung zwischen dem Vater und dem Sohn gedauert hat. Ich gehe davon aus, dass sich eine Menge Geld in seinem Beutel befunden hat und dass eine Hungersnot auch nicht über Nacht gekommen ist und dass darum einige Jahre vergangen sein werden. Zumindest ein längerer Zeitraum, in dem der Vater zu Hause sitzt und über das Schicksal seines verlorenen Kindes nachgrübelt. Ja mehr noch: Er scheint regelrecht nach ihm Ausschau gehalten zu haben, denn es heißt: „Schon, als er noch ein gutes Stück vom Haus entfernt war, entdeckte ihn der Vater und brach in Tränen aus; er rannte ihm entgegen, fiel ihm um den Hals und küsste ihn."

Wir haben uns gestern Gedanken über die Gefühle Gottes gemacht. Es ist spannend, dass Jesus weniger vom Zorn und der Enttäuschung Gottes ausgeht, als vielmehr von seiner Sorge und Sehnsucht nach dem Menschen. Wenn man das Gleichnis aus der Perspektive Gottes liest, kann man sich förmlich vorstellen, wie Gott oben im Himmel sitzt und sich um seine verlorenen Söhne und Töchter sorgt. Wie er aus dem Fenster guckt und sich Gedanken über uns macht und sich wünscht, dass es uns gut geht – auch ohne ihn! – und hofft, dass wir, egal, ob es uns gut geht oder schlecht, eines Tages zu ihm zurückkehren. Auch das gibt es, nebenbei erwähnt, durchaus: dass jemand zu Gott umkehrt, obwohl oder gerade weil es ihm gut geht.

In dem Gleichnis vom verlorenen Sohn findet sich eine kleine Passage, die in den Ohren der Zeitgenossen Jesu ganz unglaublich geklungen haben muss: nämlich die Stelle, in der Jesus erzählt, dass der Vater dem Sohn bereits von weitem entgegenrennt. So etwas macht ein orientalischer Patriarch nicht, wenn nicht gerade Lebensgefahr besteht! Er macht sich lächerlich mit diesem Verhalten! Normalerweise geht er gemessenen Schrittes, lässt die Leute zu sich kommen oder schickt seine Diener. Gott aber wird hier ganz anders dargestellt: Er kommt uns entgegen. Ja, das Wort „entgegenkommen" ist fast zu schwach. Er rennt uns geradezu entgegen, ohne sich groß um seine göttliche Würde zu kümmern. Überspitzt formuliert könnte man sagen, die Bibel erzählt von zwei großen Bewegungen: davon, wie der Mensch von Gott fortläuft, und davon, dass Gott dem Menschen nachrennt. Der Mensch will ohne Gott sein, aber Gott will nicht ohne den Menschen sein.

Immer und immer wieder fängt Gott neu mit den Menschen an, beruft sie, rüstet sie aus, hilft ihnen, begleitet sie, schützt sie, verzweifelt an ihnen, ruft sie zur Umkehr, versucht es ein weiteres Mal, in geradezu unerschütterlicher Geduld. Unzählige Male schlagen die Menschen sein Wort in den Wind, verlachen, verfolgen und töten seine Boten. Und als das alles nichts nützt, schickt Gott zu guter Letzt seinen Sohn. Jesus ist das Entgegenkommen Gottes in Person! Wenn man so will, hat sich Jesus in diesem kleinen Satz selber in die Geschichte vom verlorenen Sohn eingezeichnet: „Er rannte ihm entgegen". Das werden wir in der vierten Woche ausführlich nachvollziehen.

3. Gottes Freude

Nichts freut Gott mehr, als wenn ein Mensch zu ihm umkehrt. Egal, ob die Geschichte im Hintergrund eine rühmliche oder eine eher unrühmliche ist.

1. Der Vater nimmt den Sohn in die Arme und küsst ihn. Und zwar bevor der Sohn überhaupt etwas sagen kann. Dabei hat er auf dem langen Weg nach Hause so schön seinen Text auswendig gelernt: „Papa, ich habe alles falsch gemacht – dir gegenüber, aber auch Gott gegenüber." Das ist nicht nur äußerliche Artigkeit, sondern der tief empfundene Wunsch nach Vergebung. Anders als am Anfang der Geschichte möchte der Sohn jetzt eine Beziehung zum Vater. Es tut ihm Leid, dass er dem Vater weh getan und sein Vermögen verschleudert hat. Auch als deutlich wird, dass der Vater ihn noch immer liebt, tut der Sohn das einzig Angemessene: Er bittet um jene Vergebung, die ihm der Vater durch die Umarmung und den Kuss schon längst gewährt hat.

2. Der Vater kleidet seinen Sohn neu ein. Er möchte nicht, dass der Sohn vor anderen und sich selbst beschämt dasteht, nach Schwein riecht und so ständig mit seiner Vergangenheit konfrontiert wird. Die neuen Kleider stehen für den neuen Anfang, den Gott jedem Menschen gewähren möchte, der zu ihm umkehrt. Bei dem Ring, den der Vater dem Sohn ansteckt, handelt es sich um den väterlichen Siegelring als Zeichen der Vollmachtsübertragung. Mit diesem Ring ist der Sohn auch nach außen hin wieder voll und ganz als Kind seines Vaters eingesetzt. Die Schuhe kennzeichnen ihn als freien Mann. Der Sohn darf ganz von vorne anfangen, er bekommt erneut Verfügungsrecht über Anwesen und Besitz des Vaters, er ist ein freier Mensch.

3. Der Vater ruft ein Fest aus. Jedes Mal, wenn ein Mensch zu Gott zurückfindet, feiert dieser ein großes Fest. Mag sein, dass dieses Bild menschlich ist, aber wenn, wird es von der göttlichen Wirklichkeit noch übertroffen. Gott feiert leidenschaftlich gerne! Es ist merkwürdig, wie sehr es das Christentum geschafft hat, diesen Zug nahezu vollständig aus dem Bild Gottes weg zu retuschieren. Dabei hat Jesus oft und gerne gefeiert, er fand es eine ausgesprochen angemessene Weise, Gott zu repräsentieren. Seine Gegner bezeichneten ihn deswegen als „Fresser und Weinsäufer", sie fanden, dass sich Religion eher in Fasten und Askese auszudrücken hat. Aber das stimmt nicht. Die Bibel schildert uns den Himmel als den Schauplatz eines gigantischen Festes, bei dem sich der ganze Kosmos zusammen mit Gott über dessen Versöhnung mit seiner vormals verlorenen Menschheit freut und ausgelassen feiert. Gottes Trauer und Zorn sind zeitlich begrenzt. Aber seine Freude über unsere Umkehr ist so groß, dass sie eine ganze Ewigkeit anhält.

NACH-DENKEN Du hast uns zu dir hin geschaffen, o Gott, und unruhig ist unser Herz, bis es Frieden findet in dir.
Aurelius Augustinus

FRAGEN

» Was an Ihrem Leben ist Geschenk, was Ihr Verdienst?
» Worin genau besteht die Schuld des jungen Mannes?
» Wie beurteilen Sie das Verhalten des Vaters, als sein Sohn sich das Erbe auszahlen lassen will?
» Wie haben Sie selber mit den Gaben Gottes „gewirtschaftet"? Sind Sie „oben" oder „unten" gelandet?
» Wie empfinden Sie das Verhalten des Vaters nach der Rückkehr des verlorenen Sohnes?

ANREGUNG
ZUM GEBET

Der verlorene Sohn /die verlorene Tochter
Wo stehen Sie in dem Gleichnis? Geben Sie das Ihnen von Gott anvertraute Gut gerade mit vollen Händen aus? Sind Sie umgeben von falschen Freunden? Greift die „Hungersnot" bereits nach Ihnen oder sind Sie sogar schon bei den „Schweinen" gelandet? Vielleicht weicht Ihre Geschichte deutlich von der des verlorenen Sohnes ab und Sie haben das väterliche Vermögen vervielfacht. Vielleicht sind Sie auf dem Rückweg nach Hause. Oder Gott hält Sie bereits in seinen Armen.

Schreiben Sie von diesem Punkt einen Brief an den Vater. Beschreiben Sie, wo Sie stehen. Schildern Sie, wie Sie dahin gekommen sind und wo Sie gerne hinwollen. Wichtig: Bringen Sie viel Gefühl in den Brief.

MERKVERS

Barmherzig und gnädig ist der HERR, geduldig und von großer Güte. Er wird nicht für immer hadern, noch ewig zornig bleiben. Er handelt nicht mit uns nach unsern Sünden und vergilt uns nicht nach unsrer Missetat. Denn so hoch der Himmel über der Erde ist, lässt er seine Gnade walten über denen, die ihn fürchten.
Psalm 103, 8–10

Woche 2 / **Exodus**

Wie werde ich frei?

Tag 8 / **Von Gott geführt und beschützt**

ÜBERBLICK

Einer der berühmtesten Patriarchen der Bibel heißt Abraham. Er bekam von Gott einen klaren Auftrag: Er sollte zum Gründer des Volkes Israel werden – und zeigen, dass er Gott aus ganzem Herzen vertraut. Ähnlich erging es seinem Enkel Jakob. Diesem Jakob erschien Gott immer wieder persönlich, und er bekam, nach einem wahrhaft herausfordernden Leben, einen besonderen Segen: Seine zwölf Söhne wurden die Stammväter der späteren zwölf Stämme Israels. Der exzentrischste dieser Söhne, Joseph, hatte allerdings mehrfach scheinbar so unglaublich anmaßende Träume, dass ihn seine erbosten Geschwister kurzerhand als Sklaven nach Ägypten verkauften, um endlich ihre Ruhe zu finden.

Joseph kannte sich mit Träumen wohl tatsächlich gut aus, denn er machte als Traumdeuter des Pharao eine steile Karriere und wurde zu guter Letzt persönlicher Berater des Herrschers. In dieser Funktion begegnete er seinen Brüdern wieder, die aufgrund einer Hungersnot etwas von seinen klug angesparten Vorräten kaufen wollten. Als die Brüder vor dem vermeintlich ägyptischen Minister niederfallen, erfüllen sich nicht nur die Träume aus Josephs Kinderzeit, die Familien lassen sich auch im fruchtbaren Nildelta nieder.

Wie es weitergeht, steht im Buch Exodus, das in vielen Bibeln einfach nur 2. Mose heißt: Jahrzehnte später hat sich das politische Klima in Ägypten sehr verändert, und die ehemals willkommenen Gastarbeiter werden nur noch wie Sklaven behandelt. Verzweifelt schreien sie um Hilfe, und Gott beruft einen am Hof des Pharao aufgewachsenen und im Exil lebenden Hirten namens Mose dazu, die Befreiungsaktion anzuführen. Der Israelit Mose wehrt sich erst leidenschaftlich gegen diese Aufgabe, lässt sich dann aber überreden, auf Gottes Beistand zu vertrauen.

Der amtierende Pharao, der überhaupt nicht daran denkt, seine billigen Arbeitskräfte ziehen zu lassen, muss jedoch erst mühsam mit zehn zunehmend grausameren Plagen davon überzeugt werden, dass er sich nicht mit Gott anlegen sollte. Als aber in einer Nacht bei den Ägyptern und ihren Tieren alle Erstgeborenen sterben, gibt der Dickschädel auf. Obwohl: Kaum sind die

Israeliten losgezogen, bereut er seinen Entschluss schon wieder und setzt den Flüchtigen nach.

Mit der Hilfe Gottes teilt Mose das Meer, so dass sein Volk trockenen Fußes hindurchziehen kann, während die ägyptischen Truppen vom Wasser überflutet werden. Die Israeliten, die ja gerade Gottes Kraft am eigenen Leib erfahren haben, fangen allerdings in der Wüste leider gleich wieder an zu nörgeln. Sie können nicht glauben, dass Gott ihnen genügend Wasser und Nahrung schicken wird – und sie hätten so gerne so eine schöne Götterstatue, wie es sie auch in Ägypten gibt. Das widerspricht nun aber gerade den Geboten, die Gott den Geretteten vermitteln möchte, damit sie den Weg in die Freiheit weitergehen können. Die beiden Erfahrungen „Gott kann befreien", und „Der Mensch ist eigentlich nicht fähig, mit dieser Freiheit verantwortlich umzugehen" kennzeichnen die ungeheure Spannung, die die Menschen fortan aushalten müssen.

PSALM 23

<table>
<tr><td>

1 Ein Psalm Davids.

Der HERR ist mein Hirte, mir wird nichts mangeln.

2 Er weidet mich auf einer grünen Aue und führet mich zum frischen Wasser.

3 Er erquicket meine Seele. Er führet mich auf rechter Straße um seines Namens willen.

4 Und ob ich schon wanderte im finstern Tal, fürchte ich kein Unglück; denn du bist bei mir, dein Stecken und Stab trösten mich.

5 Du bereitest vor mir einen Tisch im Angesicht meiner Feinde. Du salbest mein Haupt mit Öl und schenkest mir voll ein.

6 Gutes und Barmherzigkeit werden mir folgen mein Leben lang, und ich werde bleiben im Hause des HERRN immerdar.

</td><td>

Ein Lied Davids

Gott ist mein Hirte.
Darum wird es mir an nichts fehlen.
Er weidet mich auf saftigen Wiesen
und führt mich zum klaren Wasser.
Er erfrischt meine Seele
und zeigt mir den richtigen Weg –
so, wie er es versprochen hat.

Obwohl ich durch manch
finsteres Tal gehen muss,
habe ich keine Angst – weil du bei mir bist.
Dein Hirtenstab macht mir Mut.
Du deckst für mich den Tisch,
selbst dann,
wenn meine Feinde um mich sind.
Du überschüttest mich mit deinem Segen
und füllst meinen Becher bis zum Rand.

Das Gute und deine Barmherzigkeit
werden mich mein Leben lang begleiten –
und ich werde für immer bei Dir bleiben.

</td></tr>
</table>

Mit dem Bild vom guten Hirten ist eine Ursehnsucht angesprochen, die in vielen von uns schlummert: Nicht immer selbst für alles sorgen müssen, sondern umsorgt und versorgt zu werden – das ist für jeden, der das Leben als Kampf empfindet, eine sehr verlockende Vorstellung: Nicht immer selbst entscheiden müssen, sondern jemanden haben, der einem sagt, wo es langgeht, was richtig ist oder falsch, und zwar nicht nur im moralischen Sinn, sondern vor allem in Fragen der Orientierung: „Welchen Beruf soll ich ergreifen? Wer ist der richtige Partner? Soll ich wegziehen oder lieber am Ort bleiben?" Gerade in Lebensfragen, die mit einem Risiko behaftet sind, sehnen wir uns nach einem guten Hirten, der uns führt und beschützt.

Wie war das noch damals, als man von Vater und Mutter an der Hand genommen wurde und die Großen für einen alle Probleme lösten? Mancher von uns gäbe viel dafür, wenn er das noch einmal erleben könnte. Ich sage Ihnen lieber gleich, dass das nicht funktioniert. Es ist nämlich die Sehnsucht, nicht erwachsen zu werden, die hinter solchen Wünschen steckt. Gott aber möchte, dass wir erwachsen werden. Wir sind zwar seine Kinder, das heißt aber nicht, dass wir infantil bleiben sollen.

Ja, es stimmt: Gott ist der gute Hirte, und als solcher sieht er es als seine Aufgabe, uns zu führen. Das Paradoxe ist nur: Gott führt in die Freiheit. Das ist in der Tat schwer zu verstehen, denn diese beiden Begriffe scheinen sich gegenseitig auszuschließen: Führen und Freiheit. Entweder Gott führt uns oder er lässt uns frei – beides zusammen geht nicht, behaupten viele. Aber ist das wirklich wahr? Wer von uns Kinder hat, kennt diese Herausforderung aus eigenem Erleben. Es ist die Aufgabe von Eltern, ihre Kinder zu erziehen. Wohin aber erziehen Eltern ihre Kinder? Idealerweise zu größtmöglicher Selbstständigkeit! Und dieses scheinbare Paradoxon beschreibt nur eine äußerst kniffelige Aufgabe, eine Art Drahtseilakt, bei dem man das Gewicht mal nach rechts, mal nach links verlagern muss, um die Balance zu halten und nicht zu fallen. So wechselt auch der „Erziehungsprozess" Gottes mit den Menschen zwischen Führen und Freilassen hin und her. Das Ziel aber ist einzig und allein unsere Freiheit. Offensichtlich hat Gott die verrückte Idee mit der Freiheit des Menschen trotz aller negativen Erfahrungen mit uns nicht aufgegeben.

1. Freiheit ist zunächst einmal innere Freiheit

Der 23. Psalm wurde in einem Moment großer Bedrängnis geschrieben. Das ist erstaunlich, denn auf den ersten Blick scheinen uns die Worte des Psalms wie aus einer Welt gesprochen, die von Sorgen, Mühe und Leid nichts zu wissen scheint. Von saftigen Wiesen und frischem Wasser ist da die Rede. Aber nichts wäre verkehrter, als anzunehmen, dieser Psalm spräche von einer heilen Welt. Derjenige, der diese Zeilen geschrieben hat, stand eben nicht auf der Sonnenseite des Lebens, sondern ging gerade durch eine schwere, lebensbedrohliche Krise. Der 23. Psalm zeigt uns, dass Freiheit zunächst eine innere ist. In einer gefallenen, von Sünde und Sündern geprägten Welt gibt es äußere Freiheit nur in sehr eingeschränktem Maß.

Verstehen Sie mich recht: Äußere Freiheit – zum Beispiel: politische Freiheit, Meinungsfreiheit, Reisefreiheit, Wahlfreiheit, Berufsfreiheit – ist ein wichtiges Gut und als solches durchaus erstrebenswert. Aber wichtiger noch als alle äußere Freiheit ist die innere Unabhängigkeit von äußeren Umständen, die uns umgeben, und die oft nur bedingt veränderbar sind. Oft ist es gerade die innere Freiheit, die uns in die Lage versetzt, die äußeren Umstände zu verändern. Nehmen Sie Menschen wie Mahatma Gandhi, Nelson Mandela oder Martin Luther King: Äußerlich lebten sie in äußerst bedrängenden Umständen, aber ihre innere Freiheit versetzte sie in die Lage, Freiheit auch im äußeren Sinne zu erwirken.

Innere Freiheit ist wichtiger als äußere Freiheit. Das klingt provokant, aber ich kenne so viele Menschen, die in äußerer Freiheit leben, innerlich aber gebunden sind, dass ich sagen muss: Es ist nicht viel gewonnen, wenn wir zwar äußere Freiheit erlangen, aber keine innere Freiheit haben. Dem Beter des 23. Psalms geht es umgekehrt: Er lebt äußerlich in Bedrängnis und trotzdem kennzeichnet ihn eine unerschütterliche innere Gewissheit: „Gott ist mein Hirte, mir wird nichts fehlen."

2. Ein wichtiger Schlüssel zur Freiheit ist Dankbarkeit

Man mag sich fragen: Wenn einer in Bedrängnis lebt und ein Gebet spricht, wieso redet er vom frischen Wasser und von saftigen Weiden? Wieso formuliert er sein Gebet so, dass man auf den ersten Blick meint: „Dem geht es gut!"? Ich glaube, dass dahinter eine tiefe Weisheit steckt. Auch und gerade in Zeiten der tiefsten Not vergisst der Beter nicht, was Gott ihm Gutes getan hat. Die Dankbarkeit ist ein wichtiger Schlüssel, wenn es darum geht, Krisen auszuhalten und zu überwinden. Ein undankbarer Mensch ist niemals frei, jedenfalls nicht in innerem Sinne. Darum ist es wichtig, gerade in schwierigen Zeiten seinen Blick nicht gefangen nehmen zu lassen von all dem Negativen, das einen umfängt, sondern bewusst auch auf die positiven Dinge des Lebens zu sehen, selbst wenn diese in der Vergangenheit liegen.

Leicht fällt das nicht, aber Dankbarkeit ist weniger eine Gefühlssache als vielmehr ein Aufmerksamkeitsphänomen: Wohin richte ich meinen Blick? Schaue ich nur auf das Negative oder kann ich inmitten des Negativen auch das Positive entdecken und Gott dafür danken? Das Leben beinhaltet beides: grüne Wiesen und dunkle Täler, gute und böse Tage, oft liegt beides nahe beieinander: ein voll gedeckter Tisch und gleichzeitig Feinde, die mir entgegenstehen. Es geht mir bei meinem Plädoyer für Dankbarkeit keineswegs darum, dass wir das Negative ausblenden, wohl aber darum, dass wir dabei das Gute nicht aus den Augen verlieren. Denn nur der Blick auf erlebte positive Tage gibt uns die Kraft, die negativen zu überstehen und zu überwinden.

3. Freiheit heißt: einen Punkt haben, an dem man sich fest machen kann

Wenn die Tage gut sind, so meinen wir, brauchen wir keinen Punkt, an dem wir uns festmachen. Wenn wir auf der Welle des Erfolgs, der Anerkennung oder des Glücks schwimmen, lassen wir uns gerne treiben. Und wundern uns dann manchmal, wenn diese Welle plötzlich verebbt und aufhört oder uns irgendwohin spült, wo wir gar nicht hinwollten. Ich glaube, dass wir auch in guten Zeiten einen fixen Punkt brauchen, an dem wir uns festmachen und orientieren. Wenn die Tage schlecht werden, liegt uns diese Einsicht näher: Wir brauchen einen, der uns beschützt und begleitet.

Archimedes, der wohl bedeutendste Mathematiker der Antike, sagte einmal: „Gebt mir einen festen Punkt und ich werde die Welt aus ihren Angeln heben." Er meinte dies ganz wörtlich: Mittels der Hebelgesetze wollte er buchstäblich die ganze Erde in Bewegung setzen – alles, was er dazu bräuchte, sagte er, sei ein fester Punkt im Weltall und ein entsprechend langer Hebel. In übertragenem Sinn gilt das für das ganze Leben. Wenn wir den richtigen Ansatzpunkt haben, können wir unglaublich viel heben und bewegen. In guten Tagen erscheint uns das nicht notwendig. Freiheit heißt dann für uns: uns frei bewegen zu können auf der Welle, die uns trägt. Freiheit in bösen Tagen hingegen heißt: trotz aller widriger Umstände tragen, heben und etwas bewegen zu können. Darum hängt in bösen Tagen geradezu unsere Existenz davon ab, einen festen Punkt zu haben, von dem aus wir all dies bewerkstelligen können. Ich las neulich von einer Mutter, die ein Auto mit bloßen Händen anhob, um ihr eingeklemmtes Kind darunter zu befreien. Was verlieh ihr diese Bärenkräfte? Die Liebe zu ihrem Kind wurde zum „archimedischen Punkt", der ihr die Kraft verlieh, ein Auto anzuheben.

Der 23. Psalm bietet dem Glaubenden als archimedischen Punkt eine zentrale und unumstößliche Gewissheit an. Diese unumstößliche Gewissheit lautet „Du (Gott) bist bei mir". Von diesem Satz aus sieht sich der Beter in der Lage, sein Schicksal zu tragen. Wer diesen Fixpunkt in seinem Leben hat, für den wird es zweitrangig, ob er sich gerade auf einer grünen Wiese am frischen Wasser befindet oder in einem dunklen Tal. Natürlich ist uns allen das erstere angenehmer. Aber: Christen gehen lieber mit Gott durch das dunkle Tal als ohne Gott durch vermeintlich grüne Auen.

4. Freiheit heißt, vor nichts mehr Angst haben zu müssen

Kein Mensch ist frei, der vor irgendetwas Angst hat und sich von dieser Angst bestimmen lässt. Denken Sie einmal darüber nach, was wir alles tun und eigentlich gar nicht tun wollen, nur weil wir Angst haben. Auf der anderen Seite: Was tun wir alles nicht, obwohl wir es gerne täten – und zwar aus dem gleichen Grund: weil wir Angst haben! Ich rede hier nicht von illegalen oder unmoralischen Wünschen, sondern von höchst legitimen Dingen, etwa von den Lebensträumen, die wir in uns begraben haben. Wie viel ungelebtes Leben ist da in uns und wie viel von unserem faktisch gelebten Leben ist gar nicht das unsere! Wie anders könnte unser Leben aussehen, wenn wir keine Angst zu haben bräuchten! Nun gibt es durchaus berechtigte und gute Ängste,die uns vor realen Gefahren warnen und bei denen wir gut daran tun, auf sie zu hören. Aber für einen Großteil unserer Lebensängste gilt das eben nicht. Sie sind einfach nur da: diffus, unklar, bedrohlich, einengend. Sie machen uns unfrei und bringen uns dazu, ein Leben zu führen, das wir so gar nicht wollen. Wie frei könnten wir sein, wenn wir diese unguten Ängste loswerden könnten!

Der Beter des 23. Psalms sagt: „Ich gehe zwar durchs dunkle Tal, aber ich habe keine Angst!" Warum hat er keine Angst? Weil er einen Fixpunkt hat! Er weiß: Gott ist bei ihm. Dieser Gott führt ihn nicht an den dunklen Tälern vorbei, er führt mitunter gerade in sie hinein, aber das ist das Tröstliche: er führt durch die Dunkelheiten hindurch. Er lässt die Seinen nicht los, er hält sie fest, führt sie weiter und auch wieder heraus. Darum kann der Psalmist sagen: „Gott ist mein Hirte, mir wird nichts fehlen." Und: „Das Gute und deine Barmherzigkeit werden mich mein Leben lang begleiten". Das ist kein platter Optimismus, das ist Glaubensgewissheit. Wer weiß, dass Gott bei ihm ist, braucht vor nichts und niemandem mehr Angst zu haben. Er hat den Fixpunkt gefunden, von dem aus er die Welt aus den Angeln heben kann. Ein solcher Mensch ist wahrhaftig frei.

Absolute Freiheit ist eine Illusion. Wir sind immer von irgendetwas abhängig. Freiheit ist letzten Endes selbst gewählte Abhängigkeit.

FRAGEN

» Sehnen Sie sich auch manchmal nach einem „Hirten", der Ihnen sagt, wo es lang geht?
» Wenn Sie die Wahl hätten zwischen äußerer und innerer Freiheit, für welche würden Sie sich entscheiden?
» Können Sie auch in schweren Zeiten dankbar sein?
» Was tun oder unterlassen Sie alles, nur weil Sie Angst haben?
» Haben Sie einen festen Punkt, der Sie Ihr Schicksal tragen, heben und bewegen lässt?

ANREGUNG
ZUM GEBET

Wenn ich keine Angst hätte

Schreiben Sie Gott heute einen Brief, was Sie alles tun würden, wenn Sie keine Angst hätten. Fragen Sie ihn, ob diese Pläne sein Wohlgefallen fänden und wenn die Antwort „ja" lautet, bitten Sie ihn darum, Ihnen die Angst zu nehmen und durch die Gewissheit zu ersetzen, dass er bei Ihnen ist. Bitten Sie um einen „Hebel", der Ihnen hilft, das bisher ungelebte Leben in Ihnen freizusetzen.

MERKVERS

Denen, die Gott lieben, müssen alle Dinge zum Besten dienen.
Römer 8, 28

MEDITATION

Freisein
Frei sein
Selbstbewusst
Selbst bewusst
und gelassen

weil nichts mehr
mich gefangen nimmt
weil nichts mehr mich bestimmt
weil nichts mehr
meine Träume hemmt
weil nichts mehr mich beschränkt

Einfach Ich

vom gelebt Werden zum Leben
vom bestimmt Werden
zur Bestimmung
vom verlacht Werden zum Lachen

Einfach Ich

alle Chancen nutzen können
alle Ängste vertreiben können

Einfach Ich

Ich

frei von den Zwängen
der Zeit
der Gesellschaft
der Kultur
der Unsicherheit
der Engstirnigkeit und
der Leere

Ich halte inne.
So eine Freiheit
so eine Freiheit
gibt es die?

Müsste ich dann nicht frei sein
von mir?

Langsam begreife ich,
dass ich mich nicht befreien kann
und versuche,
den Mut zusammen zu kratzen
um mich in die Hände
dessen zu geben,
der mir Freiheit verheißt.

1 Und der HERR sprach zu Abram: Geh aus deinem Vaterland und von deiner Verwandtschaft und aus deines Vaters Hause in ein Land, das ich dir zeigen will.

2 Und ich will dich zum großen Volk machen und will dich segnen und dir einen großen Namen machen, und du sollst ein Segen sein.

3 Ich will segnen, die dich segnen, und verfluchen, die dich verfluchen; und in dir sollen gesegnet werden alle Geschlechter auf Erden.

4 Da zog Abram aus, wie der HERR zu ihm gesagt hatte, und Lot zog mit ihm. Abram aber war fünfundsiebzig Jahre alt, als er aus Haran zog.

Eines Tages sagte Gott zu Abram:
„Verlasse deine Heimat,
deine Verwandtschaft und dein Geburtshaus
und ziehe in ein Land,
das ich dir zeigen werde.
Ich möchte dich nämlich zum Stammvater
eines großen Volkes machen:
Ich will dich segnen,
dein Name soll überall gerühmt werden,
und du selbst sollst
für andere zum Segen werden.
Ich werde alle Menschen segnen,
die dir beistehen,
und alle verfluchen, die dir Böses wollen;
damit durch dich alle Völker dieser Erde
Segen erfahren."

Abram hörte tatsächlich auf Gott
und brach mit seinem Bruder Lot
aus der Stadt Haran auf,
obwohl er schon fünfundsiebzig Jahre alt war.

1 Nach diesen Geschichten begab sich's, dass zu Abram das Wort des HERRN kam in einer Offenbarung: Fürchte dich nicht, Abram! Ich bin dein Schild und dein sehr großer Lohn.

2 Abram sprach aber: HERR, mein Gott, was willst du mir geben? Ich gehe dahin ohne Kinder und mein Knecht Eliëser von Damaskus wird mein Haus besitzen.

3 Und Abram sprach weiter: Mir hast du keine Nachkommen gegeben; und siehe, einer von meinen Knechten wird mein Erbe sein.

4 Und siehe, der HERR sprach zu ihm: Er soll nicht dein Erbe sein, sondern der von deinem Leibe kommen wird, der soll dein Erbe sein.

5 Und er hieß ihn hinausgehen und sprach: Sieh gen Himmel und zähle die Sterne; kannst du sie zählen? Und sprach zu ihm: So zahlreich sollen deine Nachkommen sein!

6 Abram glaubte dem HERRN und das rechnete er ihm zur Gerechtigkeit.

Einige Zeit später hatte Abram einen Traum,
in dem Gott mit ihm redete:
„Abram, hab keine Angst!
Ich beschütze dich
und werde dich reich belohnen."
Abram erwiderte:
„Was kannst du mir schon geben?
Ich habe keine Kinder,
und mein Knecht Elieser aus Damaskus
wird eines Tages alles erben."
Dann sagte er:
„Du hast mir keine Nachkommen geschenkt.
Ein einfacher Sklave bekommt meinen Besitz."

Gott beruhigte ihn:
„Nein, Elieser wird dich nicht beerben.
Dein leiblicher Sohn wird alles bekommen."
Er schickte ihn hinaus und sagte:
„Sieh dir den nächtlichen Himmel an
und zähl die Sterne.
Und? Schaffst du es, sie zu zählen?
So viele Nachkommen
wirst du einmal haben."

Abram vertraute Gott –
und der rechnete ihm das hoch an.

Der Mann, den wir als Abraham kennen, trug diesen Namen nicht von Geburt an, sondern bekam ihn erst später von Gott verliehen. Aus dem Abram, „Der, dessen Vater erhaben ist", wurde Abraham, „Der Vater vieler Völker". Das Spannende ist: Zum Zeitpunkt, als Gott Abraham seinen neuen Namen verlieh, hatte der noch kein einziges Kind – war aber schon fast 100 Jahre alt. Können Sie sich vorstellen, wie die Leute lachten, als er anfing – kinderlos! – den neuen Namen zu tragen? Abram aber glaubte Gott, und der segnete ihn dafür. Die ganze Bibel hindurch gilt Abraham als „Stammvater des Glaubens". Wenn man also wissen will, was Glauben bedeutet, sollte man sich ihn und seine Geschichte genauer ansehen (vgl. Genesis 12 bis 23).). In unseren 40 Tagen werden wir uns nur heute mit ihm beschäftigen. Drei Dinge möchte ich dabei herausgreifen:

1. Glauben heißt, sich auf den Weg machen

Für uns Westeuropäer ist Glaube meist eine Sache des Kopfes. Wir halten bestimmte Aussagen über Gott für wahr; und das nennen wir „Glauben". Für die Bibel hingegen ist Glauben in hohem Maße eine Sache der Füße. Es ist erstaunlich, wie oft in der Bibel von einem Weg die Rede ist, vom Wandeln und Wandern, vom Hingehen und Sich-Senden-Lassen. Nachdem das Alte Testament die Urgeschichte erzählt hat (Genesis 1–11), beginnt die eigentliche Geschichte Israels mit zwei langen Wanderungen: mit der des Abram und derjenigen des Mose. Seither haben sowohl das Juden-, als auch das Christentum den Charakter des Unterwegs-Seins: aufbrechen, mobil sein, sich führen lassen – das sind unverzichtbare Kennzeichen des biblischen Glaubens. In Gefahr geriet der Glaube immer dann, wenn er der Versuchung erlag, sich irgendwo festzusetzen.

Glaube heißt: „Unterwegs-Sein". Propheten wie Elia oder Jeremia legten enorme Strecken zurück. Jesus, der Sohn Gottes, ergreift den Beruf des Wanderpredigers und zieht durch die Lande. Und er beruft Menschen in seine „Nachfolge" – auch bei diesem Begriff liegt der Fokus auf dem Gehen. Entsprechend wurden die ersten Christen nicht „Christen" genannt, sondern „die Menschen des neuen Weges" (vgl. Apostelgeschichte 9, 2). Erst im vierten nachchristlichen Jahrhundert kam man auf den Gedanken, feste Kirchen zu bauen und sesshaft zu werden. Aus einer Bewegung wurde eine Institution. Und das hat der Christenheit nicht unbedingt gut getan.

Letztlich hängt eine Gottesbeziehung sicherlich nicht von physischen Gehbewegungen ab, aber Glauben ist in der Bibel tatsächlich gleichbedeutend mit Unterwegs-Sein. Darum ist Abraham der Stammvater des Glaubens. Er setzt sich nicht fest im einmal Erreichten, sondern bricht auf, er verlässt das Alte und strebt auf ein Ziel zu, das Gott ihm zeigt. Das ist Glauben. Man kann nicht im Sitzen glauben. Man glaubt mit den Füßen oder man glaubt nicht. Lebendiger Glaube lebt, wächst, bewegt und verändert sich.

2. Glauben heißt, Vertrautes verlassen

„Unterwegs-Sein" heißt immer auch: Dinge hinter sich lassen. Auch hierfür ist Abram geradezu prototypisch. Er wird von Gott aufgefordert, seine Heimat zu verlassen, seine Verwandtschaft und sein Vaterhaus. Das klingt ziemlich hart. Zur Beruhigung sei gesagt, dass die wenigsten Menschen so viel hinter sich lassen müssen, wenn sie anfangen zu glauben. Und doch können wir nicht glauben, ohne Vertrautes und Liebgewordenes hinter uns zu lassen.

Es ist die Tragödie im Leben vieler von uns, dass wir uns so gerne festsetzen und einrichten in einer Welt der Mittelmäßigkeit, innerhalb derer wir oft weit hinter unserer persönlichen Berufung zurückbleiben. Wir errichten rings um uns eine Komfortzone, die uns darüber hinweg trösten soll, dass wir nicht das Leben führen, zu dem wir eigentlich bestimmt sind und von dem wir eigentlich träumen. „Man muss zufrieden sein", sagen wir dann. Doch wir sollten uns damit nicht zufrieden geben. Wir wissen es noch aus der Schule: „Befriedigend" ist nicht „gut" und „ausreichend" ist sogar noch schlechter. In der Schule ist das kein Beinbruch, aber wollen wir wirklich, dass über unserem Leben etwas anderes steht als „gut" oder „sehr gut"? Um das zu erreichen, müssen wir aber bereit sein, unsere „befriedigende" Komfortzone zu verlassen und uns auf den Weg zu machen und unserer Berufung zu folgen.

Gott ruft Abram aus seinem Heimatland. Babylonien war ein Land, das damals von furchtbaren Ängsten gequält wurde. Die Menschen sahen sich bedroht von Urflut und Himmelsmächten, und sie glaubten an furchterregende Götter, denen sie die eigenen Kinder zum Opfer brachten. Es ist kein Zufall, dass gerade Abraham versucht wurde, seinen eigenen Sohn zu opfern (die Geschichte finden Sie in Genesis 22). Die Babylonier ließen sich in ihrer Angst von zufälligen Himmelskonstellationen die Gesetze des Lebens vorschreiben. Gott hingegen wollte einen neuen Anfang mit der Menschheit machen. Darum rief er Abram heraus aus dieser Welt der Angst und des Schreckens.

Schon Terach, der Vater Abrams, hatte sich auf den Weg gemacht, aber er blieb auf halber Strecke stecken. Er zog zwar los aus Babylonien, ließ sich dann aber in Haran nieder, nicht weit von der Grenze entfernt, aber immer noch am äußersten Zipfel des Zweistromlandes. Das sind oft die tragischsten Gestalten: die sich aufmachen und einen großen Weg hinter sich bringen, um dann irgendwann „kurz vor der Grenze" aufzugeben. Terach entschied sich, im Zweistromland zu bleiben, wenn auch in Grenznähe. So viel wollte er Gott zugestehen. Gott aber mag keine Kompromisse. Abram musste sich entscheiden: Entweder er blieb wie sein Vater innerhalb seiner Komfortzone, oder er folgte dem Ruf Gottes.

Die meisten von uns leben weit unterhalb ihres Potenzials und ihrer Berufung. Unser Leben hält viel mehr für uns bereit und – auch das muss gesagt werden – wir haben noch lange nicht den Beitrag geleistet, den wir in dieser Welt leisten sollen und im Innersten auch leisten wollen. Doch je mehr ein Mensch hat, desto schwerer wird er es haben, zu glauben. Je mehr man hat, desto mehr hat einen, desto schwerer kann man sich losreißen und gehen. Gott ruft uns aus unserer Komfortzone. Aber dazu müssen wir bereit sein, Vertrautes zu verlassen. Die Frage ist: Wer oder was hält uns zurück, diesem Ruf zu folgen? Bequemlichkeit, unsere Betriebsamkeit, die uns nicht zum Nachdenken kommen lässt, oder Angst? Manchmal sind es auch Menschen und Kräfte von außen: eine bestimmte Person, eine Ideologie, der wir uns verschrieben haben, oder der Gott „Geld", dem wir unsere Kinder opfern. Aber: Wer neue Horizonte entdecken will, muss bereit sein, alte Ufer zu verlassen.

3. Glauben heißt, sich auf Gottes Wort zu verlassen

Der Glaube Abrams geht durch eine tiefe Angst. Er weiß, was er verlässt, aber er weiß nicht, was ihn erwartet. Vaterland, Verwandtschaft, Vaterhaus – das kennt er und weiß es durchaus zu schätzen. Doch nun auf einmal ist er gefordert, etwas, was er nicht sieht, höher zu stellen und für erstrebenswerter zu halten als das, was ihm bislang wert und teuer war. Und das einfach auf ein Wort Gottes hin. – Hätten Sie das gemacht? Im Neuen Testament gibt es im Hebräerbrief (11, 1) eine sehr schöne Definition des Wortes Glauben: „Glaube ist eine feste Zuversicht auf das, was man hofft, und ein Nichtzweifeln an dem, was man nicht sieht." An diesem Vers werden drei Bedeutungen, genauer gesagt Stufen des Glaubens deutlich.

1. Für wahr halten. Für den christlichen Glauben gibt es gute Gründe, aber keine Beweise. Und zwar nicht, weil der Glaube so eine windige und unsolide Sache wäre, sondern weil wir von Dingen reden, die größer sind als wir. Was größer ist als der Mensch, kann dieser nicht beweisen – sonst wäre es

nicht größer als er. Wenn wir also über Dinge nachdenken wie „Liebe", „Gott", „Ewigkeit", „Freiheit", „Wahrheit" oder „Sinn", betreten wir einen Bereich, der zwar nicht unlogisch, aber höher ist als unsere Logik und unser Wissen. Wenn der Verstand diese „letzten Fragen" wirklich durchdenkt, kommt er an den Punkt, an dem er sagen muss: „Hier hört mein Zuständigkeitsbereich auf. Hier kommt etwas, das ist größer als ich."

Und doch heißt Glauben mehr als: „Ich halte es für wahr, dass es einen Gott gibt". Zweifellos ist das eine unabdingbare Voraussetzung für den christlichen Glauben. Aber Vorsicht: Man kann vieles für wahrscheinlich halten, ohne die geringste Konsequenz daraus zu ziehen. Solange wir lediglich vermuten oder für wahrscheinlich halten, dass es einen Gott gibt, daraus aber keine Konsequenzen ziehen, glauben wir noch nicht im christlichen Sinne.

2. Anders wird es, wenn wir das Wort „Glauben" mit „Vertrauen" übersetzen – oder mit „sich verlassen auf etwas". Ein solcher Glaube bleibt nicht ohne Konsequenzen, er beinhaltet immer ein persönliches Risiko. Abram macht sich auf aus seiner Komfortzone und verlässt sich dabei einzig und allein auf die Zusage Gottes: „Ich werde dir das Land zeigen, in das du gehen sollst."

Ein Artist hatte ein Seil über die Niagarafälle gespannt und führte dort atemberaubende Kunststücke vor. Auf dem Höhepunkt seiner Vorführung rollte er einen Schubkarren voller Backsteine über die Wasserfälle und kündigte an: „Jetzt werde ich einen Menschen in die Schubkarre setzen und über das Seil auf die andere Seite bringen. Glauben Sie, dass ich das kann?" Das Volk johlte: „Klar kannst du das!" Der Seiltänzer fragte: „Warum glauben Sie, dass ich das kann?" Antwort: Weil sie all die anderen Kunststücke gesehen hatten. Der Artist fragte: „Glauben Sie wirklich, dass ich das kann?" – „Ja!", schrien die Leute. – Da deutete er sich den größten aller Schreier aus und sagte: „Okay, dann setzen Sie sich in die Schubkarre!"

Diese Geschichte markiert exakt den Punkt, an dem die Herausforderung des Glaubens beginnt. Nämlich bei der Frage, ob wir bereit sind, uns „in den Schubkarren hineinzusetzen" und aus dem, was wir lediglich denken und vermuten, praktische Konsequenzen zu ziehen. Glaube ohne diese praktische Dimension, ohne dass ich daraus Konsequenzen ziehe und mein Leben darauf ausrichte, ist gar kein wirklicher Glaube. Pointiert ausgedrückt: Es geht gar nicht so sehr darum, *an* Gott zu glauben als vielmehr Gott zu *glauben*. Es geht darum, ihm zu vertrauen, sich auf sein Wort zu verlassen, und das bedeutet ein persönliches Risiko: das Risiko, auf die falsche Karte gesetzt zu haben, sich lächerlich zu machen, zu scheitern. *An* Gott glauben kann man relativ gefahrlos. Gott zu *glauben* hingegen kann ziemlich gefährlich sein, denn wir setzen uns selber aufs Spiel, wenn wir das tun. In dem Moment, in dem wir uns vertrauensvoll auf etwas oder jemanden einlassen, gehen wir ein Risiko ein. Und da ist es sehr wichtig, wem wir vertrauen. Ein Halt muss auch halten. Glauben allein genügt nicht: Man muss an das Richtige bzw. dem Richtigen glauben.

3. Der dritte Aspekt des Glaubens schließlich ist Vision. Sie baut sozusagen auf den ersten beiden Stufen des Glaubens auf. Eine Vision ist ein inneres Bild einer Zukunft, die sich gegenüber der heutigen Realität durchsetzen wird. Eine Vision steht immer in mehr oder minder großer Spannung zur so genannten Realität. Ein Visionär ist nicht unrealistisch, er glaubt nur bereits heute an die Realität von morgen. Dafür wird er in aller Regel als „Traumtänzer" verlacht. Doch was würde sich in dieser Welt bewegen, wenn es nicht Menschen gäbe, die über das Gewohnte und Bekannte und bisher Mögliche hinausdenken und hinausträumen würden? Wir säßen heute immer noch mit Feuerstein und Faustkeil in unserer Höhle.

So galt es noch vor 120 Jahren als völlig unmöglich, dass der Mensch eines Tages fliegen könnte. Doch Leute wie Otto von Lilienthal und die Brüder Wright hatten den Traum vom Fliegen. Sie setzten sich für ihren Traum teilweise der absoluten Lächerlichkeit aus und riskierten Leib und Leben. Aber sie setzten sich durch! Sie straften alle so genannten Realisten Lügen, ja, sie erwiesen sich als die eigentlichen Realisten! Sie sahen die kommende Wirklichkeit nicht nur voraus, sondern in gewisser Weise schufen sie diese Wirklichkeit durch ihre Träume mit. Träume sind eine realitätsschaffende Macht!

Christen rechnen über unsere vorfindliche Realität hinaus immer auch mit der „Realität Gottes", mit einer Realität, die Gott erst noch schaffen möchte – und zwar mit unserer Hilfe. Dazu gibt er Menschen eine Vision, ein Bild von der Realität, die da kommen soll. So zeigte Gott dem Abram in einer klaren Nacht den Himmel und sagte: „Kannst du die Sterne zählen? So viel Nachkommen wirst du eines Tages haben." Das widersprach aller Realität! In seinem und seiner Frau Saras Alter hatte Abram dazu keine Chance mehr. Aber er glaubte der Vision, die Gott ihm gab, mehr als der Realität, die ihm vor Augen stand und zeugte noch ein Kind. Glaube bedeutet nicht nur zu sagen: „Das und das sehe ich kommen." Sondern der Glaube gibt einem gleichzeitig auch die Kraft, das, was man kommen sieht, mit herbeizuführen. Wo Vertrauen und Vision zusammenkommen, bricht sich die neue Realität Gottes Bahn.

Wir Deutschen denken so gern über den Glauben nach,
dass wir das Nachdenken über den Glauben bereits für
Glauben selbst halten.

Dietrich Bonhoeffer

FRAGEN

» Glauben Sie mehr mit dem Kopf oder mit den Füßen?
» Kennen Sie Menschen, die sich in ihrem Glauben
festgesetzt haben? Wie steht es mit Ihrer eigenen
Beweglichkeit, was Glaubensdinge anbetrifft?
» Sind Sie zufrieden mit Ihrem Leben? Leben Sie auf der
Höhe Ihres Potenzials oder haben Sie es sich in einem
gewissen Mittelmaß eingerichtet?
» Was hindert Sie, Ihre Komfortzone zu verlassen?
Welches Risiko würde es für Sie bedeuten, Gott zu
glauben?
» Kennen Sie Menschen mit einem visionären Glauben?
Macht Ihnen das Angst oder beflügelt es Sie?

ANREGUNG
ZUM GEBET

Der Sternenhimmel

Schauen Sie in einer klaren Nacht hoch zum Himmel. Nehmen Sie sich Zeit, das gewaltige Bild in sich aufzunehmen.
Fragen Sie Gott, welchen „Stern" Sie für ihn vom Himmel
auf die Erde holen sollen! Lassen Sie sich auch hierfür Zeit
und schauen Sie sich ruhig mehrere Sterne dazu an: Welche Aufgabe wartet noch auf Sie? Welchen Beitrag wollen
Sie leisten? Welcher Berufung sollten Sie nachkommen,
damit sich Ihr Leben gelohnt hat? – Schreiben Sie sich Ihre
Gedanken und Einfälle danach unbedingt auf (möglichst
noch an Ort und Stelle).

MERKVERS

Der Glaube ist eine feste Zuversicht auf das, was man
hofft, und ein Nichtzweifeln an dem, was man nicht
sieht.

Hebräer 11, 1

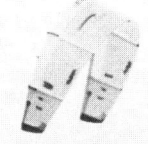

1 Mose aber hütete die Schafe Jitros, seines Schwiegervaters, des Priesters in Midian, und trieb die Schafe über die Steppe hinaus und kam an den Berg Gottes, den Horeb.

2 Und der Engel des HERRN erschien ihm in einer feurigen Flamme aus dem Dornbusch. Und er sah, dass der Busch im Feuer brannte und doch nicht verzehrt wurde.

3 Da sprach er: Ich will hingehen und die wundersame Erscheinung besehen, warum der Busch nicht verbrennt.

4 Als aber der HERR sah, dass er hinging, um zu sehen, rief Gott ihn aus dem Busch und sprach: Mose, Mose! Er antwortete: Hier bin ich.

5 Gott sprach: Tritt nicht herzu, zieh deine Schuhe von deinen Füßen; denn der Ort, darauf du stehst, ist heiliges Land!

6 Und er sprach weiter: Ich bin der Gott deines Vaters, der Gott Abrahams, der Gott Isaaks und der Gott Jakobs. Und Mose verhüllte sein Angesicht; denn er fürchtete sich, Gott anzuschauen.

7 Und der HERR sprach: Ich habe das Elend meines Volks in Ägypten gesehen und ihr Geschrei über ihre Bedränger gehört; ich habe ihre Leiden erkannt.

Mose arbeitete als Hirte bei den Schafen
seines Schwiegervaters Jitro,
der Priester in Midian war.

Eines Tages trieb er die Tiere
so weit in die Steppe,
dass er bis zum Horeb, dem Gottesberg, kam.
Da erschien ihm ein Engel Gottes
in Form einer lodernden Flamme
in einem Dornbusch.
Mose bemerkte,
dass der Busch lichterloh brannte,
aber vom Feuer nicht aufgezehrt wurde.
Neugierig sagte er zu sich:
„Diese seltsame Erscheinung
muss ich mir doch mal näher ansehen;
der Busch verbrennt ja gar nicht."

Als Gott sah,
dass Mose sich näherte,
rief er aus dem Busch zweimal: „Mose!"
Der antwortete: „Ja, hier bin ich!"
Da rief Gott: „Komm nicht näher,
sondern zieh erst deine Schuhe aus,
denn du betrittst heiligen Boden."

Dann stellte er sich vor:
„Ich bin der Gott, den schon dein Vater
und deine Vorfahren Abraham, Isaak
und Jakob verehrt haben."
Da verhüllte Mose schnell sein Gesicht,
denn er fürchtete sich, Gott anzuschauen.

Gott sagte: „Ich habe gesehen,
wie schlecht es meinem Volk in Ägypten geht,
ich habe gehört, dass sie unterdrückt werden,
und weiß, wie sehr sie leiden.
Nun bin ich vom Himmel
herunter gekommen,
um sie aus der Hand der Ägypter zu retten,
sie aus der Sklaverei herauszuführen

8 Und ich bin herniedergefahren, dass ich sie errette aus der Ägypter Hand und sie herausführe aus diesem Lande in ein gutes und weites Land, in ein Land, darin Milch und Honig fließt, in das Gebiet der Kanaaniter, Hetiter, Amoriter, Perisiter, Hiwiter und Jebusiter.

9 Weil denn nun das Geschrei der Israeliten vor mich gekommen ist und ich dazu ihre Not gesehen habe, wie die Ägypter sie bedrängen,

10 so geh nun hin, ich will dich zum Pharao senden, damit du mein Volk, die Israeliten, aus Ägypten führst.

11 Mose sprach zu Gott: Wer bin ich, dass ich zum Pharao gehe und führe die Israeliten aus Ägypten?

12 Er sprach: Ich will mit dir sein. Und das soll dir das Zeichen sein, dass ich dich gesandt habe: Wenn du mein Volk aus Ägypten geführt hast, werdet ihr Gott opfern auf diesem Berge.

13 Mose sprach zu Gott: Siehe, wenn ich zu den Israeliten komme und spreche zu ihnen: Der Gott eurer Väter hat mich zu euch gesandt!, und sie mir sagen werden: Wie ist sein Name?, was soll ich ihnen sagen?

14 Gott sprach zu Mose: Ich werde sein, der ich sein werde. Und sprach: So sollst du zu den Israeliten sagen: „Ich werde sein", der hat mich zu euch gesandt.

und sie in ein fruchtbares
und schönes Land zu bringen,
in dem Milch und Honig fließen;
ein Land im Gebiet der
Hetiter, Amoriter, Perisiter,
Hiwiter und Jebusiter.
Weil mich die Hilferufe
der Israeliten erreicht haben
und ich gesehen habe,
wie sehr sie von
den Ägyptern bedrängt werden,
will ich dich zum Pharao senden,
damit du mein Volk, die Israeliten,
aus Ägypten heraus führst."

Mose sagte: „Wie bitte?
Ich soll zum Pharao gehen
und die Israeliten aus Ägypten führen?
Wer bin ich denn?"

„Ich", entgegnete Gott, „werde bei dir sein.
Wenn du mein Volk
aus Ägypten herausgeführt hast,
werdet ihr mir auf diesem Berg
ein Opfer darbringen.
Daran erkennst du,
dass wirklich ich dich beauftrage."

Mose sagte zu Gott: „Augenblick!
Wenn ich zu den Israeliten
komme und ihnen sage
‚Der Gott eurer Väter schickt mich'
dann werden sie mich bestimmt fragen
‚Und wie heißt der?'
Was soll ich ihnen dann denn sagen?"
Gott erwiderte:
„Ich bin immer für euch da!
Sag ihnen das:
‚Ich bin da' hat mich zu euch geschickt."

Dann sagte Gott noch zu Mose:
„Verkünde den Israeliten:
‚Der Gott eurer Väter,

15 Und Gott sprach weiter zu Mose: So sollst du zu den Israeliten sagen: Der HERR, der Gott eurer Väter, der Gott Abrahams, der Gott Isaaks, der Gott Jakobs, hat mich zu euch gesandt. Das ist mein Name auf ewig, mit dem man mich anrufen soll von Geschlecht zu Geschlecht.

der Gott von Abraham, Isaak und Jakob,
hat mich beauftragt.'
Und dieser Name gilt für alle Zeiten,
mit ihm sollt ihr mich
von Generation zu Generation rufen."

Wir machen einen Sprung von rund 500 Jahren. Was ist aus der Verheißung geworden, die Gott dem Abraham gegeben hat? Nachkommen hat Abraham mittlerweile in der Tat jede Menge. Ein eigenes Volk sind sie geworden: die Hebräer. Doch leben sie nicht in dem Land, das Gott einst dem Abraham gezeigt hatte, sondern als versklavte Minderheit im ägyptischen Exil. Ganz offensichtlich lässt Gott sich manchmal Zeit mit der Erfüllung seiner Verheißungen – oder sind es wir Menschen, die die Erfüllung seiner Verheißung wirkungsvoll verhindern? Mir kommt die Menschheitsgeschichte manchmal vor wie ein Schachspiel, bei dem der Mensch immer wieder einen ziemlich dummen, ja gefährlichen Zug tut, und Gott muss alle Phantasie in Bewegung setzen, um das Ganze zu einem guten Ende zu bringen. Josef, der Urenkel Abrahams, formuliert das gegenüber seinen Brüdern so: „Ihr hattet Böses mit mir vor, aber Gott hat es zum Guten gewendet; denn er wollte auf diese Weise vielen Menschen das Leben retten." (Genesis 50, 20).

In ähnlicher Weise benutzt Gott ausgerechnet den Versuch des Pharao, das Volk Israel auf gewaltsame Weise auszurotten, um dieses Volk zu befreien. Ein hebräisches Baby gelangt durch glückliche Fügung an den königlichen Hof: Mose (Die ganze Geschichte steht in Exodus 1 bis 2). Die Tochter des Pharao nimmt diesen Mose als Adoptivkind auf, er wächst also als Schaf im Wolfspelz auf, ein Angehöriger einer rassisch verfolgten Minderheit an der Schaltstelle der damaligen Weltmacht. Mose war Kind zweier Welten: der ägyptischen und der hebräischen, aber sein Herz schlug für die unterdrückten Hebräer. Er hatte sich das Anliegen seines versklavten Volkes zu Eigen gemacht, den Schrei nach Freiheit. Eigentlich sah es ganz gut aus für den großen Plan Gottes, sein Volk aus Ägypten zu befreien.

Doch was nützen alle Qualifikation und alle Kompetenz und alles Charisma eines Menschen, wenn der Charakter nicht stimmt? Mose war von seinem Naturell aus jähzornig. Von Kindheit an hatte er im wahrsten Sinne des Wortes eine Mordswut über die Tatsache, dass die Ägypter seine Stammesgenossen, die Israeliten, unterdrückten. Und es spricht unbedingt für Mose, dass er sich noch aufregen konnte über Ungerechtigkeit, obwohl es ihm selbst gut ging. Wer von uns könnte das so von sich sagen? Aber was ihn antrieb, war seine Wut, war seine Empörung, war kein heiliger, sondern ein unheiliger Zorn. Als er gerade erwachsen geworden war, beobachtete er eines Tages, wie ein Ägypter einen Israeliten auspeitschte. In diesem Moment brannte bei ihm eine Sicherung durch, und er tötete den Ägypter. Die Tat wurde entdeckt, und Mose musste fliehen.

Bei einem in der Wüste ansässigen Stamm fand er ein neues Zuhause. Er heiratete und baute sich eine neue Existenz auf. Statt in Ägypten am Hof des Pharaos zu sein, musste Mose nun in der Wüste das Vieh seines Schwiegervaters weiden. Vorbei waren die hochfliegenden Pläne, die er einmal gehegt hatte. Zurück blieben die Bescheidung, das Mittelmaß und das lähmende Gefühl, sich selbst verfehlt zu haben. Die ganze Verbitterung des Mose bricht aus ihm heraus, als seine Frau ihm einen Sohn gebiert. Er nennt ihn Gerschom: Gast der Öde. Eine bestürzende Erfahrung: Selbst das, was man gezeugt hat, zeugt nur von der Öde, die einen umgibt.

Seine besten Jahre verbrachte Mose in der Fremde. Seine Haare fingen an, weiß zu werden, seine Gaben und seine Ausbildung lagen völlig brach. Er war der wahrscheinlich überqualifizierteste Schafhirte der Weltgeschichte. Und dann sah er plötzlich einen brennenden Busch:

Der brennende Busch

Es war nicht so sehr Neugier, die den Mose bewegte, näher zu treten, um sich diesen geheimnisvollen Strauch genauer anzuschauen. Dass sich ein Busch in dieser kargen Wüstengegend entzündet, kommt durchaus vor. Da diese Sträucher strohtrocken sind, lodern sie mit heller Flamme auf, laut prasselnd und knisternd, und es dauert nur wenige Minuten, dann gehen die Flammen zurück und der Strauch fällt ausgebrannt in sich zusammen.

Es fällt nicht schwer, die Parallelen zum Leben des Mose zu ziehen: sein trockenes, stacheliges Wesen. Dann der kurze Moment, in dem er mit zerstörender Flamme gebrannt hatte. Aber so schnell wie die Flamme gekommen war, so schnell war sie auch wieder weg. Und Mose war ausgebrannt in sich zusammengefallen. Und nun stand da dieser Busch, auch noch ein Dornbusch, nichtsnutziges Gestrüpp, und machte ihm vor, was es heißt, Träger des Feuers zu sein; göttliches, nie versiegendes Leben in sich zu haben. Dieser brennende Busch hatte ein Geheimnis: Er lebte nicht aus sich selbst heraus, nicht er hielt die Flamme am Brennen, sondern Gott war in diesem Busch – und das machte ihn tauglicher, als Mose es je gewesen war.

Es ist kein Zufall, dass Gott einen Dornbusch wählte, um sich darin zu offenbaren. Indem Gott Mose in einem brennenden Dornbusch erscheint, vermittelt er ihm: „Gerade das Öde und Leere, das Gescheiterte und Ausgebrannte, das von anderen Verurteilte und Verachtete, das Verwundete und Verletzte in deinem Leben soll zum Ort meiner Gegenwart werden. Es gibt nichts in deinem Leben, das keinen Sinn hätte, das nicht von mir, Gott, verwandelt werden könnte in Schönheit und Herrlichkeit." Welch eine Umwertung aller Werte! Es kommt nicht darauf an, dass wir grünen und blühen, sondern dass wir uns so, wie wir sind, Gott hinhalten.

Schuhe aus, bitte!

Mose hat allen Grund, sich den brennenden Busch näher anzuschauen. Und logisch: Wenn man in die Nähe eines offenen Feuers geht, zieht man sich feste Schuhe an. Wer hat schon Lust, in Asche oder ein Stück Glut zu treten? Doch Gott hält ihn zurück: „Komm nicht näher, sondern zieh deine Schuhe aus, denn du betrittst heiligen Boden!"

Warum befiehlt Gott Mose, seine Schuhe auszuziehen? Hier brennt es doch! Hier fliegen Glut und Asche herum! Niemand weiß das besser als Gott. Er sagt: „Der Ort, auf dem du stehst, ist heiliges Land." Für uns klingt das romantisch: heiliges Land. Für den Menschen des Alten Testamentes aber ist das ein Ausdruck höchster Gefahr! „Heilig" heißt im Alten Testament immer: „Hier brennt's." Hier brennt Gott selbst mit gefährlicher Kraft. Entsprechend ist Mose zu Tode erschrocken, als er diese Worte hört. Eine klare Warnung. Er, der von Neugier getrieben sich unbedarft dem brennenden Busch nähert, wird von Gott sozusagen zurückgerissen: Vorsicht, Hochspannung! Hier brennt noch viel mehr als Glut, hier brennt der lebendige Gott. Du betrittst heiligen Boden. Wie will man sich davor schützen?

Gegen Glut und heiße Asche auf dem Boden schütze ich mich, indem ich Schuhe anziehe. Indem ich meine Schwachstellen abschirme. Indem ich mich wappne und rüste. Aber genau diese Vorgehensweise würde mich zerstören, wenn ich dem Heiligen gegenübertrete. Gegen die Heiligkeit Gottes schütze ich mich, indem ich meine Schuhe *ausziehe* und auf jeglichen Schutz gerade verzichte. Paradox! Aber wenn Gott selber „brennt", hilft kein Asbestanzug. Ich muss mit bloßen Füßen kommen, mit bloßer Seele, ohne Rüstung und Schutz, ausgeliefert und nackt. – Haben wir den Mut, Gott ungeschützt gegenüber zu treten, wenn er uns ruft, so, wie wir sind: mit unseren Schwächen und Mängeln, mit unseren offensichtlichen Fehlern und unserem Versagen, mit unserer verborgenen Schuld und unseren Abgründen?

Antworten wir darauf bloß nicht zu schnell „Ja"! Denn von Kindheit an haben wir gelernt, uns selber und anderen etwas vorzumachen über die Wahrheit unseres Lebens. Und das legen wir auch nicht einfach ab, wenn Gott ins Spiel kommt. Meine Erfahrung ist: Wir machen genau auf dieser Schiene weiter. Wir machen nicht nur uns selbst und anderen etwas vor, sondern auch dem lieben Gott. Aber genau das, womit wir meinen, uns zu schützen, wird uns verbrennen. Vorsicht – Hochspannung! Vor dieser Hochspannung des Heiligen können wir uns nur schützen, wenn wir es wagen, der Wahrheit unseres eigenen Lebens standzuhalten.

In dem Moment, in dem Mose Gott ungeschützt gegenübertritt, spricht Gott seine Berufung aus! In dem Moment, in dem Mose die allergrößte Angst hat, dass er verbrennen muss, erreicht ihn der Ruf seines Lebens. Es ist verrückt, aber in dem Moment, in dem Mose sich Gott gegenüber schwach zeigt, haut Gott eben nicht drauf, sondern zeigt sich ebenfalls schwach. Er zeigt sich ihm gegenüber schwach, indem er ihn einen Blick in sein Herz werfen lässt. Er offenbart dem schwachen Mose, wo seine – Gottes – Schwäche ist: „Ich habe gesehen, wie schlecht es meinem Volk in Ägypten geht, ich habe gehört, dass sie unterdrückt werden, und ich weiß, wie sehr sie leiden." So geschieht Berufung: Indem Gott einen Menschen einen Blick in sein Herz werfen lässt. Dazu braucht es einen Menschen, der bereit ist, vor Gott schwach zu werden und sich eine Blöße zu geben, und der bereit ist, Gottes Schwäche zu seiner eigenen Stärke zu machen.

Wer bin ich?
Ist Mose dazu bereit? Nein, er ist vorsichtig geworden: „Wer bin ich denn, dass ich zum Pharao hingehen und die Israeliten aus Ägypten führen soll?" Wer bin ich? Das ist eine herrlich ehrliche Frage. Und ein sehr berechtigter Einwand. Stellen Sie sich vor, in Ihrer Gemeinde würde sich jemand als Pastor bewerben, der ein gesuchter Mörder ist, ein Mann, der mit einer Frau verheiratet ist, die einer anderen Religion angehört, und der jahrelang keinen Kontakt mehr zur

christlichen Gemeinde gehabt hat. Jemand mit jähzornigem Wesen. Jemand, der sich seit Jahren nur noch mit Schafen unterhalten hat, so dass er der deutschen Sprache kaum mehr mächtig ist, sondern einen Übersetzer braucht. Ich glaube, so ein Mensch hätte in einem Bewerbungsgespräch um einen Führungsjob in der Kirche kaum eine Chance. Ich finde es darum alles andere als abwegig, dass Mose sich selbst und dann auch Gott die Frage stellte: Wer bin ich?

„Lass gut sein", sagte Gott, „ich werde bei dir sein." Ist das nicht wunderbar? Auf die Frage „Wer bin ich?" antwortet Gott nicht: „Stimmt! Jetzt, wo du's sagst, fällt's mir auch auf. Du bist ja ein Mörder. Das hatte ich gerade vergessen, als ich dich eben berufen habe. Gut, dass du fragst. Ich glaube, eigentlich wollte ich lieber den Hirten vom Nachbarhügel." Er sagt aber auch nicht: „Mose, jetzt hab mal nicht solche Skrupel. Schau mal: Du bist ein Adoptiv-Enkel des Pharaos, ein geborener Führer, du hast ganz besondere Gaben! Du bist hochkompetent! Du musst nur an dich glauben – Tschakaa! Jetzt stell dich nicht so an, du schaffst es!"

Gott kommt Mose weder als Moralapostel noch als Motivationskünstler. Seine Antwort an Mose ist vielmehr: „Ich werde mit dir sein. Das ist alles, was du brauchst." Das muss man sich mal auf der Zunge zergehen lassen. „Ich werde mit dir sein" – das ist alles, was Gott als Befähigung notwendig erscheint. Gott beurteilt Kompetenz und Qualifikation offensichtlich ganz anders, als wir es tun. Das heißt, die entscheidende Frage ist nicht: Wer bist du? Sondern: Wer ist der, der mit dir geht? – Die Wahrheit ist: Wir sind ein stacheliger Dornbusch in der Wüste. Nicht mehr, nicht weniger. Die Frage ist: Stehen wir Gott zur Verfügung? Solange wir versuchen, aus eigener Kraft heraus zu brennen, werden wir früher oder später verbrennen und uns in ein Häufchen Asche verwandeln. Aber es liegt nicht an uns. Gott will mit uns sein. Er will derjenige sein, der in uns brennt. Er will durch uns hindurch den Menschen Licht und Wärme bringen.

Jahwe

Im Alten Orient wurden Namen mit Bedacht ausgesucht. Eltern wählten den Namen für ihr Kind nicht so sehr nach Wohlklang und Üblichkeit, sondern verbanden damit eine bestimmte Botschaft. Manchmal gab – wie wir am Beispiel Abrahams gesehen haben – Gott den Menschen einen neuen Namen. Auch damit war ein bestimmtes Programm verbunden. In diesem Text gibt Gott sich selbst einen Namen. Spannend! Vor allem: Welches Programm ist mit diesem Namen ausgesagt? Nennt er sich: Der Erhabene? Oder: Der Gute? Oder: Der Unerforschliche? Oder: Der Schönste, Größte, Klügste und Beste? – Nichts von alledem, obwohl das alles sicher richtig wäre.

Der Name, den Gott sich selber gibt und bei dem er von uns Menschen gerufen werden will, heißt JAHWE. Wörtlich übersetzt heißt das etwa: „Ich bin, der ich bin" oder „Ich werde sein, der ich sein werde." Das klingt in unseren Ohren eher wie ein Rätselspruch als wie eine Offenbarung. Das liegt daran, dass wir unter „Sein" etwas Absolutes verstehen und dann fangen wir gleich an zu philosophieren über das „Sein als solches". Der Hebräer versteht „Sein" aber sehr viel konkreter und aktueller. „Sein" heißt für ihn „da sein". Jahwe heißt also: „Ich bin da." Noch konkreter: „Ich bin für dich da und ich werde für dich da sein. Das ist mein Name. Das ist mein Wesen."

Das hat einen direkten Bezug zu unserer Geschichte: „Dein Leben mag aussehen wie ein Dornbusch – aber ich bin da. Vielleicht bist du von dir selbst nicht überzeugt. Aber ich, der lebendige Gott, rufe dich und berufe dich. Ich möchte durch dich hindurch brennen. Ich möchte durch dich hindurch den Menschen Licht und Wärme bringen. Solange du mir gegenüber schwach bist, kannst du den Menschen gegenüber stark werden. Ich werde meine Schwäche für die Menschen zu deiner Stärke machen. Wer auch immer du bist, was auch immer deine Geschichte ist – denk daran: Jeder stachlige Dornbusch ist zu gebrauchen, wenn er sich mir zur Verfügung stellt. Denn ich bin da. Ich gehe mit dir. Ich bin JAHWE. Ich bin ICH."

Gott kann viel mehr mit einer Schwäche machen, die wir ihm zur Verfügung stellen, als mit all unseren Stärken, die wir für uns selbst behalten.

FRAGEN

» Können Sie sich aufregen über die Ungerechtigkeit in der Welt, obwohl es Ihnen selber gut geht? Über welche? Und welche Konsequenzen ziehen Sie daraus?

» Was ist der Unterschied zwischen Menschen, die selber brennen, und solchen, aus denen Gott brennt?

» Welche Schwachstellen verdecken Sie gerne: anderen, Gott oder auch sich selbst gegenüber?

» Haben Sie eine Berufung, die Sie derart überfordert, dass Sie sich fragen: „Wer bin ich?" Wie beantworten Sie diese Frage für sich?

» Wenn Gott wirklich der „Ich bin da" wäre – wäre das für Sie eher tröstlich oder eher beängstigend? Woran liegt das?

ANREGUNG ZUM GEBET

Jahwe – Ich bin da

Gott sagt Mose, dass er gerne bei seinem Namen angerufen werden möchte: „Jahwe – Ich bin da". Haben Sie das schon mal probiert? Wiederholen Sie fünf Minuten lang halblaut und langsam den Jahwenamen. Pro Atemzug einmal. Denken Sie dabei bewusst an die Übersetzung: „Ich bin da." Nehmen Sie sich weitere fünf Minuten, in denen Sie nur „Jahwe" sagen. Dabei denken Sie an die Übersetzung: „Ich bin mit dir." Und einen dritten Durchgang empfehle ich Ihnen: „Ich bin für euch da."

MERKVERS

Lass dir an meiner Gnade genügen; denn meine Kraft ist in den Schwachen mächtig.

2. Korinther 12, 9

Tag 11 / **Von der Ohnmacht befreit**

MUSIK

Der Weg in die Freiheit führt fast immer durch Wüsten. Das Lied, das wir für den heutigen Tag aufgenommen haben, beschreibt, warum Gottvertrauen der einzige Grund ist, sich überhaupt in die Wüste zu wagen: „In der Wüste". Sie finden es auf der CD als dritten Track.

GtD AndreasNetz

zum ICH

IN 40 TAGEN DURCH DIE BIBEL

5 Als es dem König von Ägypten angesagt wurde, dass das Volk geflohen war, wurde sein Herz verwandelt und das Herz seiner Großen gegen das Volk und sie sprachen: Warum haben wir das getan und haben Israel ziehen lassen, sodass sie uns nicht mehr dienen?

6 Und er spannte seinen Wagen an und nahm sein Volk mit sich

7 und nahm sechshundert auserlesene Wagen und was sonst an Wagen in Ägypten war mit Kämpfern auf jedem Wagen.

8 Und der HERR verstockte das Herz des Pharao, des Königs von Ägypten, dass er den Israeliten nachjagte. Aber die Israeliten waren unter der Macht einer starken Hand ausgezogen.

9 Und die Ägypter jagten ihnen nach mit Rossen, Wagen und ihren Männern und mit dem ganzen Heer des Pharao und holten sie ein, als sie sich gelagert hatten am Meer bei Pi-Hahirot vor Baal-Zefon.

10 Und als der Pharao nahe herankam, hoben die Israeliten ihre Augen auf, und siehe, die Ägypter zogen hinter ihnen her. Und sie fürchteten sich sehr und schrien zu dem HERRN

11 und sprachen zu Mose: Waren nicht Gräber in Ägypten, dass du uns wegführen musstest, damit wir in der Wüste sterben? Warum hast du uns das angetan, dass du uns aus Ägypten geführt hast?

Als dem König von Ägypten gemeldet wurde, dass die Israeliten auf der Flucht sind, verwünschten er und seine Minister das Volk und schrien:
„Warum waren wir bloß so dumm?
Warum haben wir Israel gehen lassen?
Wer soll denn jetzt
die Sklavenarbeit machen?"

Der Pharao spannte sofort seinen Wagen an
und rief seine Kriegsmacht zusammen,
sechshundert modernste Streitwagen
und auch sonst jeden Wagen in Ägypten,
auf dem ein Kämpfer stehen konnte.
Gott machte den Pharao,
den König von Ägypten,
tatsächlich so starrsinnig,
dass er die Israeliten verfolgte,
obwohl sie unter dem Schutz
des göttlichen Segens standen.

So jagten die Ägypter also mit ihren Wagen,
Pferden und Männern,
mit dem ganzen Heer des Pharao,
den Israeliten hinterher,
und sie holten das Volk ein,
als es gerade am Meer bei Pi-Hahirot
vor Baal-Zefon lagerte.

Der Pharao hatte sie schon fast erreicht,
als die Israeliten die ägyptische Streitmacht
bemerkten und voller Angst anfingen,
zu Gott um Hilfe zu schreien.
Zu Mose aber sagten sie:
„In Ägypten gibt es doch genügend Friedhöfe.
Musstest du uns erst hierher bringen,
damit wir in der Wüste sterben?
Warum hast du das getan?
Warum hast du uns aus Ägypten geführt?
Wir haben dir doch gleich gesagt,

12 Haben wir's dir nicht schon in Ägypten gesagt: Lass uns in Ruhe, wir wollen den Ägyptern dienen? Es wäre besser für uns, den Ägyptern zu dienen, als in der Wüste zu sterben.

13 Da sprach Mose zum Volk: Fürchtet euch nicht, steht fest und seht zu, was für ein Heil der HERR heute an euch tun wird. Denn wie ihr die Ägypter heute seht, werdet ihr sie niemals wiedersehen.

14 Der HERR wird für euch streiten, und ihr werdet stille sein.

15 Und der HERR sprach zu Mose: Was schreist du zu mir? Sage den Israeliten, dass sie weiterziehen.

16 Du aber hebe deinen Stab auf und recke deine Hand über das Meer und teile es mitten durch, sodass die Israeliten auf dem Trockenen mitten durch das Meer gehen.

17 Siehe, ich will das Herz der Ägypter verstocken, dass sie hinter euch herziehen, und will meine Herrlichkeit erweisen an dem Pharao und aller seiner Macht, an seinen Wagen und Männern.

18 Und die Ägypter sollen innewerden, dass ich der HERR bin, wenn ich meine Herrlichkeit erweise an dem Pharao und an seinen Wagen und Männern.

19 Da erhob sich der Engel Gottes, der vor dem Heer Israels herzog, und stellte sich hinter sie. Und die Wolkensäule vor ihnen erhob sich und trat hinter sie

dass du uns in Frieden lassen sollst.
Lieber dienen wir den Ägyptern,
als dass wir hier
in der Wüste ermordet werden."

Mose erwiderte dem Volk: „Habt keine Angst!
Könnt ihr nicht einfach vertrauen?
Ihr werdet erleben, dass Gott euch rettet.
Noch sehen die Ägypter furchterregend aus,
aber das wird bald vorbei sein.
Gott wird für euch kämpfen –
und ihr könnt ganz gelassen bleiben."

Da sagte Gott zu Mose:
„Diskutiere nicht herum!
Befiehl den Israeliten endlich weiterzuziehen.
Und dann heb deinen Stab hoch,
streck deine Hand über das Meer
und teil es in der Mitte,
so dass die Israeliten trockenen Fußes
hindurchziehen können.
Ich werde dafür sorgen,
dass die verstockten Ägypter
hinter euch herkommen,
damit ich meine göttliche Kraft
an dem Pharao und seiner Streitmacht
mit all ihren Wagen und Männern
beweisen kann.
Dann werden die Ägypter endlich begreifen,
dass ich Gott bin."

Der Engel Gottes,
der vor dem Volk Israel herzog,
stieg in die Höhe und stellte sich
hinter die Menschen,
und auch die Wolkensäule,
die sonst vor ihnen stand,
zog zwischen das Heer der Ägypter
und das Volk Israel:
Nach hinten verdunkelte sie alles,
nach vorne aber erhellte sie die Finsternis,

20 und kam zwischen das Heer der Ägypter und das Heer Israels. Und dort war die Wolke finster und hier erleuchtete sie die Nacht, und so kamen die Heere die ganze Nacht einander nicht näher.

21 Als nun Mose seine Hand über das Meer reckte, ließ es der HERR zurückweichen durch einen starken Ostwind die ganze Nacht und machte das Meer trocken und die Wasser teilten sich.

22 Und die Israeliten gingen hinein mitten ins Meer auf dem Trockenen, und das Wasser war ihnen eine Mauer zur Rechten und zur Linken.

23 Und die Ägypter folgten und zogen hinein ihnen nach, alle Rosse des Pharao, seine Wagen und Männer, mitten ins Meer.

24 Als nun die Zeit der Morgenwache kam, schaute der HERR auf das Heer der Ägypter aus der Feuersäule und der Wolke und brachte einen Schrecken über ihr Heer

25 und hemmte die Räder ihrer Wagen und machte, dass sie nur schwer vorwärts kamen. Da sprachen die Ägypter: Lasst uns fliehen vor Israel; der HERR streitet für sie wider Ägypten.

26 Aber der HERR sprach zu Mose: Recke deine Hand aus über das Meer, dass das Wasser wiederkomme und herfalle über die Ägypter, über ihre Wagen und Männer.

27 Da reckte Mose seine Hand aus über das Meer, und das Meer kam gegen Morgen wieder in sein Bett, und die Ägypter flohen ihm entgegen. So stürzte der HERR sie mitten ins Meer.

so dass die beiden Gruppen einander
die ganze Nacht nicht näher kamen.

Als Mose seine Hand ausstreckte,
ließ Gott das Meer
durch einen starken Ostwind zurückweichen,
die Wasser teilten sich und es wurde trocken.
Wie eine Mauer stand
das Wasser links und rechts
und die Israeliten konnten einfach
in das Meer hineingehen.
Die Ägypter aber, die sie verfolgten,
zogen mit allen ihren Rossen,
Wagen und Männern hinterher.

Kurz vor dem Morgengrauen sah Gott
aus der Feuersäule und der Wolke
auf das Heer der Ägypter und verwirrte sie.
Zudem blockierte er
die Räder ihrer Wagen,
so dass sie nicht mehr vorwärts kamen.
Da riefen die Ägypter ängstlich:
„Lasst uns schnell verschwinden,
Auf Israels Seite kämpft
ein mächtiger Gott gegen uns."
Doch Gott sagte zu Mose:
„Streck noch einmal
deine Hand über das Meer,
damit das Wasser zurückkommt
und die Ägypter mit all ihren
Wagen und Männern überflutet."

Mose hob die Hand,
und am Morgen strömte das Wasser
wieder in sein Bett.
Die fliehenden Ägypter rannten
geradewegs in die Fluten hinein.
So vernichtete Gott das feindliche Heer
mitten im Meer,
denn als das Wasser wiederkam,
bedeckte es das gesamte Heer des Pharao,
das dem Volk Israel gefolgt war,

28 Und das Wasser kam wieder und bedeckte Wagen und Männer, das ganze Heer des Pharao, das ihnen nachgefolgt war ins Meer, sodass nicht einer von ihnen übrig blieb.

29 Aber die Israeliten gingen trocken mitten durchs Meer, und das Wasser war ihnen eine Mauer zur Rechten und zur Linken.

30 So errettete der HERR an jenem Tage Israel aus der Ägypter Hand. Und sie sahen die Ägypter tot am Ufer des Meeres liegen.

31 So sah Israel die mächtige Hand, mit der der HERR an den Ägyptern gehandelt hatte. Und das Volk fürchtete den HERRN und sie glaubten ihm und seinem Knecht Mose.

so dass nicht einer überlebte.
Die Israeliten aber gingen
bis zum anderen Ufer
auf trockenem Grund,
und das Wasser stand weiter
links und rechts wie eine Mauer.

So hat Gott damals sein Volk
aus der Gewalt der Ägypter gerettet.
Als die Israeliten später die vielen Männer
tot am Ufer liegen sahen, erkannten sie,
mit welcher Macht Gott zugeschlagen hatte.
Das erfüllte sie mit großer Ehrfurcht,
und sie vertrauten ihm
und seinem Knecht Mose.

Wieder haben wir einige Kapitel übersprungen, die Sie in Exodus 4–13 nachlesen können. Hier die Ereignisse im Zeitraffer: Mose kehrt zurück nach Ägypten und bekommt erwartungsgemäß einen Riesenärger mit dem Pharao, der keineswegs vorhat, die Hebräer einfach ziehen zu lassen. So billige Arbeitskräfte kriegt er schließlich nie wieder! So kommt es zu den berühmten zehn Plagen, die Mose über Ägypten ausruft. Die ersten drei sind eher *ekelerregend*: Wasser wird zu Blut, es kommt zu einer Frosch-, dann zu einer Ungezieferplage. Der Pharao gibt sich unbeeindruckt. In einem zweiten Durchgang folgen drei *schmerzhafte* Plagen: Stechmücken, Tierpest und Blattern. Der Pharao bleibt hart. So kommt es zu den drei *bedrohlichen* Plagen: Hagel, Heuschrecken und Finsternis – im Lande des Sonnengottes erregt gerade Letzteres wirklich Angst. Der Pharao zeigt sich sichtlich bestürzt und erlaubt den Israeliten zu ziehen. In dem Moment aber, in dem die Plagen nachlassen, nimmt er seine Zusagen zurück. So kommt es zur zehnten, schrecklichsten Plage: der Tötung der Erstgeburt. Auch das Haus des Pharao wird nicht verschont, so dass er voller Erschütterung das Volk Israel in die Freiheit entlässt. Hastig ziehen die Israeliten los. Geleitet von Jahwes Feuer- und Wolkensäule wandern sie Tag und Nacht. Unser Text setzt in dem Moment ein, als der Pharao aus seiner Erschütterung erwacht. Den Rest haben Sie gelesen: Verfolgung auf der einen, Verzweiflung auf der anderen Seite; Gottes Eingreifen; der Durchzug durchs Schilfmeer; die Vernichtung des ägyptischen Heeres.

Ich sage es Ihnen ganz offen: Ich glaube, der Autor dieses Textes ist etwas über das Ziel hinausgeschossen. Ihm geht es darum, zu zeigen, dass Gott der Herr der Geschichte ist. So weit, so gut. Aber in seinem frommen Eifer behauptet er allen Ernstes, dass Gott selbst das Herz des Pharao verhärtete. Das heißt, Gott selbst stachelt den Pharao zuerst an und bestraft ihn dann dafür mit dem Tod – das kann ja wohl nicht wahr sein! Ehrlich gesagt habe ich schon Bauchschmerzen bei der Aussage, dass Gott in der zehnten Plage alle männlichen Erstgeborenen der Ägypter tötet. Man mag mir vorwerfen, dass ich das biblische Gottesbild damit weichspüle, aber das alles stimmt so überhaupt nicht mit dem überein, was Jesus Christus von Gott erzählt hat.

In diesem Zusammenhang fällt mir ein Zitat von Martin Luther ein, das sinngemäß lautet: „Jesus Christus ist Herr auch über die (Heilige) Schrift. Und wenn sie die Schrift gegen Christus aufbieten, biete ich Christus gegen die Schrift auf." Das bedeutet: Wenn ein Wort der Bibel dem widerspricht, was Jesus uns über Gott gelehrt hat, dann sollten wir im Zweifelsfall Jesus glauben. Wir müssen die Schrift, wie Luther sagt, „von Christus her lesen".

Es kann sein, dass sich an diesem Punkt einige meiner Leserinnen und Leser verabschieden, die mir bisher vielleicht ganz wohl gesonnen waren. Um es klar zu sagen: Ich selbst liebe die Bibel, und ich erlebe nahezu täglich, wie Gott durch die Bibel zu mir spricht. Aber ich bin kein Biblizist. Ich nehme die Bibel beim Wort, aber nicht unbedingt wörtlich. Ungereimtheiten sind für mich Ungereimtheiten, und nur weil sie in der Bibel stehen, muss ich sie deswegen nicht glauben. In der Bibel stehen göttliche und menschliche Dinge unmittelbar beieinander. Mein Vertrauen ist, dass so viel Göttliches in der Bibel steht, dass das Menschlich-Allzumenschliche als solches erkannt werden kann. Darum ist mir Luthers Prinzip, dass Christus Herr auch über die Schrift ist, so wichtig: Mir geht es nicht darum, mir aus der Bibel irgendwelche Rosinen heraus zu picken, sondern das Kriterium meiner Bibelkritik entnehme ich der Bibel selbst. Und das, was Jesus uns vermittelt, sind keineswegs immer „Rosinen".

Aussagen, dass Gott Menschen verstockt, sie zum Bösen leitet, zum Töten auffordert oder gar selber ins Verderben führt, widersprechen ganz und gar dem, was Jesus, der Sohn Gottes, uns über den Vater gesagt hat. Ich bin davon überzeugt: Die einzigen, die unser Herz verhärten, sind wir selbst. Trotzdem ahne ich, dass der Autor etwas Gutes wollte: Er wollte Gott groß machen und zeigen, das er die Geschichte lenkt. In Wirklichkeit macht er Gott aber klein, wie ich finde (wie so vieles, womit wir Menschen Gott groß machen möchten). Er will Gott die Ehre geben und malt von ihm ein düsteres, beklemmendes Bild. Darf ich an dieser Stelle vorschlagen, dass wir diese Ungereimtheiten einfach an die Seite legen und vorerst ignorieren? Wenn man in der Bibel liest, ist es, wie wenn man Edelsteine sucht. In ungeschliffenem Zustand kann man Edelsteine und wertlose Steine nicht immer auseinanderhalten. Nehmen Sie sich zunächst jene Steine vor, die Ihnen besonders auffallen und Sie ansprechen. Auf die übrigen Dinge können Sie sich später noch konzentrieren.

Glaube ist Befreiung

Das ist so ein „Edelstein", der in unserem Text verborgen liegt: dass der Glaube als Befreiung zu uns kommt. Das ist keineswegs selbstverständlich. So glauben beispielsweise viele Menschen aus *Tradition*. Sie übernehmen einfach die Werte und Inhalte der christlichen Kultur, innerhalb derer sie groß geworden sind. Daran ist im Grunde nichts Verkehrtes, weil der Glaube nicht einfach vom Himmel fällt, sondern immer von anderen übernommen wird. Aber wir müssen das, was wir übernehmen, zu unserem Ureigensten machen, sonst wird der Glaube nie seine volle Tiefe, Schönheit und Kraft entfalten.

Andere glauben aus *Schwachheit und Unselbständigkeit.* Klar: Gott gegenüber sind wir schwach und jeder von uns kommt in Situationen, in denen er merkt, dass er sein Leben nicht im Griff hat. Doch viele Menschen sehnen sich gar nicht nach Heilung, sondern nach einer religiösen „Krücke", die ihnen hilft, so zu bleiben, wie sie sind. Da wird die eigene Schwäche flugs zur Tugend umgedeutet: Unselbständigkeit wird zum Gehorsam, Unentschlossenheit zum Gottvertrauen und Ich-Schwäche zur Demut erklärt.

Und oft genug glauben Menschen aus *Angst:* aus Angst, etwas falsch zu machen, aus Angst vor dem Risiko der Freiheit, aus Angst, innerhalb eines christlichen Umfeldes anders zu sein und deswegen mit Liebesentzug bestraft zu werden, aus Angst vor Kritik durch andere Christen – und allzu oft leider auch aus Angst vor Gott. Doch Glaube, der aus Angst geboren wird, ist eben kein Glaube, sondern eine religiöse Form des Unglaubens.

Glaube im Sinne der Bibel aber kommt als Befreiung zu uns. Darum gilt die Befreiung aus Ägypten in der Bibel auch als das Wunder schlechthin, sie ist das Urdatum des jüdisch-christlichen Glaubens. Immer wieder kommt die Bibel auf diese Geschichte zurück, weil sie sozusagen das Grundmuster liefert, nach dem Glaube „funktioniert". Selbst die Zehn Gebote beginnen mit den Worten: „Ich bin Jahwe, dein Gott, der dich aus Ägyptenland geführt hat." Ohne erlebte Befreiung bleibt der Glaube ein Fremdkörper in unserem Leben.

Wo ist unser persönliches „Ägypten"?

Wenn die Exodusgeschichte uns das Urmodell liefert, wie der Glaube funktioniert, stellt sich die Frage: Was ist unser persönliches „Ägypten"? Aus welcher Sklaverei müssen wir befreit werden? Für einige ist die Antwort auf diese Frage ganz leicht: Sie spüren Tag für Tag ihre Knechtschaft und leiden massiv darunter. Andere hingegen haben sich an ihre Versklavung gewöhnt und sich damit arrangiert. Für sie ist der Gedanke an eine mögliche Befreiung befremdlich oder sogar beängstigend.

Viele denken bei dem Begriff der Befreiung erst einmal an äußere Einflüsse: etwa die Kollegenschaft, von der man sich gemobbt fühlt, die Angst vor der Arbeitslosigkeit, oder sie leben in einem politischen System, das sie unterdrückt. Wie wir bereits gesehen haben, sind die äußeren Umstände oft nur bedingt veränderbar. Darum kommt es sehr darauf an, dass wir lernen, auch in äußerlich unfreien Umständen unsere innere Freiheit zu bewahren. Das ist oft der erste Schritt zur Gewinnung auch der äußeren Freiheit. Um äußere Freiheit zu schaffen, müssen wir erst einmal innerlich frei sein.

Darum tun wir gut daran, unseren Blick von den äußeren auf unsere inneren Sklaventreiber zu wenden: etwa die Erwartungen anderer oder der knöcherne Zeigefinger des allgegenwärtigen „Man" – „Das tut man nicht." Da sind die vielfältigen Ängste, die uns gefangen halten und uns daran hindern, das Leben zu führen, das wir eigentlich führen wollen. Ähnliches gilt für viele psychische Erkrankungen. Ein weiterer Bereich der Sklaverei ist das weite Feld der Süchte. Neben den bekannten Süchten – Alkohol-, Drogen-, Medikamenten-, Sex- und Spielsucht – sei hier auch die Sucht nach Anerkennung oder die Sucht des negativen Denkens und Redens genannt.

Noch einen weiteren Sklaventreiber möchte ich an dieser Stelle ins Spiel bringen. Für die Bibel ist die Sünde *die* versklavende Macht schlechthin. Sie zerstört die Gemeinschaft Gottes mit den Menschen, sie korrumpiert das Verhältnis zwischen Mensch und Mitmensch bzw. seiner Umwelt, ja sie zerstört sogar den Einklang des Menschen mit sich selbst. Darum ist die Befreiung von der Macht der Sünde das Nummer-1-Thema des Neuen Testamentes: So wie Mose die Israeliten aus der Sklaverei in Ägypten führte, so befreit uns Jesus von der Macht der Sünde und des Todes. Darum beginnt für viele das Christsein mit der bewussten Bitte um Vergebung ihrer Sünde. Die Erfahrung, dass Gott sie in die Arme schließt und ihnen neues Leben schenkt – wir erinnern uns an den verlorenen Sohn –, ist ihre persönliche Befreiung aus Ägypten.

Aller Anfang ist schwer – auch der Anfang des Glaubens

In unserer Vorstellung sind Zeiten wie die des Auszugs aus Ägypten eine einzige, gigantische Demonstration der göttlichen Macht. Manch eine(r) mag sich beim Lesen dieser Texte gedacht haben: „Ja, wenn ich das alles selbst miterlebt hätte, dann würde ich auch glauben!" Doch ob das wirklich stimmt? Für die, die diese Zeit miterlebten, war der Auszug aus Ägypten eine Zeit der Angst und der Glaubensanfechtung. Was wir uns als gewaltigen Machterweis Gottes vorstellen, war in Wirklichkeit eine überstürzte Flucht von Sklaven.

Keineswegs geht es sofort ins Gelobte Land. Der Auszug beginnt vielmehr mit einer großen Enttäuschung. Exodus 13, 17–19 berichtet uns, dass Gott dem Mose befiehlt, einen Umweg zu machen. Statt sie direkten Weges über Land nach Kanaan marschieren zu lassen, schickt er die Israeliten im wahrsten Sinne des Wortes in die Wüste – geradewegs auf das Schilfmeer zu! Warum dies? Weil, so heißt es, Gott wusste, dass auf dem direktem Weg die Philister wohnten, ein aggressiver, räuberischer Stamm. Wenn Gott uns nicht auf direktem Weg in das verheißene Land führt, kann es also daran liegen, dass irgendwo auf diesem Weg „Philister" lauern, die uns umbringen wollen. Vielleicht liegt es aber auch daran, dass wir noch einige Lektionen zu lernen haben. Wer sein „Ägypten" verlassen hat, ist noch lange nicht reif für das Gelobte Land.

So kann es tatsächlich sein, dass Gott uns manchmal an Orte führt, die wir mit seiner Liebe und seiner Führung im ersten Augenblick nicht in Übereinstimmung bringen können. Hier ist Vertrauen gefragt. Der Glaube führt nie direkt ins Gelobte Land, sondern meist schon recht bald in das, was die Bibel als „Anfechtung" bezeichnet. Die Anfechtung ist die große Gefährdung des Glaubens; wenn sie aber überwunden ist, wirkt sie glaubensstärkend.

Das Imperium schlägt zurück

Es gibt keinen gangbaren, direkten Weg von der alten Sklaverei ins Gelobte Land. Gott führt sein Volk daher zunächst in die Wüste, und das ist schon schwer. Können Sie sich vorstellen, was es bedeutet, mit Zigtausenden Menschen – vom Kleinkind bis zum Mummelgreis – durch die Wüste zu ziehen? Da erinnert man sich schnell der vermeintlich goldenen Zeiten in Ägypten: Zwar war die Sklaverei dort unmenschlich und entwürdigend, aber sie brachte auch Sicherheiten – die berühmten „Fleischtöpfe Ägyptens".

Zur Wüste kommt das Heer des Pharaos, das sich plötzlich bedrohlich hinter den Israeliten aufbaut. Glauben wir ja nicht, dass unsere alte Welt uns kampflos hergibt! Egal, welchem „Sklaventreiber" Sie sich entwunden haben – er wird Sie nicht kampflos ziehen lassen. Er wird moralischen, materiellen oder politischen Druck aufbauen, locken und drohen und Sie zum Kampf fordern. Egal, ob Sie einer Alkoholsucht entsagen, sich von dem Einfluss Ihrer Eltern loslösen oder sich einen neuen Job suchen: Das Imperium, das Sie vorher gefangen gehalten hat, wird alles in Bewegung setzen, Sie zurück zu holen.

Und vor einem liegt das Meer. Die eigene Sache, die vor einem liegt, gewinnt plötzlich eine Tiefe, die einen zu verschlingen droht. Man rutscht aus, verliert den festen Grund unter den Füßen, es gibt keine Sicherheiten mehr. Mit jedem Schritt, den man nach vorne geht, droht man zu versinken, und alle Instinkte in einem rufen: Nichts wie zurück! Wer sich aufmacht in das Land der Freiheit, muss zunächst durch ein tiefes Meer der Unsicherheit.

In dieser Situation gibt Mose dem Volk die Anweisung, still zu werden, das heißt erst einmal gar nichts zu tun, sondern auf Gott zu warten. Aus eigener Kraft lässt sich das Meer nicht bewältigen. Wenn es aber Gott ist, der uns gerufen hat und der uns ermutigt, diesen Weg zu gehen, wird er auch dafür sorgen, dass wir das Meer sicher durchschreiten können.

Die größten Feinde der Freiheit sind die glücklichen
Sklaven.

Marie von Ebner-Eschenbach

» Was halten Sie von der Aufforderung Martin Luthers,
im Zweifelsfall Jesus mehr zu glauben als der Bibel?

» Nimmt in Ihrem Leben die Freiheit eher zu oder ab?

» Wo liegt Ihr persönliches Ägypten – äußerlich und
innerlich?

» Haben Sie sich schon mal auf den Weg gemacht in das
Land der Freiheit?

» Was ficht Sie auf Ihrem Weg in die Freiheit am meisten an: die Wüste, das Heer des Pharao, das vor Ihnen
liegende Meer oder gar nichts davon?

Ägypten, Wüste, Heer und Meer
Jeder Aufbruch aus „Ägypten" führt über eine Wüste in
die Freiheit. Jeder Aufbruch kennt das Heer des Pharaos,
das einen verfolgt und das Meer der Ungewissheit, das
vor einem liegt. Teilen Sie ein Blatt Papier in vier Teile.
Schreiben Sie über die einzelnen Viertel „Ägypten", „Wüs-
te", „Heer" und „Meer". Suchen Sie sich eine Ihrer größten
Unfreiheiten heraus und formulieren Sie unter der Rubrik
„Ägypten" in Form eines Gebets, was Sie versklavt. Unter
„Wüste" schildern Sie Gott, was Sie innerlich zurückhält,
Ihre Sklaverei zu verlassen. Unter „Heer" schreiben Sie,
welche äußeren Einflüsse Sie zurückzuhalten drohen.
Und unter „Meer" formulieren Sie Ihre Ängste, die Sie auf
Ihrem Weg in die Freiheit empfinden.

Wenn du durch Wasser gehst, will ich bei dir sein, dass
dich die Ströme nicht ersäufen sollen; und wenn du ins
Feuer gehst, sollst du nicht brennen, und die Flamme soll
dich nicht versengen.

Jesaja 43, 2

CARTOON

THEES

1 Und Gott redete alle diese Worte:

2 Ich bin der HERR, dein Gott, der ich dich aus Ägyptenland, aus der Knechtschaft, geführt habe.

3 Du sollst keine anderen Götter haben neben mir.

4 Du sollst dir kein Bildnis noch irgendein Gleichnis machen, weder von dem, was oben im Himmel, noch von dem, was unten auf Erden, noch von dem, was im Wasser unter der Erde ist:

5 Bete sie nicht an und diene ihnen nicht! Denn ich, der HERR, dein Gott, bin ein eifernder Gott, der die Missetat der Väter heimsucht bis ins dritte und vierte Glied an den Kindern derer, die mich hassen,

6 aber Barmherzigkeit erweist an vielen tausenden, die mich lieben und meine Gebote halten.

7 Du sollst den Namen des HERRN, deines Gottes, nicht missbrauchen; denn der HERR wird den nicht ungestraft lassen, der seinen Namen missbraucht.

8 Gedenke des Sabbattages, dass du ihn heiligest.

9 Sechs Tage sollst du arbeiten und alle deine Werke tun.

10 Aber am siebenten Tage ist der Sabbat des HERRN, deines Gottes. Da sollst du keine Arbeit tun, auch nicht dein Sohn, deine Tochter, dein Knecht, deine Magd, dein Vieh, auch nicht dein Fremdling, der in deiner Stadt lebt.

Dann gab Gott den Menschen seine Gebote:

(1) „Ich bin der Herr, dein Gott,
der dich aus der Gefangenschaft
in Ägypten befreit hat.
Neben mir soll es in deinem Leben
keine anderen Götter geben.

(2) Schaff dir keine Götzenbilder und
glaube auch nicht,
du könntest wirklich darstellen,
wie der Himmel, die Erde
oder das Meer beschaffen sind.
Bete niemanden außer mir an
und diene auch keinem anderen.
Ich bin nämlich eifersüchtig,
und wenn man mich hintergeht,
werden noch die Nachkommen
der dritten und vierten
Generation darunter zu leiden haben.
Aber alle, die mich lieben
und meine Gebote halten,
werde ich mit Leben überschütten.

(3) Missbrauche den Namen Gottes nicht!
Denn wer das tut,
wird nicht ungestraft bleiben.

(4) Vergiss nie, dass es einen Ruhetag gibt,
der heilig ist!
Du hast sechs Tage, an denen du arbeiten
und deine Pflichten erledigen kannst.
Jeder siebte Tag ist ein Tag für Gott,
an dem weder du,
noch dein Sohn, deine Tochter,
dein Angestellter
oder dein Besitz arbeiten soll;
nicht einmal der Gastarbeiter,
der in deiner Stadt lebt.
Schließlich hat auch Gott
den Himmel, die Erde,

11 Denn in sechs Tagen hat der HERR Himmel und Erde gemacht und das Meer und alles, was darinnen ist, und ruhte am siebenten Tage. Darum segnete der HERR den Sabbattag und heiligte ihn.

12 Du sollst deinen Vater und deine Mutter ehren, auf dass du lange lebest in dem Lande, das dir der HERR, dein Gott, geben wird.

13 Du sollst nicht töten.

14 Du sollst nicht ehebrechen.

15 Du sollst nicht stehlen.

16 Du sollst nicht falsch Zeugnis reden wider deinen Nächsten.

17 Du sollst nicht begehren deines Nächsten Haus. Du sollst nicht begehren deines Nächsten Frau, Knecht, Magd, Rind, Esel noch alles, was dein Nächster hat.

das Meer und alle Lebewesen
in sechs Tagen geschaffen
und sich am siebten Tag ausgeruht.
Darum hat er den Ruhetag
zu einem heiligen Tag erklärt,
den er besonders segnet.

(5) Ehre deinen Vater und deine Mutter!
Denn dann kannst du lang in dem Land leben,
das dir Gott schenken wird.

(6) Morde nicht!

(7) Brich die Ehe nicht!

(8) Nimm niemandem etwas weg!

(9) Mach keine falschen Aussagen
über deine Mitmenschen!

(10) Sieh nicht neidisch auf das,
was ein anderer hat!
Begehre weder seine Frau,
noch seine Magd, seinen Knecht,
seine Tiere oder irgendetwas,
was er hat."

Ein kleiner Junge wurde einmal gefragt, was das Christentum sei. Er antwortete: „Christentum ist, was man alles nicht darf." In seinen Augen war die christliche Religion offensichtlich ein einziges System von Regeln und Verboten. Von den eigentlichen Inhalten des Glaubens – dem Vertrauen, der Freude an Gott, der Freiheit und der Liebe – wusste er offensichtlich nichts bzw. hatte ihm nie jemand erzählt. Ein Grund, warum das Christentum in den Geruch einer Miesmacher- und Spielverderberreligion gekommen ist, liegt sicherlich in den Zehn Geboten, die in ihrem herkömmlichen Wortlaut den Menschen geradezu einbläuen: „Du sollst nicht, du sollst nicht." Einen Mann wie Hermann Hesse hat das derart aufgeregt, dass er sagte: „Sobald ich mit ‚du sollst' angeredet werde, regt sich in mir Widerspruch und ich weiß, ich werde es nicht tun." Das klingt wie die trotzige Reaktion eines Kindes, aber hinter Hesses Widerspruch steckt sehr viel mehr.

Das Problem ist nämlich, dass eine Moral auf Befehl keine echte Moral ist. Wenn ich etwas nur deswegen tue, weil es mir – womöglich unter Androhung von Strafe – befohlen wird oder ich mir eine Belohnung erhoffe, dann ist meine Handlung weder moralisch, noch wirklich gut. Moralisch gut ist nur jemand, der das Gute um seiner selbst willen tut. Damit aber stehen wir vor einer paradox anmutenden Tatsache: Die Zehn Gebote schaffen keine Moral. Ja, sie stehen – nur als Befehl genommen – geradezu im Widerspruch zu echtem moralischem Handeln. Sie erreichen nur die Oberfläche unseres äußeren Tuns, aber nicht den Ort, an dem Moral und Unmoral entstehen: unser menschliches Herz. Genau das hatte Jesus im Sinn, als er in der Bergpredigt den Geboten des Alten Testamentes eine tiefere Moralität entgegensetzte. Das Töten, sagte er, beginnt schon mit dem negativen Denken über meinen Mitmenschen. Der Ehebruch beginnt schon beim inneren Begehren. Selbst bei der alttestamentlichen (!) Forderung nach Nächstenliebe setzt Jesus noch eins oben drauf. Nächstenliebe, sagt er, ist gut und schön. Wahre Moralität aber zeigt sich darin, ob ich auch meinen Feinden Gutes tun kann. Dann wohnt das Gute wirklich im Innersten meines Herzens.

Gebote regeln immer nur äußere Verhaltensweisen. Das menschliche Herz aber lässt sich nicht von außen steuern. Kein Gebot reicht an das menschliche Herz heran – auch nicht die Gebote der Bergpredigt (Matthäus 5–7). Darum sind Gebote nie in der Lage, uns zu moralischen Menschen oder gar zu Christen zu machen. Letzteres erwähne ich deswegen, weil viele Menschen das so meinen. Wenn man die Menschen auf der Straße fragt, was einen Menschen zum Christen macht, kommen sie recht schnell auf die Zehn Gebote zu sprechen. „Ein Christ", wird dann oft gesagt, „ist für mich jemand, der die Zehn Gebote hält". Und da man selbst noch nie jemanden umgebracht hat, nur im Notfall lügt und Steuerhinterziehung nicht als Diebstahl bezeichnet, denkt man, der liebe Gott müsse mit einem schon zufrieden sein, man sei ja guter Christ. Aber so leicht ist es leider nicht. Die Gebote machen uns nicht einmal zu moralischen Menschen, geschweige denn zu Christen.

Was aber ist dann der Sinn der Gebote? Der Antwort auf diese Frage kommen wir auf die Spur, wenn wir uns den Satz ansehen, der sozusagen als Überschrift über den Zehn Geboten steht: „Ich bin der Herr, dein Gott, der dich aus der Gefangenschaft in Ägypten befreit hat." Es ist der Gott der Befreiung, der in den Zehn Geboten redet! Das heißt: Die Zehn Gebote haben ganz viel mit der Freiheit zu tun, zu der Gott uns befreien möchte. Die Gebote schützen unsere äußere Freiheit. Die Gebote zeigen uns aber auch unsere innere Unfreiheit. Und die Gebote führen uns in Freiheit zur Liebe. Martin Luther bezeichnete diese drei Funktionen der Gebote als Riegel, Spiegel und Richtschnur.

1. Die Gebote schützen unsere äußere Freiheit (Riegel)
Zugegeben, die Gebote können mein Herz weder erreichen noch verwandeln, aber Gott sei Dank können sie Einfluss auf meine Taten nehmen! Für die Frage meiner Moralität ist es nicht entscheidend, ob ich faktisch oder nur in meinem Herzen ein Mörder, Ehebrecher oder Dieb bin. Aber für meinen Mitmenschen macht es sehr wohl einen Unterschied! So sagt denn Martin Luther: Die Gebote schieben der äußeren Bosheit der Menschen einen Riegel vor. Und weil sie das tun, schützen sie – zumindest äußerlich – unsere Freiheit.

Gemäß dem Motto, dass alles Großartige im Grunde einfach ist, bringen die Gebote die entscheidenden Lebensbezüge und Bedürfnisse des Menschen auf den Punkt: das Recht auf leibliche Unversehrtheit (6.), der Schutz von Ehe und Familie (7. und 5.), das individuelle Eigentum (8.), die Angewiesenheit auf die Verlässlichkeit des Wortes (9.). Das Feiertagsgebot (4.) schützt den Rhythmus von Ruhe, Feiern und Arbeit. Und im Gebot „Du sollst nicht begehren" (10.) wird die Wurzel alles Bösen im Menschen angesprochen, letztlich auch die Wurzel hochaktueller Probleme, wie etwa Fragen der Ökonomie und Ökologie. Die Zehn Gebote sichern, auf knappsten Raum verdichtet, die elementaren Güter des geschöpflichen und sozialen Lebens. Die Zehn Gebote bieten so etwas wie einen allgemeinen Rahmen des Menschseins und Menschwerdens. Sich daran zu halten, ist daher keineswegs Ausweis des spezifisch Christlichen, sondern ur-menschlich.

Das gilt auch, wenn wir uns jene Gebote anschauen, die unsere Beziehung zu Gott regeln. Selbst das erste Gebot kommt nicht so sehr Gott zugute, als vielmehr uns: Andere Götter neben diesem Gott zu haben, heißt, einer Lebenslüge aufsitzen, heißt, sich Mächten anheim zu geben, die uns wohl viel versprechen mögen, in Wirklichkeit aber versklaven. Gott braucht keinen Monopolschutz, aber wir müssen geschützt werden vor allem, was sich an die Stelle Gottes zu schieben droht. Ähnliches lässt sich vom Bilderverbot bzw. Verbot des Missbrauchs des Gottesnamens sagen: Die willkürliche Bemächtigung der Majestät Gottes durch esoterische Gedankengespinste oder abergläubische Praktiken schadet niemandem mehr als uns selber. Wir haben ein Recht darauf, dass die tiefste Dimension unseres Menschseins, eben unser Gottesverhältnis, nicht von Lügen und Angst beherrscht und geprägt wird.

Die Zehn Gebote sind also nicht Ausdruck der Tyrannei eines herrschsüchtigen Gottes über den Menschen, sondern ganz im Gegenteil: Sie sind „Gebote der Freiheit", sie sind eine Art Naturgesetz oder sittliche Grammatik, die die inneren Bedingungen für gelingendes Leben und Zusammenleben beschreibt. In ihnen geht es nicht um Christ-, sondern um unser Menschsein! Die Zehn Gebote sind eine Wohltat Gottes, durch die die Freiheit und die Würde aller Menschen geschützt bzw. durch die jeder Mensch in die Verantwortung für das Wohlergehen seiner Mitmenschen gerufen wird. Spielarten dieser Zehn Gebote finden sich darum über die ganze Welt verstreut.

2. Die Gebote zeigen uns unsere innere Unfreiheit (Spiegel)

Erst hier lässt sich überhaupt von einem spezifisch christlichen Umgang mit den Zehn Geboten reden, wo ein Mensch die Gebote zum Anlass nimmt, über sein Leben zu reflektieren, wo er sich also von ihnen einen Spiegel vorhalten lässt. Paulus hat diesen christlichen Umgang mit den Geboten sehr prägnant formuliert, als er schrieb: „Durch das Gesetz kommt die Erkenntnis der Sünde" (Römer 3, 20).

Die Gebote sollen den Menschen zum Guten anhalten, Leben fördern, sowie die Rahmenbedingungen unserer Freiheit abstecken. Auf der anderen Seite müssen wir ehrlich konstatieren, dass wir diesen „Geboten der Freiheit" oft nicht gerecht werden. Im Gegenteil: Unsere Art zu leben macht uns selbst und andere immer unfreier. An diesem Punkt halten uns die Gebote einen Spiegel vor. Gott liebt uns zwar so, wie wir sind. Aber er möchte nicht unbedingt, dass wir so bleiben. Denken Sie an das Gleichnis vom verlorenen Sohn: Der Vater nimmt ihn, so wie er ist, in die Arme. Aber er bietet ihm auch ein neues Kleid an und fordert ihn heraus, die alten, schmutzigen Sachen abzulegen. Zum Christsein gehört darum eine gewisse Selbstkritik. Früher nannte man das „Buße". Mit diesem Begriff verbinden wir zumeist irgendwelche obskuren Praktiken („Bußleistungen", „in Sack und Asche gehen"), aber vom Wort her bedeutet Buße einfach „Umkehr" bzw. „Umdenken". Es gibt kein Christsein, das nicht diese Erfahrung beinhaltet: Ich bin nicht so, wie ich sein sollte; ich werde den Maßstäben des Menschlichen nicht gerecht; ich koste meine Mitmenschen mehr, als ich einbringe; Gott hat mich anders gedacht.

Kaum jemand hat das besser begriffen als Martin Luther, der in den Erklärungen zu den Geboten in seinem Kleinen Katechismus diese samt und sonders ins Positive drehte und sie auch erst dann als erfüllt ansah. „Du sollst nicht töten" heißt dann so viel wie: Du sollst dem andern helfen und ihn fördern. Und auf einmal fällt es uns schwer, zu behaupten, wir hätten dieses Gebot gehalten. „Du sollst nicht ehebrechen" heißt auf einmal positiv: Jeder soll seine eigene Ehe pflegen. Und „Du sollst nicht falsch Zeugnis reden wider deinen Nächsten" heißt dann nicht nur, „Du sollst nicht tratschen oder gar belügen", sondern du sollst den andern „entschuldigen, Gutes von ihm reden und alles zum Besten kehren". Erst dann ist das Gebot erfüllt! Jegliches Zitieren irgendwelcher Normen, und wenn sie hundertmal in der Bibel stehen, hat mit Christentum nichts zu tun, solange man nicht durch das Feuer der Selbstkritik gegangen ist. Die Zehn Gebote werden erst dann christlich, wenn wir uns selbst über sie zur Buße haben leiten lassen.

Man hat gesagt, es sei ein Zeichen mangelnder Selbstannahme, ja: von Masochismus, ständig in seiner Schuld herumzuwühlen, Christen hätten eine negative Einstellung sich selbst und dem Leben gegenüber. Ich glaube das nicht. Natürlich hat es solche Verirrungen immer wieder gegeben, aber fragen wir umgekehrt: Was bedeutet denn Selbstannahme, wenn sie um den Preis einer Lebenslüge erkauft wird, dadurch, dass man die eigenen Schattenseiten und Abgründe verdrängt oder überspielt? Es geht im Christentum in der Tat auch um eine gesunde Distanz sich selbst gegenüber. Einzusehen, dass man sich ändern muss, auch wenn es weh tut, hat mit Masochismus nichts zu tun. Viel schlimmer ist es, wenn man sich und andere der Hoffnung auf jede Veränderung beraubt, indem man ständig mit einem geschönten Selbstbild herumläuft. Erst, wenn ich meine innere Unfreiheit erkannt habe, kann ich frei werden: zunächst innerlich, dann auch äußerlich. Auf dieser Grundlage baut der dritte Gebrauch der Gebote auf:

3. Die Gebote führen uns in Freiheit zur Liebe (Richtschnur)

Es geht Gott nicht darum, dass wir in unserem Leben irgendwelche Regeln einhalten, sondern dass wir zu liebenden, liebenswerten Menschen werden. Paulus sagt es so: „Die Liebe ist des Gesetzes Erfüllung" (Römer 13, 10). Damit bringt er präzise auf den Punkt, was Jesus uns gelehrt und vorgelebt hat. Jesus hielt sich keineswegs immer an den Wortlaut der Gebote. So brach er den Sabbat des Öfteren bewusst und demonstrativ, um Menschen zu heilen. Er kommentierte das mit den Worten: „Der Sabbat ist um des Menschen willen da, und nicht der Mensch um des Sabbats willen." (Markus 2, 27) Das heißt: Die Liebe steht allemal über dem Gebot. Das Gebot ist das Mittel, die Liebe ist das Ziel. Wenn das Mittel diesem Ziel nicht mehr dient, brauchen wir es nicht zu befolgen, ja es stellt sich die Frage, ob wir es überhaupt dürfen.

Aber machen wir uns nichts vor. Die Situationen, in denen ein konkretes Gebot im Namen der Liebe außer Kraft gesetzt wird, sind höchst selten. Wir brechen die Gebote zumeist nicht aus Liebe, sondern aus Lieblosigkeit. Auch wenn es Ausnahmen, Extrem- und Sonderfälle sowie Konfliktsituationen gibt, in denen ein Gebot gegen ein anderes steht, müssen wir doch konstatieren, dass in über 90% aller Fälle die Gebote uns eine gute Richtschnur an die Hand geben, was Liebe konkret bedeutet. Deshalb sind Normen gut, weil wir dann nicht in jeder Situation die Moral neu schultern müssen, sondern einen verlässlichen Maßstab für Gut und Böse an der Hand haben. Trotzdem: Es gibt wohl kaum ein Gebot, für das sich nicht Ausnahmen formulieren lassen. Sogar für das Gebot „Du sollst nicht töten." Die Gebote sind so etwas wie ein Kompass, der uns die Richtung weist. Ein Kompass ist ein unentbehrliches Instrument, er zeigt einem die richtige Richtung, und trotzdem dürfen wir ihm nicht immer auf direktem Weg folgen. Ein Schiff, das stur nach Kompass fährt, kollidiert vielleicht mit einem Eisberg. Der direkte Weg führt oft nicht zum Ziel, sondern in eine Katastrophe.

Die Gebote führen uns in Freiheit zur Liebe. Zur berühmten „Freiheit eines Christenmenschen" gehört auch eine gewisse Freiheit im Umgang mit den Geboten. So wenig wie Gott ein Sklavenhalter ist, sind wir seine Sklaven. Seine guten Gebote helfen uns, Liebe zu verwirklichen. Wenn sie es hier und dort aber nicht tun, haben wir die Freiheit, sie vorübergehend außer Acht zu lassen. Denn die Gebote sind um des Menschen willen da, nicht der Mensch um der Gebote und der Gebotseinhaltung willen.

Liebe – und dann tu, was du willst.

Aurelius Augustinus

» Kennen Sie das aus eigener Anschauung: Das Christentum als „Spielverderberreligion", als System von Regeln und Verboten?

» Welchen Unterschied macht es, wenn Menschen sich „moralisch anständig" verhalten aufgrund a) äußerer Regeln oder b) einer Herzenshaltung?

» Wenn Moral niemals auf Geboten basieren kann, wofür brauchen wir sie dann?

» Kann man Christ sein, ohne kritisch auf sein eigenes Wesen zu blicken, ohne „Buße" zu tun?

» Was bedeutet es, dass die Gebote um des Menschen und nicht der Mensch um der Gebote willen da ist?

Der Spiegel

Bitte benutzen Sie die Zehn Gebote einmal in der von Luther vorgeschlagenen Weise, indem Sie sie nicht als äußere Normen, sondern als „Spiegel" verwenden. Versuchen Sie selbst, die Gebote positiv zu formulieren und statt der äußeren Tat ihre innere Herzenshaltung abzufragen. Schreiben Sie auf, was Ihnen zu jedem einzelnen Gebot einfällt, während Sie in den „Spiegel" schauen. Beginnen Sie beim 4.-10. Gebot, das macht es etwas leichter, und nehmen Sie sich anschließend die ersten drei vor.

Die Liebe ist des Gesetzes Erfüllung.

Römer 13, 10

WOHLFÜHLINSPIRATION

Ziehen Sie sich doch mal, wenn Sie zuhause sind, Schuhe und Strümpfe aus. Gehen Sie dann ins Badezimmer, füllen Sie die Badewanne, die Dusche oder eine Schüssel mit warmem Wasser, und träufeln Sie etwas Badezusatz hinein. Der Rest ist ganz einfach: einen Stuhl davor zum Draufsetzen und fünf Minuten die Füße plantschen lassen.

Nach dem Abtrocknen frische Strümpfe anziehen, das Fenster kurz öffnen und tief durchatmen. Und denken Sie daran: Das, was Sie im Innersten ausmacht, lebt mit Gott auf freiem Fuß!

5. BUCH MOSE / DEUTERONOMIUM 6

4 Höre, Israel, der HERR ist unser Gott, der HERR allein.

5 Und du sollst den HERRN, deinen Gott, lieb haben von ganzem Herzen, von ganzer Seele und mit all deiner Kraft.

Höre, du Volk Israel,
Jahwe ist unser Gott, nur er allein.
Ihn, deinen Gott, sollst du lieben:
von ganzem Herzen,
mit ganzer Seele
und mit all deiner Kraft.

Der wichtigste Bibeltext, den Mose uns überliefert hat, sind keineswegs die Zehn Gebote, sondern die Worte, die Sie eben gelesen haben. Es handelt sich um das jüdische Glaubensbekenntnis, das jeder fromme Jude bis heute mindestens einmal pro Tag betet. Als Jesus einmal gefragt wurde, was das wichtigste Gebot sei, antwortete er mit eben diesen Worten: „Höre, du Volk Israel, Jahwe ist unser Gott, nur er allein. Ihn, deinen Gott, sollst du lieben: von ganzem Herzen, mit ganzer Seele und all deiner Kraft" (Matthäus 22, 36–37).

Diese Worte waren auch das Glaubensbekenntnis Jesu: Es gibt nur einen Gott – nämlich den Gott, der sich in der Geschichte Israels mit seinem Namen „Jahwe" offenbart hat. Und das höchste Ziel eines Menschenlebens besteht darin, diesen Gott zu lieben mit allem, was man ist, kann und hat. Denn Gott hat uns aus Liebe geschaffen, und wir finden erst dann wirklich zu uns selbst und unserer eigentlichen Bestimmung, wenn wir ihm diese Liebe zurückgeben. Der Mensch wird weder inneren noch äußeren Frieden finden, wenn er nicht lernt, Gott zu lieben.

In diesem Punkt war sich Jesus mit den Menschen seiner Zeit einig. Das Problem, das sich ihm stellte, war, dass viele Fromme damals Gott lieben wollten und darüber ihren Nächsten vergaßen. Darum fügte Jesus hinzu: Man kann nicht Gott lieben und gleichzeitig seine Mitmenschen verachten oder vernachlässigen. „Liebe deinen Nächsten wie dich selbst." Gottesliebe und Nächstenliebe gehören zusammen! Wer meint, Gott zu lieben, lügt sich in die Tasche, wenn er dabei die Nächstenliebe vergisst. Heute stellt sich bei vielen Menschen das Problem sozusagen unter umgekehrten Vorzeichen. Dass wir unseren Nächsten lieben sollen, weiß hierzulande so gut wie jeder. Aber dass es beim christlichen Glauben zuerst und an zentraler Stelle um die Gottesliebe geht, ist für viele Menschen eine große Überraschung. So wie Jesus also den Menschen damals sagte: „Vergesst vor lauter Gottesliebe die Nächstenliebe nicht", würde er uns heute zurufen: „Vergesst vor lauter Nächstenliebe die Gottesliebe nicht!" Sie ist der Kern des christlichen wie des jüdischen Glaubens.

Freilich stellt uns diese Aussage vor einige Probleme. Was heißt das genau: Gott lieben? Der frühere Bundeskanzler Helmut Schmidt, der ein Buch mit dem Titel „Als Christ in der politischen Entscheidung" veröffentlicht hatte, wurde gefragt, ob er Gott liebe. Seine Antwort lautete: „Ich liebe meine Frau". In der Tat stellt sich die Frage: Gott lieben – geht das überhaupt? Und wenn ja: wie geht das? Wie liebt man einen unsichtbaren Gott?

1. Gott lieben wollen, ist der erste Schritt dazu, dass man Gott wirklich liebt

Die erste und grundlegende Frage lautet: „Wollen Sie Gott überhaupt lieben?" Wenn Ihre Antwort darauf „Ja" lautet, tun Sie es schon. Wenn Sie sich sehnlich wünschen, Gott zu lieben, dann haben Sie im Grunde schon angefangen, es zu tun. Machen Sie sich nicht allzu viele Gedanken, wenn Sie Ihr Inneres prüfen und zu dem Ergebnis kommen, dass das, was Sie an Liebe zu Gott empfinden, ausgesprochen mangelhaft ist. Das ist wie in einer Partnerschaft: Gerade, wenn Sie Ihren Partner lieb haben, merken Sie, dass er eigentlich noch viel mehr Liebe verdient hätte, und Sie spüren immer wieder, wie unvollkommen Ihre Liebe ist.

Der Jünger Petrus hat Jesus dreimal verleugnet, und Jesus fragt ihn nur: „Petrus, hast du mich lieb?" Und Petrus antwortet: „Ja!" So sind wir Menschen: Wir lieben jemanden und wir verraten ihn. Dreimal hintereinander stellt Jesus diese Frage. Und ich finde es grandios, dass Petrus, der Jesus ja auch dreimal verraten hatte, an dieser Stelle stark bleibt und völlig beschämt, aber immer noch fest antwortet: „Herr, du weißt alle Dinge. Und weil du alle Dinge weißt, weißt du auch, dass ich dich lieb habe. Obwohl ich dich so bitterlich im Stich gelassen habe." Petrus wusste genau, dass seine Liebe zu Jesus erhebliche Schwachstellen hatte. Aber nichtsdestotrotz war es Liebe. Und er hoffte, dass Jesus ihm das abnehmen würde. Und Jesus tat es. Wenn Sie Gott lieben wollen, dann tun Sie es bereits. Dann wissen Sie besser als jeder andere, dass Sie noch erheblich an sich zu arbeiten haben, aber Sie tun es bereits. Und Gott weiß es!

2. Jemanden lieben heißt: ihn so annehmen, wie er ist

Vielleicht haben Sie sich in dem, was ich eben gesagt habe, nicht wiedergefunden. Vielleicht sagen Sie: „Ich will ihn gar nicht lieben. Ich habe darüber nachgedacht, aber wenn ich ehrlich bin: Ich will es nicht." Das ist okay. Ich finde es gut, dass Sie ehrlich sind. Mich würden natürlich Ihre Gründe interessieren. Kann es sein, dass in Ihnen irgendein tiefer Groll gegen Gott sitzt? Kann es sein, dass es in Ihrem Leben einen oder mehrere Punkte gibt, an dem Sie sagen: „Das verstehe ich nicht, wo war Gott da, das kann ich ihm nicht vergeben!?"

Ich gestehe Ihnen, es gibt auch in meinem Leben Punkte, da verstehe ich Gott einfach nicht. Gott „funktioniert" durchaus nicht immer so, wie ich mir das vorstelle. Und manchmal denke ich mir: „Wenn er wirklich ein liebender Gott ist, wie Jesus gesagt hat, warum hat er dies oder jenes nicht anders gemacht?" Ich kam vor vielen Jahren an einen Punkt, an dem mein Glaube, der mich fast von Kindheit an begleitet hatte, in eine tiefe Krise kam. Ich erlebte eine tiefe Verletzung, heulte, tobte, klagte Gott an, konnte ihn einfach nicht mehr verstehen. Und am Ende sagte ich: „Gott, ich verstehe dich nicht, aber ich habe erfahren, dass du mich so annimmst, wie ich bin, deshalb werde ich dich auch so annehmen, wie du bist." Fehlte nicht viel, dass ich gesagt hätte: „Gott, du hast mir so oft vergeben, es wird Zeit, dass ich dir auch mal vergebe. Ich könnte dich hassen, aber du weißt, dass ich dich liebe."

Ich weiß, dass es für fromme Ohren schwierig ist, dies zu hören, aber ich bitte Sie, das mal auszuhalten. Wir alle wissen, dass Gott nicht nur helle, sondern auch dunkle Seiten hat. Irgendwann einmal im Himmel, davon bin ich überzeugt, werden sich auch diese Seiten als hell erweisen, und alle unsere Fragen werden beantwortet werden. Aber das ändert nichts daran, dass es hier unten manchmal ganz schön hart für uns ist. Und da ist die Herausforderung: Klammern Sie das nicht aus. Benennen Sie es – und dann machen Sie das, was Sie mit jedem Menschen auch machen, wenn Sie ihn lieben: Nehmen Sie ihn brutto. Lieben Sie ihn, obwohl er auch seine Schattenseiten hat. Vergeben Sie ihm. Das ist theologisch vielleicht nicht ganz korrekt, aber Gott hält das aus. Es ist übrigens keine Ketzerei, was ich hier schreibe. In den Psalmen finden sich etliche Gebete, in denen die Menschen genau so mit Gott reden. Nehmen Sie von der Zwangsvorstellung Abschied, Gott müsse nach menschlichen Vorstellungen „perfekt" sein, bevor Sie ihn lieben können. Und wenn Ihnen der Gedanke, Gott zu lieben, immer noch Mühe macht, bedenken Sie, dass es trotz aller dunkler Seiten und ungeklärten Fragen unendlich viele gute Gründe gibt, Gott zu lieben. Wenn Ihnen diese Gründe gerade nicht bewusst sind, lesen Sie sich in der Bibel mal die Jesusgeschichte durch. Und vor allem bedenken Sie: Er liebt Sie ja auch so, wie Sie sind!

3. Wenn ich jemanden liebe, suche ich seine Nähe

Das ist ein sehr simpler, aber grundlegender Satz. Wenn Sie Gott lieben wollen und sich fragen, wie man das denn tun kann, dann suchen Sie einfach seine Nähe. Denn das bedeutet lieben: jemandes Nähe suchen. Setzen Sie sich ihm regelmäßig aus. Dass Sie dieses Buch lesen, ist ein guter Anfang. Überlegen Sie, ob Sie in näherer Vergangenheit schon einmal eine Erfahrung mit dem Gott der Bibel gemacht haben – dann suchen Sie den Ort wieder auf. Sprechen Sie mit anderen Christen, lesen Sie in der Bibel, am besten zusammen mit anderen in einer Gruppe, fahren Sie an „heilige Orte", wie etwa ein Kloster, oder besuchen Sie regelmäßig die Gottesdienste einer Gemeinde, die Sie inspiriert. Und machen Sie solche Dinge nicht nur, wenn Sie Lust und Laune dazu verspüren. Machen Sie das vielmehr in einer gewissen Regelmäßigkeit! Denn einerseits kommt der Appetit oft beim Essen, zum andern braucht eine Liebe auch feste Gewohnheiten und Verabredungen. Denn nur, wenn Sie sich immer wieder in Gottes Nähe begeben, dorthin, wo er besonders deutlich zu Ihnen spricht, können Sie sich in ihn verlieben und kann Ihre Liebe zu ihm wachsen.

4. Lieben heißt, dem anderen helfen, dass er sich entfalten kann

Ich halte das immer noch für eine der stärksten Definitionen des Wortes „Liebe". Lieben heißt, dem anderen nach Kräften dabei zu helfen, dass er sich in größtmöglicher Weise entfalten kann: „von ganzem Herzen, von ganzer Seele, mit aller Kraft." – Ist das nicht verrückt, dass wir Christen an einen Gott glauben, der noch jede Menge „Entfaltungsmöglichkeiten" hat? Das gibt es in keiner anderen Religion. Da ist Gott immer groß und fertig, und wir müssen uns entfalten. Im Christentum ist Gott auch groß, sogar unendlich groß, aber wir können etwas zu seiner „Entfaltung" beitragen. Ausgerechnet wir.

So können wir Gott beispielsweise helfen, seine Liebe zu den Menschen zu bringen. Gott gebraucht unsere Hände und Füße, Augen und Ohren, um den Menschen mit Wort und Tat zur Seite zu stehen. Oder wir können, wie die Psalmen sagen, „Gott erheben", indem wir ihn loben und preisen. Ich habe mich lange gegen dieses Vokabular gewehrt und gesagt: „Gott ist so groß, wir kleinen Menschen können ihn nicht erheben." Wenn eine Million Zecken meinen Namen loben würden, würde mich das nicht einen Millimeter erheben, und ich würde es auch nicht wollen. Gott aber freut sich über unser Lob. Wir können Gott auch entfalten, indem wir „seinen Namen groß machen unter den Menschen". Indem wir durch das, was wir sagen oder durch das, was wir tun, ein Hinweis werden auf seine Liebe (vgl. Matthäus 5, 16). Wenn Sie einen Menschen lieben, helfen Sie ihm nach Ihren Möglichkeiten, dass er sich entfalten kann. Wenn Sie Gott lieben wollen, tun Sie das gleiche.

5. Wenn ich jemanden liebe, gehe ich mit ihm in die gleiche Richtung

In der Jugendsprache heißt es so schön: „Die beiden gehen miteinander." Ich glaube, dass das sehr schön beschreibt, was Liebe eigentlich will: Nämlich dass man miteinander eine gemeinsame Vision vom Leben und gemeinsame Werte entwickelt, dass man sich zusammen in die gleiche Richtung, auf das gleiche Ziel hin bewegt. Leider *gehen* viele, die „miteinander gehen", nicht miteinander. Sondern sie bleiben stehen, schauen sich an und vergessen die Welt um sich herum. Das ist aber kein guter Dauerzustand. Eine Liebe, in der die Partner nur sich selbst angucken, stirbt auf Dauer ab. Liebe besteht nicht nur darin, dass zwei Partner aufeinander gucken, sondern auch darin, dass sie zusammen in eine gemeinsame Richtung schauen und dann loslaufen.

Was heißt das für unsere Liebe zu Gott? Es ist schön, wenn es Momente gibt, in denen wir regelrecht „verliebt" sind in Gott und uns fast schon mystisch in ihn versenken. Ich kenne solche Momente auch, und ich möchte sie nicht missen. Aber die Gottesliebe darf mich auf Dauer nicht davon abhalten, mich vorwärts zu bewegen. In die Richtung zu gehen, in die ich Gott gehen sehe. Mit ihm zusammen eine Vision zu entwickeln, seine Werte zu übernehmen, mit ihm zusammen Ziele anzustreben.

Und ein Letztes: Johannes schreibt „Darin besteht die Liebe, nicht dass wir Gott geliebt haben, sondern dass er uns geliebt hat und gesandt seinen Sohn zur Versöhnung für unsre Sünden" (1. Johannes 4, 10). Das sollten wir wissen, dass – bei allen praktischen Tipps, die ich genannt habe – Gottesliebe nicht dadurch entsteht, dass wir uns nach Kräften anstrengen und bemühen. Liebe entsteht nur durch Liebe. Darum ist es wichtig, dass Gott uns zuerst geliebt hat. Am deutlichsten lässt sich das daran ablesen, was Jesus für uns getan hat. Darum: Viel wichtiger als unser Tun, Machen und Versuchen ist es, dass wir immer und immer wieder eintauchen in diese Liebe Gottes. Diese Liebe Gottes ist es, die unsere Beziehung auch dann trägt, wenn es mit unserer eigenen Liebe wieder mal ziemlich schwach bestellt ist.

NACH-DENKEN Um Gott zu erkennen, muss man ihn lieben; um die Menschen zu lieben, muss man sie kennen.

Aurelius Augustinus

FRAGEN
» Wollen Sie Gott lieben?
» Gibt es etwas, das Sie Gott evtl. vergeben müssen? Was macht dieser Gedanke mit Ihnen?
» Sind Gottes- und Nächstenliebe bei Ihnen in einem guten Gleichgewicht oder behindert eins davon das andere?
» Haben Sie schon einmal die Erfahrung gemacht, dass Gott Sie liebt?
» Was können Sie konkret tun, um sich der Nähe und der Liebe Gottes auszusetzen?

ANREGUNG ZUM GEBET
Gott lieben
Schreiben Sie ein Gebet auf, das sich an den fünf Punkten dieses Kapitels orientiert: Möchte ich Gott lieben? Muss ich ihm etwas vergeben? Wie kann ich seine Gegenwart suchen? Wie kann ich ihn „größer machen"? Welche Vision möchte ich zusammen mit ihm entwickeln?

MERKVERS
Darin besteht die Liebe, nicht dass wir Gott geliebt haben, sondern dass er uns geliebt hat und gesandt seinen Sohn zur Versöhnung für unsre Sünden.

1. Johannes 4, 10

MARKUSEVANGELIUM 5

1 Und sie kamen ans andere Ufer des Sees in die Gegend der Gerasener.

2 Und als er aus dem Boot trat, lief ihm alsbald von den Gräbern her ein Mensch entgegen mit einem unreinen Geist,

3 der hatte seine Wohnung in den Grabhöhlen. Und niemand konnte ihn mehr binden, auch nicht mit Ketten;

4 denn er war oft mit Fesseln und Ketten gebunden gewesen und hatte die Ketten zerrissen und die Fesseln zerrieben; und niemand konnte ihn bändigen.

5 Und er war allezeit, Tag und Nacht, in den Grabhöhlen und auf den Bergen, schrie und schlug sich mit Steinen.

6 Als er aber Jesus sah von ferne, lief er hinzu und fiel vor ihm nieder

7 und schrie laut: Was willst du von mir, Jesus, du Sohn Gottes, des Allerhöchsten? Ich beschwöre dich bei Gott: Quäle mich nicht!

8 Denn er hatte zu ihm gesagt: Fahre aus, du unreiner Geist, von dem Menschen!

9 Und er fragte ihn: Wie heißt du? Und er sprach: Legion heiße ich; denn wir sind viele.

10 Und er bat Jesus sehr, dass er sie nicht aus der Gegend vertreibe.

11 Es war aber dort an den Bergen eine große Herde Säue auf der Weide.

12 Und die unreinen Geister baten ihn und sprachen: Lass uns in die Säue fahren!

Dann kamen sie ans andere Ufer des Sees in die Gegend von Gerasa.

Und als Jesus aus dem Boot stieg, rannte vom Friedhof ein Mann auf ihn zu, der von einem zerstörerischen Geist besessen war. Er lebte in den Grabhöhlen und war nicht einmal mit Ketten zu bändigen. Man hatte ihn schon öfter mit Ketten und Seilen gefesselt, aber er hatte sie zerrissen. Keiner bekam ihn in den Griff. So lebte er Tag und Nacht in den Höhlen des Friedhofs, brüllte und verletzte sich selbst mit Steinen.

Als der nun Jesus sah, rannte er zu ihm hin, fiel auf die Knie und schrie: „Jesus, was willst du von mir, du Sohn Gottes, des Allerhöchsten? Ich flehe dich an, bei Gott: Tu mir nichts!" Denn Jesus hatte ihn beschworen: „Du, zerstörerischer Geist, verlasse diesen Mann!" Nun fragte er ihn: „Wie heißt du?" Der Geist antwortete: „Legion, denn ich bin ein ganzes Heer von Geistern." Und er flehte Jesus an, ihn nicht aus der Gegend zu vertreiben. Da nun an den Hängen gerade eine große Schweineherde weidete, baten ihn die zerstörerischen Geister: „Lass uns doch in die Säue fahren!" Jesus erlaubte es ihnen, und die zerstörerischen Geister sprangen von dem Mann in die Herde, woraufhin diese, etwa 2000 Säue,

13 Und er erlaubte es ihnen. Da fuhren die unreinen Geister aus und fuhren in die Säue, und die Herde stürmte den Abhang hinunter in den See, etwa zweitausend, und sie ersoffen im See.

14 Und die Sauhirten flohen und verkündeten das in der Stadt und auf dem Lande. Und die Leute gingen hinaus, um zu sehen, was geschehen war,

15 und kamen zu Jesus und sahen den Besessenen, wie er dasaß, bekleidet und vernünftig, den, der die Legion unreiner Geister gehabt hatte; und sie fürchteten sich.

16 Und die es gesehen hatten, erzählten ihnen, was mit dem Besessenen geschehen war und das von den Säuen.

17 Und sie fingen an und baten Jesus, aus ihrem Gebiet fortzugehen.

18 Und als er in das Boot trat, bat ihn der Besessene, dass er bei ihm bleiben dürfe.

19 Aber er ließ es ihm nicht zu, sondern sprach zu ihm: Geh hin in dein Haus zu den Deinen und verkünde ihnen, welch große Wohltat dir der Herr getan und wie er sich deiner erbarmt hat.

20 Und er ging hin und fing an, in den Zehn Städten auszurufen, welch große Wohltat ihm Jesus getan hatte; und jedermann verwunderte sich.

den Abhang hinunterrannte,
sich in den See stürzte und ertrank.
Die Hirten der Säue liefen daraufhin davon
und erzählten in der Stadt
und der ganzen Region, was passiert war.

Da kamen von überall her Leute angelaufen,
um sich selbst zu überzeugen.
Sie fanden Jesus und den Mann,
der von all den zerstörerischen Geistern
besessen gewesen war
und nun anständig gekleidet
und mit klarem Verstand da saß,
und erschraken sehr.
Die Augenzeugen erzählten ihnen,
was mit dem Besessenen
und den Säuen geschehen war –
da baten die Leute Jesus,
ihr Gebiet zu verlassen.

Als er zurück ins Boot stieg,
fragte der Geheilte,
ob er nicht bei ihm bleiben könne.
Jesus erlaubte es aber nicht und sagte:
„Geh nach Hause zu deinen Angehörigen
und erzähle ihnen,
was Gott dir Gutes getan hat
und wie barmherzig er zu dir war."
Da ging der Mann los und verbreitete in den
zehn umliegenden Städten,
was Jesus ihm Gutes getan hatte.
Und alle waren sehr erstaunt.

Kaum jemand käme auf den Gedanken, diese Erzählung zu den wichtigsten 40 Bibeltexten zu zählen. Sie wirft zu viele Fragen auf. Ich habe diese Geschichte ausgewählt, weil sie die Frage nach der Freiheit und Unfreiheit der Menschen in besonderer Weise auf den Punkt bringt. Freiheit, so lautet eine landläufige Definition, ist, wenn einem niemand vorschreibt, was man zu tun oder zu lassen hat. Da kann der Besessene von Gerasa getrost einen Haken dran machen. Er hat sich losgelöst von den Fesseln der anderen, er pfeift auf das, was sie sagen, er hat sie alle abgeschüttelt und ihnen bewiesen, dass er sich nicht einbinden lässt, dass er mit seiner ungebärdigen Wut stärker ist als alle. Er lebt völlig unabhängig von äußeren Zwängen, und dennoch ist für jeden offensichtlich, dass dieser Mann alles andere als frei ist. Er, der alle äußeren Ketten abgelegt hat, ist in ganz furchtbarer Weise innerlich gebunden.

Hier lernen wir etwas Wichtiges über die Freiheit: Nämlich dass es nicht nur wichtig ist, zu wissen, *wovon* ich frei sein will, sondern auch, *wozu* ich frei sein möchte. Und dass wir uns losmachen können von noch so vielen Ketten: Wenn wir kein klares Bild haben, was wir mit unserer Freiheit erreichen wollen, werden wir, sobald wir unsere alten Ketten abgeschüttelt haben, von einer Unfreiheit in die nächste stürzen. Dieser Mann ist jetzt ein Gefangener irgendwelcher Kräfte in ihm selbst, und man fragt sich, welche Gefangenschaft schlimmer ist. Er tut sich selbst weh, lesen wir hier. Er schreit um Hilfe, gleichzeitig verjagt er jeden, der sich in seine Nähe begibt.

„Komm her, geh weg!"
Das innere Hin- und Hergerissensein zeigt sich auch in der Begegnung mit Jesus. Der Mann kommt zu Jesus – wahrscheinlich spürt er dessen heilende Kraft –, aber was er sagt, ist: „Geh weg!" Er wirft sich ihm zu Füßen, aber inmitten dieser Geste der Unterwerfung formuliert er seine Abwehr und seinen Widerspruch. Er ahnt, dass Jesus die Lösung seiner Probleme sein könnte, aber er weiß nicht, ob er das wirklich will, was Jesus für ihn hat. Er sucht die Freiheit, die Jesus ihm bringen kann und hat doch gleichzeitig Angst davor.

Darin ähnelt er den meisten von uns. Die meisten Menschen haben Angst vor der Freiheit. Auch wenn wir uns im Tiefsten nach ihr sehnen, ist da irgendetwas in uns, was diese Freiheit bekämpft: „Geh weg, quäle mich nicht!" Denn Freiheit ist unbequem. Und es gibt auch keinen einfachen Weg zur Freiheit. Freiheit bedeutet, das Gewohnte zu verlassen und sich auf einen neuen Weg zu machen, und das ist mühsam. Freiheit bedeutet, dass wir für uns, für das, was wir sind und tun, Verantwortung übernehmen. Versklavt sein bedeutet bei allen Nachteilen, dass wir immer jemand anderen haben, dem wir die Schuld für unsere Probleme geben können. So sind viele von uns hin- und hergerissen wie der Mann aus Gerasa. Sie ziehen ein Unglück, das sie kennen, einer ungewissen Zukunft vor. Keiner von uns weiß, was passieren wird, wenn Gott in sein Leben tritt. Den Schmerz, den es uns kostet, in Gräbern zu hausen, kennen wir wenigstens. Und wir haben uns irgendwie damit arrangiert.

Jesus fragt den Geist: „Wie heißt du?" Und der antwortet: „Legion, denn ich bin ein ganzes Heer von Geistern." Da sind nicht nur zwei Herzen, die – ach! – in seiner Brust schlagen, sondern der Mann ist völlig zerrissen und zerspalten von den vielen Stimmen, die in ihm toben und nach deren Befehl er handelt. Sein Ich wird besetzt gehalten von fremden Truppen, die mit breiten Stiefeln in seiner Seele herummarschieren. Und immer, wenn er den Mund auftut, fragt man sich: Was ist es, was sich da Ausdruck verleiht? Ist es eine psychische Krankheit? Ist es das Tierisch-Triebhafte, das in uns allen brodelt und das uns besonders dämonisch vorkommt, wenn es ungehindert und ungefiltert aus uns herauskommt und zu Tage tritt? Oder sind es tatsächlich irgendwelche Dämonen, also lebendige Wesen aus der unsichtbaren Welt, die sich dieses Mannes bemächtigt haben? Anders gefragt:

Was ist „Besessenheit"?
Das Neue Testament führt das Verhalten des Mannes auf eine dämonische Besessenheit zurück. Ich gestehe, dass mir persönlich diese Vorstellung schwer fällt. Vielleicht bin ich selbst zu sehr ein Kind der Neuzeit, um das ohne weiteres zu glauben. Auf der anderen Seite ist die Befreiung von bösen Geistern einer der wesentlichen Aufträge, die Jesus seinen Jüngern mit auf den Weg gibt. Doch ob wir uns irgendwelche Geister vorstellen, die da über einen Menschen herfallen, oder ob wir uns die Sache anders erklären: Fest steht, dass es das Phänomen, das die Bibel als Besessenheit bezeichnet, auch heute noch gibt. Schauen wir uns einmal die „Symptome" an, unter denen der Mann in unserer Geschichte leidet:

>> *Er ist nicht mehr er selbst: Tausend Stimmen scheinen aus ihm zu sprechen, nur nicht die eigene.*
>> *Er lebt in zunehmender Isolation von den anderen.*
>> *Er tut sich selbst weh bis hin zur Selbstzerstörung.*
>> *Er haust in „Gräbern": Um ihn herum ist alles tot und fruchtlos.*
>> *Er schreit nach Hilfe und hat doch gleichzeitig Angst davor.*

Wie immer wir uns das erklären wollen: Kann man es denn anders als „dämonisch" bezeichnen, wenn diese Symptome in geballter Wucht zusammenkommen und ein Mensch derart gepeinigt und seines eigenen Ichs entfremdet wird? Heute würden wir vielleicht von einer psychischen Erkrankung sprechen, aber auch andere Faktoren können zu den oben genannten Symptomen führen: seien es äußere oder innere Zwänge, eine belastende körperliche Krankheit, eine Ideologie, eine Sucht, eine Angst, ein Abhängigkeitsverhältnis oder was auch immer. Es gibt eine Vielzahl solcher Dämonen: „Legion" ist ihr Name, sie haben tausend Leben und tausend Gesichter.

Ich glaube, jeder von uns kennt zumindest ansatzweise das eine oder andere der genannten Symptome, sei es aus dem eigenen Leben oder aus dem Leben anderer. Diese Geschichte steht ja nicht deswegen in der Bibel, damit wir darüber staunen, was für merkwürdige Menschen es doch damals gab. Irgendetwas von dem besessenen Gerasener lebt in uns allen, bei dem einen mehr, bei dem anderen weniger. Es gibt mehr als genug Bindungen, in die wir uns verstricken und die uns unseres Ichs berauben. Der Text hält uns einen Spiegel vor, aber er zeigt uns auch Schritte auf, wie wir aus unserer Unfreiheit herauskommen.

Drei Schritte der Befreiung

Der erste Schritt: Jesus fragt den Dämon nach seinem Namen. Es ist ein alter therapeutischer Grundsatz: Was nicht benannt ist, kann nicht geheilt werden. Darum besteht ein wichtiger Schritt zur Befreiung darin, das Problem überhaupt erst einmal zu benennen. „Dämonen" gedeihen im Dunkeln, darum muss der „Dämon" ans Licht, heraus aus der Anonymität der Schattenwelt, heraus aus dem Unter- bzw. Unbewussten. Darum stellt Jesus die Frage: „Wie heißt du?" – Das ist die alles entscheidende Frage. Wenn die Leute ein Problem haben, fragen sie gerne: „Was muss ich tun?" Oder schlimmer noch: „Womit habe ich das verdient?" Doch die Frage, die ihnen viel mehr weiterhelfen würde, ist: „Wer bin ich wirklich?", „Was lebt in mir?", oder: „Was geht in meiner Seele vor sich?". Hierauf einmal zu hören und zuzugeben: „Ich bin gar nicht so frei, wie ich mir das selbst und anderen immer vorgemacht habe. In mir lebt eine Legion fremder ‚Geister', die meine Seele in Beschlag halten."

Der zweite Schritt ist die Provokation: „Fahr aus, du unreiner Geist!" Das ist eine klare Ansage. Jesus redet nicht, wie viele Menschen in unserer Umgebung, höflich um unser Problem herum, sondern sagt klar und deutlich: „Da ist etwas in deinem Leben, das macht dich kaputt und zieht alles um dich herum in Mitleidenschaft. Davon musst du dich trennen." In unserer Geschichte geschieht das in mehreren Anläufen. Keineswegs sind die Geister bereit, sofort zu weichen. Sie fangen an zu diskutieren, und erst im Zuge dieses eingehenden Gesprächs offenbart der Dämon seinen Namen. Was hier passiert, geht über das Therapeutische weit hinaus. Hier geht es um das, was die Bibel „Vollmacht" nennt: eine von Gott her kommende Kraft. Es gibt ein Ausmaß an Fremdbestimmung und Ichverlust, dem allein mit menschlichen Möglichkeiten nicht frei beizukommen ist. Nahezu alle einschlägigen Texte der Bibel machen deutlich: Ohne Einschaltung Gottes, ohne das Gebet des Vertrauens, ist Menschen mit einer „Besessenheit" nicht zu helfen.

Und dann kommt der unverständliche Part der Geschichte. Fragen Sie mich nicht, warum Jesus die Geister in die Säue fahren lässt. Egal, wie ich es drehe und wende, es ist politisch einfach nicht korrekt. Ich habe etliche Auslegungen zu unserem Text gelesen, die sagen: Dieser Teil der Geschichte ist frommes Beiwerk, Erfindung des Erzählers. Nur stellt sich dann die Frage: Was will uns der Autor damit sagen? Und da fallen mir eigentlich nur zwei Dinge ein: Zum einen zeigt uns das Bild von den 2000 Säuen, was für Kräfte das sind, die da manchmal in uns toben, und wie leicht wir uns darüber hinwegtäuschen, wie groß das Potenzial der Zerstörung ist, das in uns angelegt ist. Und das andere: Die Dämonen sind wirklich weg, im Meer des Vergessens versunken. Ja, das ist tatsächlich möglich, dass das gänzlich verschwindet, was uns vorher so sehr belastete. Es kann sein, dass ein Mensch total unfrei war, aber wenn Jesus in unser Leben tritt, strömt Freiheit hinein.

Drittens: Jesus gibt dem Mann einen Auftrag. Er braucht ihn im nichtjüdischen Land. Wer, wenn nicht er, könnte dort ein besserer Zeuge sein für die befreiende Kraft des Evangeliums? Wenn Jesus einen Menschen heilt, verbindet er das mit einem Auftrag. Die Freiheit *von etwas* ist nur dann sinnvoll, wenn sie gekoppelt ist mit einer Freiheit *zu etwas*. Wenn ich nicht von einer alten Unfreiheit in eine neue fallen will, dann brauche ich eine Vision, wofür ich meine neu gewonnene Freiheit einsetzen will. Darum gibt es bei Jesus keine Befreiung ohne Beauftragung. Die Freiheit, die er schenkt, ist nicht nur eine Freiheit von alten Gebundenheiten, sondern eine Freiheit zur Liebe, eine Freiheit zur Hingabe, mit einem Wort: die Freiheit, unseren göttlichen Auftrag zu erfüllen. Es mag sein, dass wir von manchen Gebundenheiten nie erlöst werden. Aber wenn wir Jesus unser Leben hinhalten, werden wir immer das tun können, wofür Gott uns geschaffen hat. Und das ist die wichtigste Freiheit, die es überhaupt gibt.

Freiheit ist ein Gut, dessen Dasein weniger Vergnügen bringt als seine Abwesenheit Schmerzen.
Jean Paul

» Wenn Sie ganz frei wären von äußeren Zwängen – wozu würden Sie diese Freiheit nutzen?
» Können Sie irgendeines der Symptome bei sich wiederentdecken, die den Mann aus unserer Geschichte kennzeichnen?
» Könnten Sie Ihre inneren Gebundenheiten benennen?
» Gibt es etwas, was Sie kaputt macht und von dem Sie sich trennen müssen?
» „Die wichtigste Freiheit ist die, das zu tun, wofür Gott uns geschaffen hat." Sehen Sie das auch so?

Freiheit und Unfreiheit
Kein Mensch ist völlig frei oder gänzlich unfrei. Schreiben Sie in Ihr Tagebuch Ihre drei größten Freiheiten, die Sie empfinden und danken Sie Gott dafür. Und schreiben Sie die drei größten Unfreiheiten auf und bitten Sie Gott um Hilfe. Nehmen Sie sich anschließend einen Augenblick Zeit der Stille, um zu lauschen, ob Gott Ihnen etwas dazu zu sagen hat. Wenn ja: Schreiben Sie auch das auf, was Sie meinen, gehört zu haben.

Wen der Sohn frei macht, der ist wirklich frei.
Johannes 8, 36

Woche 3 / **Propheten**

*Was bestimmt
mein Handeln?*

Tag 15 / **Das Lied der Liebe**

ÜBERBLICK

Wie versprochen führt Gott sein Volk in ein Land, „in dem Milch und Honig fließen", das verheißene Land Israel. Die Israeliten siedeln sich dort in den äußerst fruchtbaren Tälern an und sind der festen Überzeugung, am Ziel ihrer Wünsche angekommen zu sein.

Doch nun wiederholt sich über Jahrhunderte ein äußerst interessanter Kreislauf: Immer, wenn es den Menschen richtig gut geht, schwindet nach und nach ihre Erinnerung daran, dass sie ihren Wohlstand eigentlich Gott verdanken, und sie schreiben die Erfolge und die Erträge ihrer Arbeit sich selbst zu. Das führt auf Dauer zu einer derart egozentrischen Lebenseinstellung, dass das Scheitern programmiert ist. Und die Folgen sind immer die gleichen: Es kommt zu Streit mit den Nachbarn, zu kriegerischen Auseinandersetzungen und zu katastrophaler Misswirtschaft.

Was machen die Menschen? Sie jammern! Und wie. Da Gott jedoch weiterhin treu zu seinem Volk steht, schickt er ihnen jedes Mal eine Retterin oder einen Retter, mit deren Hilfe sie ihre Probleme auf bisweilen spektakuläre Weise wieder in den Griff bekommen. Daraufhin sind alle unendlich dankbar, preisen den Herrn, freuen sich und genießen es, sich von einem so wunderbaren Gott getragen zu wissen. Alles scheint wundervoll zu sein. Doch es kommt, wie es kommen muss: Immer, wenn es den Menschen richtig gut geht ...

Obwohl dieses Muster geradezu penetrant wiederkehrt, lässt Gott seinen Geschöpfen die Freiheit, ihr Leben zu gestalten, wie sie wollen. Er richtet ihnen zum Beispiel aus, dass er von der Ernennung eines Königs wenig hält, greift aber nicht ein. Und die Israeliten, die sich leider all zu gerne von den repräsentativen Nachbarstaaten beeindrucken lassen, bauen sich nach und nach ein eigenes vorderorientalisches Großreich auf. Ein Reich, das zwar immer selbstbewusster, zugleich aber auch immer weniger gott-bewusst daherkommt. Und diesmal bricht wirklich alles zusammen: Zuerst teilt sich das Reich, weil sich die Gemeinschaft der Stämme zerstreitet. Dann ist sie so geschwächt, dass das so genannte Nordreich völlig vernichtet wird. Und kurze

Zeit später muss auch die Elite des Südreichs ins Exil gehen. Wieder sind die Israeliten Sklaven, die von einer anderen Macht beherrscht werden.

In dieser Phase des Niedergangs und der Gefangenschaft versucht Gott eine neue Strategie: Er löst nicht einfach die Probleme, er versucht, erst einmal ein echtes Problembewusstsein zu schaffen. Eine heikle Aufgabe, die von so genannten „Propheten" übernommen wird. Mal drohend, mal ermutigend machen diese Botschafter dem Volk deutlich, dass es sich von Gott getrennt hat und dass es eben nicht gleichgültig ist, wie man lebt, weil unser Handeln Konsequenzen hat, über die wir uns klar sein müssen. Ganz langsam, in den Gefangenenlagern am Euphrat, kommt diese Botschaft bei den Israeliten an.

1. BRIEF DES PAULUS AN DIE GEMEINDE IN KORINTH 13

1 Wenn ich mit Menschen- und mit Engelzungen redete und hätte die Liebe nicht, so wäre ich ein tönendes Erz oder eine klingende Schelle.

2 Und wenn ich prophetisch reden könnte und wüsste alle Geheimnisse und alle Erkenntnis und hätte allen Glauben, sodass ich Berge versetzen könnte, und hätte die Liebe nicht, so wäre ich nichts.

3 Und wenn ich alle meine Habe den Armen gäbe und ließe meinen Leib verbrennen und hätte die Liebe nicht, so wäre mir's nichts nütze.

4 Die Liebe ist langmütig und freundlich, die Liebe eifert nicht, die Liebe treibt nicht Mutwillen, sie bläht sich nicht auf,

5 sie verhält sich nicht ungehörig, sie sucht nicht das Ihre, sie lässt sich nicht erbittern, sie rechnet das Böse nicht zu,

6 sie freut sich nicht über die Ungerechtigkeit, sie freut sich aber an der Wahrheit;

7 sie erträgt alles, sie glaubt alles, sie hofft alles, sie duldet alles.

8 Die Liebe hört niemals auf, wo doch das prophetische Reden aufhören wird und das Zungenreden aufhören wird und die Erkenntnis aufhören wird.

9 Denn unser Wissen ist Stückwerk und unser prophetisches Reden ist Stückwerk.

10 Wenn aber kommen wird das Vollkommene, so wird das Stückwerk aufhören.

Wenn ich alle Sprachen der Menschen
und sogar die der Engel sprechen kann,
dann bin ich trotzdem nicht mehr
als ein lärmender Gong oder eine Trommel –
wenn ich keine Liebe in mir habe.

Wenn ich Gottes Willen erkenne,
die größten Geheimnisse durchschaue,
alles weiß und verstehe
und soviel Glauben besitze,
dass ich damit Berge versetze,
dann bin ich trotzdem ein Nichts –
wenn ich keine Liebe in mir habe.

Wenn ich alles, was ich besitze,
den Armen spende
und mich selbst in den Flammen opfere,
dann nutzt mir das alles gar nichts –
wenn ich keine Liebe in mir habe.

Die Liebe ist geduldig und voller Güte.
Sie ist niemals aggressiv, sie täuscht nicht
und sie plustert sich nicht auf.
Sie achtet sorgfältig darauf,
den anderen nicht zu verletzen.
Sie ist nicht egoistisch, sie verbittert nicht,
und sie trägt das Böse nicht nach.
Sie trauert über jede Ungerechtigkeit
und freut sich über das, was wahr ist.
Die Liebe erträgt alles, glaubt alles,
hofft alles und erduldet alles.

Die Liebe hört niemals auf –
auch dann nicht, wenn die Prophezeiungen,
das Reden in fremden Sprachen und
das Verstehen einmal aufhören werden.
Denn jetzt sind unser Wissen und unsere
Prophezeiungen ja nur bruchstückhaft.
Wenn aber die Vollendung kommt,
dann hört alles Unvollkommene auf.

11 Als ich ein Kind war, da redete ich wie ein Kind und dachte wie ein Kind und war klug wie ein Kind; als ich aber ein Mann wurde, tat ich ab, was kindlich war.

12 Wir sehen jetzt durch einen Spiegel ein dunkles Bild; dann aber von Angesicht zu Angesicht. Jetzt erkenne ich stückweise; dann aber werde ich erkennen, wie ich erkannt bin.

13 Nun aber bleiben Glaube, Hoffnung, Liebe, diese drei; aber die Liebe ist die größte unter ihnen.

Als ich ein Kind war, habe ich wie ein Kind
geredet, gedacht und geurteilt.
Aber als ich ein Mann wurde,
habe ich das Kindliche abgelegt.
Genauso sehen wir jetzt vieles noch unscharf,
wie in einem trüben Spiegel, was wir dann
von Angesicht zu Angesicht
anschauen werden.
Jetzt erkennen wir nur Bruchstücke,
dann aber werden wir alles verstehen;
so wie Gott uns jetzt schon versteht.

Bis dahin bleiben Glaube,
Liebe und Hoffnung –
aber die Liebe ist immer das Entscheidende.

In dieser Woche beschäftigen wir uns mit der Frage, was unser Handeln bestimmt. Unsere Gesprächspartner werden dabei vor allem die alttestamentlichen Propheten sein. Trotzdem steigen wir mit einem neutestamentlichen Text ein, mit dem so genannten „Hohelied der Liebe" (nicht zu verwechseln mit dem gleichnamigen Buch aus dem Alten Testament!). Es wird so genannt, weil es als die schönste, poetischste und prägnanteste Beschreibung der christlichen Liebe gilt. Für Christen ist es keine Frage, was unser Handeln bestimmt: die göttliche Liebe, die im Griechischen „Agape" heißt. Letztlich zielen auch die Propheten auf nichts anderes. Agape hat eine Doppelbedeutung: Sie ist einerseits die Liebe Gottes, aber auch eine menschliche Liebe, die von der Liebe Gottes inspiriert und überformt wird. Jede natürliche Liebe kann zur Agape werden, wenn sie sich Gott zur Verfügung stellt. Auf der anderen Seite ist keine natürliche Liebe von sich aus schon christlich oder gar göttlich.

1. Die Liebe allein zählt. Im Kapitel zuvor hatte Paulus aufgezählt, mit welch wunderbaren Gaben Gott die christliche Gemeinde beschenkt hat. Darunter waren so außergewöhnliche Fähigkeiten wie diejenige, zu heilen, besondere geistliche Erkenntnisse zu haben oder prophetisch zu reden. Paulus macht den Korinthern Mut, sich nach diesen Gaben auszustrecken und darum zu beten. Sie machen die Gemeinde bunt, geisterfüllt und reich. Aber, sagt er, es gibt eines, das alle diese Gaben überbietet: die Liebe.

Zungenrede, sei es nun eine sehr menschliche Sprache (was meine Auffassung ist und was diese Gabe für mich besonders wertvoll macht) oder, wie einige denken, die Sprache der Engel, ist einfach nur Silbengetöse, solange uns die Liebe fehlt. Prophetisch reden können – das heißt: Gottes Willen hier und jetzt erkennen und aussprechen können –, ohne dabei Liebe zu haben, ist völlig wertlos, weil Wahrheit ohne Liebe nutzlos ist! Das gleiche gilt für Erkenntnis ohne Liebe. Erkenntnis ist etwas Wunderbares, aber sie kann sehr leicht vom Eigentlichen wegführen. Wie viele Christen gibt es, die das Nachdenken über den Glauben schon für Glauben selbst halten! Sie wollen Erkenntnis gewinnen, nicht aber zu liebenden Menschen werden.

Doch Paulus geht noch weiter: Selbst wenn ich Glauben hätte, der Berge versetzt, wäre das noch nichts. Bitte sehen Sie genau hin: Paulus sagt nicht, dass der Glaube nichts ist (das würde das gesamte Neue Testament auf den Kopf stellen), sondern der Glaube *allein* ist nichts. Glaube und Liebe verhalten sich wie Ein- und Ausatmen. Kein Mensch kann Liebe in der Form der neutestamentlichen Agape leben, der nicht zuvor Gottes Liebe „eingeatmet" hat.

Glauben bedeutet: Gottes Liebe so tief einatmen, dass man davon leben kann. Doch wer eingeatmet hat, muss auch wieder ausatmen, sonst erstickt er. Dieses „Ausatmen" geschieht in der Liebe. Liebe nach dem Neuen Testament bedeutet: das, was man von Gott empfangen und sozusagen „eingeatmet" hat, an andere weitergeben. Wenn dieser Schritt nicht erfolgt, stirbt der Glaube. Er kippt entweder um in Unglauben oder degeneriert zur bloßen „Rechtgläubigkeit" oder – was am schlimmsten ist – zu einer fanatischen Ideologie.

„Wenn ich alle meine Habe den Armen gäbe oder ließe meinen Leib brennen" – das heißt, selbst wenn ich mich voller Engagement aufzehrte, wäre es nichts, wenn mir dabei die Liebe fehlte. Es gibt nämlich „Liebe" ohne Liebe. Es gibt Hingabe ohne Hingabe. Es gibt Tätigkeiten, die gleichen der christlichen Liebe wie ein Ei dem andern. Und doch entstammen sie einer ganz anderen Quelle und haben einen völlig anderen Charakter. Sogar wenn ich alles hergebe und mich aufopfere, muss das noch keine Liebe sein.

Die Frage ist also: Was treibt mich in meinem Engagement? Ist es Mitleid, Wut, Empörung, Gerechtigkeitsempfinden, Leidenschaft oder sogar persönliches Interesse? Oder kann ich mit Paulus sagen: „Die Liebe Christi drängt uns" (2. Korinther 5, 14)? Ein Mensch, der die Liebe Gottes erfahren hat, fühlt sich innerlich gedrängt, diese Liebe weiterzugeben. Agape ist daher eine von der Liebe Gottes hervorgerufene Liebe.

2. Die Liebe allein siegt. Agape ist langmütig und freundlich. Sie ist wie ein guter Arzt. Sie ist ruhig, gelassen, hat einen langen Atem. Sie eifert nicht, sie ist nicht fanatisch. Sie braucht keinen Druck auszuüben. Sie giert nicht nach Erfolg und Anerkennung. Agape treibt nicht Mutwillen. Sie macht den andern nicht zum Gegenstand einer spontanen, schnell vergehenden Laune. Agape geht dem Einzelnen nach, sie ist ein Faktor, mit der ein Mensch, der sie braucht, rechnen kann. Sie bläht sich nicht auf, sie will nicht auffallen, sie stellt sich nicht zur Schau, sondern will unauffällig bleiben. Sie will ein stiller Hinweis auf Gott sein. Sie verletzt nicht die Sitte, das heißt sie bleibt im Rahmen des Schicklichen, dazu gehört neben der Höflichkeit die demütige Beugung unter Sitten und Vorstellungen, die man selber vielleicht gar nicht so teilt.

Sie sucht nicht das Ihre. Hier liegt ja meist das Problem bei unserer Liebe. Unsere Liebe kann weit, weit ausholen, und doch endet sie zumeist und zuletzt beim eigenen Ich. Da liegen Abgründe verborgen: Man sagt „Liebe" und meint doch letztlich sich selbst. Wir sagen „Du" und meinen „Ich". Wie oft lieben wir andere, um uns selbst zu finden! Der überwiegende Teil dessen, was wir „Liebe" nennen, ist eine mehr oder minder verfeinerte Spielart unserer Selbstsucht. Agape aber sucht nicht das Ihre, sagt Paulus. Und er geht noch weiter: Agape lässt sich nicht aufreizen und erbittern. Sie baut keine Aversionen auf und lässt sich nicht aufstacheln. Agape rechnet das Böse nicht zu. Sie denkt und redet nicht negativ über andere. Sie führt keine Dossiers, sie versucht nicht, den Menschen negative Motive unterzuschieben. Agape freut sich nicht am Unrecht. Eine merkwürdige Sache, dass wir uns am Unrecht und negativen Dingen manchmal klammheimlich ergötzen und freuen! Wie viel unserer Freude ist im Grunde Schadenfreude, Sarkasmus, Zynismus!

Die Liebe freut sich aber an der Wahrheit! Liebe, Freude und Wahrheit gehören zusammen. Es gibt lieblose Freuden. Und es gibt lieblose Wahrheiten. Beides lehnt Paulus ab. Er sagt: „Freut euch, wenn positive Dinge in eurer Mitte geschehen. Habt eure Lust daran, über solche Dinge miteinander zu reden! Zerreißt euch aber nicht das Maul darüber, wenn wieder einer einen Fehler gemacht hat. (Was habt ihr denn erwartet? Wir sind eine Gemeinschaft von Sündern!) Verleiht euch lieber gegenseitig Flügel, baut einander auf!"

Paulus redet oder meditiert sich in seinem Kapitel fast in einen Rausch. Die Aussagen werden immer steiler: Die Liebe trägt alles, sie glaubt alles, sie hofft alles, sie duldet alles. Hier wird deutlich, dass Agape mehr ist als christliche Nächstenliebe. An dieser Stelle ist eindeutig die Liebe zu Gott angesprochen. Jede andere Auslegung macht keinen Sinn. Für Jesus und Paulus war Agape unteilbar. Es ist die gleiche Liebe, die sich Gott und den Menschen zuwendet; beides sind zwei Seiten der einen Münze „Agape", zwei Dimensionen der gleichen Lebensbewegung. Es gibt weder eine isolierte christliche Nächstenliebe ohne Gottesbezug noch eine Gottesliebe, die den Nächsten außer Acht lässt. Sie glaubt alles, das heißt das ganze Leben wird ihr zum Glaubensgegenstand. Das ist ihr Credo: „Alles, was mir begegnet, ist ein Hinweis auf Gott, kann mich von Ihm nicht scheiden, muss mir letztlich dienlich sein."

3. Die Liebe allein bleibt. So schön das alles klingt, und so oft wir diesen Text bei Trauungen hören, eines müsste selbst bei oberflächlicher Betrachtung deutlich geworden sein: Diese Art von Liebe ist außerhalb unserer menschlichen Möglichkeiten. Niemand von uns wird dem, was Paulus hier beschreibt, auch nur ansatzweise gerecht. Diese Art von Liebe wird aus einer Quelle gespeist, die außerhalb unserer selbst liegt.

Bereits vorgestern sind wir auf das Zitat aus dem ersten Johannesbrief (4, 10) gestoßen, in dem es heißt, dass die christliche Liebe nicht darin ihren

Grund hat, dass wir lieben, sondern dass er, Gott, uns zuerst geliebt hat. Liebe im Vollsinn des Wortes ist keine menschliche, sondern nur Gottes Möglichkeit. Von dieser Liebe heißt es dann: Sie hört niemals auf. Im Griechischen ist hier der Artikel betont: Diese Liebe hört nimmer auf. Unsere Liebe hört durchaus auf. Sie erreicht oft schnell ihre Grenzen. Aber Gott wird nicht aufhören, durch mich hindurch Menschen zu begegnen und ihnen Gutes zu tun.

Dann kommt Paulus noch einmal auf jene bereits eingangs erwähnten Begabungen zu sprechen, die in der christlichen Gemeinde eine große Rolle spielen. Sie sind wichtig und schön, sagt er, aber sie werden aufhören. „Wenn aber kommen wird das Vollkommene, so wird das Stückwerk aufhören." Wir leben auf eine Welt zu, in der das, woran wir uns heute in der Gemeinde orientieren, verblassen wird. Das entwertet weder Wissen noch Weissagung, aber es relativiert sie. Alles, was wir hier erkennen und erfassen, ist vorläufig und unvollkommen. Paulus sagt: Es ist wie ein Spiegel. Spiegel bestanden damals aus geschliffenem Metall. Sie waren nicht besonders klar und wurden schnell stumpf. Wir müssen uns bewusst sein, dass die Dinge, an denen wir uns heute in der Gemeinde orientieren, wie solche schummrigen Spiegel sind: Wir haben nichts Besseres, darum tun wir gut daran, uns an ihnen zu orientieren. Aber wir müssen uns ihrer Vorläufigkeit und Unvollkommenheit bewusst sein. Das gilt selbst für das Wort der Bibel. Nirgendwo auf der Welt spricht Gott klarer, aber auch die Bibel ist wie ein solcher Spiegel: ein unvollkommener, verschwommener Reflex des Eigentlichen, nicht das Eigentliche selbst. Es kommt aber der Tag, sagt Paulus, da werden wir Gott so erkennen, wie er uns heute schon erkennt. Erkennen, das ist in der Bibel ein umfassender Begriff. Dieses Wort zielt auf die umfassende Einswerdung zweier Personen ab.

Gibt es irgendetwas, das bleibt? Ja, sagt Paulus, es gibt Dinge, die spiegeln bereits jetzt die zukünftige Herrlichkeit Gottes: Glaube, Hoffnung und Liebe. „Schätze im Himmel" nennt das Jesus. Das heißt nicht, dass im Himmel die Verhältnisse noch so sind, dass wir auf etwas hoffen müssen. Ich weiß auch nicht, ob Glauben dann noch nötig sein wird, denn wir werden ja „im Schauen" leben. Nein, gemeint ist Folgendes: Alles, was wir heute an Glauben, Hoffnung und Liebe üben und wecken, reicht sozusagen in die Ewigkeit hinein, das bleibt, das ist ewig, das kann uns und andern kein Tod rauben, das ist auch im Himmel noch gültig. Aber die Liebe ist die größte unter ihnen. Der Glaube, das Vertrauen auf Gott, ist die Basis, aber die Liebe ist das Ziel. Glauben und Hoffnung sind ewig gültig, aber die Liebe ist jetzt schon ein Stück Himmel auf Erden, ist schon ein Stück Ewigkeit in der Zeit.

NACH-DENKEN Sammle dir jeden Tag etwas Ewiges, das dir kein Tod
rauben kann.

François Fénelon

FRAGEN
» In welchem Verhältnis stehen Glaube und Agape
zueinander?
» Stimmt es Ihrer Meinung nach, dass ein großer Teil
dessen, was wir „Liebe" nennen, eine verfeinerte
Spielart unserer Selbstsucht ist? Wenn ja: Kann man
das von jeder Liebe sagen?
» Welchen Stellenwert hat die Liebe in Ihrer Gemeinde?
» Was, glauben Sie, wird von Ihrem Leben bleiben?
» Welche „Schätze im Himmel" wollen Sie in der nächs-
ten Woche sammeln?

ANREGUNG
ZUM GEBET
Schätze im Himmel
Schreiben sie in Ihr Gebetstagebuch, welche irdischen
Schätze Sie gewonnen und welche Sie verloren haben.
Wie steht es mit Ihren „Schätzen im Himmel"? Haben Sie
Glauben, das heißt: Wecken Sie bei anderen Glauben?
Haben Sie Hoffnung / wecken Sie bei anderen Hoffnung?
Haben Sie Liebe / wecken Sie bei anderen Liebe?

MERKVERS
Jesus spricht: „Sammelt euch Schätze im Himmel, wo sie
weder Motten noch Rost fressen und wo die Diebe nicht
einbrechen und stehlen."

Matthäus 6, 20

MEDITATION

Natürlich ist es nicht egal,
wie ich lebe.
Als ob ich das nicht wüsste.

Doch bisher ist es mir
noch immer gelungen,
eine wahrhaft kluge Erklärung
dafür zu finden,
warum das, was für alle gilt,
in meinem Fall
ausnahmsweise
nicht zutrifft.

Ich bin ein Meister darin,
mir meine Ethik
zu Recht
zu biegen.

Ganz objektiv gesehen:
Ich bin gar nicht so übel!
Verglichen mit den anderen
bin ich sogar ziemlich gut.
Na klar, man hat seine Macken.
Aber: Wer hat das nicht?

Alles in allem
halte ich mich für einen
der anständigsten Menschen
der Welt,

na gut,
Europas,
na gut,
Deutschlands,
na gut,
meiner Stadt ...
Jetzt hör auf,
mich zu nerven!

Ich bin ein Meister darin,
mir meine Ethik
zu Recht
zu biegen.

Ja, ich ertappe mich dabei,
dass ich bestimmen will,
was Gut ist und was Böse.
Habe ich nicht am Ende
des Paradieses
genau das gelernt?

Gut, ich will lernen
zu hören.
Aber versprechen kann ich nichts.

Ich bin ein Meister darin,
mir meine Ethik
zu Recht
zu biegen.

4 Und des HERRN Wort geschah zu mir:

5 Ich kannte dich, ehe ich dich im Mutterleibe bereitete, und sonderte dich aus, ehe du von der Mutter geboren wurdest, und bestellte dich zum Propheten für die Völker.

6 Ich aber sprach: Ach, Herr HERR, ich tauge nicht zu predigen; denn ich bin zu jung.

7 Der HERR sprach aber zu mir: Sage nicht: „Ich bin zu jung", sondern du sollst gehen, wohin ich dich sende, und predigen alles, was ich dir gebiete.

8 Fürchte dich nicht vor ihnen; denn ich bin bei dir und will dich erretten, spricht der HERR.

9 Und der HERR streckte seine Hand aus und rührte meinen Mund an und sprach zu mir: Siehe, ich lege meine Worte in deinen Mund.

10 Siehe, ich setze dich heute über Völker und Königreiche, dass du ausreißen und einreißen, zerstören und verderben sollst und bauen und pflanzen.

11 Und es geschah des HERRN Wort zu mir: Jeremia, was siehst du? Ich sprach: Ich sehe einen erwachenden Zweig.

12 Und der HERR sprach zu mir: Du hast recht gesehen; denn ich will wachen über meinem Wort, dass ich's tue.

Dann hörte ich Gottes Stimme:
„Schon bevor ich dich im Bauch deiner Mutter
gestaltet habe, wusste ich,
was ich mit dir vorhabe,
und noch ehe du
aus dem Schoß deiner Mutter
kamst, habe ich dich ausersehen:
Du sollst ein Prophet für alle Völker sein."

Ich sagte: „Gott,
ich kann doch gar nicht gut reden,
außerdem bin ich viel zu jung."
Gott erwiderte:
„Sag nicht ‚Ich bin viel zu jung'.
Wenn ich dich aussende, dann geh,
und wenn ich dir sage,
dass du predigen sollst,
dann tu es.
Du brauchst doch vor den Leuten
keine Angst zu haben. Ich bin bei dir.
Ich beschütze dich."
Das hat Gott gesagt.

Dann streckte er seine Hand aus
und berührte meine Lippen:
„Spürst du: Ich lege meine Worte
in deinen Mund.
Damit gebe ich dir die Macht über
Völker und Königreiche.
Du kannst sie entwurzeln und stürzen,
vernichten und zerstören,
neu gründen oder aufbauen."

Dann fragte Gottes Stimme:
„Was siehst du, Jeremia?"
Ich sagte: „Einen blühenden Mandelzweig!"
„Richtig", sagte Gott,
„und ich werde dafür sorgen,
dass alles, was ich dir auftrage,
genau so aufblüht.

17 So gürte nun deine Lenden und mache dich auf und predige ihnen alles, was ich dir gebiete. Erschrick nicht vor ihnen, auf dass ich dich nicht erschrecke vor ihnen!

18 Denn ich will dich heute zur festen Stadt, zur eisernen Säule, zur ehernen Mauer machen im ganzen Lande wider die Könige Judas, wider seine Großen, wider seine Priester, wider das Volk des Landes,

19 dass, wenn sie auch wider dich streiten, sie dir dennoch nichts anhaben können; denn ich bin bei dir, spricht der HERR, dass ich dich errette.

Jetzt pack deine Sachen, mach dich auf
und verkünde den Menschen
alles, was ich dir sage.
Und hör auf, vor ihnen Angst zu haben,
denn sonst gebe ich dir einen echten Grund,
dich vor den Leuten zu fürchten.
Durch mich bist du wie eine befestigte Stadt,
wie eine eiserne Säule
oder eine unüberwindliche Mauer.
Sie werden alle gegen dich sein:
die Könige von Juda, die Mächtigen,
die Geistlichen und das ganze Volk.
Aber auch wenn sie gegen dich kämpfen,
werden sie dir nichts anhaben können,
weil ich bei dir bin, um dich zu beschützen."

Das hat Gott gesagt.

Nach landläufigem Verständnis ist ein Prophet jemand, der die Zukunft voraussagt. „Ich bin kein Prophet", antwortete mir ein Bekannter unlängst, als ich ihn nach einer Wetterprognose fragte. Doch das Thema der biblischen Propheten ist nicht das Morgen, sondern das Heute, das, was Gott uns hier und heute sagen möchte.

Erst einmal eine kleine Einführung: Der hebräische Name für Prophet lautet „Nabi" und kann sowohl „Rufender" als auch „Gerufener" bedeuten. Das griechische Wort „Prophetes" bedeutet „Sprecher" oder „Bote". Es geht also um Männer und Frauen, die von Gott berufen werden, einem Volk oder bestimmten Personen seine Worte und seine Absichten kundzutun. Ganz selbstverständlich berichten uns sowohl das Neue als auch das Alte Testament von Prophetinnen (Miriam, Debora, Hulda und Hanna), die offensichtlich in hohem Ansehen standen. Wenn ich hier aus Platzgründen nur die männliche Bezeichnung wähle, bin ich mir dieser bedeutenden Frauen trotzdem sehr bewusst. Die Propheten im Alten Testament waren Ausnahmegestalten, die Gott vor allem Königen als kritisches Korrektiv zur Seite stellte. In manchen Fällen nahmen diese Mächtigen den Rat der Propheten an, in vielen Fällen aber gab es Ärger, den in aller Regel die Propheten auszubaden hatten.

Kaum ein Prophet ähnelte dem anderen. Einige waren einfacher Herkunft (Micha, Amos), andere kamen aus dem Adel (Jesaja). Manche stammten aus Priester- oder Prophetenschulen (Jeremia, Hesekiel), aber die meisten hatten keine Ausbildung. Jesaja war mit einer Prophetin verheiratet, Hosea mit einer Hure (im Auftrag Gottes!), Elia und andere hingegen blieben – für damalige Zeiten höchst ungewöhnlich – unverheiratet. Die meisten Propheten wirkten nach der Teilung des Landes im Südreich Juda, einige aber auch im Nordreich Israel (Elia, Hosea), wieder andere im Ausland (Daniel, Jona). Die einen kündeten Heil an (der „zweite Jesaja"), die anderen Unheil (Nahum), wieder andere beides (Sacharja). Von einigen sind uns nur Geschichten überliefert, von anderen nur ihre Aussprüche.

Auch im Neuen Testament gibt es Prophetinnen und Propheten. Die Apostelgeschichte nennt einige mit Namen (u. a. Agabus, Judas und Silas, vgl. 11, 27; 13, 1;15, 32; 21, 10), aber sie haben bei weitem nicht mehr die Bedeutung, die die Propheten im Alten Testament hatten. Die Prophetie ist sozusagen eingeebnet in das Gesamtgabenprofil der Gemeinde, sie gehört im Neuen Testament zum ganz normalen Bild einer Gemeinde. Paulus bezeichnet die Prophetie dabei als die wichtigste Gabe der Gemeinde, solange sie sich – darüber sprachen wir gestern – der Liebe unterordnet. Das ist umso bemerkenswerter, als die

Gabe der Prophetie in unseren heutigen Gemeinden keine nennenswerte Rolle mehr spielt. Dabei ist die Berufung, Gottes Wort in die jeweilige konkrete Situation hinein auszurichten, eine wichtige Ergänzung zur Bibel. In der Bibel sind uns die großen Leitlinien des Willens Gottes offenbart; die Prophetie hingegen sagt uns Gottes Wort in eine konkrete Situation hinein. Zweifellos sind die großen Leitlinien das Wichtigere, aber ohne konkrete Weisung im Einzelfall irrt man manchmal ziemlich herum, auch wenn man die richtige Richtung im Großen und Ganzen kennt. Bibel und Prophetie verhalten sich sozusagen wie Kompass und Wegweiser.

Jeremias Berufung

Jeremia entstammte einer Priesterfamilie und wirkte fast 50 Jahre bis zur Eroberung und Zerstörung Jerusalems durch die Babylonier, die er vorher angekündigt hatte. Die Tatsache, dass er Recht behielt, war ein schwacher Trost für ihn, denn er liebte sein Land und die heilige Stadt mit ihrem Tempel. Zeit seines Lebens war Jeremia dem Hohn, dem Hass und der Verfolgung seiner Landsleute ausgesetzt – und zwar quer durch alle Bevölkerungsschichten hindurch. Nach der Zerstörung Jerusalems begleitete er seine Landsleute ins Exil nach Ägypten und wurde der Legende nach dort von ihnen um 580 vor Christus gesteinigt.

Vielleicht hat er so etwas geahnt, auf jeden Fall riss sich Jeremia nicht gerade um den Job als Prophet. Prophet zu sein, ist eine Berufung, die mit einer besonderen Befähigung einhergeht, einem Charisma. Jeremia sträubte sich offensichtlich gegen das eine wie gegen das andere. Es gibt sicherlich Menschen, die diese Gabe und Aufgabe mit größerer Offenheit annehmen. Wie gesagt, Paulus fordert uns sogar auf, uns nach dieser Gabe auszustrecken. Doch eines muss klar sein: Die Aufgabe, Gottes Wort in eine konkrete Situation hinein auszurichten, kann aus menschlichem Vermögen heraus nicht bewerkstelligt werden. Neben den kommunikativen Gaben, die man dazu braucht, bedarf es dazu vor allem eines besonderen „Drahtes" zu Gott. Der Prophet muss in der Lage sein, aus dem Gewirr der Stimmen in ihm und um ihn die Stimme Gottes „herauszufiltern". Das ist ein tief spiritueller Akt, zumal einem Mann wie Jeremia keine Bibel zur Verfügung stand, in die er sich hätte hineinmeditieren und anhand derer er sich an die Stimme Gottes hätte „gewöhnen" können.

Vor der Sprachfähigkeit kommt beim Propheten also erst einmal die Hörfähigkeit. Ohne dieses Charisma des Hörens könnte kein Prophet jene Standardformel benutzen, die sich durch alle prophetischen Bücher wie ein roter Faden hindurch zieht: „So spricht der Herr." Doch: Wie leicht verwechselt man die Stimme Gottes mit den eigenen Wünschen und Phantasien, manchmal aber auch mit den eigenen Befürchtungen und Ängsten! Zum verantwortlichen Umgang mit der Gabe der Prophetie gehört daher ein gesundes Misstrauen gegenüber sich selbst. So glaubt denn auch Jeremia, er höre nicht recht, als er die Berufung Gottes vernimmt. Sein Einwand, er sei zu jung, liegt in einer Gesellschaft, in der vor allem das Wort der Alten gilt, durchaus nahe. Jeremia schreckt auf breiter Front vor der Aufgabe zurück, die Gott ihm da stellt, doch gerade das macht ihn besonders glaubwürdig.

Gott antwortet Jeremia mit einer wunderbaren Verheißung: „Sag nicht ‚Ich bin viel zu jung'. Wenn ich dich aussende, dann geh! Du brauchst doch vor den Leuten keine Angst zu haben. Ich bin bei dir. Ich beschütze dich." Dass man dieses Wort nicht oberflächlich verstehen darf, zeigt das Schicksal, das Jeremia durchleiden musste. Die Zusage des Mit-Seins Gottes bedeutet keineswegs, dass das Leben und Wirken Jeremias zu einer Kette glänzender Siege wird. Gott ist bei ihm, das heißt: Jeremia kann trotz aller Herausforderungen seinen Auftrag ausführen und Gott macht ihn stark genug, sein Schicksal anzunehmen (das ist mit dem Bild von der Stadt, der Säule und der Mauer gemeint). Mehr ist ihm nicht verheißen, aber es genügt ihm. Auch das erinnert an einen Text, den wir bereits gelesen haben: Lieber mit Gott in einem dunklen Tal als ohne Gott auf einer grünen Aue.

Jeremias Auftrag

Der Auftrag, den Gott dem Jeremia gibt, ist ein echter „Knochenjob". Er erinnert an die Arbeit eines Bauern oder sogar eines Bauarbeiters: „Du sollst ausreißen und einreißen, zerstören und verderben, bauen und bepflanzen." Das klingt nach einem Gelände, das von Grund auf gerodet und umgepflügt werden muss, nicht in destruktiver Absicht, sondern um darauf etwas Neues, Fruchtbares und Nutzbringendes zu erbauen. Jeremia soll die Gleichgültigkeit und den Egoismus aus den Herzen der Menschen ausreißen, er soll die Mauer der Feindschaft und Ressentiments zwischen den einzelnen Völkern niederreißen, er soll das Unrecht und die Korruption der Herrscher vernichten, er soll die Unterschiede zwischen Arm und Reich einreißen. Jeremia soll außerdem Frieden und Gerechtigkeit in seinem Land aufbauen und die Liebe zu Gott und zu den Menschen in die Herzen seiner Landsleute einpflanzen.

Genau das tut Jeremia. Er bereitet eine neue, bessere Zeit vor, nicht erst im Jenseits, sondern schon hier auf dieser Welt. Allerdings: Viel Erfolg hat er offensichtlich nicht gehabt bei seiner Arbeit. Er wurde verspottet und verfolgt. Trotzdem kam er seinem Auftrag nach und richtete den Menschen das Wort Gottes aus. Wie Vincent van Gogh, der zu Lebzeiten kein einziges seiner Bilder verkaufte, wurde Jeremia erst nach seinem Tod wirklich geschätzt und geehrt. Millionen von Menschen erfahren seit über 2500 Jahren Kraft, Trost und Wegweisung aus seinen Worten. Eine interessante Frage: Wären wir bereit, ein Leben in der Nichtbeachtung zu führen, wenn wir wüssten, dass sich die Saat, die wir gesät haben, eines Tages, den wir nicht mehr erleben, in gigantischer Weise vervielfältigen wird?

Wenn wir ernst nehmen, was Paulus schreibt, dass wir uns nach der Gabe der Prophetie ausstrecken sollen, können wir der Berufung Jeremias auch für uns einen vierfachen prophetischen Auftrag entnehmen:

1. Hören lernen. Viele hundert Mal findet sich in der Bibel die Aufforderung, zu hören. Das Hören steht am Anfang allen christlichen Handelns. Wie Jeremia müssen wir lernen, inmitten des Stimmgewirrs um uns herum und in uns selbst die Stimme Gottes zu hören. Dass Sie sich gerade 40 Tage mit der Bibel beschäftigen, ist ein guter Anfang.

2. Das Übel konfrontieren. Jeremia hatte den Menschen seiner Zeit viel Kritisches zu sagen, aber er tat es weder aufgrund seines Naturells, noch weil er eine negative Weltsicht hatte. Meiner Erfahrung nach sollten Menschen, die von sich aus zur Kritik neigen, mit dieser eher zurückhaltend sein. Menschen hingegen, die eher auf Harmonie aus sind, müssen sich auch mal trauen, Dinge beim Namen zu nennen. Die neue Welt, die Gott schaffen möchte, wird immer in klarem Kontrast zu unserer Wirklichkeit stehen. Jede noch so positive Vision muss sich gegenüber der Gegenwart durchsetzen, und es ist nicht zu vermeiden, dass man dabei Ärger bekommt.

3. Aufbauen. Gott geht es letztendlich immer um etwas Positives, und diese Geisteshaltung sollten wir uns auch zu Eigen machen. Es kann sein, dass vorher gerodet und umgepflügt werden muss, aber nicht das vorhandene und zu überwindende Negative, sondern das erstrebte Positive sollte die Triebfeder unseres Redens und Handelns sein. Das Wort vom „Aufbauen" deutet auch an, dass es niemals reicht, nur zu kritisieren. Das Recht zur Kritik an bestehenden Verhältnissen verdient sich nur der, der aktiv mithilft, positive Alternativen aufzubauen.

4. Säen. Etwas, was ich aufbaue, sehe ich sofort. Etwas, was ich säe, kommt hingegen erst nach mehr oder minder langer Zeit ans Tageslicht. Es kann sogar gut sein, dass ich den Erfolg dieser Tätigkeit niemals zu sehen bekomme. Anders als beim Bauen liegt der Erfolg außerdem nicht in meiner Hand. Ich kann pflügen, säen und gießen, aber Gott lässt wachsen. Darum bauen Leute lieber, als dass sie säen, denn zum Pflanzen braucht man Geduld und Vertrauen. Menschen Gottes sind zu beidem berufen. Manches können wir selbst mit harter Arbeit umsetzen. Bei manchem können wir lediglich säen, gießen und warten, dass Gott das Wachstum schenkt.

Jeremia hat im Leben mehr gesät als aufgebaut. Ihm ist zu Lebzeiten nicht viel äußerer Erfolg beschieden gewesen. Das hat ihm hart zugesetzt. Doch gerade das macht ihn so überaus menschlich und sympathisch. Weil sein Leben äußerlich alles andere als erfolgreich verlief, können wir uns gerade in schweren Zeiten gut mit ihm identifizieren. Und uns anstecken lassen von seinem durch alle Anfechtung hindurch tragenden Glauben an jenen Gott, der ihm die Verheißung mit auf den Weg gab: „Ich will wachen über meinem Wort, dass ich's tue."

Propheten sind wie Sterne: Wenn ihre Botschaft die
Menschen erreicht, gibt es sie selbst vielleicht schon gar
nicht mehr.

Tennessee Williams

» Haben Sie irgendwelche persönlichen Erfahrungen
mit Prophetie?
» Haben Sie schon einmal erlebt, dass Gott zu Ihnen gesprochen hat, als Stimme, in Bildern oder in Worten,
die Sie vor Augen sahen?
» Müssen Sie lernen, Negatives auch mal beim Namen
zu nennen?
» Wären Sie bereit, ein Leben in der Nichtbeachtung
und Geringschätzung durch andere zu führen, wenn
Sie wüssten, dass sich die Saat eines Tages nach Ihrem
Tod in geradezu gigantischer Weise vervielfältigt?
» Was bauen Sie in Ihrem Leben auf, damit diese Welt
ein besserer Platz wird?

Hören
Nehmen Sie den heutigen Jeremia-Text und lesen Sie
jeden Satz mindestens fünf mal halblaut für sich. Machen
Sie nach jedem Satz eine Pause und versuchen Sie in sich
hineinzuhorchen, was die Worte, die Sie eben gesprochen
haben, in Ihnen auslösen. Schreiben Sie auf, wenn Sie meinen, etwas vernommen zu haben, selbst wenn es Ihnen
unbedeutend erscheint. Danach gehen Sie zum nächsten
Satz über. – Diese Übung können Sie mit vielen Bibeltexten praktizieren – mit großem, persönlichem Gewinn.
Anhand der offenbarten Stimme Gottes lernen Sie, die
Stimme Gottes in Ihnen zu vernehmen.

Wer aber prophetisch redet, der redet den Menschen
zur Erbauung und zur Ermahnung und zur Tröstung.

1. Korinther 14, 3

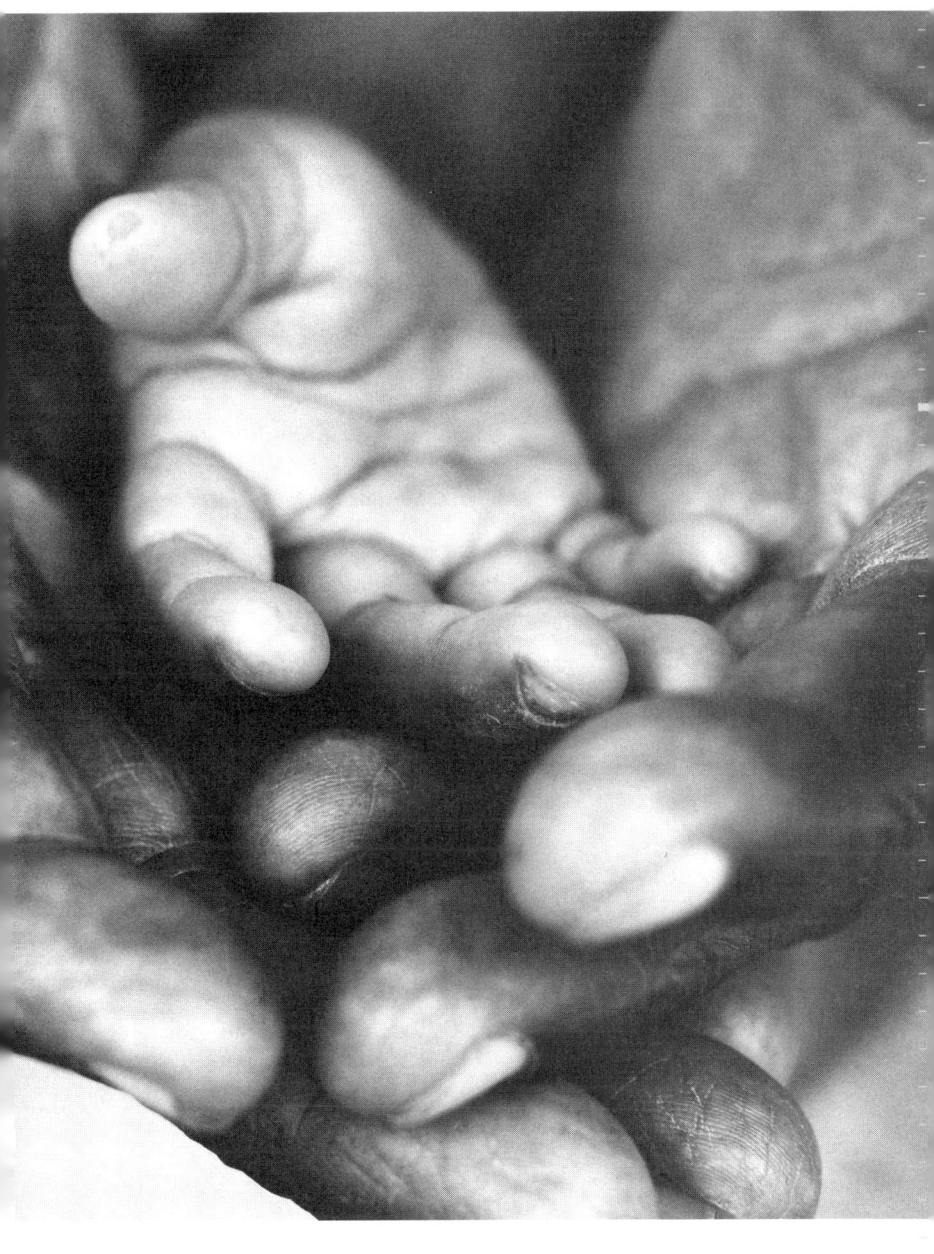

6 Suchet den HERRN, solange er zu finden ist; ruft ihn an, solange er nahe ist.

7 Der Gottlose lasse von seinem Wege und der Übeltäter von seinen Gedanken und bekehre sich zum HERRN, so wird er sich seiner erbarmen, und zu unserm Gott, denn bei ihm ist viel Vergebung.

8 Denn meine Gedanken sind nicht eure Gedanken, und eure Wege sind nicht meine Wege, spricht der HERR,

9 sondern so viel der Himmel höher ist als die Erde, so sind auch meine Wege höher als eure Wege und meine Gedanken als eure Gedanken.

10 Denn gleichwie der Regen und Schnee vom Himmel fällt und nicht wieder dahin zurückkehrt, sondern feuchtet die Erde und macht sie fruchtbar und lässt wachsen, dass sie gibt Samen zu säen und Brot zu essen,

11 so soll das Wort, das aus meinem Munde geht, auch sein: Es wird nicht wieder leer zu mir zurückkommen, sondern wird tun, was mir gefällt, und ihm wird gelingen, wozu ich es sende.

Sucht Gott, solange er sich finden lässt.
Redet mit ihm, solange er ganz nah ist.
Wer bisher ohne Gott gelebt hat,
kann das ändern,
und wer Schlechtes gedacht und getan hat,
kann damit aufhören
und sich Gott zuwenden –
denn der wird ihm vergeben,
weil er ein gütiger Gott ist.

„Ich habe andere Maßstäbe als ihr
und meine Möglichkeiten gehen weit
über eure hinaus", sagt Gott:
„Der Himmel ist so viel weiter als die Erde,
und darum sind eben
auch meine Möglichkeiten
viel größer als eure Möglichkeiten
und meine Maßstäbe
überragen eure bei weitem.

Wenn Regen und Schnee vom Himmel fallen,
dann kehren sie nicht einfach
wieder dorthin zurück:
Sie tränken die Erde
und machen sie fruchtbar,
so dass sie Brot zum Essen und
Samen für die nächste Saat hervorbringt.
Genau so ist es mit jedem Wort,
das ich sage:
Es wird nicht wirkungslos
zu mir zurückkehren,
sondern das bewirken, was ich will,
und alles erreichen,
was ich damit beabsichtige."

Das biblische Buch Jesaja, mit dem wir uns heute beschäftigen, hat mindestens drei Verfasser. Da ist zum einen Jesaja selbst, der im 8. Jahrhundert vor Christus im Südreich Juda lebte. Auf ihn gehen die Kapitel 1 bis 39 zurück. In Kapitel 40 bis 55 schreibt ein unbekannter Prophet zur Zeit des babylonischen Exils (586 bis 538), den wir den „zweiten Jesaja" (Deuterojesaja) nennen. Die Kapitel 56 bis 66 schließlich wurden von einem „dritten Jesaja" (Triterojesaja) wahrscheinlich im dritten Jahrhundert vor Christus geschrieben. Schon sehr bald darauf wurden die Bücher zu einer Einheit zusammengefasst. Der „zweite Jesaja" gilt wegen seiner eigenständigen und besonders trostreichen Botschaft allgemein als der „christlichste" der Propheten.

Die Aufforderung, Gott zu suchen
Auf die Frage, was der Mensch zu tun hat, gibt (Deutero-) Jesaja eine ungewöhnliche Antwort. Er sagt einfach: „Sucht Gott!" Er war wohl der Meinung, dass, wenn man Gott findet, sich die Antwort auf die Frage nach dem richtigen Handeln von allein ergibt. Aber was heißt „Suchen"? Sich als Sucher zu verstehen, gehört ja heute fast schon zum guten Ton. Das ist uns sympathisch. Menschen hingegen, die allzu pausbäckig behaupten, sie hätten Gott oder den „Sinn des Lebens" gefunden, wirken auf uns eher unseriös und platt. Und das nicht ganz zu Unrecht: Jemand, der gefunden hat, hört auf zu fragen, sich vorzutasten und unterwegs zu sein. Das ist schade, denn damit gibt er ein Wesentliches dessen auf, was den Menschen zum Menschen macht. Wenn Christen tatsächlich Gott gefunden haben, dann jedenfalls nicht so, dass sie aufhören, zu suchen und zu fragen. Sie bleiben weiter unterwegs. Die Tatsache, dass sie eine Antwort gefunden haben, bedeutet nicht, dass den Christen alle Antworten gegeben sind und den Nicht-Christen lediglich die Fragen bleiben. Dieses zu behaupten, wäre einfach nur arrogant.

Aber genauso, wie es eine Arroganz des Findens gibt, gibt es auch eine Arroganz des Suchens. Anders als vor 20 Jahren ist Religion heute durchaus wieder ein Thema, solange das Gespräch schön unverbindlich bleibt. Jeder kann heute alle möglichen religiösen Ideen kultivieren, aber wehe, jemand erhebt den Anspruch, etwas Allgemeingültiges gefunden zu haben. Suchen ist heute schick, Finden hingegen gilt als verpönt. Und das kann es ja wohl nicht sein. Kein Mensch will lediglich suchen. Was wir wirklich wollen, ist finden. Aber ausgerechnet dort, wo es um die wichtigste Frage des Lebens überhaupt geht, nämlich die Frage, ob es einen Gott gibt, machen wir Halt und stellen ein Schild auf: „Finden verboten!"

Gott ist zu finden

Der Prophet, den wir den „zweiten Jesaja" nennen, bekam von Gott die Aufgabe, die nach Babylonien deportierten Juden zu trösten und ihnen zu sagen,
dass Gott sein Volk nicht verlassen hatte, sondern wieder zurück nach Juda
bringen würde. Er war davon überzeugt, dass Gott zu finden ist, nicht nur zu
Hause in Jerusalem, sondern auch in Babylon am Ort ihrer Verbannung: „Sucht
Gott, solange er sich finden lässt; redet mit ihm, solange er ganz nah ist." Das
bedeutet zunächst einmal: Gott ist zu finden. Natürlich lässt sich Gott mit unseren fünf Sinnen – Sehen, Riechen, Schmecken, Tasten, Hören – nicht erfassen. Und dennoch ist er real und erfahrbar. So wie die Liebe erfahrbar ist. Auch
wenn wir sie nicht direkt mit unseren Sinnen erfassen können, so erleben wir
doch ihre Auswirkungen. Ebenso ist Gott zu finden. Zumindest seine Spuren
und Wirkungen in dieser Welt sind erfahrbar.

Allerdings fällt bei unserem Bibelvers das Wörtchen „solange" auf. Gott
zu finden ist scheinbar keine unbegrenzte Möglichkeit, die uns nach Belieben
verfügbar wäre. Ich würde das gerne behaupten, aber es stimmt nicht mit
dem biblischen Befund überein und auch nicht mit der Erfahrung. Die ganze
Bibel ist voll davon, dass Gott nicht immer und in gleicher Weise „nahe" ist.
Es gibt Erlebnisse und Phasen, da scheint er zum Greifen nahe. Und es gibt
Zeiten, da scheint er unendlich fern. Es gibt Gelegenheiten, die wir ergreifen
oder verpassen können. Wobei ich glaube, dass das weniger etwas mit Gott
und seiner Bereitschaft, sich finden lassen zu wollen, zu tun hat, als vielmehr
mit uns. Gott bietet sich uns sozusagen bis zum letzten Moment an, aber
wenn wir uns lieber in uns selbst hineindrehen, kommt es irgendwann dazu,
dass ein Mensch einfach nicht mehr will. Gott kommt einfach nicht mehr an
uns heran. Darum die Aufforderung: Wenn ihr spürt, dass Gott euch nahe ist,
nutzt die Gelegenheit, es kann Jahre dauern, bis ihr wieder mal so offen seid.

„Wer bisher ohne Gott gelebt hat, kann das ändern, und wer Schlechtes gedacht und getan hat, kann damit aufhören und sich Gott zuwenden
- denn der wird ihm vergeben, weil er ein gütiger Got ist." Das ist das dritte,
was ich an diesem Doppelvers bemerkenswert finde: Gott zu suchen bzw. zu
finden, ist nicht so sehr eine intellektuelle oder eine emotionale Angelegenheit. Die Frage, ob ich Gott finde, hat vielmehr etwas damit zu tun, ob ich
bereit bin, mein Leben zu ändern. Wir dürfen uns von den hier verwendeten
Vokabeln nicht abschrecken lassen. „Der Gottlose", das klingt bei Luther ziemlich verrucht, gemeint ist aber einfach ein Mensch, der ohne Gott lebt. Und
ein „Übeltäter" ist nicht unbedingt ein Dieb oder Massenmörder, sondern ein

Mensch, der sich gemeinschaftsschädigend verhält, und das sind im Grunde genommen wir alle, jedenfalls ziemlich häufig. Die Frage nach dem, was Gott an Verhaltensänderung von uns erwartet, wird uns in den nächsten beiden Tagen noch ausführlich beschäftigen. Zunächst sei nur angemerkt: Wer sich ernsthaft auf den Weg macht, Gott zu suchen, der kommt relativ bald an einen Punkt, an dem er merkt: Auf der alten Spur komme ich nicht weiter. Wenn ich Gott finden möchte, muss ich bereit sein, einen neuen Weg einzuschlagen. Mein Leben und Denken bekommt eine neue Ausrichtung: und zwar mehr und mehr auf Gott hin. Diese Neuausrichtung unseres Denkens und unserer Herzen nennt die Bibel „Buße" oder „Bekehrung". Ohne solch eine Bekehrung können wir Gott nicht finden. Wir brauchen diese Neuausrichtung, denn Gott sagt: „Ich habe andere Maßstäbe als ihr und meine Möglichkeiten gehen weit über eure hinaus. Der Himmel ist so viel weiter als die Erde und darum sind eben auch meine Möglichkeiten viel größer als eure Möglichkeiten."

Wanderer und Adler

Kein Mensch würde von sich aus auf die Gedanken kommen, auf die Gott kommt. Wir alle würden von uns aus nie die Wege beschreiten, die Gott für uns vorgesehen hat. Das ist ja schon zwischen Menschen so, dass sich ihre Wege und Gedanken nie völlig gleichen. Wenn sie sich trotzdem entscheiden, ein Stück Weg gemeinsam zu gehen, kommen ihre Wege und Gedanken sich manchmal in die Quere und sie müssen einen Kompromiss finden. Doch Gottes Wege und Gedanken sind nicht nur anders als unsere. Sie sind auch „höher". Menschliche Wege und Gedanken stehen prinzipiell auf einer Ebene: Mal hat der eine Recht, mal der andere. Vielleicht hat einer öfter Recht als ein anderer, aber es ist nur ein quantitativer Unterschied. Zwischen Gottes und unseren Gedanken und Wegen besteht hingegen ein qualitativer Unterschied.

Stellen Sie sich vor, Sie sind zusammen mit einem Freund auf einer Wanderung. Sie kennen sich beide in dem Gelände nicht aus und beratschlagen sich an jeder Wegkreuzung, ob Sie rechts, links oder geradeaus gehen. Sie werden nicht immer die gleiche Meinung haben. Einer wird vielleicht öfter Recht haben als der andere, aber der Unterschied ist lediglich ein gradueller. Auf einmal nun schwebt über Ihnen ein Segelflieger. Der Mann im Cockpit kann von da oben aus sehr viel mehr sehen als Sie. Er sieht, wo Ihr Weg hinführt. Er sieht das gesamte Gelände drum herum. Er sieht sogar schon Ihr Ziel. Wenn dieser Flieger mit Ihnen diskutieren würde, wäre das, was er sagt, qualitativ auf einer anderen Ebene als das, was Sie mit Ihrem Wandergefährten diskutieren, weil er den Blick von oben hat, die Adlerperspektive.

So ist es mit Gottes Gedanken. Sie sind nicht nur anders, sie sind „höher" als unsere. Er überblickt schlichtweg mehr als wir. Das klingt ein bisschen unfair, aber ehrlich gesagt, würde ich das von einem Gott auch erwarten: dass er mehr weiß als wir. Auf unserer Suche nach Gott sind wir alle ein bisschen wie die beiden Wanderer. An jeder Wegkreuzung fragen wir uns, wie es weitergeht. Wir suchen uns unsere Antworten zusammen. Und streiten uns darüber: links oder rechts? Da wir aber das Gelände nicht kennen, keine Karte haben und den Weg nicht überblicken, ist letztlich alles reine Spekulation. Kann sein, dass wir ab und zu sogar mal die richtige Entscheidung treffen. Aber um wirklich anzukommen, müssten wir Kontakt mit „dem da oben" aufnehmen. Und bereit sein, umzudenken und unseren Weg zu korrigieren. Denn was wir von ihm hören werden, ist mit großer Sicherheit etwas anderes, als was wir uns ausgedacht haben. Und die Wege, die er uns führen wird, sind andere, als wir sie von uns aus einschlagen würden.

Gott hilft uns, ihn zu finden

Auf unserer Suche nach Gott sind wir also auf Gottes Hilfe angewiesen. Auf uns allein gestellt, ist unsere Suche ein einziges Stochern im Nebel. Wenn wir Gott wirklich finden wollen und nicht nur suchen, dann brauchen wir seine Hilfe und Wegweisung. Woher aber wissen die „Wanderer", was der Segelflieger da oben sieht? Ganz klar: „Der da oben" muss zu „denen da unten" reden. Er muss Kontakt zu ihnen aufnehmen. Damit wir an Gottes Gedanken und Wegen partizipieren können, brauchen wir keine Geistesschärfe, brauchen wir keine ausgeklügelten Philosophien und auch keinen wallenden Hormonspiegel, sondern dass Gott spricht. Was wir brauchen, ist ein Wort.

Wissen Sie, welche Formulierung am häufigsten in der Bibel vorkommt? „Und Gott sprach." Das heißt: Gott hat seine Gedanken nicht für sich behalten. Er hat uns seine Wege wissen lassen. Gott hat geredet – und er hat an dieses Wort eine wunderbare Verheißung verknüpft: „Wenn Regen und Schnee vom Himmel fallen, dann kehren sie nicht einfach wieder dorthin zurück: Sie tränken die Erde und machen sie fruchtbar, sodass sie Brot zum Essen und Samen für die nächste Saat hervorbringt. Genau so ist es mit jedem Wort, das ich sage: Es wird nicht wirkungslos zu mir zurückkehren."

Das ist nicht leicht zu verstehen. Es klingt so, als wäre dieses Wort nicht nur etwas Gesagtes, sondern würde direkt ausgeführt. Es gibt eben Worte, die sagen wir einfach nur daher, und es gibt Worte, in die legen wir alles hinein, in die legen wir uns selbst hinein. Von dieser „Sorte" ist auch das Wort Gottes: Wenn Gott spricht, legt er sich selbst hinein. Darum wohnt in seinem Wort eine unwiderstehliche Kraft. Wie in der Regenzeit des Orients Regen und Schnee unaufhaltsam und unaufhörlich niederstürzen, so unaufhörlich und unaufhaltsam wirkt und arbeitet das Wort Gottes. Und wie dieser gewaltige Regen die Steppen und Felder grün erblühen lässt, so wohnt in dem Wort Gottes eine geradezu urwüchsige, lebensschaffende Kraft. Gottes Wort hilft uns nicht nur, in der richtigen Richtung zu suchen, es gibt uns auch die Kraft, diesen Weg zu gehen. Sein Wort kommt nicht leer zurück. Es bewirkt das, wovon es redet, weil Gott in sein Wort alles hineinlegt.

„Ha!", sagen Sie, „das stimmt ja nun nicht. Es ist doch allzu oft so, dass das Wort irgendwo versickert. In der Weltgeschichte sowieso. Aber auch in meinem eigenen Leben." Mit diesem Einwand haben Sie Recht. Jesus hat dazu einmal ein Gleichnis erzählt von einem Bauern, der seine Saat – und damit meint er das Wort Gottes – auf alle möglichen Arten von Boden wirft und ganz viel dieser Saat geht einfach kaputt (Markus 4). Das ist eine sehr nüchterne Beobachtung. Wer je damit zu tun hatte, das Wort Gottes unter die Menschen zu bringen, kann das bestätigen. Und das weiß natürlich auch Jesaja. Gottes Wort ist eine gewaltige Macht, vergleichbar mit einer Naturgewalt. Aber Gott zwingt uns nicht. Wir sind freie Wesen. Wir können uns seinem Wort gegenüber versperren. Wovon Jesaja hier so vollmundig redet, ist also die Wirkung des Wortes Gottes bei denen, die sich darauf einlassen.

Für die, die sich dem Wort öffnen, gilt die Verheißung: „Mein Wort wird nicht wirkungslos zu mir zurückkehren, sondern das bewirken, was ich will, und alles erreichen, was ich damit beabsichtige." Jesaja sagt das zu Menschen, die ihren Glauben fast verloren haben. Denen alles genommen wurde. Die der Verheißung Gottes einmal geglaubt hatten, bis sie den Tempel in Schutt und Asche liegen sahen. Diesen Menschen sagt Jesaja: „Hört nicht auf zu glauben. Gott ist zu finden. Gerade dort, wo ihr es am wenigsten vermutet – in der Wüste, in Babylonien – will Gott sich von euch finden lassen. Ja, es sieht so aus, als wären die Worte, die Gott früher mal zu euch gesagt hat, verdunstet, versickert im babylonischen Wüstensand. Aber sein Wort kommt nicht leer zurück. Es wird ausrichten, wozu es ausgesandt ist. Und wer diesem Wort vertraut, wird erleben, wie die Wüste, die sich über ihn zu legen drohte, zu blühen anfängt."

Mit Angst verbunden ist es, immer zu suchen,
aber mit noch viel mehr Angst verbunden ist es,
gefunden zu haben und verlassen zu müssen.

Johann Wolfgang von Goethe

FRAGEN
» Haben Sie in Ihrem Leben Momente erlebt, in denen
Ihnen Gott ganz nahe oder auch unendlich fern er-
schien?
» Würden Sie sich als „Sucher" bezeichnen? Wie drückt
sich das in Ihrem Leben aus?
» Was würden Sie tun, wenn Sie plötzlich finden wür-
den, was Sie gesucht haben?
» Wie viel wären Sie bereit, zu ändern, wenn Sie da-
durch wirklich Gott finden würden?
» Wir haben jetzt fast die Hälfte unserer Expedition
hinter uns. Hat sich in dieser Zeit etwas an Ihrem
Verhältnis zu Gott geändert?

ANREGUNG
ZUM GEBET

Suchen und Finden

Schreiben Sie in Ihr Gebetstagebuch, in welchen Phasen
Ihres Lebens Sie bewusst und intensiv gesucht haben,
und was dabei herausgekommen ist. Reden Sie mit Gott
darüber, was in diesen Zeiten Ihre Wege und Gedanken
waren und fragen Sie ihn, welches dabei wohl seine Wege
und Gedanken waren.

MERKVERS
Ihr werdet mich suchen und finden; denn wenn ihr mich
von ganzem Herzen suchen werdet, so will ich mich von
euch finden lassen, spricht der HERR.

Jeremia 29, 13–14

Tag 18 / **Der Blick nach vorne**

MUSIK

Letztlich wissen wir alle, dass es nicht egal ist, wie wir leben – und dass unser Handeln Konsequenzen hat. Aber uns fehlen meistens die Kriterien, um den richtigen vom falschen Weg zu unterscheiden. Das heutige Lied (Track 4) versucht, dieser herausfordernden Frage nachzugehen: „Es ist nicht egal."

18 Gedenkt nicht an das Frühere und achtet nicht auf das Vorige!

19 Denn siehe, ich will ein Neues schaffen, jetzt wächst es auf, erkennt ihr's denn nicht? Ich mache einen Weg in der Wüste und Wasserströme in der Einöde.

20 Das Wild des Feldes preist mich, die Schakale und Strauße; denn ich will in der Wüste Wasser und in der Einöde Ströme geben, zu tränken mein Volk, meine Auserwählten;

21 das Volk, das ich mir bereitet habe, soll meinen Ruhm verkündigen.

22 Nicht, dass du mich gerufen hättest, Jakob, oder dass du dich um mich gemüht hättest, Israel.

23 Mir hast du nicht die Schafe deines Brandopfers gebracht noch mich geehrt mit deinen Schlachtopfern. Ich habe dir nicht Arbeit gemacht mit Opfergaben, habe dich auch nicht bemüht mit Weihrauch.

24 Mir hast du nicht für Geld köstliches Gewürz gekauft, mich hast du mit dem Fett deiner Opfer nicht gelabt. Aber mir hast du Arbeit gemacht mit deinen Sünden und hast mir Mühe gemacht mit deinen Missetaten.

25 Ich, ich tilge deine Übertretungen um meinetwillen und gedenke deiner Sünden nicht.

„Denkt nicht immer an das Vergangene,
und klammert euch nicht an das,
was früher war.
Ich will etwas ganz Neues erschaffen.
Merkt Ihr denn gar nicht,
dass es schon begonnen hat?

Ich sorge für einen Weg in der Steppe
und für Wasser in der Wüste.
Selbst die wilden Tiere,
die Schakale und Strauße,
loben mich dafür,
dass ich Wasser in die Trockenheit bringe,
dabei will ich damit
vor allem das Volk tränken,
das ich auserwählt habe.
Denn dieses Volk soll überall
von meiner Größe erzählen.

Ihr Nachkommen Jakobs, du Volk Israel!
Du hast mich nicht
eingeladen zu kommen
oder dich ernsthaft um mich bemüht.
Du hast mir keine Schafe
auf dem Altar geopfert
und mir auch keine Tiere dargebracht.
Geschenke habe ich von dir genau so wenig
bekommen wie edle Düfte,
und du hast mich weder
mit köstlichen Gewürzen,
noch mit fetten Fleischstücken erfreut.
Im Gegenteil: Du hast mir
mit deinen andauernden
Verfehlungen viel Arbeit gemacht
und mich mit deinen Verbrechen betrübt.
Aber jetzt möchte ich um meinetwillen
alle deine Untaten vergeben
und nicht mehr an deine Sünden denken.“

Viele Menschen orientieren sich in ihrem Handeln an der Vergangenheit. Sie tun das, was sie schon immer getan haben, oder richten sich nach dem, was andere vor ihnen gemacht haben. Erfahrung ist ein wichtiges Menschheitsgut. Aber sie bringt uns auch an gewisse Grenzen. So kann es durchaus passieren, dass wir immer und immer wieder an die gleichen toten Punkte geraten. Und manches, das in der Vergangenheit durchaus gut ging, führt heute in eine Sackgasse. Wir tun dasselbe wie früher, aber die Umstände haben sich geändert. Etwas Neues bricht sich Bahn und wir tun gut daran, uns nicht zu sehr an der Vergangenheit zu orientieren. Davon redet unser heutiger Text.

Der junge Prophet, den wir den „zweiten Jesaja" nennen, trat in einer Zeit absoluter Depression auf. Im Jahr 586 vor Christus hatte der babylonische König Nebukadnezar Jerusalem dem Erdboden gleichgemacht und die jüdische Oberschicht nach Babylon deportiert – ein absolutes Trauma! Jahre und Jahrzehnte gingen ins Land, in denen die Juden in Babylon der „guten alten Zeit" nachtrauerten. In dieser Situation sagt Jesaja: „Gedenkt nicht an das Frühere und achtet nicht auf das Vorige! Denn siehe, ich (Jahwe) will ein Neues schaffen:" Dieser Satz bezieht sich ganz klar auf die damalige Situation, und Jesaja hätte gewiss nicht behauptet, dass Erinnerungen oder Traditionen an sich schlecht sind.

Die Beschäftigung mit der Vergangenheit ist wichtig und ur-menschlich

Zum einen kann man aus der Vergangenheit lernen. Positive Erfahrungen früherer Tage können uns Mut machen und Wege aufzeigen, Herausforderungen von heute anzupacken. Aber auch negative Erfahrungen können wir in ein positives Lebenskonzept einbauen. Aus Fehlern beispielsweise können wir klug werden, wenn wir bereit sind, sie anzuschauen und Korrekturen vorzunehmen. Henry Ford sagt: „Scheitern ist eine wunderbare Gelegenheit, Dinge auf der Basis neu gewonnener Erkenntnisse in Zukunft besser zu machen." Diejenigen, die sich nicht an die Vergangenheit erinnern, sind verurteilt, sie erneut zu durchleben.

Die Beschäftigung mit der Vergangenheit hilft uns zum anderen, unsere Gegenwart zu verstehen. Wer sich nicht mit Geschichte beschäftigt, versteht den Lauf der Welt nicht. Und wer sich nicht mit seiner eigenen Geschichte beschäftigt, wird sich selbst auch nie verstehen. Er wird immer wieder die gleichen Fehler machen, immer wieder an die gleichen toten Punkte kommen und immer wieder in die gleichen Fallen hineintappen und fragen: Warum passiert das gerade mir?

Drittens gibt uns die Vergangenheit Erfahrungen und positive Routinen vor, mit denen wir das Leben bewältigen können. Keiner von uns muss das Rad, die Sprache oder die Schrift neu erfinden und jeder von uns, der einen Beruf lernt, eine Medizin braucht oder auch nur eine Reise macht, kann auf den Erfahrungen anderer aufbauen – Gott sei Dank! Auch auf religiösem Gebiet ist Tradition sehr wichtig. Stellen Sie sich vor, es gäbe keine Tradition – das wäre furchtbar! Wir alle würden noch einmal Steine und Hölzer anbeten, bis einer von uns darauf käme, dass Gott die Liebe ist usw.

Der Satz: „Gedenkt nicht an das Frühere und achtet nicht auf das Vorige!" ist also kein Aufruf zu geschichtslosem Denken. Die Möglichkeit, dass wir uns mit der Vergangenheit beschäftigen und auseinandersetzen und auf ihr aufbauen, ist geradezu ein Geschenk Gottes. Auf der anderen Seite gibt es ein Maß an Beschäftigung mit der Vergangenheit, das einfach nicht mehr gesund ist. Die Beschäftigung mit der Vergangenheit soll uns zukunftsfroh und zukunftsfähig machen. Wenn sie hingegen dazu führt, dass wir uns in der Vergangenheit festsetzen, dann brauchen wir jemanden, der uns darin stoppt. Denn die Vergangenheit hat mitunter eine so enorme Sogwirkung, dass wir aus eigener Kraft aus ihrem Bannkreis gar nicht mehr herauskommen.

Die Beschäftigung mit der Vergangenheit kann tödlich sein

Im Folgenden möchte ich einige negative Weisen aufzählen, wie man sich mit der Vergangenheit beschäftigen kann. Sie sind geradezu tödlich, denn sie saugen uns die Lebensenergie aus dem Körper und verhindern, dass wir uns neuen und positiven Lebensmöglichkeiten öffnen.

a. Die Verklärung der Vergangenheit. Wenn man einmal in „Babylon" sitzt und daran nichts ändern kann, fängt man an, die Vergangenheit zu verklären: „Früher war alles viel besser", heißt es dann. – Wer sich einmal auf dieses Spiel einlässt, kommt in Teufels Küche. Er neigt dazu, die Vergangenheit schönzufärben und das Positive zu übersehen, das die Gegenwart mit sich führt. Selbst wenn in der Vergangenheit alles viel besser war (was meist eine Lüge ist), raubt einem der verklärende Blick zurück alle Kraft und alle Motivation.

b. Die Suche nach einem Schuldigen. Wenn irgendetwas schief läuft in unserem Leben, vergraben wir uns gerne in dem Gedanken, dass jemand anderes daran schuld ist. So ein Denken ist zwar sehr verständlich, aber in aller Regel führt es uns auf ein totes Gleis. Schuldzuweisungen, die wir immer wiederkäuen, machen uns krank, selbst wenn sie dem Inhalt nach berechtigt sind. Zum anderen verhindern sie, dass wir unseren Eigenanteil an dem Geschehenen sehen. Statt selbst die Verantwortung für unser Leben zu übernehmen, schieben wir sie an andere ab. Dadurch machen wir uns selbst zum Opfer: „Wem du die Schuld gibst, dem gibst du die Macht." Schließlich zielt die Schuldzuweisung immer auf Dinge, die nicht mehr zu ändern sind. Konstruktives Denken schaut lieber nach vorne und fragt nach dem, was hier und heute zu tun ist.

c. Selbstanklagen und Schuldgefühle. Das ist die Steigerung des eben Gesagten. Ebenso, wie ein Mensch sich verzehren kann in Schuldzuweisungen an andere, kann er sich auch mit Selbstvorwürfen quälen. Nun hält die Bibel viel davon, dass ein Mensch sich mit seiner Schuld auseinandersetzt, aber nie in einem selbstzerstörerischen, sondern immer in einem konstruktiven Sinn: dass wir uns selbst besser erkennen, um Vergebung bitten, dass wir an uns arbeiten und notwendige Korrekturen vornehmen können usw. Vor allem spricht die Bibel über Schuld immer im Horizont der Vergebung Gottes.

d. Der Wunsch, man hätte anders gehandelt. Es ist gut, wenn man Fehler, die man gemacht hat, anschaut, um daraus zu lernen. Aber oft setzt dieses Anschauen der Fehler eine Spirale in Gang: „Ach wäre doch ..., hätte ich doch ..., warum musste ...". Das heißt, statt aus den Fehlern der Vergangenheit Lehren für die Zukunft zu ziehen, wünscht man sich, die Dinge wären anders verlaufen. Das macht ähnlich viel Sinn, wie wenn sich jemand nach einer versiebten Erdkundeprüfung wünscht, dass Paris die Hauptstadt von England wäre.

e. Festhalten an alten Formen. Tradition ist gut, Traditionalismus ist gefährlich. Wir alle kommen immer wieder im Leben in Situationen, in denen wir vor etwas völlig Neuem stehen und die alte Erfahrung nicht mehr ausreicht. Es macht keinen Sinn, auf alten Wegen zu beharren, wenn sich die Umstände völlig gewandelt haben. In solchen Fällen muss man die alten Wege verlassen und etwas Neues riskieren. Wenn wir an den Lösungen von gestern festhalten, werden wir an den Problemen von morgen scheitern.

Gott will Neues schaffen

„Gedenkt nicht an das Frühere!" – das ist kein Satz aus einem Selbsthilfebuch. Der Prophet sagt diesen Satz nicht vom Menschen her, nicht als menschliche Möglichkeit, nicht als kluge Lebensregel, sondern er sagt ihn als Bote Gottes, er sagt ihn von Gott her. Die Frage ist: Wer hat die Macht, uns aus dem Zwinggriff der Verzweiflung herauszuholen, damit wir wieder nach vorne schauen können? Jesaja sagt: Der Gott, der die Welt und uns Menschen geschaffen hat, hat die Macht. Dieser Gott ist noch nicht fertig mit seiner Schöpfung. Er kann und will auch in unserem Leben Neues schaffen. Jesaja bezieht sich hier also auf die Schöpfermacht Gottes. Das ist bemerkenswert. Denn viele Menschen glauben, dass Gott die Welt geschaffen hat wie ein Uhrmacher, der eine Uhr herstellt und aufzieht und sie dann laufen lässt. Anders bei Jesaja. Da sagt Gott: „Siehe, ich will Neues schaffen." Gottes Schöpfung fand nicht nur am Anfang statt. Sie geht weiter. Wie ein Regenguss, der die Wüste zum Blühen bringt, kann Gott unserem verfahrenen Leben eine neue Perspektive geben. Haben Sie schon einmal erlebt, wie sich die Wüste durch Regen verändert? Wo vorher nur Trockenheit war, explodiert auf einmal das Leben. Überall schießt es grün hervor.

„Na und?", sagt der Verzweifelte. „Danach wird's wieder trocken. Es ist ein ewiger Kreislauf, und am Schluss setzt sich die Wüste durch." Klar, wenn Gott die Welt lediglich am Anfang einmal „aufgezogen" und dann in Ruhe gelassen hat, dann wird es nicht mehr, sondern immer weniger, weil die Kraft des Uhrwerks im Lauf der Zeit mehr und mehr nachlässt. Dann würde sich die Wüste letztendlich durchsetzen. Dann hätten wir allen Grund, zurückzuschauen und unsere Vergangenheit zu glorifizieren, allen Grund, Verlorenem nachzutrauern. Unsere Zukunft wäre von unserer Vergangenheit bestimmt. Unser Scheitern und unsere Fehlschläge würden uns ein für allemal festlegen.

Viele glauben das. Aber das ist nicht der Glaube der Bibel. Gott ist nicht abhängig von unserer oder irgendeiner Vergangenheit. Gott ist der souveräne Schöpfer, der dort Wasser und Fruchtbarkeit und Lebensfreude schenkt, wo vorher nur Wüste war. Vielleicht wird das nirgends so schön deutlich wie am Phänomen der Vergebung: „Ich tilge deine Übertretungen um meinetwillen und gedenke deiner Sünden nicht." Wenn Gott einen neuen Anfang mit uns macht, dann ist das eine neue Schöpfung, dann ist das nicht in irgendetwas Altem begründet. Gottes neue Schöpfung ist weder in unserem Wohlverhalten begründet, noch können wir sie durch unser Fehlverhalten aufhalten. Gottes Vergebung basiert allein auf seiner Barmherzigkeit und Treue.

Glauben heißt: nach vorne schauen, wenn die Verzweiflung unseren Blick nach hinten zwingen will. Jesaja ist davon überzeugt: Die Schöpfung liegt nicht hinter uns, sondern vor uns. Gott kommt uns von vorn entgegen. Wir können das nicht herbeiführen, wir können es aber auch nicht verhindern. Unsere Aufgabe ist es, den Blick nach vorne zu richten, nach Anzeichen Ausschau zu halten und Ihm – unserem Gott – vielleicht schon vorher zu danken und ihn zu loben. Und wenn es dann regnet, zu springen und zu tanzen und – wie es hier steht – seinen Ruhm zu verkünden.

Eines der Hauptübel, die im Laufe der Jahrhunderte zunehmen und sich in allen möglichen Formen äußern, ist der Glaube an die Vergangenheit.

Leo N. Tolstoi

» Sind Sie eher ein vergangenheits- oder ein zukunfts-orientierter Mensch?
» Warum ist es gut, sich mit der Vergangenheit ausein-anderzusetzen?
» In welchen Fällen ist die Beschäftigung mit der Ver-gangenheit von Übel?
» Glauben Sie, dass Gott heute noch in unser Leben und unsere Welt eingreift?
» „Gottes neue Schöpfung ist weder in unserem Wohl-verhalten begründet, noch können wir sie durch unser Fehlverhalten aufhalten" – Ist es dann nicht egal, was wir tun?

Die Macht der Vergangenheit
Schreiben Sie in Ihr Gebetstagebuch, wo die Vergangen-heit Sie derart in Griff hält, dass Sie nicht froh und frei in die Zukunft schauen können. Gehen Sie dazu oben im Text noch einmal die fünf Fehlformen der Beschäftigung mit der Vergangenheit durch. Prüfen Sie ehrlichen Her-zens, inwiefern das eine oder andere auch auf Sie zutrifft. Und fragen Sie Gott in jedem einzelnen Fall, was es heißt, dass Er Neues schaffen möchte.

Siehe, ich will ein Neues schaffen, jetzt wächst es auf, er-kennt ihr's denn nicht? Ich mache einen Weg in der Wüste und Wasserströme in der Einöde.

Jesaja 43, 19

CARTOON

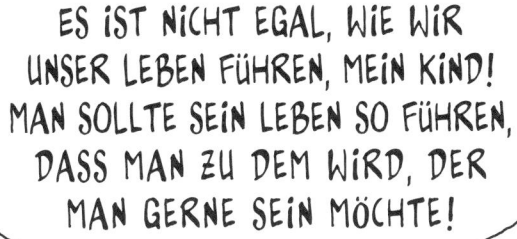

6 „Womit soll ich mich dem HERRN nahen, mich beugen vor dem hohen Gott? Soll ich mich ihm mit Brandopfern nahen und mit einjährigen Kälbern?

7 Wird wohl der HERR Gefallen haben an viel tausend Widdern, an unzähligen Strömen von Öl? Soll ich meinen Erstgeborenen für meine Übertretung geben, meines Leibes Frucht für meine Sünde?"

8 Es ist dir gesagt, Mensch, was gut ist und was der HERR von dir fordert, nämlich Gottes Wort halten und Liebe üben und demütig sein vor deinem Gott.

„Was kann ich Gott bringen,
wenn ich zu ihm komme,
wenn ich mich vor ihm,
dem Herrn des Himmels, verbeuge?

Soll ich ihm Brandopfer
und einjährige Kälber schenken?
Freut er sich über Tausende von Widdern
und Ströme von Öl?
Oder muss ich vielleicht sogar
meinen ältesten Sohn opfern,
mein eigenes Kind,
damit er mir vergibt?"

Mensch! Gott hat dir doch gesagt, was gut ist
und was er von dir erwartet:
Tue, was recht ist,
liebe die Güte
und lebe im Bewusstsein
der Gegenwart Gottes.

Der Prophet Micha wirkte im 8. Jahrhundert vor Christus im Südreich. Er war wahrscheinlich ein einfacher Bauer, der von Gott beauftragt wurde, Gottes Recht gegenüber den Menschen seiner Zeit einzuklagen. Über ihn und sein Schicksal wissen wir wenig. Seine Worte aber – etwa die von den „Schwertern, die zu Pflugscharen geschmiedet werden sollen" (4, 3) oder die Verheißung, dass Bethlehem der Geburtsort des ersehnten Retters sein würde (5, 1) – haben über die Jahrtausende hinweg großen Einfluss gehabt.

Was sollen wir tun?

Die Worte aus Micha 6 kann man nur verstehen, wenn man weiß, wie sehr er die damaligen Verhältnisse kritisiert hat. Er verschont nicht einmal den religiösen Kult, sondern prangert falsche Propheten ebenso an wie äußerliche Gottesdienste. Wenn man das ganze Buch Micha aufmerksam liest, kann man sich dieser Kritik kaum entziehen. Mag sein, dass einen manche Punkte weniger betreffen, dafür andere um so mehr. Und doch geht von der Botschaft des Micha etwas ungeheuer Trostreiches aus, wenn man sie annimmt. Ich würde Ihnen gerne für heute empfehlen, einmal das ganze Buch Micha zu lesen. Es sind nur 7 Kapitel, und dann kennen Sie einen der ganz Großen unter den so genannten „kleinen" Propheten.

Was sind die Kritikpunkte, die Micha benennt? Erstens: Ihr lebt auf Kosten anderer. In der Welt herrscht Not, dass es zum Himmel schreit, aber ihr nehmt eure Verantwortung nicht wahr. Zweitens: Ihr redet von Gott, als wärt ihr unglaublich fromm, aber ihr tretet sein Recht mit Füßen. Ihr feiert äußerlich schöne Gottesdienste, aber tut nicht, was Gott von euch möchte. Drittens: Ihr missbraucht eure Macht und eure Begabungen, um euch selbst Vorteile zu verschaffen. Micha hält den Menschen seiner Zeit ebenso wie uns einen Spiegel vor und sagt: Gott ist nicht zufrieden mit euch! Er ist sogar hochgradig sauer über das, was ihr aus dem euch anvertrauten Leben macht, und wie andere dabei auf der Strecke bleiben!

Anders als Jeremia, der Zeit seines Lebens Ablehnung erfahren musste, hat Micha die Herzen zumindest einiger Zuhörer erreicht. Ihr erschrockenes Fragen nimmt Micha zu Anfang unseres Textes in seine Rede auf: „Was kann ich Gott bringen, wenn ich zu ihm komme, wenn ich mich vor ihm, dem Herrn des Himmels, verbeuge?" Auf gut Deutsch: Was sollen wir tun – wir, die wir den allmächtigen Gott offensichtlich so verärgert haben? Welche Bußleistung wird ihn wohl zufrieden stellen? Welches maßlose Opfer kann meine eigene Maßlosigkeit sühnen?

Micha spielt mehrere Antwortmöglichkeiten durch. „Ich könnte Gott Brandopfer bringen oder Kälber opfern." So hatte es Mose vorgeschrieben. Brandopfer wurden dabei ganz verbrannt, während die Kälber zu einem kultischen Gemeinschaftsmahl zubereitet wurden. Derlei Opfer waren im Großen und Ganzen durchaus erschwinglich. Gerade diese Erschwinglichkeit lässt den Fragesteller zögern, ob ein solches Opfer denn der Größe der eigenen Verfehlung überhaupt gerecht wird. Müsste man Gott nicht eher mehrere Tausend Widder und unzählige Ströme von Öl als Speiseopfer darbringen? Würde das der Größe unserer Schuld nicht viel mehr entsprechen? Das Problem ist nur: Ein Opfer in dieser Höhe wäre vielleicht angemessen, aber so viel kann kein Mensch vor Gott aufbringen. So bliebe nur die dritte Alternative: die Opferung des erstgeborenen Kindes, um die eigene Schuld zu kompensieren. Eine schreckliche Option, die man eigentlich gar nicht denken mag. Ein solches Opfer – das eigene gebrochene Herz – würde der Größe der eigenen Schuld vielleicht gerecht. Aber wem wäre damit gedient? Nein, Opfer bringen es nicht. Aber was sonst sollen wir tun?

Was Gott von uns will

„Mensch! Gott hat dir doch gesagt, was gut ist und was er von dir erwartet: Tue, was recht ist, liebe die Güte und lebe im Bewusstsein der Gegenwart Gottes." Die Antwort, die Micha hier gibt, steht in entschiedenem Widerspruch zu jedem Versuch, den Willen Gottes zu einem Problem zu machen, über das man geistreich diskutieren könnte. Gott will nicht irgendwelche äußeren Handlungen, er will unser ganzes Leben. Gott will kein Opfer, egal welcher Art, er will unser Herz.

Wie das konkret aussieht, Gott sein Herz zu geben, das ist zu allen Zeiten in immer wieder neue Formulierungen gegossen worden. Was „gut" ist und was Gott von uns will, muss immer wieder neu gefragt werden. Antworten, Gebote und Verhaltensregeln, die einem Nomadenvolk vor 3000 Jahren gegeben wurden, eignen sich nicht in jedem Fall für unsere Industriegesellschaft und das Atomzeitalter. 613 Einzelgebote hat Mose formuliert – und doch sind es zehn Gebote, die Geschichte gemacht haben. Die Zehn Gebote sind der Versuch, den Willen Gottes auf den Punkt zu bringen. Bei Micha sind es nur noch drei Gebote. Beim Propheten Hosea heißt es: „Ich habe Lust an der Liebe (spricht Jahwe) und nicht am Opfer." (6, 6). Der Prophet Amos schließlich reduziert alles auf ein Wort, nämlich: „Sucht mich, so werdet ihr leben" (5, 4). Auch Jesus verkündete eine solche Zusammenfassung: „Du sollst den Herrn, deinen Gott lieben von ganzem Herzen, von ganzer Seele und von ganzem Gemüt. Dies ist das höchste und größte Gebot. Das andere aber ist dem gleich: Du sollst deinen Nächsten lieben wie dich selbst" (Lukas 10, 27).

In der Kirchengeschichte hat die von Paulus herkommende Dreiheit von Glaube, Liebe und Hoffnung lange Zeit eine wichtige Rolle gespielt (vgl. 15. Tag unserer Expedition). Und im 20. Jahrhundert schließlich ist ein Satz Dietrich Bonhoeffers aus dem Gefängnis berühmt geworden: „Unser Christsein wird heute nur in zweierlei bestehen: im Beten und im Tun des Gerechten zwischen den Menschen." Jeder der Genannten hat, für seine Zeit und auf seine Art, versucht, die Sache des Glaubens und Handelns auf den Punkt zu bringen. Sie haben das nicht immer wieder neu erfunden. Aber sie haben dieses Eine, Einfältige, Einfache immer wieder neu für ihre Zeit formuliert. Ich wage mich hier nicht an die Aufgabe heran, dieses Gleiche noch einmal neu zu formulieren, sondern will mich darauf beschränken, die rund 2800 Jahre alte Antwort des Micha auszulegen. „Mensch! Gott hat dir doch gesagt, was gut ist und was er von dir erwartet: Tue, was recht ist, liebe die Güte und lebe im Bewusstsein der Gegenwart Gottes." Das sind im Grunde nicht mehrere Gebote, sondern eines. Das Richtige tun, Liebe üben und Gott vertrauen, das ist der dreifache Ausdruck einer einzigen Herzenshaltung. Eins ohne das andere ist unsinnig! Die drei genannten Faktoren bedingen sich gegenseitig. Sie sind eine Einheit.

Der äußere Kreis: Das Richtige tun. Das ist sozusagen die Minimalvoraussetzung des Guten: dass wir Recht üben. Wir sind heute sehr schnell mit der Frage bei der Hand: Was ist schon „Recht" in einer Gesellschaft mit ihren hochdifferenzierten Rechtsansprüchen, die nicht selten gegeneinander stehen? Und doch haben wir gleichzeitig auch ein Gespür dafür, was es heißt, wenn das Recht mit Füßen getreten wird. Das Wichtige am Recht ist: Es ordnet, bewahrt und schützt das Ganze. Das Recht erweitert unseren Horizont, der bei uns in der Regel durch Eigeninteressen, Sympathie und Blutsbande verstellt ist. Beim „Recht tun" geht es weniger um die Erfüllung äußerer Paragrafen; wir sollen tun, was recht ist. Und Recht ist, was unserem Mitmenschen in seinen legitimen Bedürfnissen gerecht wird.

Der innere Kreis: Die Güte lieben. Der Ort der Güte ist das Herz. Hier entsprechen wir nicht nur äußerlichen, festgelegten Pflichten. Die menschliche Gemeinschaft lebt nicht vom bloßen Recht. Güte kann sehr konkret sein, oft aber auch fast schon abstrakt; wie etwa bei der Frage des Umgangs mit unseren Ressourcen im Blick auf unsere noch nicht geborenen Enkel oder in

Hinblick auf die uns fremden, bereits geborenen Kinder in der so genannten Dritten Welt. Gott erwartet von uns, dass wir das uns ausgelieferte Stück Leben der anderen schützen und fördern. Das kann nur bedingt durch äußeres Recht geregelt werden. Kein Mensch hat ein Recht auf unsere Freundlichkeit, Güte und Vergebung. All dies ist nicht einklagbar. Und doch so wichtig. Jede noch so gut gebaute Maschine läuft erst, wenn sie geölt ist. Jedes noch so gute Rechtsgefüge braucht als Öl die zwischenmenschliche Güte.

Die mittlere Achse, um die alles Gute kreist: im Bewusstsein der Gegenwart Gottes leben (wörtlich übersetzt „achtsam wandeln vor Gott"). Das heißt: für Gott bereit sein, hörfähig, aufmerksam, ansprechbar. Bedacht sein, die Dinge und Entscheidungen vor ihm und mit ihm zusammen im Gebet zu überlegen und sich seine Weisung und seine Kritik gefallen zu lassen. Wir sollen unser Leben mit dem, was Gott uns in der Bibel sagt, in Einklang bringen. Wachsamkeit für Gott heißt, in allem, was uns begegnet, seine Spuren suchen und wiederentdecken. Aber dafür müssen wir uns Zeit nehmen. Lässt unser dicht gedrängter Tagesablauf solche Offenheit zu? Eine Möglichkeit ist, dass wir schon morgens an die Menschen denken, denen wir am Tage begegnen werden, und dass wir diese Begegnungen am Abend noch einmal an uns vorüberziehen lassen. Gebet und Fürbitte schärft diese Achtsamkeit; Bibellesen erweitert unseren Horizont auf das hin, was Gott von uns und für uns will.

Recht, Güte und Achtsamkeit für Gott. Erst das Zusammenspiel dieser drei ist der Wille Gottes. Der Einsatz für Gerechtigkeit ohne persönliche Güte ist hohl. Das Bild von Demonstranten, die sich steinewerfend für Frieden und Gerechtigkeit einsetzen, oder von Christen, die mit Psychoterror gegen Abtreibung vorgehen, ist genauso abschreckend wie ein Vater, der nur für seine Familie Gutes tut, dem der Rest der Welt aber egal ist. Das ist nicht christlich. Jeder Mafioso würde das auch so machen. Gerechtigkeit ohne Güte wird zum kalten und abstrakten Ideal. Güte ohne Gerechtigkeit wird zur Weichheit und nicht selten zum schreienden Unrecht. Ich glaube, das rechte Zusammenspiel von Güte und Recht wird tatsächlich erst in der Gegenwart Gottes möglich. Aber: Auch das achtsame Wandeln vor Gott darf nicht für sich allein genommen werden. Eine (vermeintliche) Achtsamkeit für Gott, die sich nicht gleichzeitig in Güte und Recht gegenüber den Menschen äußert, will Gott nicht! Frömmigkeit ohne Herzensgüte und Einsatz für das Recht ist Frömmelei. Es sind nicht drei Gebote, die Micha hier fordert, sondern eins: Gehöre Gott ganz, und zwar im Blick auf ihn, im Blick auf den Nächsten und im Blick auf das Ganze.

Es geht nicht um das, was wir tun oder wie viel wir tun, sondern darum, wie viel Liebe wir in das Tun legen, in die Arbeit, die Gott uns anvertraut hat.

Mutter Teresa

FRAGEN
» Haben Sie schon einmal den Eindruck gehabt, dass Sie in Ihrem Leben eine Schuld auf sich geladen haben, die Sie unbedingt kompensieren müssen?
» Wie nahe oder wie fern ist Ihnen der Gedanke, Gott Opfer zu bringen?
» Versuchen Sie, einmal selber zu formulieren, was gut ist: in höchstens 30 Worten.
» Was passiert, wenn wir Recht, Güte und Achtsamkeit für Gott auseinander reißen?
» Gott möchte unser Herz. Was müsste passieren, damit Sie ihm Ihres geben?

ANREGUNG ZUM GEBET
Recht, Güte und Achtsamkeit für Gott
Erstens: Schreiben Sie auf, wann und wo Sie gegen geltendes Recht verstoßen haben. Zweitens: Wo haben Sie es an der Güte fehlen lassen, als Menschen Sie brauchten? Und schließlich: Wie achtsam leben Sie vor Gott? Schreiben Sie alles ganz ehrlich in Form eines Gebetes auf. Sinn dieser Übung ist nicht, dass Sie etwas an alledem ändern (das werden Sie später vielleicht freiwillig und nicht aus schlechtem Gewissen heraus machen), sondern dass Sie etwas an sich erkennen und lernen, mit Gott ehrlich zu sprechen.

MERKVERS
Es ist dir gesagt, Mensch, was gut ist und was Gott von dir fordert, nämlich Gottes Wort halten und Liebe üben und demütig (wörtlich: achtsam) sein vor deinem Gott.

Micha 6, 8

WOHLFÜHLINSPIRATION

„Komm, lass uns einen Tee zusammen trinken!" – „Komm, ich lade dich auf ein Bier ein!" – „Komm, ich lese dir ein Buch vor!" – „Komm, wir gucken uns zusammen den Sonnenuntergang an!" – „Komm, ich koche was für dich!" – Komm, wir spielen was!" – „Komm, wir reden mal!" – „Komm, wir kuscheln …"

Heute geht es darum, das Richtige zu tun. Darum: Gehen Sie doch heute mal mit einem dieser Sätze, oder einem ähnlichen, zu einer Person, die Sie mögen. Jemandem aus Ihrem unmittelbaren Umfeld: Ihrer Familie! Und wenn Sie keine Familie in der Nähe haben, dann gehen Sie zu einer anderen Person aus Ihrem Beziehungskreis – zu jemandem, von dem Sie wissen, dass er oder sie sich darüber freut. Und dann genießen Sie Ihr Miteinander – ein göttliches Geschenk!

4 Denn so spricht der HERR zum Hause Israel: Suchet mich, so werdet ihr leben.

5 Suchet nicht Bethel und kommt nicht nach Gilgal und geht nicht nach Beerscheba; denn Gilgal wird gefangen weggeführt werden, und Bethel wird zunichte werden.

21 Ich bin euren Feiertagen gram und verachte sie und mag eure Versammlungen nicht riechen.

22 Und wenn ihr mir auch Brandopfer und Speisopfer opfert, so habe ich kein Gefallen daran und mag auch eure fetten Dankopfer nicht ansehen.

23 Tu weg von mir das Geplärr deiner Lieder; denn ich mag dein Harfenspiel nicht hören!

24 Es ströme aber das Recht wie Wasser und die Gerechtigkeit wie ein nie versiegender Bach.

Das sagt Gott
den Menschen von Israel:
„Sucht nach mir,
denn dann werdet ihr das Leben finden.
Sucht aber nicht in Beth-El,
denn dieser Ort wird völlig zerstört,
sucht nicht in Gilgal,
denn es wird deportiert werden,
und sucht auch nicht in Beerscheba.

Ich finde eure Gottesdienste schrecklich,
ja, ich verachte sie sogar,
und eure Feiern stinken zum Himmel.
Ihr zelebriert eure Opferfeste zwar fleißig
und bedankt euch bei mir
aus eurem Überfluss,
aber das gefällt mir alles überhaupt nicht.
Hört auf, mich mit dem Geplärr
eurer Lieder zu stören,
weil ich euer Harfenspiel
einfach nicht mehr hören mag.

Ich wünsche mir nur eines:
Dass das, was Recht ist,
wie Wasser in die Welt strömt,
und dass die Gerechtigkeit
wie ein nie versiegender Fluss
das Land erfüllt.

Amos war Viehhirte und Feigenzüchter von Beruf. Er lebte im 8. Jahrhundert vor Christus im Südreich Juda, das sich von den anderen Stämmen Israels abgespalten hatte. Seither herrschte ein äußerst gespanntes Verhältnis zwischen den beiden Staaten. Das Nordreich Israel erlebte gerade eine große Blütezeit, als Gott Amos aufforderte, dorthin zu gehen. Die Predigt des Propheten traf die Israeliten wie ein Blitz aus heiterem Himmel. Amos prangerte den inneren Verfall Israels an, den die glänzende Fassade nicht verbergen konnte. Auf religiösem, sittlichem und sozialem Gebiet herrschten schlimmste Missstände. Amos hatte also für die Menschen im Nordreich eine ähnliche Botschaft wie Micha für das Südreich. Seine Worte fanden allerdings weit weniger Gehör. Man warf ihm zum einen seine mangelnde Ausbildung vor, zum anderen spielten ethnische Ressentiments eine Rolle: ein echter Bote Gottes konnte in den Augen der Israeliten schlecht aus dem abtrünnigen Juda kommen.

Gottesdienst als Alibi

Der Philosoph Georg Christoph Lichtenberg schrieb einmal: „Das Wort Gottesdienst sollte verlegt und nicht vom Kirchengehen, sondern bloß von guten Handlungen gebraucht werden." Für diese Aussage würde er heute viel Applaus bekommen. Und der Bibeltext, den Sie eben gelesen haben, erscheint auf den ersten Augenblick wie Wasser auf die Mühlen einer solchen Haltung. Doch wir könnten die Worte des Amos nicht grundlegender missverstehen, als wenn wir aus ihnen herauslesen wollten, es sei nicht so wichtig, den Gottesdienst zu besuchen, vielmehr käme alles darauf an, ein anständiger Mensch zu sein. Diese Alternative ist ganz und gar falsch.

Die Kritik des Amos bezieht sich weder auf das gottesdienstliche Geschehen als solches, noch auf die Tatsache, dass die, die diesen Gottesdienst besuchen Sünder sind. Letzteres ist vielmehr unvermeidbar, denn wir alle sind Sünder, ob wir in die Kirche gehen oder nicht. Die Tatsache, dass wir Sünder sind, sollte uns nicht vom Gottesdienst abhalten. Vielmehr könnte der Gottesdienst ein Ort sein, wo wir mitsamt unserer Sünde verwandelt werden, wenn wir eine dreifache Bereitschaft mitbringen, nämlich 1. uns diese Sünde von Gott zeigen zu lassen, 2. diese Sünde zu bereuen und 3. uns von der Liebe Gottes verwandeln zu lassen.

Nicht den Gottesdienst an sich prangert Amos an, sondern den Gottesdienst als Alibi für eine in den Augen Gottes verkehrte Lebensführung. Freilich sollten wir nicht den umgekehrten Fehler machen und unsere vermeintlich rechte Lebensführung als Alibi dafür benutzen, nicht in den Gottesdienst zu gehen. Der Gottesdienst ist ein wesentliches Element des christlichen Lebens. Amos reißt keinen Gegensatz zwischen Gottesdienst und Lebensführung auf, sondern verweist gerade darauf, wie stark beides zusammengehört. „Hört auf, mich mit dem Geplärr eurer Lieder zu stören", sagt Jahwe. Denn dieselben Hände, die sich zum frommen Gebet erheben oder falten, haben zuvor geschlagen, gewürgt, zerstört und gestohlen. An die Stelle der Nachfolge ist die feierliche Zeremonie getreten und das inbrünstige Gefühl an die Stelle des Gehorsams.

Der Gottesdienst am Sonntag steht dem „gottesdienstlichen Alltag" zweifellos als etwas Besonderes gegenüber. Aber er darf nicht davon isoliert sein. Ein Gottesdienst ist seinem ursprünglichen Sinn nach Quelle, Urbild und Krönung unseres Alltagsgottesdienstes. Hier laufen alle Fäden zusammen, hier bringen wir Gott die Siege und Niederlagen der vergangenen Tage und bekommen neue Kraft und Inspiration für das Kommende. Der Sonntagsgottesdienst kann und darf den Alltagsgottesdienst darum ebenso wenig ersetzen wie umgekehrt. Sie ergänzen sich, sind aufeinander angewiesen, brauchen und verstärken sich gegenseitig. Ein Christsein ohne Gottesdienst ist genauso wenig denkbar wie ein Christsein, das sich auf den Gottesdienstbesuch beschränkt. Weil dem so ist, stehen wir ständig vor zwei Herausforderungen: zum einen, den Gottesdienst ins Leben zu bringen und zum anderen, das Leben in den Gottesdienst zu bringen. Das eine ist eine Herausforderung an den Einzelnen, das andere eine Herausforderung an die Kirche als Ganzes.

Die Herausforderung an den Einzelnen: Gottesdienstliches Leben

Gottesdienst will nicht nur gefeiert, sondern auch gelebt werden. Wenn das, was im Gottesdienst passiert, also Gotteslob, Fürbitte, Schriftlesung usw., lediglich zur heiligen Zeit am heiligen Ort stattfindet und nicht zu unserem Lebensstil wird, ist der Sonntagsgottesdienst nichts weiter als ein fromm getarnter Weg, dem Willen Gottes auszuweichen. Beispielsweise wird ein Sündenbekenntnis im Gottesdienst immer etwas Aufgesetztes, Unechtes an sich haben, wenn die Gottesdienstteilnehmer nicht auch darüber hinaus gewohnt sind, Gott ihre Sünden zu bekennen. Das Abendmahl kann noch so viel Gemeinschaft proklamieren – wenn diese Gemeinschaft nicht auch unter der Woche Realität im Leben der Gottesdienstteilnehmer ist, wird sich die Feier wie ein Fremdkörper anfühlen. Und jemand, der seinen Glauben im Alltag nicht bekennt, wird auch das Glaubensbekenntnis im Gottesdienst in aller Regel ziemlich gedanken- und seelenlos herunterrattern. Was nicht im Alltag lebt, lebt auch nicht im Gottesdienst. Darum ist es eine wesentliche geistliche Aufgabe für den Christen, das, was am Sonntag passiert, in seinen Alltag zu integrieren. Denken wir das für einige Elemente des Gottesdienstes kurz an:

a. Gottesdienst ist in vielerlei Hinsicht *Gebet und Anbetung*. Zum einen stellt sich der Mensch unter Gott und sein Wort. Er bekennt, dass er nicht so ist, wie er sein sollte, und bittet Gott darum, in seine Lebenssituation hineinzukommen bzw. ihm zu helfen. In alledem wird deutlich, wie sehr Sonntag und Alltag zusammengehören und dass sie sich nicht voneinander isolieren lassen. Die zweite Art von Gebet möchte ich Anbetung nennen, viele sagen heute auch „Lobpreis" dazu. Lobpreis ist nichts, was man hier und dort mal „macht" oder nur am Sonntagmorgen praktiziert, sondern ist letzten Endes ein Lebensstil, in dem es darum geht, seiner Freude an Gott Ausdruck zu verleihen, indem man ihn lobt und preist. Das ist etwas, was uns auch von Montag bis Samstag umtreiben sollte. Die dritte Form des gottesdienstlichen Gebetes schließlich ist die Fürbitte. Fürbitte heißt: mit Gott über andere Menschen reden und ihn in deren Situation hineinbitten. Fürbitte ergänzt in vielen Fällen die eigene helfende Tat, reicht aber weit darüber hinaus, denn wir können uns nicht in jeder schwierigen Situation engagieren.

b. Gottesdienst ist aber nicht nur ein Reden des Menschen mit Gott, sondern in mindestens gleichem Maße ein *Reden Gottes mit den Menschen*. Das heißt, im Gottesdienst hören wir in vielerlei Hinsicht das Wort Gottes. Von der Liturgie über die Lesungen bis hin zur Predigt. Manchmal scheint es mir fast schon zu viel des Guten, wie viele Bibeltexte in einem Gottesdienst vorgelesen werden. Ich wünschte mir, wir würden diese Textfülle lieber unterhalb der Woche verteilen. Jesus sagt: „Der Mensch lebt nicht vom Brot allein, sondern von einem jeden Wort, das aus dem Mund Gottes geht" (Matthäus 4, 4). Nehmen wir das eigentlich ernst? – Können Sie sich vorstellen, dass Sie nur einmal in der Woche essen? Wenn Sie eine solche Diät überleben, dann nur gerade so. Aber ein gesundes, kraftvolles, energiegeladenes Leben werden Sie so nicht führen können. Ähnlich, wie wir in der Predigt nach einem tieferen Verständnis dieser Texte suchen, sollten wir uns auch unter der Woche um ein vertieftes Verständnis der Heiligen Schrift bemühen, etwa indem wir einen Hauskreis besuchen, in dem wir solche Fragen besprechen können, Seminare besuchen oder ein gutes christliches Buch lesen.

c. Der dritte Aspekt des Gottesdienstes ist die *Gemeinschaft*. Die fängt an bei gemeinsam gesungenen Liedern, geht über gemeinsam gesprochene Gebete – immerhin heißt das Hauptgebet der Christenheit „Vater unser" und nicht „Vater mein" – bis hin zur Feier des heiligen Abendmahles. Mir ist schleierhaft, wieso diese im Gottesdienst so feierlich proklamierte Gemeinschaft in vielen Gemeinden oft schon direkt nach dem Schlusssegen aufhört. In allen lebendigen Gemeinden, die ich kenne, bleibt ein großer Teil der Gemeinde nach dem Gottesdienst zusammen. Ich behaupte: Eine Gemeinschaft, die mir zwischen zwei Gottesdiensten unwichtig ist, ist mir auch während des Gottesdienstes egal, selbst dann, wenn ich mit frommen Worten und Liedern scheinbar das Gegenteil demonstriere.

Die Herausforderung an die Kirche: Lebendige Gottesdienste

Diesen Teil halte ich kürzer, weil Sie als Leser/in darauf weniger Einfluss haben als auf Ihr eigenes Verhalten. Ich bin allerdings der Meinung, dass Sie sich nicht jeden Gottesdienst gefallen lassen müssen. In unserer mobilen Gesellschaft können Sie in aller Regel zwischen mehreren Gottesdienstangeboten wählen. Wenn es um die Lebendigkeit des Gottesdienstes geht, halte ich die Frage der Konfession für eher zweitrangig. An dieser Stelle seien Sie ruhig etwas „egoistisch". Sie werden es nur schwer schaffen, ein gottesdienstliches Leben zu führen, wenn Sie keine Gemeinde finden, die sich um lebendige Gottesdienste wenigstens bemüht. Allerdings gibt es die unterschiedlichsten Vorstellungen darüber, was ein „lebendiger Gottesdienst" ist. Lassen Sie mich darum meine Kriterien dafür nennen:

Ein lebendiger Gottesdienst zeichnet sich 1. durch *Lebensnähe* aus. Das heißt, in ihm wird die Sprache gesprochen, die die Menschen auch sonst sprechen. In den Predigten werden Fragen und Themen besprochen, die uns heute wirklich bewegen und nicht irgendwelche theologischen Spezialthemen, die keinen Menschen interessieren und auch niemanden wirklich weiterbringen. In einem lebendigen Gottesdienst müht man sich um eine Modernisierung der Musik, um ihn für die weit überwiegende Mehrzahl der Menschen unserer Gesellschaft zu öffnen, die mit klassischer Kirchenmusik nichts anfangen können. Unverständliche liturgische Elemente werden entweder erklärt, modifiziert, durch etwas Verstehbares ersetzt oder gestrichen.

Lebendige Gottesdienste strahlen 2. *Lebensfreude* aus. Dazu gehört eine gewisse Leichtigkeit. In vielen Gottesdiensten ist an die Stelle der Feier der Liebe Gottes eine äußerliche Feierlichkeit getreten. Doch wo steht geschrieben, dass ein Gottesdienst schwer, förmlich und steif sein muss? Im Gottesdienst geht es doch wesentlich darum, dass wir unserer Freude an Gott Ausdruck verleihen! Befreites Lachen und strahlende Gesichter sind dem Evangelium sehr viel angemessener als jene pflichtfrommen Mienen, die wir in unseren Gottesdiensten aufzusetzen pflegen, in der irrigen Meinung, Gott wollte das so. Es mag an besonderen Tagen der Trauer oder Buße Ausnahmen geben, aber ein Gottesdienst, in dem nicht auch von Herzen gelacht wird, widerspricht dem Wesen des Evangeliums. Ein lebensfroher Gottesdienst ist gekennzeichnet durch Kreativität, Kunst und Sinnlichkeit. Der schwarze Talar wird durch einen weißen ersetzt und das mausgraue Kostüm durch ein buntes, farbenfrohes. Zur Lebensfreude gehört auch, dass einem im Gottesdienst nicht ständig ein schlechtes Gewissen eingetrichtert wird. Schließlich geht es um eine Frohbotschaft („Evangelium"), nicht um eine Drohbotschaft!

Ein lebendiger Gottesdienst befähigt schließlich 3. zur *Lebenstüchtigkeit*. Es gibt viele Formen der Religion und des Christentums, die Menschen klein halten, abhängig machen, sie verdummen oder unmündig halten. Ein lebendiger Gottesdienst bewirkt das Gegenteil. Er richtet Menschen auf, bindet sie an Gott und macht sie so unabhängig von anderen Menschen (sowohl innerhalb wie außerhalb der Kirche), er klärt in gutem Sinne auf, damit die Gottesdienstteilnehmer zu einem mündigen, verantworteten Glauben durchbrechen. Und er gibt ihnen Werkzeuge an die Hand, die ihnen helfen, ihren Alltag besser zu bewältigen und ihren Glauben, ihre Hoffnung und ihre Liebe mit anderen zu teilen.

Lebendige Gottesdienste zeichnen sich durch Lebensnähe, Lebensfreude und Lebenstüchtigkeit aus. Wenn Ihr Gottesdienst diese Kriterien nicht erfüllt, ändern Sie etwas daran (wenn Sie die Möglichkeit haben) oder suchen Sie sich einen anderen. Es geht um Ihr geistliches Überleben!

Was nicht im Alltag lebt, lebt auch nicht im Gottesdienst.

» Was ist Ihnen persönlich wichtiger: der Gottesdienst oder eine christliche Lebensführung?

» Wieso sind Sonntagsgottesdienst und Alltagsgottesdienst aufeinander angewiesen?

» Inwieweit ist Ihr Leben „gottesdienstlich" im Hinblick auf Gebet, Gottes Wort und Gemeinschaft?

» Hält der Gottesdienst Ihrer Gemeinde den genannten Kriterien stand: Lebensnähe, Lebensfreude, Lebenstüchtigkeit?

» Was halten Sie von dem Vorschlag, den Gottesdienst, der diese Kriterien nicht authentisch anstrebt, notfalls zu verlassen und sich eine andere Gemeinde zu suchen?

Wahrer und falscher Gottesdienst

Lassen Sie den vergangenen Tag noch einmal Revue passieren und betrachten Sie ihn unter dem Gesichtspunkt, was an diesem Tag „gottesdienstlich" war. Dann überlegen Sie bitte, wie Sie den Tag, der vor Ihnen liegt, gottesdienstlicher gestalten können. Nehmen Sie sich hierzu zwei oder drei Dinge vor, die Sie unter diesem Gesichtspunkt bewusst anders machen wollen, als Sie es sonst getan hätten.

Weil Gott so viel Erbarmen mit euch gehabt hat, bitte und ermahne ich euch: Stellt euer ganzes Leben Gott zur Verfügung! Bringt euch Gott als lebendiges Opfer dar, ein Opfer völliger Hingabe, an dem er Freude hat. Das ist für euch der »vernunftgemäße« Gottesdienst.

Römer 12, 1 (Gute Nachricht-Übersetzung)

MKV 2006

Dieser Tag ist zum Durchatmen, Feiern oder Ausruhen gedacht. Wenn Sie auf den täglichen Bibeltext nicht verzichten möchten, empfehlen wir als Lektüre das 12. Kapitel des Römerbriefes, der hier aber nicht weiter ausgelegt wird.

BRIEF DES PAULUS AN DIE GEMEINDE IN ROM 12

1 Ich ermahne euch nun, liebe Brüder, durch die Barmherzigkeit Gottes, dass ihr eure Leiber hingebt als ein Opfer, das lebendig, heilig und Gott wohlgefällig ist. Das sei euer vernünftiger Gottesdienst.

2 Und stellt euch nicht dieser Welt gleich, sondern ändert euch durch Erneuerung eures Sinnes, damit ihr prüfen könnt, was Gottes Wille ist, nämlich das Gute und Wohlgefällige und Vollkommene.

3 Denn ich sage durch die Gnade, die mir gegeben ist, jedem unter euch, dass niemand mehr von sich halte, als sich's gebührt zu halten, sondern dass er maßvoll von sich halte, ein jeder, wie Gott das Maß des Glaubens ausgeteilt hat.

4 Denn wie wir an einem Leib viele Glieder haben, aber nicht alle Glieder dieselbe Aufgabe haben,

5 so sind wir viele ein Leib in Christus, aber untereinander ist einer des andern Glied,

6 und haben verschiedene Gaben nach der Gnade, die uns gegeben ist. Ist jemand prophetische Rede gegeben, so übe er sie dem Glauben gemäß.

Liebe Geschwister!
Gott ist unendlich liebevoll zu uns.
Darum ermutige ich euch:
Schenkt ihm euer ganzes Leben!
Seid so begeistert und voller Hingabe,
dass es Gott gefällt!
Denn das ist wirklich Gottesdienst.

Passt euch nicht einfach der Welt an,
sondern seid bereit,
euch zu entwickeln und zu verändern,
damit ihr jeweils prüfen könnt,
was nach Gottes Maßstäben
gut und richtig ist.

Weil ich Gottes Gnade erfahren habe,
lege ich jedem von euch ans Herz:
Niemand sollte sich
für etwas Besseres halten,
weil sich das nicht gehört.
Seid bescheiden!
Gott hat jedem Menschen dazu
die richtige Glaubenstärke geschenkt.

Letztlich ist es wie bei einem Körper:
Es gibt viele Körperteile,
aber nicht alle haben die gleiche Funktion.
Gemeinsam bilden wir den Leib Christi
und sind dabei aufeinander angewiesen,
weil Gott uns in seiner Gnade
ganz unterschiedliche Begabungen gibt:

7 Ist jemand ein Amt gegeben, so diene er. Ist jemand Lehre gegeben, so lehre er.

8 Ist jemand Ermahnung gegeben, so ermahne er. Gibt jemand, so gebe er mit lauterem Sinn. Steht jemand der Gemeinde vor, so sei er sorgfältig. Übt jemand Barmherzigkeit, so tue er's gern.

9 Die Liebe sei ohne Falsch. Hasst das Böse, hängt dem Guten an.

10 Die brüderliche Liebe untereinander sei herzlich. Einer komme dem andern mit Ehrerbietung zuvor.

11 Seid nicht träge in dem, was ihr tun sollt. Seid brennend im Geist. Dient dem Herrn.

12 Seid fröhlich in Hoffnung, geduldig in Trübsal, beharrlich im Gebet.

13 Nehmt euch der Nöte der Heiligen an. Übt Gastfreundschaft.

14 Segnet, die euch verfolgen; segnet, und flucht nicht.

15 Freut euch mit den Fröhlichen und weint mit den Weinenden.

16 Seid eines Sinnes untereinander. Trachtet nicht nach hohen Dingen, sondern haltet euch herunter zu den geringen. Haltet euch nicht selbst für klug.

17 Vergeltet niemandem Böses mit Bösem. Seid auf Gutes bedacht gegenüber jedermann.

18 Ist's möglich, soviel an euch liegt, so habt mit allen Menschen Frieden.

Wenn jemand Gottes Willen erkennen kann,
dann soll er das den Geboten
entsprechend tun.
Wenn jemand eine Aufgabe
in der Gemeinde übernimmt,
dann soll er damit allen dienen.
Wenn jemand predigen kann,
dann soll er predigen.
Wenn jemand andere ermahnen kann,
dann soll er das auch dürfen.
Wenn jemand andere unterstützt,
dann soll er dabei nicht eigennützig sein.
Wenn jemand eine Gemeinde leitet,
dann soll er mit Begeisterung
bei der Sache sein.
Wenn jemand sich um die Armen kümmert,
soll er das gerne machen.

In all dem, was ihr aus Liebe tut,
darf keine Heuchelei sein.
Ihr solltet das Böse verabscheuen
und das Gute anstreben.
Euer Miteinander
soll von Herzlichkeit geprägt sein:
Behandelt einander mit Achtung.
Macht das, was ihr tut, nicht lustlos,
sondern seid leidenschaftlich,
schließlich geht es um die Sache Gottes.
Lebt fröhlich und voller Hoffnung,
ertragt die Herausforderungen geduldig
und vergesst nie,
mit Gott im Gespräch zu bleiben.
Sorgt euch um die Nöte in der Gemeinde
und seid gastfreundlich.
Segnet die Menschen, die euch Böses wollen,
ja, segnet sie und verflucht sie nicht.
Freut euch mit denen, die sich freuen,
und weint mit denen, die traurig sind.

Zieht an einem Strang.
Strebt nicht nach äußeren Erfolgen
und werdet auf keinen Fall

19 Rächt euch nicht selbst, meine Lieben, sondern gebt Raum dem Zorn Gottes; denn es steht geschrieben: „Die Rache ist mein; ich will vergelten, spricht der Herr."

20 Vielmehr, „wenn deinen Feind hungert, gib ihm zu essen; dürstet ihn, gib ihm zu trinken. Wenn du das tust, so wirst du feurige Kohlen auf sein Haupt sammeln".

21 Lass dich nicht vom Bösen überwinden, sondern überwinde das Böse mit Gutem.

hochmütig; bleibt demütig.
Wenn man euch Unrecht tut,
zahlt es nicht mit gleicher Münze heim.
Versucht, von allen nur das Beste zu denken,
und – soweit das eben möglich ist –
mit allen Menschen in Frieden zu leben.
Ihr müsst in dieser Welt
keine Gerechtigkeit erzwingen,
überlasst die Rache lieber dem Zorn Gottes,
schließlich heißt es bei Mose:
„,Ich bin der Richter', sagt Gott.
,Ich kümmere mich um die Vergeltung.'"

Das heißt konkret:
„Wenn dein Feind Hunger hat,
dann gib ihm etwas zu essen,
und wenn er Durst hat,
gib ihm etwas zu trinken.
Und wenn du das tust, wird er sich fühlen,
als hätte er glühende Kohlen auf
dem Kopf." (Sprüche)
Lass niemals zu,
dass das Böse Macht über dich bekommt,
sondern überwinde es mit Hilfe des Guten.

Woche 4 / **Jesus**

Wie bekomme ich eine Beziehung zu Gott?

Tag 21 / **Das Mensch gewordene Wort Gottes**

ÜBERBLICK

Wie man sich anständig benimmt, das haben die Menschen, die aus dem Exil zurück nach Jerusalem kommen, im Prinzip schon kapiert. Aber sie machen eine seltsame Erfahrung: Selbst das verantwortungsvollste Handeln hilft nicht wirklich, Gott näher zu kommen. Es bleibt für das Miteinander der Gemeinschaft und für die Gesundheit der eigenen Seele unendlich wichtig, wenn es aber um das Gelingen einer Beziehung zum Schöpfer geht, dann ist es allein mit gutem Willen nicht getan.

Zudem hatte sich bedauerlicherweise gezeigt, dass es eigentlich niemanden gibt, der den hochgesteckten Idealen Gottes auf Dauer genügen könnte. Und so wächst über Jahrhunderte die Idee, der anspruchsvolle Schöpfer könne doch bitte mal wieder – wie in alten Zeiten – einen Retter schicken; und zwar diesmal einen, der als Messias, das heißt: als „von Gott gesandter und gesalbter Erlöser", die leidigen Probleme zwischen Gott und den Menschen ein für alle Mal löst.

Das Verrückte ist: Gott tut es. In einer Form, die es so in der Geschichte und den Geschichten der Menschheit noch nie gegeben hat: Er wird selbst Mensch. Er kommt als Kind auf die Welt, macht sich also persönlich auf, um die schmerzvolle Beziehungskiste endlich in Ordnung zu bringen. Der Gott, der scheinbar in einer überirdischen Dimension thront, lebt plötzlich angreifbar auf der Erde, um zu zeigen: „Ich bin euch ganz nah."

In Gestalt seines Sohnes Jesus Christus wirft Gott dann gleich auch das gesamte bisherige religiöse Denken über den Haufen: Es geht beim Glauben nicht darum, Gott gnädig zu stimmen – Gott ist gnädig. Es geht nicht darum, sich die Liebe Gottes zu verdienen – Gott liebt doch schon grenzenlos. Und die Sache mit der ewigen Untreue, dem egoistischen Dickschädel, der Selbstbezogenheit und der unausrottbaren Fehlerhaftigkeit der Menschen kann auch nur einer richten: Gott selbst. Also lebt er vor, wie das Erdendasein eigentlich aussehen sollte: liebevoll, freundlich, auf Gerechtigkeit bedacht, uneitel, existentiell und dabei immer auf Gott bezogen – so, als könnte man lernen, die

Welt mit Gottes Augen zu sehen und dadurch tatsächlich ein neuer Mensch werden.

Wer dieser Jesus eigentlich ist, lässt sich nur schwer beschreiben. Als Prediger ist er uns am 7. Tag begegnet, als Herr über die Dämonen am 14. Tag. Jetzt lernen wir ihn noch aus ganz anderen Perspektiven kennen: als Wort, Rabbi, Arzt, Seelsorger, Lehrer des Gebets, Gekreuzigten und Auferstandenen. Wahrscheinlich fehlen noch viele weitere Kategorien, aber wir haben eben nur eine Woche Zeit.

Wichtig ist: Jesus lebt nicht nur beispielhaft, er stirbt auch so. Er nimmt einen äußerst schmerzvollen Tod auf sich und sagt damit: „Eigentlich habt *ihr* es verdient, hier am Kreuz zu hängen – so, wie ihr lebt. So weit weg von Gott. Aber weil Gott nicht strafen, sondern heilen will, nehme ich stellvertretend die Schuld auf mich – obwohl ich gar nichts Schlechtes getan habe. Nein, gerade deswegen. Versteht ihr, was das heißt? Ihr braucht von jetzt an keine Angst mehr vor einer Strafe oder dem eigenen Ungenügen zu haben und könnt ganz unbeschwert mit dem Allmächtigen in Kontakt kommen." So ebnet Gott in der Gestalt Jesu selbst den Weg zu sich – und beseitigt nebenbei noch die letzte Einschränkung aus paradiesischen Zeiten: Er überwindet den Tod und steht wieder auf.

Wie also bekomme ich eine Beziehung zu Gott? Ganz einfach: Indem ich eingestehe, dass ich diese Beziehung nicht aus eigener Kraft gestalten, sondern mir nur schenken lassen kann. Und indem ich mir diesen Jesus genau betrachte, in dessen Person das Wesen Gottes endlich in einer für alle Menschen erkennbaren Weise sichtbar wird. Je mehr ich von Jesus verstehe, desto mehr verstehe ich von Gott. Und je mehr ich mit diesem Jesus in Kontakt komme, desto stärker wird auch die Beziehung zu Gott. Jesus ist die Brücke zwischen dem Menschlichen und dem Göttlichen. Wenn ich seiner Einladung „Komm und sieh" folge, wird er mich zu Gott führen. Was das konkret bedeutet, wollen wir diese Woche herausfinden.

Dabei helfen natürlich vor allem die vielen Erzählungen aus dem Leben Jesu, die von den vier sogenannten „Evangelisten" des Neuen Testaments (Markus, Matthäus, Lukas und Johannes) aufgeschrieben wurden. Jeder dieser Autoren erzählt die Biographie Jesu aus einem anderen Blickwinkel und mit einer individuellen Absicht. In einem aber sind sie sich einig: Jesus Christus ist das Heil der Welt.

JOHANNESEVANGELIUM 1

1 Im Anfang war das Wort, und das Wort war bei Gott, und Gott war das Wort.

2 Dasselbe war im Anfang bei Gott.

3 Alle Dinge sind durch dasselbe gemacht, und ohne dasselbe ist nichts gemacht, was gemacht ist.

4 In ihm war das Leben, und das Leben war das Licht der Menschen.

5 Und das Licht scheint in der Finsternis, und die Finsternis hat's nicht ergriffen.

10 Er war in der Welt, und die Welt ist durch ihn gemacht; aber die Welt erkannte ihn nicht.

11 Er kam in sein Eigentum; und die Seinen nahmen ihn nicht auf.

12 Wie viele ihn aber aufnahmen, denen gab er Macht, Gottes Kinder zu werden, denen, die an seinen Namen glauben,

14 Und das Wort ward Fleisch und wohnte unter uns, und wir sahen seine Herrlichkeit, eine Herrlichkeit als des eingeborenen Sohnes vom Vater, voller Gnade und Wahrheit.

16 Und von seiner Fülle haben wir alle genommen Gnade um Gnade.

Am Anfang war das Wort*.
Und das Wort war bei Gott,
weil Gott selbst das Wort war.
So gehört das Wort von Anfang an zu Gott.
Alles ist durch das Wort entstanden,
und nichts, was existiert,
existiert ohne das Wort.

Im Wort kam das Leben selbst zu uns –
das Leben, das zum Licht der Menschen wurde,
zu einem Licht, das die Finsternis erhellt,
und von der Finsternis
nicht überwunden werden konnte.

Jesus, das Wort, kam auf die Welt,
die Welt, die er selbst geschaffen hat,
aber die Welt erkannte ihn nicht.
Er kam in seine eigene Schöpfung,
und seine Geschöpfe
wollten ihn nicht aufnehmen.
Doch allen, die ihn aufnahmen,
schenkte er das Recht,
Kinder Gottes zu werden –
allen, die an ihn glaubten.

Das Wort wurde zu einem Menschen
und lebte mitten unter uns.
Wir konnten seine Herrlichkeit sehen,
die Herrlichkeit, die der Vater
seinem einzigen Sohn gegeben hat,
all seine Gnade und Wahrhaftigkeit.
Und aus dieser Fülle sind wir alle mit
unendlich viel Güte beschenkt worden.

---

* Bei Gott sind Reden, Handeln und Sein eins. Darum umfasst der griechische Begriff „Logos", der hier im Original steht, das Phänomen „Leben" und „Existenz" im weitesten Sinn.

Was Sie eben gelesen haben ist die Einführung zum Johannesevangelium und damit in gewisser Weise die „Weihnachtsgeschichte" nach Johannes. Der Autor schreibt diese Worte für Gemeinden, die sich stark mit der griechischen Philosophie beschäftigten. Wahrscheinlich hat er lange darüber nachgedacht, wie er diesen Menschen das Geheimnis der Geburt Jesu klar machen soll. Er suchte eine Sprache, die die Griechen verstanden, die aber auch von den Juden akzeptiert wurde, die nach wie vor einen großen Teil der damaligen Gemeinden bildeten. Er verfiel dabei genialerweise auf den Begriff des „Wortes".

Das „Wort"

Das Wort – im Hebräischen „Dawar" – ist im Alten Testament der Inbegriff der Wirkungsmacht Gottes. Schon auf der ersten Seite der Bibel können wir immer wieder lesen: „Gott sprach … und es ward." Der Satz „Und Gott sprach", ich habe das weiter oben schon erwähnt – ist der häufigste Satz des Alten Testamentes. Viele Dutzend Mal findet sich überdies die Formulierung „Und das Wort Gottes geschah", was uns einen Eindruck davon vermittelt, welche Wirkkraft die Juden mit dem Begriff des Wortes verbanden.

Aber auch im Griechentum spielt der Begriff des Wortes eine große Rolle. Der „Logos", wie das Wort dort heißt, ist so etwas wie die Urvernunft, „das, was die Welt im Innersten zusammenhält". Keinem Satz konnte ein Grieche so sehr zustimmen wie dem, dass am Anfang dieser Logos war. Auch die Zugehörigkeit dieses Logos zum Göttlichen hätte kaum ein Grieche ernsthaft bestritten, ein Jude sowieso nicht: Das Wort gehört zu Gott, und durch dieses wurde die Welt geschaffen. Erst in dem Moment, in dem Johannes dieses Wort mit Jesus identifiziert, scheiden sich die Geister. Denn was ist damit ausgesagt?

1. Jesus gehört in ganz enger Weise zu Gott. Das kann man nur durch Bilder und Metaphern ausdrücken. Die häufigste im Neuen Testament verwendete Formel für die enge Zusammengehörigkeit zwischen Gott und Jesus ist die des „Sohnes Gottes". Auch das ist nur ein Bild, denn Gott hat Jesus sicherlich nicht im biologischen Sinn gezeugt. Johannes benutzt zunächst den Begriff des Wortes, weil das Wort mit dem, der es spricht, ganz eng verbunden ist: Im Anfang war das Wort, und das Wort war bei Gott, und Gott war das Wort.

2. Jesus war schon vor Anfang der Welt da. Er ist nicht Bestandteil der Schöpfung, sondern war vor aller Schöpfung bereits da. Die Griechen glaubten an diese „Präexistenz" des Logos ebenso wie die Juden an die Schöpfungsmächtigkeit des Wortes. Dass Jesus schon vor aller Zeit da gewesen sein soll und und bei der Erschaffung der Welt prägend mit beteiligt war, ist eine steile

Aussage, die der ersten Christenheit sehr wichtig gewesen ist (vgl. 1. Korinther 8, 6; Kolosser 1, 16–17, Hebräer 1, 2 u. a.). Jesus verkündet nicht nur das Wort Gottes – wie viele andere vor und nach ihm –, sondern er ist dieses Wort von Anfang an gewesen. Das führt uns zum nächsten Punkt:

3. Jesus ist der Grund, der die Welt im Innersten zusammenhält. Nach Überzeugung der Griechen war der Logos das innere Prinzip, nach dem die Welt funktioniert. Auch den Juden war klar, dass das Weltgefüge in dem Moment zusammenbricht, in dem Gott der Welt sein schöpferisches und segnendes Wort entzieht. Auch diese Eigenschaften bezieht Johannes auf Jesus: Er ist die tragende Mitte, die Achse, um die sich das ganze Weltgefüge dreht. Ohne ihn gäbe es kein Licht, kein Leben, keine Wahrheit und keinen Sinn.

Die unfassbare Katastrophe

In der ersten Woche unserer Expedition lasen wir, wie sich der Mensch von Gott abgewandt hat. Wir sahen aber auch, dass Gott sich nicht von uns abwendet, sondern uns nachgeht und weiterhin zu uns spricht. In der zweiten Woche lernten wir Gott als jemanden kennen, der unsere Freiheit möchte, und der uns Gebote gab, um diese Freiheit zu schützen, Weisungen, wie wir besser leben und zusammenleben können. In der dritten Woche haben wir entdeckt, wie Gott durch die Propheten zu den Menschen redete. In Jesus schließlich spricht Gott sein definitives Wort zu uns Menschen. Klarer und eindeutiger als in Jesus Christus hat Gott nie gesprochen und kann er auch nicht sprechen. Johannes fasst diese Mission Jesu so zusammen: „Das Licht erhellt die Finsternis." Mit „Finsternis" ist jene abgrundtiefe Dunkelheit gemeint, in die sich die Menschheit durch ihre Trennung von Gott hineinmanövriert hat. In diese Dunkelheit hinein wird Jesus geboren. Um mit dem Evangelisten Lukas zu reden: Er kommt in die Armut des Stalles von Bethlehem. Das Licht kommt in die Finsternis, um sie zu erleuchten: „Siehe, ich verkündige euch große Freude, denn heute ist euch der Heiland geboren! Christus, der Retter ist da!" Nie gab es eine bessere Nachricht.

Doch dann passiert das Unfassbare: „Er war in der Welt, und die Welt ist durch ihn gemacht; aber die Welt erkannte ihn nicht. Er kam in sein Eigentum; und die Seinen nahmen ihn nicht auf." – Eine absolute Katastrophe! In mehreren gleich aufgebauten Sätzen umkreist Johannes das Undenkbare, das da geschehen ist. Wie kann die Welt den, nach dessen Vor- und Urbild sie gemacht ist, nicht erkennen? Wie kann der Ursprung allen Seins, der König aller Könige, in sein Reich und Eigentum kommen, und die Seinen nehmen ihn nicht auf? Was hier passiert, ist sozusagen ein „zweiter Sündenfall". Ein weiteres Mal sagen die Menschen „Nein" zu Gott. Gott spricht in Jesus sein ultimatives Angebot bedingungsloser Liebe und Vergebung aus – doch die Menschen lehnen ab. Unfassbar: Die Finsternis kann sich tatsächlich dem Licht gegenüber verweigern. Die Menschen haben tatsächlich die Macht, die Liebe Gottes aufzuhalten. Gott schickt sein Wort, seinen Sohn, seinen Mittler – doch die Menschen schlagen ihn ans Kreuz. Stellt sich die Frage: Ist seine Mission deswegen gescheitert? Nicht ganz, sagt Johannes. Gottes Angebot in Jesus Christus steht nach wie vor. Und zumindest einige nehmen es an.

Gottes Angebot

„Allen, die ihn aufnahmen, schenkte er das Recht, Gottes Kinder zu werden, allen, die an ihn glaubten." Offensichtlich haben nicht alle Menschen Gottes Liebesangebot in Jesus Christus zurückgewiesen. Erstaunlicherweise waren es viele offensichtliche Sünder, die dieses Angebot annahmen, während die große Mehrheit der „anständigen Leute" es zurückwies. Doch für das eine wie für das andere gab es Ausnahmen. Einer der Raubmörder, die mit Jesus gekreuzigt wurden, nahm das Angebot an, der andere verspottete ihn. Die meisten Pharisäer lehnten Jesus ab, aber es gab auch welche, die ihm glaubten. Insgesamt haben Menschen mit offensichtlicheren Sünden offenbar ein stärkeres Bewusstsein für die Vergebung Gottes.

Unsere Gott abgewandte Haltung kann sich in groben Sünden wie Mord, Diebstahl und Ehebruch niederschlagen, aber auch in eher verborgenen wie Stolz, Gleichgültigkeit oder Rechthaberei. Gott ist bereit, das eine wie das andere zu vergeben. Jede noch so große Sünde kann vergeben werden, wenn wir sie Gott hinhalten in der aufrichtigen Bitte, dass er sie uns vergibt. Umgekehrt trennt uns jede noch so kleine Sünde von Gott, wenn wir sie für uns behalten, sie verleugnen, verdrängen oder beschönigen. Der große Unterschied zwischen den Menschen ist nicht der zwischen Sündern und Nichtsündern, sondern der zwischen den Menschen, die ihre Sünde zugeben und Gott um Vergebung bitten und denen, die meinen, keine Vergebung zu brauchen. Am Ende der Zeit wird Gott nicht fragen, was für Taten wir getan haben, sondern was wir mit seinem Sohn Jesus Christus gemacht haben. Denn Christus ist das ultimative Liebes- und Vergebungsangebot Gottes an uns. Wir alle haben uns von Gott losgesagt und sind schuldig geworden. Die Frage ist, ob wir das „Wort" der Vergebung annehmen, ob wir das Angebot der Vergebung und Versöhnung, das Gott uns in Jesus macht, erkennen und anerkennen.

„Allen, die ihn aufnahmen, schenkte er das Recht, Gottes Kinder zu werden." Gottes Kinder sind wir in gewisser Weise alle, nämlich von unserer Herkunft her: Wir alle kommen von Gott und wurden von Ihm geschaffen. Die aber, die Jesus aufnehmen, werden Kinder in einem viel innerlicheren Sinne, sie werden Söhne und Töchter im Sinne einer Herzensbeziehung. An sich ist das eine „unmögliche Möglichkeit". Als Menschen, die sich von Gott abgewandt haben, hat keiner von uns die Macht, sich selbst noch einmal zum Kind Gottes zu erklären. Erst Jesus bewerkstelligt das für uns. Indem er uns zum Bruder wird, werden wir wieder Gottes Kinder, im vollen Sinne des Wortes.

Was es heißt, Jesus anzunehmen, war zu seinen Lebzeiten offensichtlich: Teilweise nahmen ihn die Menschen buchstäblich bei sich zu Hause auf, teilweise folgten sie ihm nach. Heute bedeutet „Jesus annehmen" in ganz ähnlicher Weise, seine Botschaft und seine Person annehmen, ihn in sein Herz aufnehmen, eine persönliche Beziehung zu ihm eingehen. Das ist deswegen möglich, weil er nicht tot, sondern von den Toten auferstanden ist.

Die Folgen der Gotteskindschaft

In den letzten beiden Versen unseres komplexen Textes beschreibt Johannes, was für Folgen es hat, wenn wir Jesus annehmen: Wer Jesus annimmt, sieht ein Stück der Herrlichkeit Gottes. Das Wort „Herrlichkeit" ist kaum zu übersetzen. Es umfasst so viel wie Glanz, Präsenz, Schönheit, Klarheit, aber auch Strenge, Macht und Reinheit. Im Alten Testament war es so, dass jemand, der die Herrlichkeit Gottes sieht, stirbt. In Jesus hingegen sehen wir die Herrlichkeit Gottes, ohne selbst dabei zu Grunde gehen zu müssen. Wer Jesus in sein Leben aufnimmt, merkt, dass Gott selbst durch Jesu Worte redet. Er wird Erfahrungen machen, in denen immer wieder Gott „aufblitzt".

Wer Jesus annimmt, erfährt „Gnade um Gnade". Die erste und grundlegende Gnade ist die Vergebung unserer Sünde (1). In Jesus finden wir Frieden mit Gott. Damit hören wir allerdings nicht auf, Sünder zu sein. Ein zweiter Aspekt der Gnade ist, dass wir immer wieder die Erfahrung machen, von Gott grundlos und über die Maßen beschenkt worden zu sein (2). Das bewirkt drittens eine positive Veränderung unserer Persönlichkeit (3). Wir werden Schritt für Schritt liebevoller, einfühlsamer, wahrhaftiger oder doch zumindest für andere verträglicher. Ein vierter Aspekt ist eine neue, besondere Befähigung (4). Durch Gottes Gnade können wir plötzlich Dinge, die wir vorher nicht konnten. Die Gnade, die uns erreicht und verändert, bleibt nicht dabei stehen, sondern erreicht und verändert durch uns auch andere Menschen.

Nicht ein Verhalten, sondern ein Verhältnis macht uns zu Christen.

» Welche „Weihnachtsgeschichte" gefällt Ihnen besser: Die von Lukas(Lukas 2, 1–20) oder die von Johannes?
» Was bedeutet es, dass Jesus das „Wort" ist?
» Wieso ist in dem obigen Text von einem „zweiten Sündenfall" die Rede?
» Was bedeutet es, Jesus anzunehmen? Wie kann das konkret aussehen?
» Welche der im letzten Absatz genannten vier Gnaden haben Sie bereits kennen gelernt?

Jesus aufnehmen

Im christlichen Glauben geht es darum, Jesus in sein Herz aufzunehmen. Dies geht einzig und allein durch Gebet. Versuchen Sie ein solches Gebet für sich zu formulieren. Zunächst könnten Sie zurückschauen auf Ihr bisheriges Leben ohne Gott. Laden Sie Jesus in Ihr Herz ein und bitten Sie ihn, in Ihr Leben zu kommen. Besprechen Sie mit ihm, wie ein Leben an seiner Hand aussehen könnte.

Wie viele ihn aber aufnahmen, denen gab er Macht, Gottes Kinder zu werden, denen, die an seinen Namen glauben.

Johannes 1, 12

MEDITATION

Dass da irgendwo einer ist,
im Himmel oder anderswo,
einer, der über uns alle wacht,
das habe ich nie bezweifelt.

Und dann fing es an,
in mir zu rumoren:
Wenn da irgendwo einer ist,
einer, der über uns alle wacht,
dann kann ich den doch
nicht so einfach
links liegen lassen.
Oder?

Aber was soll ich jetzt machen?
Ich weiß ja, wie schwer es ist,
eine Beziehung anzufangen,
ich war zu oft verliebt.

Da ist die Angst, nicht zu genügen,
der Falsche zu sein.
Die bohrende Frage:
Werde ich zurück geliebt?

Da ist die Angst,
das Falsche zu sagen,
zu tun oder zu denken.
Die bohrende Frage:
Werde ich den Ansprüchen gerecht?

Da ist die Angst, mich zu irren,
mir etwas einzubilden.
Die bohrende Frage:
Werde ich richtig wählen?

Immer, wenn ich so richtig
verliebt war,
so, dass das Essen fad wurde,
dass die Welt intensiver leuchtete,
dass der Schlaf auf Reisen ging und
der Bauch vor lauter Gefühlen
zu platzen drohte,
immer, wenn ich so richtig
verliebt war,
habe ich mir sehnlichst gewünscht,
dass ich nichts machen muss,
dass meine Liebe einfach
zu mir kommt
und mich anstrahlt:

Du,
ich muss dir was gestehen:
Ich liebe dich!
Lass uns zusammen sein.
Du bist wundervoll, so wie du bist.
Ja, du gefällst mir.
Und eines kann ich dir garantieren:
Du bist richtig für mich
und
ich bin richtig für dich.

Und ich
ich müsste dann
nur noch
eines machen:
Ja
sagen.

27 Und danach ging er hinaus und sah einen Zöllner mit Namen Levi am Zoll sitzen und sprach zu ihm: Folge mir nach!

28 Und er verließ alles, stand auf und folgte ihm nach.

29 Und Levi richtete ihm ein großes Mahl zu in seinem Haus, und viele Zöllner und andre saßen mit ihm zu Tisch.

30 Und die Pharisäer und ihre Schriftgelehrten murrten und sprachen zu seinen Jüngern: Warum esst und trinkt ihr mit den Zöllnern und Sündern?

31 Und Jesus antwortete und sprach zu ihnen: Die Gesunden bedürfen des Arztes nicht, sondern die Kranken.

32 Ich bin gekommen, die Sünder zur Buße zu rufen und nicht die Gerechten.

Als Jesus die Stadt verließ,
sah er an der Zollstelle den Zöllner Levi.
Er sprach ihn an und sagte:
„Komm mit mir!"

Da stand Levi auf,
ließ alles hinter sich und folgte ihm.
Dann richtete er für Jesus in seinem Haus
ein großes Festmahl aus,
zu dem auch viele
seiner ehemaligen Kollegen kamen.
Darüber regten sich die Pharisäer
und die dazugehörigen
Schriftgelehrten sehr auf
und sprachen die Jünger an:
„Wieso esst und trinkt ihr
mit solchem Abschaum
wie den Zöllnern?"

Jesus antwortete ihnen:
„Weil gesunde Menschen
keinen Arzt brauchen.
Ich bin da, um die Sünder
neu zu Gott einzuladen,
nicht die Anständigen."

Immer wieder lesen wir im Neuen Testament, dass Menschen auf den Ruf Jesu hin alles stehen und liegen ließen, um ihm nachzufolgen. Eine solche Lebenswende bezeichnet man üblicherweise als „Bekehrung". Wir werden uns am 31. Tag noch ausführlicher mit diesem Phänomen auseinander setzen. Die Frage, die uns heute beschäftigt, lautet: Was veranlasst jemanden dazu? Wie kommt Levi – bzw. Mätthäus, wie er mit römischem Namen hieß – dazu, alles, was er sich bis dahin aufgebaut hatte, aufzugeben und sich Jesus anzuschließen? Früher habe ich mir vorgestellt, dass Jesus eine unwiderstehliche Ausstrahlung gehabt haben muss: etwas Besonderes in seinen Augen oder in seiner Stimme. Das wird sicherlich der Fall gewesen sein, aber heute denke ich, dass bei der Entscheidung des Levi oder der anderen Jünger noch ganz andere Gründe eine Rolle gespielt haben.

Bekehrungen kommen nicht unvorbereitet
Im Neuen Testament finden wir elf Stellen, die davon sprechen, wie Jesus Menschen mit dem direkten Befehl „Folge mir nach!" beruft . Dieser Ruf trifft sie in den verschiedensten Lebenssituationen. Aber von allen Menschen, die diesem Ruf Folge leisten, kann man behaupten, dass sie in gewisser Weise darauf vorbereitet wurden. Selbst eine plötzliche Bekehrung erfolgt in aller Regel nicht spontan, sondern ist das Ergebnis eines längeren Prozesses.

Wie dieser Prozess im Fall des Levi ausgesehen hat, darüber kann man nur spekulieren. Eins steht fest: Wäre Levi mit sich und seinem Leben zufrieden gewesen, wäre er auf die Herausforderung Jesu nicht eingegangen. Eine Selbstgenügsamkeit, in der sich die menschlichen Bedürfnisse auf Essen und Schlafen, Arbeiten und Geldausgeben reduzieren, verfügt nicht über die Spannung, aus der eine Bekehrung erwachsen kann. Nein, Levi war „hungrig". Die Tatsache, dass er Zöllner war, wird dabei eine wichtige Rolle gespielt haben. Zöllner arbeiteten mit der römischen Besatzungsmacht zusammen. Allein dies war schon Grund genug, dass sie von den anderen Juden verachtet wurden. Wer Zöllner war, hatte praktisch eine Lizenz zum Ausbeuten. Auf diese Weise konnte man sich zwar einen gewissen Wohlstand erarbeiten, wirklich zufrieden oder gar glücklich wurde man so aber nicht. Vielleicht sah Levi deshalb in dem Anruf Jesu die Chance seines Lebens. Vielleicht fühlte er sich zum ersten Mal angenommen und wertgeschätzt.

Unzufriedenheit und Unerfülltheit ist aber keineswegs der einzige Weg, auf dem Gott Menschen auf eine Bekehrung vorbereitet. Im Fall des Paulus, von dem uns die wohl radikalste Bekehrungsgeschichte der Bibel berichtet

wird (Apostelgeschichte 9), liegt diese Vorbereitung vielmehr in einer jahre-
langen Beschäftigung mit der Heiligen Schrift. Mir hat mal jemand erzählt,
eine frisch gesäte Bambuspflanze könne jahrelang ruhen, um dann plötzlich
mehrere Meter pro Woche zu wachsen. Ähnlich stelle ich mir die Bekehrung
des Paulus vor, der sich lange Jahre mit den Heiligen Schriften auseinandersetzt, um dann von einem Moment auf den anderen zur Erkenntnis der Wahrheit zu kommen und unglaublich schnell im Glauben zu wachsen.

Ein weiterer Grund für Bekehrungen, den ich im Laufe der Zeit kennen
gelernt habe, ist der der Dankbarkeit. Mitunter erlebe ich es, dass Menschen
sagen: „Ich bin von Gott in meinem Leben überreich beschenkt worden. Ich
würde ihm gerne etwas zurückgeben." Es gibt nicht nur Bekehrungen aus Not,
sondern auch aus der Fülle heraus. Vielleicht sagen Sie: „Kunststück! Wenn
ich auf der Sonnenseite des Lebens stünde, fiele es mir auch leicht, an Gott zu
glauben. Dann würde ich mich auch bekehren." Dieser Gedanke ist naheliegend, in der Praxis oft aber ein Irrtum. Ich habe viel mehr Menschen kennen
gelernt, die sich aus persönlichem Hunger heraus an Gott gewandt haben als
Menschen, denen es nur gut ging. Wohlstand und Wohlergehen führen keineswegs automatisch zur Dankbarkeit Gott gegenüber. Freilich führen auch
Not und Unzufriedenheit nicht automatisch dazu, dass Menschen sich an Gott
wenden. Das eine wie das andere benutzt Gott dazu, uns auf eine Bekehrung
vorzubereiten. Die Bekehrung ergibt sich aber letztlich nicht aus der Lebenssituation heraus, sondern als Folge des Rufes Jesu, der uns vor die Entscheidung
stellt, ob wir bereit sind, Gott in die Mitte unseres Lebens zu stellen.

Jesus glaubt an uns

Ich habe viele Predigten darüber gehört, dass wir an Jesus glauben sollen,
was ich natürlich nicht in Zweifel ziehen möchte. Auch die Geschichte von
der Berufung des Levi wird gerne in diesem Sinne ausgelegt: Seine Entscheidung wird dann als Folge dessen angesehen, dass er begonnen hat, an Jesus
zu glauben. Diese Predigten enden dann gerne mit dem Appell: „Glaube – wie
Levi – an Jesus und folge ihm nach!" So richtig und wichtig das sicherlich ist,
es ist nur eine Seite der Medaille. Der Hauptgrund, warum Levi Jesus nachfolgt, ist nämlich nicht, dass er an Jesus glaubt, sondern dass Jesus *an ihn*
glaubt. Diese Aussage möchte ich gerne begründen:

Für die damaligen Menschen war der Ausspruch „Folge mir nach" etwas
Vertrautes. Im Sprachgebrauch in Israel war dies nämlich eine stehende Re-
densart. Mit einem solchen Ruf – im Hebräischen: „Lech acharaj!" – beriefen

Rabbiner (= jüdische Schriftgelehrte) junge Leute zum Studium der Heiligen Schriften in ihrer Schule. Das im Neuen Testament mit „Jünger" übersetzte Wort bedeutet im Grunde einfach „Schüler" oder „Student". Allerdings ging es bei dem Verhältnis zwischen einem Rabbi und seinem Schüler nicht lediglich um Wissens-, sondern vor allem um Lebensvermittlung. Rabbis brachten ihren Jüngern nicht nur die Heiligen Schriften nahe, sondern hielten sie dazu an, buchstäblich alles nachzumachen, was sie selber taten. Wenn der Rabbi vorausging, folgten ihm die Schüler. Wenn er betete oder aß, taten seine Jünger das Gleiche. Sie beteten mit seinen Worten und redeten so mit den Menschen, wie sie es von ihrem Rabbi gelernt hatten.

Normalerweise gingen potenzielle Schüler zu einem Rabbi und baten ihn, sie als Jünger aufzunehmen. Der Rabbi unterzog sie einer eingehenden Prüfung und lehnte die Kandidaten entweder ab oder berief sie in seinen Jüngerkreis: „Lech acharaj!" Diesen Ruf eines Rabbi gehört zu haben und somit aufgenommen worden zu sein, war so etwas wie ein Lotteriegewinn, etwas absolut Erstrebenswertes. Denn je höher der Rabbi angesehen war, desto schärfer waren die Prüfungen und umso mehr Leute lehnte er ab. Dieses elitäre System steigerte den Ruf des Rabbi wie den seiner Schüler: Nur die Besten der Besten hatten dabei überhaupt eine Chance, angenommen zu werden.

Wir wissen aus der damaligen Zeit nur von zwei Rabbinern in der jüdischen Geschichte, die ihrerseits losgingen und von sich aus Jünger beriefen. Ein Rabbi namens Hillel, der ungefähr 50 Jahre vor Jesus lebte und sagte: „Gott kann aus jedem einen Jünger machen." Und dann Jesus. Alle anderen Rabbiner warteten darauf, dass die Schüler zu ihnen kamen. Und wiesen sie dann zu 99 Prozent von sich. Vielleicht verstehen Sie jetzt, warum ein Mann wie Levi mit einem Schlag alles stehen und liegen lässt, um sich Jesus anzuschließen. Da war ein angesehener Rabbi, der allen Ernstes glaubte, er, Levi, der von allen frommen Juden verachtete Kollaborateur und Betrüger, habe das Zeug zu einem Jünger!

Es ist interessant, was für Menschen Jesus sich damals zusammensuchte: Simon Petrus, Andreas, Johannes und Jakobus waren Fischer, ungebildete Leute, die wahrscheinlich nicht einmal lesen und schreiben konnten. Levi, der Zöllner, konnte zwar lesen und schreiben, war aber als vermeintlicher Römerfreund bei den Juden unten durch. Sein Gegenpart im Jüngerkreis war Simon, der Zelot. Die Zeloten waren eine Widerstandsgruppe, die sich zum Ziel gesetzt hatte, Angst und Terror zu verbreiten, vor allem unter Juden, die mit den Römern zusammenarbeiten. Also bei Leuten wie Levi. Und die Berufung des

Judas erwies sich zumindest nach menschlichem Ermessen definitiv als eine Fehlentscheidung. Alles in allem ist es keine sonderlich überzeugende Truppe, die Jesus da aufbietet; nicht gerade die Sorte von Menschen, die einen Rabbi in den Augen der Menschen adeln. Und doch haben diese Menschen die Welt verändert – weil Jesus an sie glaubte! Das, was in den Augen der Menschen lediglich eine C- oder D-Auswahl war, entwickelte sich unter der Anleitung Jesu zu Gottes erster Garnitur!

Die neue Gemeinschaft

Jesus ist nicht in die Welt gekommen, um Menschen in ihrer persönlichen Religiosität zu bestärken, sondern um eine Gemeinschaft ins Leben zu rufen. Wie die anderen Rabbis berief Jesus seine Jünger individuell, fügte sie mit dieser Berufung aber in eine Gemeinschaft ein. Das Christentum ist – ebenso wie das Judentum – eine Gemeinschaftsreligion. Man kann nicht für sich alleine Christ sein. „*Ein* Christ ist *kein* Christ", heißt es sehr richtig. Wir brauchen die Gemeinschaft der anderen Christen, um überhaupt zum Glauben zu kommen, und wir brauchen sie erst recht, um im Glauben zu wachsen und zu reifen. Wir brauchen andere Christen, die uns im Glauben, in der Liebe und der Hoffnung anspornen, ermutigen, aufbauen und korrigieren. Wir brauchen es auch, dass wir uns manchmal an diesen Menschen reiben. Wir brauchen diese Gemeinschaft der anderen – und diese Gemeinschaft braucht uns. Darum ist Glauben im christlichen Sinne zwar immer persönlich, aber niemals privat. Wer versucht, sein Christsein für sich alleine zu leben, wird auf Dauer scheitern.

Das heißt: Wer sich auf Jesus einlässt, bekommt so etwas wie eine neue Familie, einen Kreis von Menschen, der ihn bestimmt und prägt wie nichts und niemand anderes auf der Welt. Mit dem Christwerden ist allein schon von daher eine erhebliche Änderung des Lebensstils verbunden. Für den Orientalen zur Zeit Jesu war diese Herausforderung sogar noch existentieller, denn für ihn war die Familie eine heilige, unantastbare Größe, an die nichts und niemand anderes auch nur im Entferntesten heranreichte. Der Clan sagte einem, was man zu tun und zu lassen hatte, für ihn hatte man zu sorgen und an ihm sein Leben auszurichten. Jesus setzt mit seinem Ruf die Allgewalt des Clans kurzerhand außer Kraft und setzt die Gemeinschaft der Christen an dessen Stelle: Diese Leute, die Jesus gebannt lauschen und ihm vertrauen – das soll unsere neue Familie sein, sie soll die alte Familie als wichtigstes Beziehungsfeld ersetzen. Entsprechend werden im Neuen Testament Begriffe wie „Bruder", „Schwester", „Bruderliebe" usw. mehrere hundert Mal verwandt, um die Beziehung der Christen untereinander zu kennzeichnen. Auch wenn die Familie für uns bei weitem nicht mehr die Rolle spielt wie für die Menschen damals, spüren wir doch etwas von der unerhörten Herausforderung dieses Rufes. Christ werden heißt darum nicht nur, sich zu Christus zu bekehren, sondern auch zur christlichen Gemeinschaft.

Die Gemeinschaft der Christen ist allerdings kein geschlossener Kreis, sondern ein prinzipiell offenes System. Das wird in unserem Text deutlich durch das Festmahl, das Levi feiert und zu dem er neben den neu gewonnenen Glaubensbrüdern und -schwestern auch viele seiner ehemaligen Kollegen einlädt. Es ist ein Unding, dass sich viele Christen heute in ihrer gemeindlichen Wagenburg verschanzen, statt lebendige Kontakte und Beziehungen zu den Nichtchristen in ihrer Umgebung zu pflegen. Auch wenn die Gemeinde für einen Christen die primäre Bezugsgruppe sein sollte, möchte Jesus doch keineswegs, dass wir *nur* noch mit anderen Christen zusammen sind. Wie viel könnten unsere Gemeinden und könnte das Christsein gewinnen, wenn sich Christen für Nichtchristen und Noch-Nichtchristen öffneten und dabei echte Beziehungen des Gebens und Nehmens entstünden! Jedenfalls hat Jesus ständig eine Traube von Menschen um sich gehabt, die die ganze Bandbreite von starkem Zweifel über abwartende Skepsis und vorsichtigen Glauben bis hin zu radikaler Hingabe abbildete. Er hat den Menschen dabei nicht ständig den „geistlichen Puls" gefühlt, ob und wie stark oder schwach sie denn glaubten. Ihm war es genug, dass sie sich seiner Person und seinen Worten aussetzten. Der Rest, davon war er überzeugt, würde in der Gemeinschaft mit ihm und den anderen mit der Zeit von alleine folgen.

Eine Bekehrung ist niemals das Ergebnis eines Zufalls;
eher ereignet sie sich wie der Durchbruch eines Dammes,
der allzu lange die Wasser der Sehnsucht aufgestaut hat.

Eugen Drewermann

FRAGEN

» Haben Sie schon mal erlebt, dass jemand alles stehen
und liegen ließ, um einem Ruf zu folgen? Was war der
Grund: Beruf, Religion, die große Liebe etc.?
» Können Sie in Ihrem Leben sehen, wo Gott Sie auf
eine Bekehrung vorbereitet hat?
» Können Sie sich vorstellen, dass Gott an Sie glaubt?
» Was würde sich ändern, wenn Sie sich bekehrten?
Falls schon geschehen: Was hat sich geändert?
» Haben Sie überwiegend Beziehungen zu Christen oder
zu Nichtchristen? Was macht der Gedanke mit Ihnen,
sich stärker mit der „anderen Gattung" einzulassen?

ANREGUNG
ZUM GEBET

Der Menschen letzte Wahl, Gottes erste Garnitur
Schreiben Sie auf, inwiefern Sie Ihrer Meinung nach zum
„A-Aufgebot" Gottes gehören und in welcher Hinsicht zu
seinem „D-Aufgebot". Überlegen Sie: Inwiefern könnten
gerade die Punkte, die Sie unter „A" aufgelistet haben,
für Gott zu einem Problem werden? Und: Warum beruft
Jesus Sie trotz der Punkte, die Sie unter „D" aufgelistet
haben? Warum glaubt er trotzdem an Sie?

MERKVERS

Nicht viele Weise nach dem Fleisch, nicht viele Mächtige,
nicht viele Angesehene sind berufen. Sondern was töricht
... und was schwach ist vor der Welt, das hat Gott erwählt.

1. Korinther 1, 26–27

1 Und nach einigen Tagen ging er wieder nach Kapernaum; und es wurde bekannt, dass er im Hause war.

2 Und es versammelten sich viele, sodass sie nicht Raum hatten, auch nicht draußen vor der Tür; und er sagte ihnen das Wort.

3 Und es kamen einige zu ihm, die brachten einen Gelähmten, von vieren getragen.

4 Und da sie ihn nicht zu ihm bringen konnten wegen der Menge, deckten sie das Dach auf, wo er war, machten ein Loch und ließen das Bett herunter, auf dem der Gelähmte lag.

5 Als nun Jesus ihren Glauben sah, sprach er zu dem Gelähmten: Mein Sohn, deine Sünden sind dir vergeben.

6 Es saßen da aber einige Schriftgelehrte und dachten in ihren Herzen:

7 Wie redet der so? Er lästert Gott! Wer kann Sünden vergeben als Gott allein?

8 Und Jesus erkannte sogleich in seinem Geist, dass sie so bei sich selbst dachten, und sprach zu ihnen: Was denkt ihr solches in euren Herzen?

9 Was ist leichter, zu dem Gelähmten zu sagen: Dir sind deine Sünden vergeben, oder zu sagen: Steh auf, nimm dein Bett und geh umher?

10 Damit ihr aber wisst, dass der Menschensohn Vollmacht hat, Sünden zu vergeben auf Erden – sprach er zu dem Gelähmten:

11 Ich sage dir, steh auf, nimm dein Bett und geh heim!

Einige Tage später kehrte Jesus
nach Kapernaum zurück.
Als bekannt wurde,
wo er sich einquartiert hatte,
kamen so viele Leute,
dass bald das ganze Haus überfüllt war;
es gab nicht einmal mehr Plätze vor der Tür,
denn er erzählte den Menschen
von der Liebe Gottes.

Einige Freunde, die einen Gelähmten
zu Jesus bringen wollten,
den sie zu viert trugen,
versuchten vergeblich,
durch die Menge zu ihm vorzudringen.
Da deckten sie einfach das Dach auf,
machten ein Loch hinein
und ließen die Matte,
auf der der Gelähmte lag, hinunter.
Als Jesus das Vertrauen dieser Freunde sah,
sagte er zu dem Gelähmten:
„Mein Kind. Deine Schuld ist vergeben."

Nun saßen in der Menge aber auch
einige Gesetzeslehrer, die bei sich dachten:
„Was erlaubt sich dieser Jesus eigentlich?
Das ist doch Gotteslästerung.
Nur Gott kann den Menschen
ihre Sünden vergeben."

Jesus wusste sofort, was sie bewegte,
und sagte:
„Warum denkt ihr so etwas?
Was meint ihr denn, was leichter ist:
dass ich dem Gelähmten sage
‚Deine Schuld ist dir vergeben'
oder dass ich ihm sage
‚Nimm deine Matte und lauf herum'?
Ich werde euch zeigen,
dass der Menschensohn die Freiheit hat,

12 Und er stand auf, nahm sein Bett und ging alsbald hinaus vor aller Augen, sodass sie sich alle entsetzten und Gott priesen und sprachen: Wir haben so etwas noch nie gesehen.

auf der Erde Sünden zu vergeben."

Er sagte zu dem Gelähmten:
„Nimm deine Matte und geh nach Hause."
Da stand der Mann auf,
rollte seine Matte zusammen
und ging vor den Augen der Leute davon.

Die aber waren so verblüfft,
dass sie anfingen, Gott zu loben
und durcheinander riefen:
„So was haben wir ja noch nie erlebt."

Wenn das Neue Testament uns etwas über Krankheiten und Heilungen erzählt, tut es das nicht so sehr aus historischem Interesse. Wenn Jesus mit Menschen umgeht, hat das vielmehr exemplarischen Charakter. Insofern halten uns die meisten Jesusgeschichten einen Spiegel vor. Genau das macht ihre Faszination aus – dass wir uns in ihnen wiederentdecken. So auch hier in unserem Text: der Gelähmte. Als historischer Text ist das sicherlich ganz interessant: Jesus konnte Kranke heilen. Um es ganz klar zu sagen: Ich persönlich glaube das auch. Aber richtig relevant wird das Ganze erst, wenn ich entdecke „Dieser Text redet ja von mir! Wenn hier von einem Gelähmten die Rede ist – das bin ja ich! Ich selbst bin gelähmt, paralysiert, festgelegt, innerlich erstarrt, inflexibel geworden, ich komme nicht (mehr) voran."

Lähmung – die Unfähigkeit zum Handeln

Der Duden definiert „lähmen" als „die Kraft zur Bewegung nehmen". Im übertragenen Sinn – und nur so will ich das Folgende verstanden wissen! – sprechen wir von lähmender Angst, lähmendem Zweifel oder lähmender Ungewissheit. Wenn Angst, Zweifel, Ungewissheit etc. Besitz von einem ergreifen, dann erlahmt die Energie. Und es gibt viele Dinge, die uns „lähmen": eine Schuld, eine Beziehung, Autoritätsstrukturen, in die wir verstrickt sind, erstarrtes Denken, erstorbene Gefühle. Genau betrachtet, gibt es kaum jemanden, der nicht in dem einen oder anderen Sinne „gelähmt" wäre.

Interessant ist, dass eine solche Handlungsunfähigkeit nicht nur Nachteile bringt: Der Gelähmte bekommt beispielsweise eine Menge Aufmerksamkeit und Mitleid. Die Erstarrung nimmt uns viele Entscheidungen ab, wie wir handeln sollen. Als „Gelähmte" müssen wir keine Verantwortung für uns übernehmen: „Ich bin nicht schuld. Das Leben / meine Herkunft / die Umstände / meine Krankheit oder was auch immer hat mich eben festgelegt." Die Festgelegtheit gibt uns eine willkommene Rechtfertigung unserer Passivität: „Ich kann eben nicht anders." Die „Lähmung" bietet uns auch den Vorteil, uns von anderen durchs Leben tragen zu lassen. Kein Wunder, dass Jesus an anderer Stelle einen Gelähmten fragt: „Willst du gesund werden?" (Johannes 5, 6).

Hilfen und Grenzen der Hilfe

Es gibt Festgelegtheiten in unserem Leben, aus denen kommen wir allein nicht heraus. Da brauchen wir Menschen, die uns helfen: Freunde, Therapeuten, Seelsorger, manchmal alle drei. Das Problem ist: Indem die Freunde den Gelähmten tragen, bestätigen sie ihn zugleich in seiner Krankheit. Es ist ein Teufelskreis: Jemand, der seine Beine nie benutzt, kann nicht mehr gehen. Wenn er deswegen getragen wird, kann er erst recht nicht mehr gehen, weil seine Muskeln durch Nichtgebrauch noch weiter schwinden. Wie kommt man aus diesem Teufelskreis heraus? Ganz einfach: Indem man einen solchen Menschen zum Arzt trägt. Und zwar zu einem, der den Gelähmten in zumutbarem Maße herausfordert. Darum bringen die Freunde den Gelähmten zu Jesus.

Um einen Menschen zu Jesus zu bringen, braucht man manchmal eine ziemliche Beharrlichkeit. Das klappt selten auf Anhieb – und das liegt nicht an Jesus! Das größte Hindernis, um zu Jesus zu kommen, sind erstaunlicherweise die, die sich in unmittelbarer Nähe zu Jesus befinden. Das ist ein Punkt, für den wir Christen sensibel werden müssen. Es ist erschreckend, aber wahr: Jeder von uns, der sich nahe bei Jesus wähnt, wird für andere leicht zum Hindernis. Denn leider stimmt der folgende Satz: „Der Hauptgrund, warum die Leute nicht in die Kirche gehen, sind die Leute, die in die Kirche gehen." Menschen, die andere zu Jesus bringen wollen, müssen darum manchmal sehr unkonventionelle, ja vielleicht sogar anstößige Wege gehen: „Wenn es durch die Eingangstür nicht geht, gehen wir eben durchs Dach!" Denken Sie nur mal, was der Besitzer des Hauses gesagt haben mag! Auch einige Leute in der unmittelbaren Nähe Jesu, denen der Kalk auf das Haupt gerieselt ist, waren wohl alles andere als erbaut.

Die Freunde können allerdings mit alledem nur die äußeren Sperren und Hindernisse aus dem Weg räumen. Das ist alles, was wir tun können: äußere Glaubenshindernisse beseitigen. Kulturelle Hindernisse, die die Kirche aufgebaut hat, intellektuelle Hindernisse, die das Verständnis erschweren etc. Bis zu einem gewissen Punkt können wir sogar für einen anderen Menschen glauben. Ein solcher „Fürglaube" hat aber immer das Ziel, jemand anderen zu einem eigenen Glauben zu bringen. Früher oder später kommt der Punkt, an dem ein Mensch unmittelbar vor Jesus steht.

Was Jesus bewegt

„Als nun Jesus das Vertrauen der Freunde sah, sagte er zu dem Gelähmten: ‚Mein Kind, deine Schuld ist vergeben.'" Zwei Fragen bewegen mich in diesem Zusammenhang. Erstens: Warum sagt Jesus diesen Satz? Der Gelähmte möchte doch offensichtlich gesund werden, wieso kommt Jesus hier mit der Frage der Vergebung? Dazu ist wichtig, zu wissen, dass man im Judentum zur Zeit Jesu Krankheit immer als Folge einer individuellen Schuld ansah. Das heißt:

Zusätzlich zu dem Leiden, das einem Kranken durch seine Krankheit auferlegt war, kam noch das seelische Leiden, womöglich selbst daran schuld zu sein: „Irgendwie muss der Fehler doch bei mir liegen!" Von dieser Schuldzuweisung und seelischen Last befreit Jesus den Gelähmten. Damit schafft er erst einmal einen angstfreien Raum. Und genau das ist die Vorbedingung, damit dieser sich aus seiner Erstarrung lösen kann: „Ich verurteile dich nicht!" Wenn Sie Menschen helfen wollen, aus ihrer Erstarrung und Festgelegtheit herauszukommen, stellen Sie ihnen einen Blankoscheck aus, indem Sie zu ihnen sagen: „Rede, ich nehme nur wahr. Egal, was du sagst, ich verurteile dich nicht!"

Die andere Frage ist: Ist diese Zusage der Vergebung nicht unverantwortlich, so ganz ohne Beichte, ohne Sündenerkenntnis, ohne erkennbare Buße? Ein verständlicher Einwand. Aber Jesus hat es so gemacht. Anders als viele, die sich auf ihn berufen, hat Jesus nie eine Beichte abgefordert, bevor er vergab. Bei ihm war es in aller Regel umgekehrt: Er nahm Menschen so an, wie sie waren, erst dann haben sie eine Beichte abgelegt. Er hat ihnen erst vergeben, dann haben die Leute sich alles von der Seele geredet.

Das ist ja unerhört!

Man muss kein Pharisäer sein, um sich über Jesu Verhalten zu ärgern. Stellen Sie sich vor, jemand stiehlt Ihnen 100 Euro. Wenn Sie hingehen und diesem Menschen sagen: „Lassen wir es gut sein, ich vergebe dir", ist das ein feiner Zug von Ihnen. Aber wie würden Sie es finden, wenn Ihnen jemand 100 Euro stiehlt, und *ich* gehe hin und sage: „Ist schon okay. Ich vergebe ihm"? – Genau das hat Jesus gemacht. So etwas darf aber nur einer: Gott. Mit dem Satz: „Dir sind deine Sünden vergeben" stellt sich Jesus an die Seite Gottes. Das ist nicht nur ein Satz über den Gelähmten, das ist auch eine Aussage über Jesus selbst: „Ich kann Schuld vergeben. Ich bin der Sohn Gottes." Das ist es, was die Schriftgelehrten so aufregt. Sie halten das für Gotteslästerung. Hätte Jesus nur den Kranken geheilt, wäre alles in bester Ordnung gewesen. Die Schriftgelehrten hätten am Ende vielleicht sogar Gott gepriesen. Das aber geht ihnen zu weit. Darum beginnen sie, sich Gedanken zu machen, wie sie Jesus töten können. Es ist nicht übertrieben, wenn ich sage, dass dieser wohl schönste Satz des Neuen Testamentes Jesus wahrscheinlich das Leben gekostet hat.

Was ist leichter?

Für Jesus war der Satz „Dir sind deine Sünden vergeben" sicherlich der schwerere – Doch was ist für uns eigentlich leichter? Im Gottesdienst, beim Abendmahl oder in der Beichte Menschen die Vergebung zuzusprechen fällt mir relativ leicht. Oder *mache* ich es mir zu leicht? Einem Kranken aber zu sagen, er solle aufstehen, fällt mir schwer. Ich habe Angst vor der Blamage, auch vor einer Blamage Gottes. Die Heilung eines Kranken kann leichter „überprüft" werden. Wir behaupten theologisch gern Dinge, die nicht nachprüfbar sind. Bei Dingen, die nachprüfbar sind, sind wir zurückhaltender.

Doch im christlichen Glauben gibt es eben Dinge, die sind nachprüfbar, und es gibt welche, die sind es nicht. Dass der Glaube sich auf unsichtbare Dinge bezieht, ist normal. Aber dann muss er wenigstens sichtbare und nachprüfbare Folgen haben. Ob mir meine Schuld vergeben wurde, kann ich nicht beweisen. Aber ob ich von meiner Festgelegtheit losgekommen bin – das lässt sich nachprüfen. Und wenn letzteres der Fall ist, dann haben wir ein ganz gutes Argument dafür, dass die andere – unsichtbare – Seite des Glaubens auch stimmt. Wenn Jesus mich von meiner Lähmung befreit hat, dann glaube ich ihm auch sehr viel leichter, dass meine Sünde wirklich vergeben ist. Das heißt nicht, dass jede äußere Krankheit geheilt werden muss. Wovon Jesus uns aber definitiv befreien möchte, sind die zerstörerischen Folgen der Krankheiten, die unsere Seele vergiften und unser Umfeld in Mitleidenschaft ziehen.

Die Zumutung des Glaubens

Der Gelähmte ist ein ganzes Stück durch diese Geschichte getragen worden. Ich erlebe es immer wieder, dass Menschen in den „Dunstkreis" Jesu kommen, ohne zu wissen, wie. Die Kinder werden konfirmiert, oder ein beharrlicher Freund bzw. die Ehefrau schleppen einen mit in die Kirche. Das geht eine Weile ganz gut, aber irgendwann kommt der Punkt, da stehen wir direkt vor Jesus. Dann müssen wir entscheiden, ob wir aufstehen oder weiter liegen bleiben wollen. Jesus schenkt die Vergebung blanko. Aber dann kommt die Zumutung: Steh auf, nimm dein Bett, und lauf los!

Stellen Sie sich vor, Jesus hätte gesagt: „Du bist geheilt" und der Kranke wäre auf seiner Matte geblieben und hätte Gott für seine Heilung gepriesen. Eine absurde Vorstellung! Wäre er geheilt gewesen? – Ja. Aber der Gelähmte hätte keinen Gebrauch davon gemacht. Und das heißt letztlich dann doch: Nein. Denn was ist der Unterschied zwischen Krankheit und Gesundheit, wenn wir liegen bleiben? Jesus schenkt Vergebung und Heilung aus der Festgelegtheit, aber es ist an uns, etwas daraus zu machen: loszugehen und selbst Heil und Heilung in diese Welt zu bringen.

NACH-DENKEN   Ein Teil der Heilung war noch immer, geheilt werden zu
               wollen.
                    Lucius Annaeus Seneca

FRAGEN   » Mit wem können Sie sich in der Geschichte am ehes-
                 ten identifizieren?
               » Haben Sie schon mal versucht, jemandem zu helfen,
                 der sich nicht helfen lassen wollte?
               » Wieso vergibt Jesus dem Gelähmten die Sünde?
               » Kennen Sie Christen, deren Glaube nachprüfbare
                 Folgen hat? Wenn Sie bereits glauben: Hat Ihr Glaube
                 für andere nachprüfbare Folgen?
               » Was könnte für Sie eine aktuell anstehende Zumu-
                 tung des Glaubens sein?

ANREGUNG   **Heilung von der Festgelegtheit**
ZUM GEBET   Gehen Sie die Geschichte noch einmal Vers für Vers durch
               und versuchen Sie, sich in den Gelähmten hineinzuver-
               setzen. Formulieren Sie zu jedem Vers ein Gebet aus der
               Perspektive des Gelähmten: „Herr Jesus, auch ich bin
               festgelegt und wie gelähmt, wenn ich ... Ich habe Freunde,
               aber die ... Wenn ich angstfrei reden könnte, ohne dass
               mich jemand verurteilt, würde ich ... Ich höre dein Wort,
               aber ... Ich fühle, dass ich aufstehen muss ... Gib mir die
               Kraft ... Danke für ...“

MERKVERS   Jesus spricht: „Der Geist des Herrn ist auf mir, weil er
               mich gesalbt hat, zu verkündigen das Evangelium den Ar-
               men; er hat mich gesandt, zu predigen den Gefangenen,
               dass sie frei sein sollen, und den Blinden, dass sie sehen
               sollen, und den Zerschlagenen, dass sie frei und ledig sein
               sollen.“
                    Lukas 4, 18

Tag 24 / **Der Seelsorger**

MUSIK

Ein Ziel unserer Expedition ist es, dass wir uns selbst näher kommen – dem, was uns als Persönlichkeit ausmacht, aber auch dem Geheimnis des Menschseins an sich. Dadurch, dass sich in Jesus das Menschliche und das Göttliche verbinden, offenbart er ganz viel von diesem Geheimnis. Das Lied „Jesus" (Track 5) versucht poetisch nachzuempfinden, was das für uns bedeutet. Viel Spaß beim Hören!

JOHANNESEVANGELIUM 4

1 Als nun Jesus erfuhr, dass den Pharisäern zu Ohren gekommen war, dass er mehr zu Jüngern machte und taufte als Johannes

2 – obwohl Jesus nicht selber taufte, sondern seine Jünger –,

3 verließ er Judäa und ging wieder nach Galiläa.

4 Er musste aber durch Samarien reisen.

5 Da kam er in eine Stadt Samariens, die heißt Sychar, nahe bei dem Feld, das Jakob seinem Sohn Josef gab.

6 Es war aber dort Jakobs Brunnen. Weil nun Jesus müde war von der Reise, setzte er sich am Brunnen nieder; es war um die sechste Stunde.

7 Da kommt eine Frau aus Samarien, um Wasser zu schöpfen. Jesus spricht zu ihr: Gib mir zu trinken!

8 Denn seine Jünger waren in die Stadt gegangen, um Essen zu kaufen.

9 Da spricht die samaritische Frau zu ihm: Wie, du bittest mich um etwas zu trinken, der du ein Jude bist und ich eine samaritische Frau? Denn die Juden haben keine Gemeinschaft mit den Samaritern.

10 Jesus antwortete und sprach zu ihr: Wenn du erkenntest die Gabe Gottes und wer der ist, der zu dir sagt: Gib mir zu trinken!, du bätest ihn und er gäbe dir lebendiges Wasser.

Jesus erfuhr, dass die Pharisäer auf ihn aufmerksam wurden, weil er immer mehr Anhänger bekam und inzwischen mehr Menschen taufte als Johannes. (Dabei taufte Jesus gar nicht selbst, sondern seine Jünger.)

Also verließ er Judäa und kehrte nach Galiläa zurück. Dazu musste er durch Samaria reisen und kam in eine Stadt namens Sychar, in deren Nähe das Feld ist, das Jakob seinem Sohn Josef vererbt hatte. An diesem Ort lag auch der Jakobsbrunnen, und als Jesus um die Mittagszeit, müde von der Reise, dort vorbeikam, ruhte er sich am Brunnen aus, während seine Jünger ins Dorf gingen, um etwas zu essen zu kaufen.

Da kam eine Samariterin, um Wasser zu holen, und Jesus sprach sie an: „Gib mir einen Schluck!" Die samaritische Frau erwiderte: „Wie bitte! Ich bin eine Samariterin, und du bist ein Jude. Warum bittest du mich um Wasser?" Die Juden vermieden nämlich jeden Umgang mit Samaritern. Jesus antwortete: „Wenn du wüsstest, womit Gott die Welt beschenken will und wer da gerade zu dir gesagt hat ‚Gib mir einen Schluck', dann würdest du ihn um Wasser bitten – und er würde dir lebendiges Wasser geben."

Da sagte die Frau: „Herr, du hast doch überhaupt nichts zum Schöpfen, und der Brunnen ist sehr tief.

11 Spricht zu ihm die Frau: Herr, hast du doch nichts, womit du schöpfen könntest, und der Brunnen ist tief; woher hast du dann lebendiges Wasser?

12 Bist du mehr als unser Vater Jakob, der uns diesen Brunnen gegeben hat? Und er hat daraus getrunken und seine Kinder und sein Vieh.

13 Jesus antwortete und sprach zu ihr: Wer von diesem Wasser trinkt, den wird wieder dürsten;

14 wer aber von dem Wasser trinken wird, das ich ihm gebe, den wird in Ewigkeit nicht dürsten, sondern das Wasser, das ich ihm geben werde, das wird in ihm eine Quelle des Wassers werden, das in das ewige Leben quillt.

15 Spricht die Frau zu ihm: Herr, gib mir solches Wasser, damit mich nicht dürstet und ich nicht herkommen muss, um zu schöpfen!

16 Jesus spricht zu ihr: Geh hin, ruf deinen Mann und komm wieder her!

17 Die Frau antwortete und sprach zu ihm: Ich habe keinen Mann. Jesus spricht zu ihr: Du hast recht geantwortet: Ich habe keinen Mann.

18 Fünf Männer hast du gehabt, und der, den du jetzt hast, ist nicht dein Mann; das hast du recht gesagt.

19 Die Frau spricht zu ihm: Herr, ich sehe, dass du ein Prophet bist.

20 Unsere Väter haben auf diesem Berge angebetet, und ihr sagt, in Jerusalem sei die Stätte, wo man anbeten soll.

Wo willst du denn lebendiges
Wasser hernehmen?
Oder bist du etwas Besseres
als unser Vater Jakob,
der uns diesen Brunnen hinterlassen
und mit seinen Kindern und seinem Vieh
daraus getrunken hat?"
Jesus erwiderte: „Wer dieses Wasser trinkt,
der bekommt bald wieder Durst.
Wer aber das Wasser trinkt,
das ich ihm anbiete,
wird nie wieder Durst haben.
Dieses Wasser wird in ihm
selbst zu einer Quelle
und sprudelt noch im ewigen Leben."

Da sagte die Frau:
„Herr, gib mir von diesem Wasser.
Damit ich keinen Durst mehr habe
und nicht mehr herkommen muss,
um welches zu holen."
„Geh", forderte Jesus sie auf,
„und hol deinen Mann her!"
Die Frau flüsterte:
„Ich habe gar keinen Mann."
Da sagte Jesus: „Eine ehrliche Antwort
‚Ich habe keinen Mann'
Denn du warst schon fünf Mal verheiratet,
und derjenige,
mit dem du jetzt zusammen bist,
ist nicht dein Mann. Es stimmt also."

Da rief die Frau: „Herr, ich begreife:
Aus dir spricht Gott.
Schon unsere Vorfahren
haben auf diesem Berg
Gott angebetet, aber ihr sagt doch,
dass nur Jerusalem der Ort zum Anbeten sei."
Jesus sagte: „Vertraue mir,
eines Tages werdet ihr den Vater
weder auf diesem Berg,
noch in Jerusalem anbeten.

21 Jesus spricht zu ihr: Glaube mir, Frau, es kommt die Zeit, dass ihr weder auf diesem Berge noch in Jerusalem den Vater anbeten werdet.

22 Ihr wisst nicht, was ihr anbetet; wir wissen aber, was wir anbeten; denn das Heil kommt von den Juden.

23 Aber es kommt die Zeit und ist schon jetzt, in der die wahren Anbeter den Vater anbeten werden im Geist und in der Wahrheit; denn auch der Vater will solche Anbeter haben.

24 Gott ist Geist, und die ihn anbeten, die müssen ihn im Geist und in der Wahrheit anbeten.

25 Spricht die Frau zu ihm: Ich weiß, dass der Messias kommt, der da Christus heißt. Wenn dieser kommt, wird er uns alles verkündigen.

26 Jesus spricht zu ihr: Ich bin's, der mit dir redet.

27 Unterdessen kamen seine Jünger, und sie wunderten sich, dass er mit einer Frau redete; doch sagte niemand: Was fragst du?, oder: Was redest du mit ihr?

28 Da ließ die Frau ihren Krug stehen und ging in die Stadt und spricht zu den Leuten:

29 Kommt, seht einen Menschen, der mir alles gesagt hat, was ich getan habe, ob er nicht der Christus sei!

30 Da gingen sie aus der Stadt heraus und kamen zu ihm.

31 Inzwischen mahnten ihn die Jünger und sprachen: Rabbi, iss!

32 Er aber sprach zu ihnen: Ich habe eine Speise zu essen, von der ihr nicht wisst.

Ihr Samariter betet zwar zu Gott,
doch ihr kennt ihn nicht wirklich.
Wir dagegen kennen ihn,
weil die Erlösung
aus dem jüdischen Volk kommt.
Es kommt aber eine Zeit
– sie bricht jetzt schon an –,
in der wahrhaft Glaubende den Vater
vom Geist erfüllt
und ohne jede Falschheit anbeten;
weil sich der Vater nach solchen Betern sehnt.
Weil Gott selbst Geist ist,
kann man ihn nur mit Hilfe
des Heiligen Geistes wahrhaftig anbeten."

Da sagte die Frau:
„Ich weiß, dass irgendwann ein Retter kommt,
der Christus heißen wird.
Wenn er da ist, wird er uns das alles erklären."
Jesus sagte: „Er ist schon da. Ich bin es!"

Währenddessen kamen die Jünger zurück,
und wunderten sich,
dass Jesus mit einer Frau redete,
aber keiner sagte: „Was sprichst du mit der?"
oder „Worüber redest du denn mit ihr?"

Da ließ die Frau ihren Wasserkrug stehen,
rannte in die Stadt und rief allen Leuten zu:
„Kommt mit! Da ist ein Mann,
der mir ganz genau sagen konnte,
was ich alles getan habe.
Vielleicht ist das der verheißene Retter."
Daraufhin liefen die Menschen
aus der Stadt zu ihm .

In der Zwischenzeit hatten
die Jünger Jesus ermahnt:
„Rabbi, du musst etwas essen!"
Er entgegnete aber:
„Ich habe eine Nahrung,
die ihr gar nicht kennt."
Die Jünger flüsterten miteinander:

33 Da sprachen die Jünger untereinander: Hat ihm jemand zu essen gebracht?

34 Jesus spricht zu ihnen: Meine Speise ist die, dass ich tue den Willen dessen, der mich gesandt hat, und vollende sein Werk.

35 Sagt ihr nicht selber: Es sind noch vier Monate, dann kommt die Ernte? Siehe, ich sage euch: Hebt eure Augen auf und seht auf die Felder, denn sie sind reif zur Ernte.

36 Wer erntet, empfängt schon seinen Lohn und sammelt Frucht zum ewigen Leben, damit sich miteinander freuen, der da sät und der da erntet.

37 Denn hier ist der Spruch wahr: Der eine sät, der andere erntet.

38 Ich habe euch gesandt zu ernten, wo ihr nicht gearbeitet habt; andere haben gearbeitet, und euch ist ihre Arbeit zugute gekommen.

39 Es glaubten aber an ihn viele der Samariter aus dieser Stadt um der Rede der Frau willen, die bezeugte: Er hat mir alles gesagt, was ich getan habe.

40 Als nun die Samariter zu ihm kamen, baten sie ihn, bei ihnen zu bleiben; und er blieb zwei Tage da.

41 Und noch viel mehr glaubten um seines Wortes willen

42 und sprachen zu der Frau: Von nun an glauben wir nicht mehr um deiner Rede willen; denn wir haben selber gehört und erkannt: Dieser ist wahrlich der Welt Heiland.

„Hat ihm irgend jemand etwas
zu essen gebracht?"
Doch Jesus erklärte ihnen:
„Ich lebe davon, dass ich dem gehorche,
der mich gesandt hat,
und dass ich sein Werk vollende.
Ihr zitiert doch immer das Sprichwort:
‚Vier Monate nach der Saat ist Erntezeit.'
Jetzt sage ich euch: Schaut genau hin
und seht euch die Felder an:
Das Korn ist schon reif.
Und derjenige, der die Ernte einbringt,
bekommt nicht nur direkt seinen Lohn,
er sammelt auch Erträge für das ewige Leben;
denn er freut sich so wie der, der gesät hat.

Das andere Sprichwort ist aber auch wahr:
‚Einer sät, ein anderer erntet!'
Ich habe euch zum Ernten
auf ein Feld geschickt,
das ihr nicht selbst bestellt habt.
Und darum kommt euch jetzt zu Gute,
dass sich dort andere schon abgemüht haben."

Viele Samariter aus dieser Stadt
glaubten an Jesus,
weil die Frau ihnen berichtet hatte:
„Der konnte mir ganz genau sagen,
was ich alles getan habe."
Als nun diese Samariter zu Jesus kamen,
baten sie ihn, noch zu bleiben –
und er verbrachte zwei Tage mit ihnen.
Da kamen durch seine Predigt
noch viel mehr Menschen zum Glauben.
Die sagten zu der Frau:
„Jetzt glauben wir nicht mehr
nur wegen deiner Worte,
wir haben ihn selbst gehört.
Jetzt wissen wir:
Das ist wahrhaftig der Retter der Welt."

Was Jesus in diesem Text an Tabubrüchen begeht, können wir heute kaum mehr erahnen. Zum einen reiste ein frommer Jude damals nicht durch Samarien. Lieber nahm er einen langen Umweg in Kauf. Die Samariter waren ehemalige Israeliten, in deren Glauben sich jüdische und heidnische Elemente verbanden. Dem frommen Juden war das ein Gräuel! Das zweite Tabu: Ein Mann sprach damals nicht in der Öffentlichkeit mit einer Frau. Das gehörte sich nicht. Und für einen Rabbi war es ganz und gar verboten. Ein Rabbi durfte auf offener Straße nicht einmal seine eigene Frau oder Tochter ansprechen. Und drittens: Das war nicht irgendeine Frau. Diese Frau hatte fünf Ehen hinter sich und lebte unverheiratet mit einem sechsten Mann zusammen. Das würde noch heute in manchem Dorf hier zu Lande zu strenger sozialer Ächtung führen. Vor 2000 Jahren im Orient war das noch viel schlimmer. Es hat Gründe, warum diese Frau in der gleißenden Sonne ihr Wasser holt, statt am frühen Morgen, wenn die Hitze noch einigermaßen erträglich ist. Sie will den anderen nicht unter die Augen kommen. Und plötzlich steht da dieser Mann und bittet sie, ihm etwas Wasser zu geben.

Jesus braucht uns

„Gib mir zu trinken!" – das ist der vierte große Tabubruch unseres Textes. Immerhin ist es der Sohn Gottes, der hier um einen Becher Wasser bittet. Selbst wenn wir nicht daran glauben: Jesus ist der, den die Bibel für den Sohn Gottes hält, sodass sich schon die Frage stellt: Was ist das für ein seltsames Gottesbild? Ein Gott, der müde und erschöpft am Brunnenrand sitzt und sich nach Erquickung sehnt. Christen glauben an einen durstigen Gott! Jesus hat kein Gefäß bei sich, darum spricht er diese Frau an. Weil er sie braucht.

So viele Menschen fragen: „Was habe ich vom christlichen Glauben?" Aber vielleicht geht es erst einmal gar nicht darum, was wir davon haben und was es uns bringt, sondern dass Jesus uns braucht. Dass er müde und erschöpft am Brunnenrand sitzt und darauf wartet, dass wir ihm auf seinem langen Weg durch die Zeit den Durst stillen! Ein atemberaubender Gedanke: Könnte es sein, dass der Sohn des lebendigen Gottes, ja dass Gott selbst einen Durst hat, den nur ich auf Erden zu stillen vermag?

In meinem Bekanntenkreis hat sich vor einiger Zeit eine Frau umgebracht, weil sie das Gefühl hatte, nicht mehr gebraucht zu werden. Die Kinder waren aus dem Haus, die Ehe auch nicht mehr das, was sie mal war, und einen Beruf hatte sie keinen. Und keiner war da, der ihr das vermittelt hat: „Gib mir zu trinken – ich brauche dich". Das ist das erste, was ich unserer Geschichte entnehme: Jesus braucht uns, und in dieser Tatsache liegt eine Kraft, die unser ganzes Leben verändern kann. Allerdings ist das nur eine Seite der Medaille. Die andere Seite ist:

Wir brauchen Jesus

„Wenn du wüsstest", sagt Jesus, „wer es ist, der dich um einen Becher Wasser bittet, du bätest ihn, und er gäbe dir lebendiges Wasser." Ich erlebe es immer wieder, dass Menschen anfangen, sich auf Jesus einzulassen, und dabei gar nicht wissen, wer er wirklich ist. Wie viele Leute gehen regelmäßig in die Kirche, viele arbeiten sogar mit, einfach aus dem berechtigten Gefühl heraus, gebraucht zu werden, und kennen Jesus doch nicht. Wenn sie wüssten!

Die Frau weiß nicht, wovon Jesus redet. Aber ganz offensichtlich hat er ihr Interesse geweckt. „Lebendiges Wasser" – das ist ein stehender Ausdruck für sprudelndes, fließendes Wasser. Klares, Leben spendendes Quellwasser. Das ist etwas anderes als das Wasser aus dem Brunnen, an dem sie gerade stehen. Nicht, dass die Frau undankbar wäre. In dieser wüsten Gegend ist dieser fast 30 Meter tiefe Brunnen ein wahres Gottesgeschenk. Das Wasser darin löscht den Durst, aber es schmeckt eben immer auch ein wenig abgestanden und fade. Wie das eben so ist, wenn man sein Wasser ausschließlich aus dem Brunnen der Tradition schöpft. Und jetzt kam da einer, der behauptete, er hätte mehr zu bieten als der Stammvater Jakob. Sollte das, was 1800 Jahre lang gut für die Menschen war, mit einem Mal nicht mehr gut genug sein? Wer war dieser Mensch? War er womöglich ein Prophet? Oder gar der verheißene Messias?

Das Gespräch zwischen Jesus und der Frau ist erstaunlich doppelbödig. Sie redet die ganze Zeit von richtigem, realem Wasser, und das ist auch nicht weiter verwunderlich: Immerhin hat Jesus mit dem Thema angefangen. Doch er selbst redet längst über etwas ganz anderes. Er nimmt den Durst der Frau auf und führt ihn weiter zu ihrem Durst nach Leben und dann zum Durst nach ewigem Leben. Das Gespräch spiegelt die Bemühungen Jesu wider, den Durst im Leben der Frau freizulegen. Er bringt sie in Berührung mit ihrem ureigensten Lebensdurst, um in ihr eine Sehnsucht nach Gott zu erwecken.

Dem eigenen Durst auf den Grund gehen

Wenn wir wissen wollen, was lebendiges Wasser ist, müssen wir uns mit unserer Sehnsucht konfrontieren lassen: Wonach sehnen wir uns eigentlich, wenn wir uns nach Leben, nach Liebe, nach Geborgenheit sehnen? Oder nach

Freiheit und Unabhängigkeit? Was steckt hinter unserer Sucht nach Anerkennung? Und was hinter unserem Bedürfnis, den eigenen Wohlstand oder unsere Macht zu steigern? Es ist eines der Grundübel unserer Kirche, dass sie diese Fragen meist nur auf der Ebene der Moral verhandelt, statt, wie Jesus, den Sehnsüchten der Menschen auf den Grund zu gehen. Wonach sehnen wir uns wirklich? Denn der Mensch, der sich nach Geld, Ruhm oder Ehre sehnt, sehnt sich eben nicht nur nach Geld, Ruhm oder Ehre. Der Mensch, der sich nach sexueller Befriedigung sehnt, sehnt sich nicht nur nach sexueller Befriedigung. Das ist immer nur die Spitze des Eisbergs. Unter alledem liegt eine viel tiefere Schicht an Bedürfnissen, und meist heißt dieses Bedürfnis: Liebe, bedingungsloses Angenommenwerden. Das Spannende ist: Unter dieser Schicht liegt noch eine Schicht – und die hat immer mit Gott zu tun. Diese Schicht versucht Jesus freizulegen.

Die Frau versteht allerdings zunächst kein Wort. Vielleicht will sie auch nicht verstehen. Seiner Sehnsucht auf den Grund zu gehen ist schmerzhaft. Daraus erklärt sich auch die Aufforderung Jesu an die Frau, ihren Mann zu holen. Mit Moral hat das nichts zu tun. Eine Frau hatte damals überhaupt keine Möglichkeit, sich scheiden zu lassen. Offensichtlich war sie fünf Mal weggeschickt worden. Das Problem dieser Frau war kein moralisches, sondern dass sie, die von so vielen Männern begehrt wurde, offensichtlich keinen von ihnen halten konnte. So stand sie jedes Mal da: einsam, verlassen, ohne Versorgung und Versicherung. Auf Gedeih und Verderb darauf angewiesen, dass sie wieder einer nahm, wenn sie nicht betteln wollte. Fünf mal hatte sich das wiederholt. Und „Nummer Sechs" hatte es nicht einmal für nötig befunden, sie überhaupt zu heiraten. Jesus hält der Frau nicht vor, dass sie sechs Männer gehabt hat. Wohl aber mutet er ihr zu, ihrer Sehnsucht auf den Grund zu gehen und sich als den Menschen zu erkennen, der sie nun einmal ist: durstig nach Leben, hungrig nach Liebe, dabei immer wieder enttäuscht, vielfach verlassen und schlussendlich verbittert. Man kann über lebendiges Wasser nicht reden, solange man noch seinen Durst verdrängt, verschweigt oder beschönigt.

Das Quellwasser der Anbetung

Plötzlich landet das Gespräch doch beim Thema Religion – allerdings ganz anders, als Jesus das eigentlich intendiert hat. In dem Moment, in dem das Gespräch ganz nah dran ist an ihr – für ihre Begriffe *zu* nah –, weicht die Frau aus auf religiöse Detailfragen. „Ich sehe du bist ein Prophet. Dann kläre doch bitte mal die uralte Streitfrage, wo Gott in rechter Weise angebetet wird."

Das ist eine klassische Ausflucht: Jesus möchte mit ihr über ihre innersten Sehnsüchte sprechen, und sie bringt eine Frage ins Spiel, die mit dem, was sie wirklich bewegt, nichts zu tun hat. So etwas erlebe ich recht häufig: Bevor das Gespräch zu sehr „ans Eingemachte" geht, werden der Papst und die Kreuzzüge thematisiert. So auch bei der Frau aus unserer Geschichte: Egal wie der „Prophet" ihre Frage beantwortet, ob sie mit ihm streiten oder ihm zustimmen wird, auf jeden Fall hat sie sich mit diesem Thema erst mal Luft verschafft – denkt sie. Denn es gehört zur Doppelbödigkeit, die sich durch das ganze Gespräch zieht, dass die Frau mit der Frage nach der rechten Anbetung unbewusst den eigentlichen Knackpunkt ihrer Lebensproblematik angesprochen hat.

Denn das ist der wesentliche Punkt: die Frage der Anbetung. Die Anbetung ist sozusagen die unterste Schicht unserer Sehnsucht. Wenn wir unseren Sehnsüchten auf den Grund gehen und sie von allen Äußerlichkeiten befreien, stoßen wir nach einigen Schichten auf einen innersten Kern. Der innerste Kern unserer Sehnsucht ist Anbetung. Jeder Mensch hat irgendetwas, das er anbetet, oder ist auf der Suche nach etwas, das er anbeten kann. Anbetung ist das, was uns im Tiefsten und Letzten treibt. Im Kern unserer Handlungen und unseres Denkens und Trachtens ist immer Religion. Irgendetwas beten wir immer an. Irgendwem oder irgendwas wollen wir uns hingeben. Bei manchen Menschen äußert sich das in praktizierter Religion. Bei anderen äußert es sich darin, dass sie irgendetwas Weltliches verabsolutieren und eine Religion darum bauen: etwa das Geld, einen anderen Menschen oder eine Ideologie. Die Bibel nennt das „Götzendienst". Die häufigste, primitivste und auch unbefriedigendste Form von Religion ist, dass ein Mensch einfach nur sich selbst vergöttert, denn im Grunde sind wir alle auf der Suche nach etwas, das größer ist als wir selbst.

Jesus sagt: „Wenn du anbeten willst, dann bete im Geist und in der Wahrheit an." Im *Geist*, das heißt: innen- und nicht außengesteuert. Es bedeutet: von Herzen und nicht als religiöses Pflichtprogramm. Manchmal habe ich den Eindruck, hier können wir Christen von Menschen, die eigentlich Götzendienst im eben genannten Sinne betreiben, noch einiges lernen. Die Inbrunst, mit der manche Menschen ums Goldene Kalb tanzen, vermisse ich in einer Vielzahl christlicher Gebete. Auf der anderen Seite sollen wir in der *Wahrheit* anbeten. Das heißt: in Übereinstimmung mit unserem Inneren, in Übereinstimmung mit der Realität und in Übereinstimmung mit Jesus, der von sich behauptet hat: „Ich bin die Wahrheit" (Johannes 14, 6). Jedes „Amen" („Das ist wahr!" – „So soll es sein!") in unserem Gebet erinnert daran, dass Gebete in der Wahrheit gesprochen werden wollen.

Was hat die Frage der Anbetung mit der Lebensproblematik der Frau aus unserer Geschichte zu tun? Sehr viel. Denn erst in der Anbetung finden wir die wahre Erfüllung unserer Sehnsucht nach Zuwendung und Liebe, nach Geborgenheit und Heimat. Was wir in der Beziehung zu unserem Partner ersehnen, nämlich dass wir uns fallenlassen und vergessen können, dass wir präsent sind, geborgen, das wird uns kein Partner ganz erfüllen. Erst wenn wir vor Gott als unserem Schöpfer und Vater niederfallen, kommt unsere Sehnsucht nach Liebe und Geborgenheit zur Erfüllung. Erst in der Anbetung spüren wir, dass wir ganz und gar von ihm geliebt sind. Vor Gott können wir uns selbst vergessen, weil seine Gegenwart unser Herz ganz und gar erfüllt. Und wir erkennen die Wahrheit, wir schauen durch den Schleier, der auf unserem Leben liegt, hindurch auf das eigentliche Geheimnis unseres Lebens: auf Gott.

Selbst zur Quelle werden

Mit einem Mal geschieht etwas ganz Eigentümliches: Plötzlich wird die Frau selbst zu einer Quelle. „Da ließ die Frau ihren Krug stehen, eilte in die Stadt und rief den Menschen zu: ‚Kommt doch.‘" In dem Moment, in dem jemand bei Christus seinen Lebensdurst stillt, wird er zu jemandem, der selber anderen Menschen den Weg zum lebendigen Wasser weisen kann. Das, was Jesus in ihn hineinlegt, wird lebendig und macht lebendig.

Dieses Brunnen- oder Quellesein können wir nicht selbst hervorrufen. „Das Wasser, das *ich* ihm geben werde, wird in ihm eine solche Quelle werden." Wir können es nicht machen, und doch liegt es an uns. Wenn wir Jesus nicht an uns heranlassen, werden wir selbst nicht zum Brunnen. Erst der Mensch, der Jesus in sein Leben aufnimmt, hat Lebenswasser genug, um selbst zum verströmenden Wesen zu werden. Ja mehr noch: Indem er sich verströmt, verströmt er Christus. Denn es ist ja nichts anderes, was wir weitergeben, als das, was Jesus in uns hineingelegt hat. Indem wir Christus verströmen, werden andere Menschen auf Christus hingewiesen und nehmen ihn an. Und erst dann haben wir die Bitte Jesu erfüllt: „Gib mir zu trinken." Erst indem durch unsere Mithilfe andere Menschen Christus in ihr Leben aufnehmen, haben wir den Durst Jesu gestillt.

Es gibt ein erfülltes Leben trotz vieler unerfüllter Wünsche.

    Dietrich Bonhoeffer

» Welchen Satz können Sie eher nachvollziehen: „Jesus braucht mich" oder „Ich brauche Jesus"?
» Was sind die größten Sehnsüchte in Ihrem Leben? Sind Sie denen schon einmal auf den Grund gegangen?
» Wie stehen Sie zu der These, dass jeder Mensch etwas hat oder sucht, das er anbeten kann?
» Was heißt: Gott will im Geist und in der Wahrheit angebetet werden?
» Sind Sie selbst schon einmal für andere zur Quelle des Lebens geworden? Wo können Sie es nächste Woche werden?

Der Grund meiner Sehnsucht
Schreiben Sie die Sehnsüchte auf, die Sie immer wieder verspüren. Gehen Sie jede Sehnsucht einzeln durch und fragen Sie, was hinter dieser Sehnsucht steckt: Warum sehnen Sie sich gerade danach? Fragen Sie immer tiefer. Entdecken Sie Gott als den Kern all Ihrer Sehnsucht? Fragen Sie Gott, wie er Ihnen Ihre Sehnsucht stillen will und wie Sie ihn in rechter Weise anbeten können.

Jesus spricht: Ich bin gekommen, damit sie das Leben und volle Genüge haben sollen.

    Johannes 10, 10

CARTOON

9 Darum sollt ihr so beten: Unser Vater im Himmel! Dein Name werde geheiligt.

10 Dein Reich komme. Dein Wille geschehe wie im Himmel so auf Erden.

11 Unser tägliches Brot gib uns heute.

12 Und vergib uns unsere Schuld, wie auch wir vergeben unsern Schuldigern.

13 Und führe uns nicht in Versuchung, sondern erlöse uns von dem Bösen. Denn dein ist das Reich und die Kraft und die Herrlichkeit in Ewigkeit. Amen.

Betet so: Unser Vater im Himmelreich.
Dein Name soll verherrlicht werden.
Deine Wirklichkeit soll kommen
und das, was du willst, geschehen –
im Himmel und auf der Erde.

Gib uns täglich das,
was wir zum Leben brauchen.
Und vergib uns,
was wir schuldig geblieben sind,
denn auch wir vergeben denen,
die uns etwas schulden.

Setze uns nicht der Versuchung aus,
sondern befreie uns von allem Schlechten.
Denn du bist die Wirklichkeit, die Kraft
und die Herrlichkeit für alle Zeit. Amen.

„Herr, lehre uns beten" – mit dieser Bitte traten eines Tages die Jünger an Jesus heran. Kein Wunder: Jesus führte ein sehr intensives Gebetsleben. Immer wieder zog er sich zum Gebet zurück, gerade dann, wenn er viel zu tun hatte. Alles besprach er mit seinem himmlischen Vater, lebte ganz aus der Beziehung zu ihm. Seine Jünger haben das hautnah mitbekommen. Sie merkten, dass das Gebet so etwas wie das Geheimnis seines Lebens oder doch zumindest seiner Vollmacht war. Wie viele Menschen heilte er allein durch Glaube und Gebet! Entsprechend baten seine Jünger ihn eines Tages: „Herr, lehre uns beten."

Beten ist hier im Sinn von „Bitten" gemeint. Denn als Antwort gab Jesus ihnen das Vaterunser, ein Gebet, das ausschließlich aus Bitten besteht. Kein Wort des Dankes findet sich darin, ja, wenn man es eng sieht, nicht einmal ein Wort der Fürbitte für andere. Im Vaterunser gibt uns Jesus so etwas wie eine Anleitung, worum wir bitten sollen. Der Evangelist Lukas überliefert uns das Vaterunser in einer etwas anderen Fassung (11, 2–4). Die ersten Christen haben im Vaterunser offensichtlich nicht so sehr ein fertig formuliertes Gebet, sondern eine Anleitung zum eigenen Beten bzw. Bitten gesehen. „So sollt ihr beten" sagt Jesus – das heißt: auf diese Weise, in diese Richtung. Es heißt nicht unbedingt: mit diesen Worten. Ähnlich hat es wohl auch Martin Luther verstanden, der das Vaterunser mehrmals täglich betete und sich manchmal lange Zeit dafür nahm. Er sagte einmal: „Mir ist es im ganzen Leben nicht gelungen, auch nur ein einziges Vaterunser mit Sinn und Verstand von Anfang bis Ende zu beten." – Im Folgenden möchte ich versuchen, die Bitten des Vaterunsers wenigstens ansatzweise nachzuzeichnen.

Vater unser im Himmel. Im Gebet realisieren wir unsere Beziehung zu Gott. Realisieren heißt zum einen „wahrnehmen", zum anderen „verwirklichen". Beides geschieht, wenn wir Gott als unseren Vater ansprechen. Selbstverständlich ist das nicht. Schließlich reden wir mit dem Schöpfer des Himmels und der Erde, wir hingegen sind nur kleine Geschöpfe, ja mehr noch: Wir sind Sünder, das heißt ausgesprochen rebellische Geschöpfe. Dass Jesus Gott als seinen Vater – wörtlich sogar als „Papa" – bezeichnet hat, hat uns schon am 7. Tag unserer Expedition beschäftigt. Die Juden zur Zeit Jesu, denen der unendliche Abstand zwischen Gott und uns Menschen viel stärker bewusst war als uns, fanden diese Anrede skandalös, ja gotteslästerlich. Sie resultiert zweifellos aus dem besonders engen Verhältnis, das Jesus mit Gott verband. Die wahre Sensation ist aber, dass Jesus uns ermutigt, es ihm gleichzutun und Gott ebenfalls als unseren Vater anzusprechen.

Spannend ist auch, dass Jesus uns nicht lehrt, „Mein Vater" zu beten, sondern „Unser Vater". Wir sahen es bereits am 22. Tag unserer Expedition: Christentum ist ein Gemeinschaftsglaube. Wir können Gott nicht zum Vater haben, ohne gleichzeitig eine Vielzahl von Brüdern und Schwestern an die Seite gestellt zu bekommen, die den selben Gott als Vater anbeten und mit denen wir daher wesensmäßig eng verbunden sind. Viele versuchen, ihr Christsein für sich alleine zu leben. Das ist weder sinnvoll möglich, noch im Sinne Jesu. Er sammelte Menschen und brachte sie in eine zweifache Beziehung: zu Gott, dem Vater, und den Glaubensgeschwistern.

Geheiligt werde dein Name. Der vertraute, ja geradezu intime Umgang mit Gott, zu dem Jesus uns mit der Anrede „Vater" ermutigt, bekommt in der ersten Vaterunser-Bitte eine Grenze gesetzt. Das Gebot, Gottes Namen nicht unnütz zu benutzen, wird in dieser Bitte aufgegriffen und bestätigt. Ja, Gott ist unser Vater und lädt uns zu einem liebevoll-vertrauten Umgang mit ihm ein. Das bedeutet aber nicht, dass wir beginnen, respektlos mit oder über Gott zu reden. Anders als im Judentum, in dem der Name Gottes nicht einmal ausgesprochen werden durfte, erlaubt uns Jesus die allervertrauteste Anrede, aber, bitte schön, trotzdem mit Respekt! Das ist eine Grenze, die wir Menschen oft aus dem Blick verlieren: Wir verlieren oft die Achtung vor dem, was uns vertraut wird. Deshalb sagt Jesus: Der Name darf und soll ausgesprochen werden, aber bewusst und mit dem nötigen Respekt. Ja, wir bitten Gott selber um Beistand, dass er uns helfe, seinen Namen heilig zu halten.

Dein Reich komme. Der Begriff des Reiches Gottes ist sehr vielfältig, ich kann das hier nur andeuten. Der Begriff „Reich" heißt wörtlich übersetzt: „Königsherrschaft". Die Rede ist also von einem Zustand, in dem Gott das Sagen hat, weil er der unbestrittene König ist – also von einer veränderten Wirklichkeit. Dabei geht es nicht um den Himmel, sondern um einen Zustand auf Erden. Die Frage ist: Wann wird dieser Zustand kommen? Vielleicht irgendwann in ferner Zukunft? In gewisser Weise ja, in gewisser Weise ist er aber bereits jetzt gegenwärtig. Jesus vergleicht dieses Reich Gottes einmal mit einem Senfkorn. Das Senfkorn ist ein sehr kleines Samenkorn, das sich aber zu einer mehrere Meter hohen Staude auswächst. Solch eine Saat hat Jesus in die Herzen seiner Jünger gepflanzt. Das Reich ist bereits da, wo immer Menschen sich vertrauensvoll der Liebe Gottes öffnen. Ein Senfkorn ist klein, schutz- und pflegebedürftig, man übersieht es leicht, aber es trägt eine gewaltige Kraft in sich. Ich übersetze den Satz „Dein Reich komme" daher gern mit „Deine Saat gehe auf – in meinem Herzen, in meinem Umfeld, in dieser Welt!" Dazu passt auch die Erläuterung der zweiten Vaterunser-Bitte in Martin Luthers Kleinem Katechismus: Das Reich Gottes kommt zwar ohnehin, aber mit dieser Bitte bitten wir darum, dass es auch zu *uns* komme.

Dein Wille geschehe, wie im Himmel, so auf Erden. Die meisten Menschen verstehen diesen Satz im Sinne einer Gott- und Schicksalsergebenheit: „Inschallah" – wie Gott will. Diese Auslegung ist nicht ganz von der Hand zu weisen, denn Jesus selbst betet im Garten Gethsemane kurz vor seinem Tode genau so: „Vater, wenn es nach mir geht, nimm diesen bitteren Kelch von mir, aber nicht mein, sondern dein Wille geschehe." Entsprechend angstbesetzt ist diese Bitte auch für viele Menschen: Sie haben Sorge, dass Gott etwas sehr Unschönes für sie bereit hält und ihnen nichts anderes übrig bleibt, als dem in frommer Ergebenheit zuzustimmen. Doch diese Auslegung ist, abgesehen davon, dass sie mehr von Misstrauen als von wirklichem Vertrauen geprägt ist, eine Engführung. Die eigentliche Zielrichtung dieser Vaterunser-Bitte ist viel umfassender, visionärer. Das Stichwort „wie im Himmel" deutet dies an. Der Himmel ist ja nicht ein Zustand, in dem wir uns tränenerstickt in frommer Ergebenheit in die unbegreiflichen Wege Gottes fügen, sondern etwas Leichtes, Begehrenswertes, Schönes, und zwar gerade deswegen, weil dort Gottes Wille ungetrübt geschieht! Wir beten mit dieser Bitte um „himmlische Zustände" auf Erden. Es geht in dieser Vaterunser-Bitte also nicht um fromme Ergebenheit, sondern in ihr artikuliert sich die Sehnsucht des Beters / der Beterin nach dem Himmel auf Erden. Gleichzeitig verpflichten wir uns selbst, unseren Teil dazu beizutragen, dass Gottes Wille auf Erden geschieht.

Unser tägliches Brot gib uns heute. In ähnlicher Weise wie in den Zehn Geboten geht es auch im Vaterunser zunächst einmal um die Belange Gottes, bevor es sich unseren menschlichen Bedürfnissen widmet. Das ist eine interessante Korrektur zu unserem normalen Gebet, das sich normalerweise überwiegend um unsere eigenen Wünsche dreht. Doch der Mensch wurde gerade dadurch zum Unmenschen, dass er Gott vom Thron stieß. So kann der Mensch nur wieder zum Menschen werden, wenn Gott vorher wirklich Gott wird. Sünde, so haben wir gesehen, ist zunächst ein religiöses und nur in abgeleiteter Form ein moralisches Phänomen. Darum sorgen sich sowohl die erste Tafel der Zehn Gebote, als auch die erste Hälfte des Vaterunsers zunächst um die Gottwerdung Gottes, dann erst kann es mit der Menschwerdung des Menschen etwas werden. Immerhin: So abgehoben ist die Frömmigkeit Jesu nicht, dass sie die menschlichen Bedürfnisse außer Acht lässt. Das Wort „Brot" steht sinnbildlich für die materielle Grundlage unserer Existenz. Die Tatsache, dass auch hier wieder der Plural „unser" steht, können wir Christen im reichen Westen eigentlich nur selbstkritisch lesen. Der Beter des Vaterunsers betet nicht nur darum, dass ihm selbst dieses Brot zuteil wird, sondern letzten Endes jedem unserer Menschenbrüder und -schwestern. Und das Wort „heute" erinnert an den Auszug aus Ägypten, bei dem das Volk der Israeliten immer nur für einen Tag Nahrung geschenkt bekam, und so lernte, Tag für Tag aus der Hand Gottes zu leben.

Vergib uns unsere Schuld, wie auch wir vergeben unsern Schuldigern. Kaum einen Wesenszug Gottes hat Jesus ausführlicher beschrieben als den seiner umfassenden Vergebungsbereitschaft. Gott vergibt uns selbst die größte Schuld, wenn sie uns Leid tut und wir seine Vergebung suchen. Allerdings betont Jesus des Öfteren eine eigenartige Rückkopplung zwischen Gottes Vergebung und unserer eigenen Bereitschaft, anderen zu vergeben. Im Gleichnis vom so genannten Schalksknecht (Matthäus 18, 21–35) erlässt ein König einem seiner Knechte eine riesige Summe Geld, die dieser ihm schuldet und nicht zurückbezahlen kann. Jener trifft draußen einen Mitknecht, der ihm eine vergleichsweise geringe Summe schuldet und bringt ihn deswegen ins Gefängnis. Daraufhin nimmt der König den zuerst ausgesprochenen Schuldenerlass zurück, weil er zornig ist, dass seine eigene Großzügigkeit auf seinen Knecht so ganz und gar nicht abgefärbt hat. Gott spricht seine Vergebung sozusagen nur auf Vorbehalt aus. Wir müssen für sie keine Vorleistung erbringen, wohl aber eine „Nachleistung". Diese besteht darin, dass wir die Großzügigkeit, die wir von Gott erfahren haben, an andere weitergeben. Gott gibt uns so viel, dass es nicht nur für uns, sondern auch für andere reicht. Was Gott uns gibt, ist nie nur alleine für uns gedacht. Wir dürfen es annehmen, genießen, uns darüber freuen – aber wir sollen davon auch ab- und weitergeben an andere, die es nötig haben.

Und führe uns nicht in Versuchung, sondern erlöse uns von dem Bösen. Wenn Sie Gott gegenüber drei Wünsche frei hätten, würden Sie ausgerechnet um diese drei Dinge beten: das tägliche Brot, Vergebung Ihrer Schuld und darum, nicht in Versuchung geführt zu werden? Warum war Jesus gerade

Letzteres so wichtig? In der Bibel geht es bei dem Begriff der Versuchung um etwas sehr Abgründiges. Zur Versuchung kann mir alles werden, was sich zwischen Gott und mich drängen will. Auch scheinbar harmlose, ja sogar große und heilige Dinge können sich zwischen Gott und uns drängen, wenn wir ihnen die falsche Priorität einräumen. „Führe uns nicht in Versuchung" heißt so viel wie: Bewahre uns davor, dass wir vom Glauben abfallen. Neben Brot und Vergebung sieht Jesus also die Fähigkeit zu glauben als das Allernotwendigste an. Alles kann der Mensch ertragen, solange er Glauben hat. Wenn er den Glauben hingegen verliert, stürzt er ins Bodenlose. Gott selbst führt so etwas keinesfalls herbei (vgl. hierzu Jakobus 1, 13–15), auch wenn der Wortlaut des Vaterunsers das nahe zu legen scheint. Darum übersetzen manche Ausleger diesen Vers mit: „Lass nicht zu, dass wir in Versuchung fallen".

Denn dein ist das Reich und die Kraft und die Herrlichkeit in Ewigkeit, Amen.
Dieser Vers findet sich in den ursprünglichen Handschriften des Neuen Testamentes nicht, er ist erst ab dem späten zweiten Jahrhundert belegt. Er gilt allgemein als „Geschenk der syrischen Kirche an die Christenheit." Wenn es denn stimmt, dass Jesus uns mit dem Vaterunser nicht ein *Gebet* lehren, sondern uns beibringen wollte, um was wir bitten sollen, ist es durchaus in seinem Sinne, dass Christen seine Worte ergänzen. Ihnen fehlte an dem Vaterunser vermutlich jenes Element, das wir als „Lob" oder „Anbetung" bezeichnen. In diesen Formen des Gebets halten wir uns die Größe Gottes vor Augen. Voller Dankbarkeit benennen wir Gottes wunderbare Taten und Eigenschaften, und indem wir das tun, wachsen unsere eigene Freude und unsere Zuversicht. Die Psalmen – das Gebetbuch der Bibel – sind deswegen randvoll mit Lobpreis, selbst und gerade dort, wo sie schwere Anliegen vor Gott bringen. Auch für Jesus, der mit den Psalmen lebte, war diese Form des Gebets sehr wichtig. Dass er sie – ebenso wie den Dank – nicht ins Vaterunser integrierte, liegt wohl vor allem an der Tatsache, dass er seinen Jüngern hier beibringen wollte, worum sie im Gebet bitten sollen. Als umfassende Gebetsschule ist das Vaterunser darum nicht zu verstehen, sondern eher als eine Erinnerung daran, was wir im Leben wirklich brauchen. Was wir zuerst und vor allem brauchen, ist, dass Gott wirklich Gott wird in unserem Leben. Zusätzlich brauchen wir Brot, wir brauchen Vergebung und wir brauchen Glauben. Und – so ergänzte die syrische Kirche – wir brauchen die Zuversicht, dass Gott sich allen Widernissen zum Trotz am Ende durchsetzt. Auch wenn diese Worte nicht von Jesus selbst stammen – in seinem Sinne sind sie auf jeden Fall.

Was einem Vogel die Flügel und einem Schiff die Segel sind, das ist der Seele das Gebet.

FRAGEN

» Welche Rolle spielt das Gebet in Ihrem Leben, welche Rolle das Vaterunser?
» Können Sie die Sehnsucht der Jünger nachvollziehen, unbedingt beten lernen zu wollen?
» Wenn Sie Gott gegenüber drei Wünsche frei hätten, welche wären das? Vergleichen Sie das mit der vierten, fünften und sechsten Bitte Jesu (Brot, Vergebung, Bewahrung vor Glaubensabfall).
» Teilen Sie die Auffassung, dass es die größte Katastrophe ist, wenn ein Mensch seinen Glauben verliert?
» Warum räumt Jesus der „Gottwerdung Gottes" in den ersten drei Bitten des Vaterunsers so hohe Priorität ein?

ANREGUNG
ZUM GEBET

Das Vaterunser in Gesten

Unterstreichen Sie im Text des Vaterunsers pro Zeile zwei bis maximal drei Schlüsselwörter. Überlegen Sie sich, mit welchen Gesten Sie diese zum Ausdruck bringen können (Beispiel: „Vater" = vor der Brust gekreuzte Arme, „Himmel" = beide Arme leicht nach oben halten, Hände dabei nach oben öffnen). Hierzu sollen nur Arme, Hände und der Kopf benutzt werden. Sprechen Sie dieses „Gebärden-Vaterunser" eine Zeit lang täglich.

MERKVERS

Gott ist Geist, und die ihn anbeten, die müssen ihn im Geist und in der Wahrheit anbeten.
Johannes 4, 24

WOHLFÜHLINSPIRATION

Es gibt viele offene Kirchen – nicht nur während der Gottesdienste (katholische Kirchen sind eigentlich immer offen). Vielleicht gibt es in Ihrer Umgebung ja eine besonders schöne, alte oder sogar berühmte Kirche? An diesem Wochenende haben Sie die Gelegenheit, eine Kirche aufzusuchen (nicht während eines Gottesdienstes!).

Setzen Sie sich einfach mal ins Kirchenschiff. Vielleicht 20 Minuten lang. Schauen Sie sich um. So eine Kirche spricht in tausend Sprachen: Fensterbilder, Gemälde, Reliefs, Gerüche, Töne, Hall, Architektur, Besucher, Altar, Inschriften, Steine, Temperatur. Seien Sie mit allen Sinnen auf Empfang – vielleicht sendet Gott Signale.

52, 13 Siehe, meinem Knecht wird's gelingen, er wird erhöht und sehr hoch erhaben sein.

14 Wie sich viele über ihn entsetzten, weil seine Gestalt hässlicher war als die anderer Leute und sein Aussehen als das der Menschenkinder,

15 so wird er viele Heiden besprengen, dass auch Könige werden ihren Mund vor ihm zuhalten. Denn denen nichts davon verkündet ist, die werden es nun sehen, und die nichts davon gehört haben, die werden es merken.

53, 1 Aber wer glaubt dem, was uns verkündet wurde, und wem ist der Arm des HERRN offenbart?

2 Er schoss auf vor ihm wie ein Reis und wie eine Wurzel aus dürrem Erdreich. Er hatte keine Gestalt und Hoheit. Wir sahen ihn, aber da war keine Gestalt, die uns gefallen hätte.

3 Er war der Allerverachtetste und Unwerteste, voller Schmerzen und Krankheit. Er war so verachtet, dass man das Angesicht vor ihm verbarg; darum haben wir ihn für nichts geachtet.

4 Fürwahr, er trug unsre Krankheit und lud auf sich unsre Schmerzen. Wir aber hielten ihn für den, der geplagt und von Gott geschlagen und gemartert wäre.

5 Aber er ist um unsrer Missetat willen verwundet und um unsrer Sünde willen zerschlagen. Die Strafe liegt auf ihm, auf dass wir Frieden hätten, und durch seine Wunden sind wir geheilt.

Gott verkündet: „Ich werde jemanden senden, dem es gelingen wird (mich und die Menschen zu versöhnen). Man wird ihn feiern und rühmen, obwohl er unfassbar entstellt ist und kaum noch wie ein Mensch aussieht. Viele Völker werden über ihn staunen, und es wird sogar ihren Herrschern die Sprache verschlagen. Menschen werden Dinge sehen, von denen sie noch nie etwas gehört haben, und Erfahrungen machen, die sie nicht einmal zu träumen wagten." Wer vertraut diesen Worten? Wer versteht dieses Werk Gottes?

Der, den Gott sandte, wuchs auf wie ein kümmerlicher Spross, wie eine Wurzel in dürrem Land. Er war weder schön noch ansehnlich. Wir haben ihn gesehen, aber sein Anblick hat uns nicht gefallen. Er wurde verachtet und gemieden, weil er so viele Krankheiten und Schmerzen hatte. Man wandte sich von ihm ab, so unangenehm fand man ihn. Von so einem haben wir bestimmt nichts erwartet. Dabei hat er unsere Krankheiten auf sich genommen; er hat unsere Schmerzen ertragen. Wir dachten die ganze Zeit, er würde von Gott bestraft und gequält, dabei wurde er für unsere Bosheit und unsere Schlechtigkeit geschlagen. Er hat unsere Schuld auf sich genommen, damit wir endlich Frieden finden; er wurde verwundet, damit wir heil werden.

6 Wir gingen alle in die Irre wie Schafe, ein jeder sah auf seinen Weg. Aber der HERR warf unser aller Sünde auf ihn.

7 Als er gemartert ward, litt er doch willig und tat seinen Mund nicht auf wie ein Lamm, das zur Schlachtbank geführt wird; und wie ein Schaf, das verstummt vor seinem Scherer, tat er seinen Mund nicht auf.

8 Er ist aus Angst und Gericht hinweggenommen. Wer aber kann sein Geschick ermessen? Denn er ist aus dem Lande der Lebendigen weggerissen, da er für die Missetat meines Volks geplagt war.

9 Und man gab ihm sein Grab bei Gottlosen und bei Übeltätern, als er gestorben war, wiewohl er niemand Unrecht getan hat und kein Betrug in seinem Munde gewesen ist.

10 So wollte ihn der HERR zerschlagen mit Krankheit. Wenn er sein Leben zum Schuldopfer gegeben hat, wird er Nachkommen haben und in die Länge leben, und des HERRN Plan wird durch seine Hand gelingen.

11 Weil seine Seele sich abgemüht hat, wird er das Licht schauen und die Fülle haben. Und durch seine Erkenntnis wird er, mein Knecht, der Gerechte, den Vielen Gerechtigkeit schaffen; denn er trägt ihre Sünden

12 Darum will ich ihm die Vielen zur Beute geben und er soll die Starken zum Raube haben, dafür dass er sein Leben in den Tod gegeben hat und den Übeltätern gleichgerechnet ist und er die Sünde der Vielen getragen hat und für die Übeltäter gebeten.

Wir waren alle wie Schafe,
die sich verlaufen haben,
jedes hat sich nur
um seinen eigenen Weg gekümmert.
Darum hat Gott
ihm unsere Sünde aufgebürdet.
Als er gefoltert wurde,
jammerte und schrie er nicht;
so wie ein Schaf, das zur Schlachtbank
oder zum Scheren geführt wird, litt er stumm.
In der Haft, während des Gerichts starb er.

Macht sich das eigentlich jemand klar:
Dieses Leben wurde ausgelöscht,
weil einer für das Unrecht
eines ganzes Volkes leiden musste.
Als er tot war, begrub man ihn
zwischen Verbrechern und Ausgestoßenen,
obwohl er nie jemandem etwas getan
und keine Lüge je seinen Mund verlassen hatte.
Gott hat zugelassen,
dass er dieses Leid ertragen musste.

Aber weil er für die Schuld der anderen starb,
wird er wieder zum Leben erweckt werden
und viele Nachkommen haben.
So wird Gottes Plan durch
diesen Mann gelingen.
Weil er so unendlich gelitten hat,
wird er das Tageslicht wiedersehen
und von Gott erfüllt werden.

Gott sagt: „Mein Knecht ist
so gerecht und weise,
dass viele Menschen durch ihn
gerecht werden können,
weil er ihre Sünden auf sich nimmt.
Weil er sein Leben opferte,
weil er als Verbrecher behandelt wurde,
weil er die Vergehen vieler getragen und
weil er für die Schuldigen eingetreten ist,
mache ich ihn zu einem der ganz Großen,
der Anteil am Besitz der Mächtigen hat."

Die Tatsache, dass ich in der Jesus-Woche diesen alttestamentlichen Text ausgesucht habe, zeigt, welch hohe Bedeutung der zweite Jesaja für die christliche Tradition hat. Die vier so genannten „Gottesknechtslieder" (Jesaja 42, 1–4; Jesaja 49, 1–6; Jesaja 50, 4–9 und unser Text Jesaja 52, 13–53, 12) gelten allgemein als die Hauptstücke seines Buches, obwohl bis heute unklar ist, von wem der Prophet in diesen Texten überhaupt redet. Meint er sich selbst oder das Volk Israel als kollektiven Knecht Gottes? Oder spricht Jesaja tatsächlich von einer messianischen Gestalt, die noch kommen wird? So jedenfalls hat es die Christenheit von Anfang an gedeutet, und es spricht einiges dafür, dass Jesus selbst diese Texte auf sich bezogen hat. Auf jeden Fall hat das vierte Gottesknechtslied einen festen Platz in der Karfreitagsliturgie gefunden, weil es in einzigartiger Weise deutet, was rund 580 Jahre später am Kreuz geschah.

Zweifellos ist der Karfreitag nicht nur der dunkelste, sondern auch der unverständlichste Feiertag des Christentums. Nirgends ist das Christentum unbegreiflicher als an diesem Punkt. Zugleich haben wir es hier mit dem Zentrum des christlichen Glaubens zu tun. In einem seiner Briefe schreibt der Apostel Paulus: „Ich habe keine andere Botschaft für euch als dieses Wort vom Kreuz. Und ich weiß, dass dieses Wort einfach ärgerlich ist. Es ist weder denkerisch besonders einleuchtend, noch passt es zu dem Bild, das wir im Allgemeinen von Gott haben. Denn die Götter, an die wir gerne glauben, sind stark, mächtig und schön." Damit bringt Paulus die Kritik präzise auf den Punkt, die dem Christentum bis heute entgegenschlägt, wenn es das Kreuz in den Mittelpunkt stellt. Solange wir von Liebe, Frieden und Gerechtigkeit oder auch von Jesus reden, hören uns die Leute mit einer gewissen Sympathie zu. In dem Moment, in dem wir anfangen, vom Kreuz zu reden, wenden sie sich angewidert ab. Warum lassen wir es nicht bei „Liebe"? Warum ist das Kreuz das zentrale Symbol des Christentums geworden und nicht beispielsweise ein Herz? Das wäre uns wahrscheinlich allen sehr viel sympathischer. Erstaunlicherweise ist es der alttestamentliche Prophet Jesaja, der uns auf diese Frage eine Antwort geben kann.

1. Das Kreuz zeigt uns die ungeschminkte Gestalt unseres Menschseins

Die erste Antwort, die uns unser Text auf unsere Frage gibt, ist die, dass es unsere Gestalt und unser Leiden sind, die Jesus dort auf sich genommen hat. Das Kreuz zeigt mir sozusagen die ungeschminkte Gestalt meines Menschseins. In dem Buch „Die unendliche Geschichte" von Michael Ende muss der Held, ein dreizehnjähriger Junge namens Bastian, im Lauf seiner Abenteuer durch das sogenannte Zauberspiegel-Tor gehen. Dieser Zauberspiegel tut im Grunde nur eines: Er zeigt den Menschen, die an ihm vorbei wollen, ihre ungeschminkte Gestalt, ihr wahres Wesen, ihre nackte Wahrheit. Scheinbar ist diese Erfahrung so bitter, dass die allerwenigsten durch dieses Tor hindurchkommen. Die allerwenigsten Menschen können ihrer eigenen Wahrheit ins Auge blicken. Könnte es sein, dass das Geschehen vom Karfreitag so etwas ist wie jenes Zauberspiegel-Tor, durch das wir hindurchmüssen, das uns irgendwo fasziniert, gleichzeitig aber auch abschreckt? Könnte es sein, dass wir hier am Karfreitag der ungeschminkten Wahrheit über uns selbst ins Gesicht sehen? „Er hatte keine Gestalt und Hoheit. Wir sahen ihn, aber da war keine Gestalt, die uns gefallen hätte. Er war der Allerverachtetste und Unwerteste, voller Schmerzen und Krankheit."

Ein höchst beunruhigender Gedanke, dass uns in dem Gekreuzigten die Urgestalt des Menschen begegnet, die nackte, ungeschminkte Wahrheit über ihn: Letztendlich sind wir geschlagene, missbrauchte, todverfallene Kreaturen. Das ist in einer Zeit, in der alle auf „positives Denken" setzen, eine herbe Provokation. Aber was nützt es, wenn Selbstbewusstsein, äußerer Erfolg, schöne Kleider und Doktortitel nur Wege sind, vor uns selbst davonzulaufen. wenn das alles nur äußere Schminke ist und sich dahinter ein nacktes, tief verletzbares, zitterndes Wesen verbirgt, arm und unschön anzusehen? „Ecce homo – Schaut: so ist der Mensch!", sagt Pilatus angesichts des geschlagenen und verspotteten Jesus. Haltet eurer eigenen Wahrheit stand. Wir sind nicht so erfolgreich, so schön und so gut, wie wir das gerne glauben würden.

Ich bin der festen Überzeugung, dass der Glaube an Jesus uns hilft, unserer eigenen Wahrheit standzuhalten. Der Glaube an Jesus sagt: Gott kennt meine wahre Gestalt. Und er liebt mich trotzdem. Anders als unsere Eigenliebe das oft tut, basiert Gottes Liebe nicht auf einer Lüge. Er kennt das Wesen hinter der Maske. Und er liebt es. Er ist selbst zu einem solchen zitternden Wesen geworden und ist mir gerade dort, wo ich mich selbst überhaupt nicht annehmen kann, am nächsten: in meinen Abgründen, in meinem Scheitern, sogar im Sterben.

2. Das Kreuz offenbart das zerstörerische Potenzial in uns

Ich weiß nicht, ob Ihnen die erste Antwort gefallen hat. Meine zweite Antwort ist noch bitterer. Mit der Gestalt des Opfers könnten wir uns ja vielleicht noch identifizieren. Wir sehen uns ja durchaus gerne auch mal als Opfer. Wir sind aber nicht nur Opfer, sondern Täter. Das Kreuz offenbart das zerstörerische Potenzial, das in mir verborgen liegt. Dass Christus stirbt, ist kein Zufall. Die Bibel sagt: Das musste so sein. Es musste so sein, dass Christus diesen Leidensweg geht. Das ist der zwangsläufige Weg des Guten in dieser Welt: Wenn das wirklich Gute und wir aufeinander treffen, bleibt das Gute auf der Strecke. Eine bittere Wahrheit, die uns da an Karfreitag vor Augen geführt wird. Das recht schlichte Weltbild, nach dem die meisten Menschen gut sind und nur ein paar ausgesprochene Bösewichte die Welt ins Unglück stürzen, ist einfach zu naiv. Wenn es um die Frage von Gut und Böse in dieser Welt geht, sind wir nicht Teil der Lösung, sondern Teil des Problems. Wir sind nicht nur Opfer, sondern Täter. Wir alle schauen, wie Jesaja sagt, auf unseren eigenen Weg. Manchmal heißt das, dass wir Böses tun. Viel öfter aber bedeutet es, das Gute zu unterlassen. Und wenn es hart auf hart kommt (und manchmal schon sehr viel früher), steht uns das Gute – der Gute! – einfach nur im Weg. Darum: „Hinweg mit ihm!" (Lukas 23, 18)

Das Unbegreifliche ist: Gott lässt sich tatsächlich ans Kreuz schlagen. Nicht von den Juden. Nicht von den Römern. Nicht von Pilatus. Von uns Menschen schlechthin! Wir können uns nicht damit rausreden, dass wir damals vor 2000 Jahren nicht dabei waren. Natürlich waren wir das nicht. Aber Gott ist in jedem kleinen Mitarbeiter, den ich anschreie, in jedem Menschen, der vor mir zittert und über den ich einfach hinwegrolle, während ich so eifrig auf meinen eigenen Weg sehe. Jedes Mal, wenn ich das tue, sage ich: Mein Weg ist mir wichtiger als dein Weg. Das Kreuz offenbart die erschütternden destruktiven Potenziale, die in uns allen verborgen liegen und die auch Gott gegenüber keinen Halt machen. Jedes Kreuz erinnert mich ein Stück daran, wozu ich als Mensch im Letzten auch fähig bin und korrigiert damit das geschönte Selbstbild, das ich von mir habe. In unserem Herzen liegen Untiefen verborgen. Das ist es, was wir an Karfreitag anschaulich vor Augen geführt bekommen: Im Tiefsten und Letzten wollen wir gar nicht das Gute.

3. Das Kreuz zeigt uns nicht nur das Problem, sondern auch die Lösung

Wir Menschen versuchen, das Böse oft dadurch zu bekämpfen, dass wir draufhauen, Armeen aufstellen oder irgendwie aufrüsten: militärisch, moralisch oder sonst wie. Die Art, wie Gott an das Problem des Bösen in unserem Leben herangeht, ist das Kreuz. Und er möchte, dass auch wir auf diese Weise an das Problem herangehen. Das Böse kann nicht durch Böses überwunden werden. Das Böse wird überwunden durch Erdulden, Vergeben, Aushalten, Versöhnen. Mit einem Wort: durch Liebe. Da haben wir sie also doch: die Liebe. Aber eben nicht die Liebe, die durch ein großes Herz symbolisiert wird, sondern durch das Kreuz. Eine ganz bestimmte Form der Liebe. Und das ist wichtig.

Das Herz steht bei uns für die verschiedensten Arten der Liebe, manchmal auch für sehr fragwürdige. Das Kreuz hingegen redet von einer ganz konkreten Art der Liebe: nämlich der Liebe, die sich hingibt. Ein großes Herz mag für positive Gefühle stehen, und die hat Gott sicherlich für uns. Aber das Kreuz steht für Hingabe. Es ist wie beim Skat: Kreuz übertrumpft Herz. Gott möchte unser Herz. Aber unser Herz ist allzu oft ein wankendes, wackliges, unzuverlässiges Etwas. Darum ist es wichtig, dass unser Christentum nicht auf unserem Herzen (= unserer Liebesfähigkeit) basiert, sondern auf dem Kreuz Christi. Wenn das Christentum in seinem Zentrum ein Kreuz hat, dann nicht, weil es die Liebe unwichtig fände, sondern weil es eine ganz bestimmte Liebe im Zentrum hat: eine Liebe, die von Gott kommt, die in der Person Jesu Christi ihre sichtbare Gestalt angenommen hat und die sich für uns Menschen in nicht zu überbietender Radikalität hingibt. Bevor ich irgendetwas tun kann – beispielsweise lieben –, hat Gott unendlich viel für mich getan. Und in dem, was er getan hat – und nicht in dem, was ich tue – ist mein Christsein begründet. Das Kreuz verweist nicht auf das, was ich zu tun habe, sondern auf das, was für mich getan wurde. Vielleicht ist das der große Unterschied zwischen dem Christentum und aller anderen Religion. Die Religion sagt mir, was ich zu tun habe. Das Christentum hingegen sagt mir, was Gott für mich getan hat.

Was heißt: „Jesus starb für unsere Schuld"?
Wir haben alle gelernt: Jesus ist für unsere Schuld stellvertretend gestorben. Wir dürfen diesen Gedanken nicht so verstehen, wie er leider immer wieder verstanden wurde: dass nämlich Gott als Preis für die Vergebung ein blutiges Menschenopfer verlangt. Unser Gerechtigkeitsempfinden erhebt hier mit vollem Recht Einspruch. Ich würde den Satz vielmehr so erklären: Wenn ein Mensch wirklich nur auf seinen eigenen Weg sieht, dann werden andere zwangsläufig in Mitleidenschaft gezogen, dann bleiben andere auf der Strecke. Und da gibt es zwei Möglichkeiten, die Dinge wieder ins Lot zu bringen: Entweder man setzt sich zur Wehr – oder man verzeiht dem anderen. Es gibt aber keine wirksame und glaubhafte Vergebung und Verzeihung, wenn derjenige, der sie ausspricht, nicht bereit ist, hinzunehmen, was der andere ihm angetan hat. Vergebung heißt: „Du hast mir etwas angetan, aber ich bestrafe dich nicht dafür, sondern ich will, dass alles gut ist zwischen dir und mir, auch

wenn mir das handfeste Nachteile bringt. Ich will lieber Schaden erleiden, als dass das Verhältnis zwischen dir und mir ernsthaft gestört wird."

Das meint: Jesus – ein Opfer für unsere Sünden. Gott *fordert* kein Opfer, er *bringt* das Opfer! Gottes Liebe ist so groß, dass er lieber den größten Verlust erleidet, als uns zu verlieren. Gott selbst tritt stellvertretend ein für Sie und für mich und trägt die böse Wirklichkeit, die durch uns angerichtet ist, am eigenen Leibe aus, damit wir nicht an den Folgen unserer Schuld zu Grunde gehen müssen. Er leidet lieber, als uns zu bestrafen. Er sieht uns in die Irre laufen wie die Schafe, weil wir alle nur auf unseren eigenen Weg sehen – und er folgt uns auf unserem Weg bis in die letzte Einsamkeit, bis in den Tod hinein, damit wir nicht verlorengehen. Jesus geht den Weg der Gottverlassenheit, um uns Gottlosen eine neue Gottverbundenheit zu ermöglichen. Der Theologe Helmut Thielicke sagt: „Der Vater hat den Sohn in die Hölle geschickt, damit uns sogar die Hölle noch zum Himmel werden kann." Das heißt: „Jesus starb für unsere Schuld."

Eine kurze Bemerkung noch zum Schluss: Nach Karfreitag kommt Ostern. Nach dem Kreuz die Auferstehung. Es wäre ganz furchtbar sinnlos, wenn das Kreuz am Ende der Wege Gottes stünde. Es ist christliche Überzeugung, dass Gott sich am Ende durchsetzen wird: Sein ist „das Reich und die Kraft und die Herrlichkeit in Ewigkeit", das ist wahr. Der Karfreitag ist Gott sei Dank nicht die letzte Aussage zu diesem Thema. Aber der Punkt ist der: Es gibt keine Osterbotschaft ohne Karfreitag. Es gibt keinen Sieg Gottes über das Böse ohne vorheriges Scheitern, ohne Hingabe, ohne Schmerz. Der Weg Gottes ist nicht der der Gewalt, sondern der der Liebe und des Opfers. Darum kommt vor der Auferstehung das Kreuz. Tatsächlich endet der Weg des Glaubens, der Hoffnung und der Liebe scheinbar immer wieder völlig sinnlos im Straßengraben der Weltgeschichte, von anderen Mächten zerstörerisch überrollt. Und doch konnte er bis heute nicht ausgelöscht werden, sondern hat sich immer wieder neu durchgesetzt, und es gibt keine größere Hoffnung für diese Weltgeschichte, als die, dass das so bleibt.

Wir Menschen sind verlorener, als wir zugeben wollen, aber auch tiefer erlöst, als wir zu hoffen wagen.

Sören Kierkegaard

FRAGEN

» Mit wem können Sie sich eher identifizieren: Mit kraftsprühenden, erfolgreichen Persönlichkeiten (z.B. Arnold Schwarzenegger, Madonna oder Franz Beckenbauer) oder mit dem gekreuzigten Christus?

» Wie würden Sie einem Freund den Satz erklären: „Jesus starb für meine Schuld"?

» Welche Bedeutung hat das Kreuz für Ihren persönlichen Glauben?

» Kann das Gute das Böse überwinden, ohne die Waffen des Bösen zu gebrauchen?

» Denken Sie an ein oder zwei konkrete Konflikte, in denen Sie im Moment stehen. Was könnte es für Sie bedeuten, in diesen Fällen den Weg des Gekreuzigten zu gehen?

ANREGUNG ZUM GEBET

Jesaja 53 und ich

Lesen Sie Jesaja 53 noch einmal Vers für Vers durch und schreiben Sie in Ihr Gebetstagebuch, wo Sie sich – sei es als Opfer oder als Täter – selbst erkennen. Selbstverständlich können Sie auch Ihre Fragen aufschreiben. Beenden Sie Ihren Tagebucheintrag mit einem Gebet oder formulieren Sie ihn im Ganzen als Gebet.

MERKVERS

Das Wort vom Kreuz ist eine Torheit denen, die verloren werden; uns aber, die wir selig werden, ist es eine Gotteskraft.

1. Korinther 1, 18

1 Und als der Sabbat vergangen war, kauften Maria von Magdala und Maria, die Mutter des Jakobus, und Salome wohlriechende Öle, um hinzugehen und ihn zu salben.

2 Und sie kamen zum Grab am ersten Tag der Woche, sehr früh, als die Sonne aufging.

3 Und sie sprachen untereinander: Wer wälzt uns den Stein von des Grabes Tür?

4 Und sie sahen hin und wurden gewahr, dass der Stein weggewälzt war; denn er war sehr groß.

5 Und sie gingen hinein in das Grab und sahen einen Jüngling zur rechten Hand sitzen, der hatte ein langes weißes Gewand an, und sie entsetzten sich.

6 Er aber sprach zu ihnen: Entsetzt euch nicht! Ihr sucht Jesus von Nazareth, den Gekreuzigten. Er ist auferstanden, er ist nicht hier. Siehe da die Stätte, wo sie ihn hinlegten.

7 Geht aber hin und sagt seinen Jüngern und Petrus, dass er vor euch hingehen wird nach Galiläa; dort werdet ihr ihn sehen, wie er euch gesagt hat.

8 Und sie gingen hinaus und flohen von dem Grab; denn Zittern und Entsetzen hatte sie ergriffen. Und sie sagten niemandem etwas; denn sie fürchteten sich.

Als am Abend der Feiertag vorüber war,
kauften Maria von Magdala,
Maria, die Mutter von Jakobus,
und Salome duftende Öle,
um den Toten damit einzureiben.

Am Sonntagmorgen bei Sonnenaufgang
gingen sie dann zum Grab
und fragten sich auf dem Weg:
„Wer könnte uns bloß den Stein
vor dem Eingang der Kammer wegrollen?"
Doch als sie hinkamen, fiel ihnen sofort auf,
dass der große Stein
schon verschoben worden war.

Sie gingen in die Grabkammer hinein
und sahen dort einen jungen Mann
in einem weißen Gewand sitzen.
Da erschraken alle drei,
aber der Mann sagte:
„Habt keine Angst.
Ich weiß, dass ihr Jesus von Nazareth sucht,
der am Kreuz hingerichtet wurde.
Nun: Er wurde vom Tod auferweckt.
Er ist nicht mehr hier.
Seht, dort drüben,
da hatten sie ihn hingelegt.
Jetzt lauft schnell zu Petrus und den Jüngern
und bestellt ihnen,
dass sich Jesus schon vor euch
auf den Weg nach Galiläa gemacht hat.
Dort werdet ihr ihn alle wiedersehen,
wie er es euch angekündigt hat."

Die Frauen liefen hinaus
und rannten von dem Grab weg,
so schnell sie konnten,
weil sie vor Entsetzen zitterten;
ja, ihre Angst war so groß,
dass sie niemandem etwas sagten.

Jedes der vier Evangelien berichtet uns mehr oder minder ausführlich über die Auferstehung Jesu. Ich habe diesen Bericht hier ausgewählt, weil er die Stimmung am besten einzufangen scheint, die am Ostermorgen unter den Jüngerinnen und Jüngern Jesu geherrscht haben muss: nämlich nacktes Entsetzen und barer Unglaube. Wir sollten nicht glauben, dass nur wir modernen, naturwissenschaftlich geprägten Menschen Schwierigkeiten damit hätten, an eine leibliche Auferstehung Jesu zu glauben. Dass einer, der einmal tot daliegt, nicht wieder aufsteht, wussten die Leute damals auch schon. Die Frage, die uns darum beschäftigt, ist die: Wie kam es zum Auferstehungsglauben?

Erklärt sich die Auferstehung Jesu aus einem Wunschtraum der Jünger?

Wenn ein Mensch stirbt, den wir geliebt haben, entwickelt unsere Seele den starken Wunsch, dass dieser Mensch nicht tot ist, sondern lebt. Im Lauf der Zeit ebbt dieses Gefühl ab, und wir finden uns mehr und mehr ab mit der Realität. Aber anfangs ist der Wunsch oft so stark, dass wir für den Verstorbenen weiter den Tisch decken, mit ihm reden oder seine Anwesenheit fast körperlich spüren. Unsere Seele „schluckt" eine Todesnachricht nicht in einem einzigen Happen, sondern zerlegt und portioniert diese Botschaft in kleinere Stücke, bis sie sie vollends akzeptiert und verdaut hat. Das ist ein völlig normaler seelischer Prozess. Kritisch wird es nur, wenn wir in dieser Phase stecken bleiben. Wenn wir unseren Toten noch nach Jahren den Tisch decken und sie nicht entlassen aus dieser Welt – dorthin, wo sie jetzt hingehören. Und schlimmer noch: Wenn wir uns *selbst* nicht aus dem Zugriff unserer Toten entlassen, dorthin, wo wir hingehören: nämlich in dieses Leben hinein!

Die Frage, die viele beschäftigt, ist: Könnte es sein, dass die Botschaft von der Auferstehung Jesu so etwas ist wie ein stecken gebliebener Trauerprozess? Könnte es sein, dass das Christentum entstanden ist, weil Menschen partout nicht wahr haben wollten, dass Jesus tot ist? Das hört sich zunächst einmal nach einer plausiblen Erklärung an. Doch diese Theorie wirft mehr Fragen auf als sie beantwortet. Natürlich hat ein Trauernder den intensiven Wunsch, der oder die Tote möge nicht tot sein. Aber ich habe noch nie erlebt, dass jemand allen Ernstes behauptet hat, ein Toter sei leibhaftig auferstanden. So sehr man es sich vielleicht auch wünschen möchte, so viel Realitätssinn hat unsere Seele im Allgemeinen schon, dass sie sich aus einem inneren Wunsch keine leibhaftige Wirklichkeit zusammenbastelt. Ich weiß, dass es Menschen gibt, die der festen Überzeugung sind, Elvis sei noch am Leben, aber ich kenne keinen einzigen Fall, in dem Leute sagen: „Die und die Person ist zwar gestorben, aber sie ist wieder auferstanden von den Toten!" Die Seele portioniert sich eine Todesnachricht zwar in verdaubare Happen und ist in ihrem ersten Nicht-wahr-haben-Wollen zu mancher Kuriosität bereit, aber so weit geht sie im Allgemeinen nicht, etwas derartig Abstruses zu behaupten, wie dass ein Mensch, der einmal ganz offensichtlich tot dalag, wieder lebt – und zwar leibhaftig. Nein, aus dem bloßen Wunschdenken der Jünger heraus lässt sich die Botschaft von der Auferstehung Jesu schlecht erklären. Das ist eine ziemlich unwahrscheinliche Theorie. Doch wenn es nicht der Wunsch ist, wie steht es mit der Wirklichkeit? Welche Fakten gibt es eigentlich, die für die Auferstehung Jesu Christi sprechen?

Tatsache Nr. 1: Das Grab war leer

Der Tod Jesu war seinerzeit ein Politikum ersten Ranges. Damals begann gerade der höchste jüdische Feiertag, das Passafest. Tausende von Pilgern befanden sich in Jerusalem. Da waren gewaltige Menschenmengen – und da war eine verhasste Besatzungsmacht, die Römer. Es herrschte eine explosive Stimmung. Und weil die Römer nichts so sehr fürchteten wie einen Aufstand der Juden, stellten sie für die Feiertage eine Gruppe von Soldaten als Wache an das Grab Jesu: um jeder Legendenbildung vorzubeugen. Leute, die nicht nur um ihres Befehls willen, sondern auch aus Angst um ihr eigenes Leben mit Sicherheit hellwach blieben. Und selbst wenn sie eingeschlafen wären: Einen riesigen Stein von einem Höhlengrab wegzuwälzen macht genug Krach, um einen Bären aufzuwecken. Dennoch hat man nie einen Leichnam Jesu gefunden. Wie wollen wir uns das erklären? Dass ein schwer verletzter, scheintoter Jesus selbst einen mehrere Zentner schweren Stein von der Graböffnung weggewälzt hat? Dass jemand den Leichnam fortgenommen hat? Wer könnte daran ein Interesse gehabt haben? Die Römer und die Pharisäer bestimmt nicht. Die Jünger? Dieses verängstigte, zerschlagene Häuflein, das sich bei der Verhaftung Jesu schleunigst aus dem Staub gemacht hatte und geflohen war – ausgerechnet dieser desolate Haufen sollte in der Lage gewesen sein, bereits einen Tag später den Römern ein derartiges Schnippchen zu schlagen und ihnen eine Leiche unter den Augen wegzuklauen?

Tatsache Nr. 2: Der radikale Stimmungsumschwung der Jünger

Am Karfreitag ist für die Jünger Jesu alles zusammengebrochen, was sie geglaubt, geliebt und gehofft hatten. Ein entsprechendes Bild des Jammers gaben sie ab: Sie flohen bei der Verhaftung Jesu, einige von ihnen waren bereits auf dem Heimweg nach Galiläa, die anderen hatten sich in einer Hütte außerhalb Jerusalems verbarrikadiert – ratlos, desillusioniert und ohne jede Perspektive. Der Text, den Sie eben gelesen haben, zeigt, wie stark der Ostermorgen für die Jüngerinnen und Jünger Jesu zunächst unter dem Vorzeichen von Angst und Schrecken stand. Doch dann kommt der unerklärliche Bruch: Dieselben Leute findet man nur kurze Zeit darauf völlig verändert vor – freudestrahlend, hochmotiviert, mit all jenen Tugenden ausgestattet, die ihnen am Karfreitag noch gefehlt hatten: Bekennermut, Lebensfreude, Überzeugungskraft. Die Jünger, die eben noch geflohen waren, sind mit einem Mal bereit, für die Botschaft von Jesus jedes Risiko in Kauf zu nehmen. Woher kommt das? Es muss schon ein sehr massiver Eindruck gewesen sein, der die Jünger zu diesem plötzlichen und radikalen Stimmungsumschwung veranlasste. Sie müssen nur wenige Tage nach dem immensen und belastenden psychischen Eindruck, den die Kreuzigung Jesu auf sie hinterlassen hatte, etwas erfahren haben, was diesen Eindruck nicht nur aufhob, sondern sogar noch überbot und ein Leben lang anhielt. Das Neue Testament sagt: die Auferstehung Jesu! Das ist eine ziemlich unglaubliche Erklärung – damals wie heute. Das ist natürlich kein Beweis für die Auferstehung, aber haben Sie eine bessere Erklärung?

Tatsache Nr. 3: Das spätere Martyrium der Jünger
Von den zwölf Jüngern starb nur einer – Johannes – eines natürlichen Todes. Judas erhängte sich, alle anderen wurden zu Märtyrern ihres Glaubens – des Auferstehungsglaubens. Diese Tatsache halte ich für ein sehr starkes Argument. Es spricht übrigens auch gegen die Theorie, dass Jesus nur scheintot gewesen sei oder sonst irgendetwas an der ganzen Sache gemauschelt war. Natürlich gibt es das. Die Liste religiöser Scharlatane, die irgendwelche Wunder inszenieren und den Leuten ein X für ein U vormachen, ist kilometerlang. Die Frage ist aber: Wie weit geht man für eine selbst inszenierte Lüge? Tausende sind bereit, für etwas in den Tod zu gehen, an das sie wirklich glauben. Aber wer geht in den Tod für etwas, wovon er weiß, dass es gar nicht stimmt, sondern dass er es nur erfunden hat? Die Römer haben selbst in den schlimmsten Christenverfolgungen den Leuten immer die Gelegenheit gegeben, ihre Botschaft zu widerrufen. Alles, was sie sagen mussten, war: „Es stimmt nicht. Jesus ist nicht auferstanden." Wenn sie das sagten, waren sie frei. Ich glaube, ich hätte – derart mit einem brutalen Tod bedroht – selbst dann widerrufen, wenn ich die Auferstehung erlebt hätte. Aber die Jünger widerriefen nicht, ein starkes Indiz dafür, dass sie ihre Geschichte nicht erfunden haben.

Tatsache Nr. 4: Es gab Hunderte von Zeugen der Auferstehung Jesu

Paulus sagt im 1. Korintherbrief (15, 5–6), dass Jesus erst von Petrus gesehen wurde, dann von den zwölf Jüngern und danach von über 500 Christen, von denen, wie er schreibt, die meisten zu jener Zeit noch lebten. Was er also sagt, ist: „Ich kann euch 500 Adressen und Telefonnummern nennen, fragt dort bitte nach. Das sind nicht nur die Hirngespinste einiger überspannter Jünger, über die wir hier reden: Jesus lebt nicht nur im Geist und in unserer Erinnerung oder bei Gott weiter, er ist leibhaftig auferstanden." Sicherlich: Hunderte von Zeugen finden Sie auch für die Existenz von fliegenden Untertassen oder kleinen grünen Männchen, die angeblich auf der Erde gelandet sind. Eher selten finden Sie aber, dass 500 Leute auf einmal behaupten, sie hätten da etwas gesehen. Ich bin in diesen Dingen eher ein Skeptiker, aber wenn 500 Leute auf einmal so etwas zu sehen meinen, würde ich mich zumindest fragen: Was haben die da gesehen? Es gibt viel, was man für eine fliegende Untertasse halten kann. Was aber können so viele Menschen mit dem leibhaftigen Jesus verwechseln?

Für die geschichtliche Zuverlässigkeit der Auferstehung sprechen mehr Gründe, als viele Leute meinen. Vier Fakten habe ich Ihnen genannt. Einige andere könnte man sicherlich noch hinzufügen. Jedes einzelne dieser Argumente lässt sich zweifellos in Frage stellen. In ihrer Gesamtheit aber geben sie ein beeindruckendes Bild. Es ist wie eine Schnur, die aus mehreren ineinander gewirkten Schnüren besteht: Einzeln kann man die kleinen Schnüre vielleicht zerreißen. Ineinander gewirkt hingegen ist die Schnur ziemlich belastungsfähig. Etwas flapsig gesagt: Man muss, um die Auferstehung Jesu zu negieren, mindestens ebenso viel Glauben aufbringen, wie wenn man sie bejaht.

Doch Fakten sind das eine, Glauben ist etwas anderes. Wir können die Fakten einleuchtend finden und trotzdem führen sie uns nicht automatisch zum Glauben. Vielleicht zu einem Glauben im Sinne eines Für-wahr-Haltens, aber nicht im Sinne von Vertrauen. So finden viele Leute die oben aufgeführte Argumentation vielleicht einleuchtend, aber sie glauben es trotzdem nicht. Umfragen zufolge glauben erstaunlich viele Menschen unseres Kulturkreises, dass die Auferstehung Jesu ein „Fakt" ist – aber sie glauben deswegen noch lange nicht an den Auferstandenen im Sinne einer Lebensbeziehung. Die Frage ist: Wie kommt man von der Bejahung von Fakten zu einer Vertrauensbeziehung? Wie kommen wir aus einer eher gedanklichen Zustimmung zu einer inneren Zustimmung? Wie finden wir von einem „Das finde ich ja ganz einleuchtend" zu einem „Ich glaube an den Auferstandenen"? Wahrscheinlich verblüfft Sie jetzt meine Antwort: Dazu brauchen wir doch einen Wunschtraum.

Der Wunsch ist der Vater des Auferstehungsglaubens

Hinter der Botschaft von der Auferstehung Jesu stehen einige harte Fakten. Doch wenn ich mir nicht wünsche, dass das für mich wahr ist: dass Jesus auferstanden ist, dass er den Tod und damit auch meinen Tod besiegt hat, dass er die Kraft hat, uns aus dem Tod und unserer Todverfallenheit ins Leben zu ziehen, wenn ich diesen Wunsch so gar nicht in mir verspüre, dann werde ich es auch nicht glauben. Dann kann man mich mit Fakten bewerfen, bis ich umfalle, ich werde den Schritt zum Glauben nicht vollziehen.

Die Botschaft von der Auferstehung Jesu wird von einigen einleuchtenden Tatsachen untermauert, aber wenn es um die Frage des Glaubens geht, brauche ich einen Wunsch. Brauche ich den Wunsch, dass Jesus nicht im Tod geblieben ist. Brauche ich den Wunsch, dass das nicht wahr sein darf, dass der Tod mächtiger war als Jesus, dass der Tod alles zunichte gemacht hat, was Jesus den Menschen an Glaube, Liebe und Hoffnung gebracht hat. Das heißt: Kein Mensch muss glauben, wenn er das nicht wünscht. Ja, kein Mensch *kann* glauben, wenn er das nicht wünscht! Der auferstandene Jesus ist nicht einem Einzigen begegnet, der sich das nicht gewünscht hätte. Er ist vielen begegnet, die das zunächst nicht glauben konnten. Aber nicht einem einzigen Menschen, der sich nicht sehnlich gewünscht hätte, dass Gott sich mit seinem Willen nach Liebe und Leben letztendlich durchsetzt; keinem, der nicht den tiefen Wunsch nach einem neuen, heileren Leben in sich getragen hätte. Und so wird es auch mit uns sein: Die Fakten, die ich Ihnen genannt habe, reichen hoffentlich aus, um zu zeigen, dass der Glaube keine Fiktion, nicht „bloßer" Wunschtraum ist. Aber ohne Wunschtraum kommen Sie auch nicht weiter, jedenfalls nicht zum Glauben. Ohne Wunschtraum werden Sie trotz aller Fakten nicht anfangen zu vertrauen.

Die Religion sieht in der Auferstehung Jesu einen Spezial-
fall der allgemeinen Auferstehung. Das Christentum sieht
in der Auferstehung Jesu erst die Ermöglichung unserer
Auferstehung.

FRAGEN
» Kennen Sie es aus Ihrem näheren Bekanntenkreis,
dass jemand den Tod eines anderen nicht wahr haben
wollte?
» Wie beurteilen Sie die aufgeführten vier Tatsachen,
die für die Auferstehung Jesu sprechen?
» Haben Sie jemals den Wunsch gehabt, dass die
christliche Botschaft von der Auferstehung Jesu wahr
wäre?
» Wieso kann man ohne Wunsch nicht glauben?
» Was hat die Auferstehung Jesu mit unserer Auferstehung zu tun?

ANREGUNG
ZUM GEBET

Und wenn es wahr wäre ...
Wenn Sie nicht ohnehin an die Auferstehung glauben,
dann stellen Sie sich für einen Augenblick vor, die Sache
mit der Auferstehung Jesu wäre wahr. Schreiben Sie auf,
welche Konsequenzen das für Sie hätte: für Ihr Denken,
Ihr Handeln, Ihre Einstellung zu Leben und Tod ... Beenden
Sie Ihren Tagebucheintrag mit einem Gebet (wenn Sie ihn
nicht im Ganzen als Gebet formulieren wollen).

MERKVERS

Ist Christus aber nicht auferstanden, so ist euer Glaube
nichtig, so seid ihr noch in euren Sünden; so sind auch
die, die in Christus entschlafen sind, verloren. Hoffen wir
allein in diesem Leben auf Christus, so sind wir die elendesten unter allen Menschen.
1. Korinther 15, 17–19

Woche 5 / **Gemeinde**

Wo gehöre ich hin?

Tag 28 / **In Christus verwurzelt**

ÜBERBLICK

Im Grunde lässt sich die Botschaft Jesu in einem einzigen Satz zusammenfassen: „Menschen gehören zu Gott!" Nun stellt sich aber die herausfordernde Frage, wie das denn in einem oftmals ziemlich anstrengenden und leider auch sehr anfälligen Erdendasein eigentlich umgesetzt werden kann: Wo findet eine persönliche Anbindung an Gott ihre irdische Heimat, und wo kann sie im Alltag umgesetzt werden? Die Antwort ist eine große Einladung und eine Zumutung zugleich: „In der Gemeinschaft!" Puh!

Zum Glück lebte Jesus ganz konsequent vor, wie so etwas aussehen sollte: Er suchte andauernd die Nähe der Menschen und pflegte sogar mit denen Umgang, die von allen anderen scheel angeguckt wurden. Und er baute sich schon zu Beginn seines Wirkens einen äußerst interessanten Kreis von Gleichgesinnten auf, die mit ihm zogen: die Jünger. Nun: Schon bei dieser bunt zusammen gewürfelten Truppe wurde sofort deutlich, dass es auch im frömmsten Team unendlich menschelt und dass die vielen kleinen Animositäten der Leute nicht immer ein Abbild göttlicher Liebe darstellen werden. Trotzdem beharrte Jesus darauf: „Spürbar, erfahrbar und real wird euer Glaube erst im Miteinander."

Nach der Kreuzigung scheint es zuerst, als würde der Urzelle der christlichen Gemeinde der Boden unter den Füßen weggezogen. Ohne ihren Anführer fühlen sich die Jünger verraten und verkauft. Doch dann steht Jesus wieder lebendig vor ihnen – und dieselben Leute, die sich eben noch in der Hölle wähnten, begreifen, dass der Himmel auf Erden darin besteht, gemeinsam der Wirklichkeit Gottes zum Durchbruch zu verhelfen. Das erscheint den Frauen und Männern in den ersten Wochen zwar noch ziemlich fantastisch und eigentlich nicht zu bewältigen, doch dann schickt ihnen Gott seinen Geist in Form fliegender Feuerzungen – und sie begreifen, dass es weder in der Gemeinschaft, noch im Glaubensalltag auf die eigene Kraft ankommt. Wieder einmal geht es nicht um Leistung, sondern um die Kunst, zu vertrauen und sich begeistern zu lassen.

Das macht die junge Gemeinschaft, und sie erlebt eine einzigartige Erfolgsgeschichte: Aus der kleinen Anhängerschaft wird in wenigen Jahrhunderten eine weltweite Bewegung von Menschen, die verwundert entdecken, dass ihre Verletzungen geheilt werden, und dass sie in Gottes Gemeinde ein Zuhause finden. Dahinter stecken keine klugen Marketingstrategien, sondern Erfahrungen, keine politischen Überzeugungen, sondern lauter kleine überzeugende Lebensgeschichten. Und die Tatsache, dass die Christen es wagen, Gott etwas zuzutrauen, dass sie keine Vorurteile gegenüber irgendwelchen Gruppierungen kennen, dass sie ihre Begabungen als Geschenke Gottes betrachten, die sie für ihn einsetzen wollen – und dass sie gar nicht anders können, als von diesem herrlichen Herrn zu schwärmen.

1 Ich bin der wahre Weinstock und mein Vater der Weingärtner.

2 Eine jede Rebe an mir, die keine Frucht bringt, wird er wegnehmen; und eine jede, die Frucht bringt, wird er reinigen, dass sie mehr Frucht bringe.

3 Ihr seid schon rein um des Wortes willen, das ich zu euch geredet habe.

4 Bleibt in mir und ich in euch. Wie die Rebe keine Frucht bringen kann aus sich selbst, wenn sie nicht am Weinstock bleibt, so auch ihr nicht, wenn ihr nicht in mir bleibt.

5 Ich bin der Weinstock, ihr seid die Reben. Wer in mir bleibt und ich in ihm, der bringt viel Frucht; denn ohne mich könnt ihr nichts tun.

6 Wer nicht in mir bleibt, der wird weggeworfen wie eine Rebe und verdorrt, und man sammelt sie und wirft sie ins Feuer und sie müssen brennen.

7 Wenn ihr in mir bleibt und meine Worte in euch bleiben, werdet ihr bitten, was ihr wollt, und es wird euch widerfahren.

8 Darin wird mein Vater verherrlicht, dass ihr viel Frucht bringt und werdet meine Jünger.

Ich bin der wahre Weinstock,
und mein Vater ist der Winzer.
Er entfernt jede Rebe,
an der keine Früchte wachsen.
Doch die Reben, an denen Früchte wachsen,
reinigt er, damit sie
noch mehr Ertrag bringen.

Weil ich mit euch gesprochen habe,
seid ihr schon gereinigt.
Jetzt bleibt mit mir vereint,
denn dann bin auch ich mit euch vereint.

Eine Rebe kann niemals
eigenständig Früchte tragen,
wenn sie nicht mehr am Weinstock hängt.
So wird es auch euch ergehen,
wenn ihr nicht mit mir verbunden bleibt.
Ich bin der Weinstock, ihr seid die Reben.
Wer bei mir bleibt, bei dem bleibe ich
und der bringt viel Frucht;
ohne mich werdet ihr es nicht schaffen.

Wer sich von mir löst,
wird wie eine abgeschnittene Rebe sein:
Man sammelt sie und wirft sie ins Feuer,
wo sie verbrennt.
Wenn ihr aber mit mir vereint bleibt
und meine Worte in euch weiterwirken,
dann könnt ihr um alles bitten
und werdet es bekommen.
Wenn ihr meine Jünger werdet
und viel Frucht bringt,
wird die Herrlichkeit meines Vaters sichtbar.

Christsein bedeutet, dass jemand in unmittelbarer Verbundenheit mit Jesus lebt, so wie eine lebendige Weinrebe mit einem Weinstock verbunden ist. Es bedeutet, alle Kraft und alles Leben von diesem Weinstock her zu empfangen. Und es bedeutet, Frucht zu bringen für diesen Weinstock. Christsein ist darum etwas völlig anderes, als eine christliche Gesinnung zu hegen, christliche Gedanken zu denken, erbauliche Gefühle zu haben oder gute Taten zu tun. Christsein besteht in einer Beziehung, die enger und intensiver kaum gedacht werden kann. Paulus schreibt: „Ich lebe, doch nun nicht ich, sondern Christus lebt in mir." So wie der Weinstock seinen Lebenssaft in die Zweige abgibt, gibt Jesus Christus die in ihm wohnende Gotteskraft an die Menschen ab. Christsein bedeutet darum: so an Christus hängen und so von Christus her leben wie ein Zweig am Weinstock hängt und vom Weinstock lebt.

Das klingt nach einem hohen, unerfüllbaren Anspruch. Doch das genaue Gegenteil ist der Fall. Nie ist etwas Tröstlicheres über uns und unser Christsein gesagt worden als in diesem Wort: „Ich bin der Weinstock, ihr seid die Reben." Denn die Quintessenz dieses Satzes bedeutet: Die Kraft, die wir für unser Christsein brauchen, beziehen wir nicht aus uns selbst, sondern aus Christus. Wir müssen unser Christsein nicht aus eigenem Vermögen leben, sondern Jesus lebt in uns. Nicht wir müssen stark sein, sondern er will stark sein in uns. Nicht auf unsere Anstrengung kommt es an, sondern auf unsere Verbindung zu ihm. Alles, was wir als Christen sind oder tun, erklärt sich aus dieser Verbindung heraus. Und alles, was nicht aus dieser Verbindung heraus erwächst, ist nicht christlich, und wenn es nach außen hin noch so sehr danach aussieht.

„Ihr seid die Reben", sagt Jesus. Wir sind nicht die Wurzeln, die das Wasser suchen müssen. Wir sind nicht der Stamm, dem die Tragkraft zugemutet wird. Wir sind nicht die Rinde, die irgendetwas schützen müsste. Wir sind erst recht keine Baumkrone, die über alles hinausreicht. Zweige sind wir, die am Stock bleiben und darauf angewiesen sind, zu nehmen, was wir brauchen. Wir müssen nicht suchen, wir müssen nicht tragen, wir müssen nicht schützen, wir müssen nicht glänzen, wir müssen nur bei ihm bleiben, in ihm verwurzelt bleiben. Er sorgt dann für unsere Reifung und führt uns dahin, dass wir Frucht bringen. Schauen wir uns das näher an:

Bleiben

Das Wort „Bleiben" findet sich elfmal in unserem kurzen Text (bis Vers 11) – so oft wie kein anderes. „Bleibt in mir und ich in euch" – das ist es, worauf es beim Christsein ankommt. Doch wie soll das konkret aussehen?

Zum einen sagt Jesus, dass wir dadurch in ihm bleiben, dass seine Worte in uns bleiben. Dabei muss ich an Jesu Gleichnis vom vierfachen Ackerfeld denken: Ein Bauer sät sein Saatgut aus, und einiges davon fällt auf den Weg und die Vögel picken es auf. Anderes gerät unter Dornen, und diese ersticken es. Wieder anderes fällt auf felsigen Boden, wo es zwar aufkeimt, aber von der Sonne verbrannt wird. Einiges aber fällt auf gutes Land. Dort keimt es, wächst und bringt vielfältige Frucht (vgl. Matthäus 13, 1–9). Vielleicht haben wir schon viele Worte Jesu gehört, die uns angesprochen haben, dann aber durch äußere Einflüsse, Sorgen und Alltagsstress oder auch durch unsere eigene Oberflächlichkeit buchstäblich auf der Strecke blieben. Es ist alles andere als selbstverständlich, dass Jesu Worte in uns bleiben. Dazu ist es nötig, dass wir sie tief in uns aufnehmen und „beherzigen".

Das zweite ist, dass wir in Jesu Liebe bleiben. Jesu Liebe ist zuallererst eine vergebende Liebe. Die Beziehung zu Jesus lebt in hohem Maß davon, dass wir diese Vergebung immer wieder in Anspruch nehmen. Freilich beschränkt sich die Liebe Jesu keineswegs auf die Vergebung. Gottes Gnade nimmt uns zwar an, wie wir sind, aber sie lässt uns nicht so, wie wir sind. Der verlorene Sohn etwa kommt mit seinen schmutzigen Kleidern nach Hause, und der Vater umarmt ihn, so wie er ist. Aber er lässt auch ein neues Kleid holen und mit dem (Siegel-)Ring, den er ihm ansteckt, überträgt er ihm eine neue Aufgabe. Die Liebe Jesu ist nicht nur eine vergebende, sondern auch eine verändernde und eine beauftragende Liebe. Sie äußert sich nicht nur in einem Zuspruch, sondern auch in einem Anspruch.

Das dritte: Wir bleiben in Christus, wenn wir seine Gebote halten. Wahrscheinlich denken wir bei dieser Formulierung an die Zehn Gebote, doch „seine Gebote halten" bedeutet bei Johannes etwas ganz Spezifisches: „Ein neues Gebot gebe ich euch, dass ihr euch untereinander liebt, wie ich euch geliebt habe." (13, 34). Ähnlich heißt es auch in Vers 12 unseres Kapitels: „Das ist mein Gebot, dass ihr euch untereinander liebt, wie ich euch liebe." Es meint die geschwisterliche Liebe der Christen und Christinnen untereinander. Sie ist ein wesentlicher Faktor, wenn es darum geht, in Christus zu bleiben. Wo diese Liebe ausbleibt, bleibt die Liebe Jesu – abgesehen von wenigen Gefühlsmomenten – bloße Theorie, ein Glaubensgegenstand ohne jegliche Erfahrung.

Reifen

Auch wenn das Bild vom Weinstock und den Reben im ersten Augenblick sehr idyllisch anmutet, ist spätestens beim zweiten Hinsehen der herbe, ja strenge

Zug dieser Bildrede nicht zu übersehen. Der Text stellt uns vor die ernüchternde Tatsache, dass keineswegs alles, was in unserem Leben und in unseren Gemeinden wächst oder blüht, deswegen schon gut und erhaltenswert ist. Saftstrotzende Zweige und hellgrüne Blätter zeigen sich überall an der Rebe. Aber der Weingärtner sieht nicht nur die wachsende Pracht, sondern auch die Seitentriebe und Ranken, die den Reben die Säfte stehlen. Er sieht auch, welche Trauben krank sind. Nur, wenn die Seitentriebe und die schadhaften Früchte weggeschnitten werden, können die gesunden Trauben wachsen. An diesen Vorgang denkt Jesus, wenn er sagt: „Eine jegliche Rebe, die da Frucht bringt, wird er reinigen, dass sie mehr Frucht bringe". Diese Art Reinigung erfolgt nicht mit dem Lappen, sondern mit dem Messer. Christsein, verwurzelt sein in Jesus, heißt nicht nur aufblühen und Frucht bringen, es heißt durchaus auch, den einen oder anderen schmerzhaften Einschnitt ertragen. Es geht nicht nur um bloßes Wachstum, sondern Gott möchte vor allem, dass wir reifen.

Das klingt zunächst einmal erschreckend. Doch im Grunde ist das etwas, was wir alle kennen. Im Blick auf unser Leben müssen wir wahrscheinlich alle feststellen, dass es meist die schweren Zeiten waren, in denen wir am meisten reiften. Das ist fast ein Naturgesetz: Es sind die Widerstände, die uns wachsen lassen. So wie ein Muskel nur dadurch wachsen und stark werden kann, dass man ihn herausfordert und an seine Grenzen bringt, so sind es die Phasen der Entbehrung und des Kampfes, die für unsere Persönlichkeitsentwicklung oft die entscheidenden sind. Dies gilt auch für unser geistliches Leben.

Dazu kommt, dass längst nicht alles, was wir tun und treiben, dazu angetan ist, dass unser Leben fruchtbar und sinnvoll wird! Da sind jede Menge Seitentriebe und ungesunde Zweige in unserem Leben, die der Frucht, die wir bringen sollten, den Saft wegnehmen. Wir verzetteln uns. Zu viel schießt ins Leere. Hier ist ein „Winzermesser" manchmal ganz sinnvoll. Wer das begreift, bekommt ein neues Verständnis der sogenannten Schattenseiten seines Lebens. Entbehrungen, Verzicht, Pannen, Sackgassen, Schläge geraten in ein neues, versöhnliches Licht. Freilich sollten wir uns vor dem Fehlschluss hüten, dass alles, was uns im Leben wegbricht, deswegen ungesund und schlecht gewesen sei. Bei weitem nicht jeder Verlust unseres Lebens ist auf das „Winzermesser" Gottes zurückzuführen. Aber wir dürfen vertrauen, dass er alles zu unserem Besten wenden kann. Wir werden uns am 37. Tag noch ausführlicher mit dieser Frage auseinandersetzen.

Gott hat verschiedene Wege, uns zu reinigen. Er reinigt uns 1. von unseren Sünden durch seine Vergebung. Gott reinigt uns 2. durch sein Wort von falschen Vorstellungen und Zielen. Er reinigt uns 3. durch das Reden des Heiligen Geistes in unserem Herzen, der uns führt, lehrt und erinnert. Ein weiterer Weg der Reinigung ist 4. der Bruder und die Schwester, die uns korrigieren. Und 5. erfahren wir immer wieder Reinigung durch Lebensverhältnisse, die uns unsere Abhängigkeit von Gott bewusst machen.

Frucht bringen

Das Ziel unseres Christseins ist, dass wir „Frucht bringen". Worin besteht nun diese Frucht? Das Neue Testament nennt uns verschiedene Arten:

In Matthäus 3, 8 ist die Rede von der „Frucht der Buße". Dem Zusammenhang nach wird deutlich, dass Gott erwartet, dass aus einem „erneuerten Denken" (= so wörtlich „Buße") auch erneuerte Taten folgen.

Philipper 1, 22 redet von der „Frucht des (missionarischen) Zeugnisses", das heißt, dass andere Menschen um uns herum ebenfalls zu Christen werden.

In Hebräer 13, 15 ist die Rede von der „Frucht der Lippen". Im Zusammenhang wird deutlich, dass damit Gebet und Bekenntnis gemeint sind.

In Philipper 4, 17 bedankt sich Paulus für ein Opfer, das die Gemeinde in Philippi gebracht hat und bezeichnet diese Opferwilligkeit als „Frucht". Also gehört auch ein großzügiger Umgang mit Geld zur Frucht des Glaubens.

Epheser 5, 9 schließlich redet in einem etwas merkwürdigen Bild von der „Frucht des Lichtes", die in Güte, Gerechtigkeit und Wahrheit besteht. Gemeint ist ein entsprechender Umgang miteinander innerhalb der Gemeinde.

Der wohl bekannteste Text in diesem Zusammenhang findet sich im Galaterbrief (5, 22–23): „Die Frucht des Geistes ist Liebe, Freude, Friede, Geduld, Freundlichkeit, Güte, Treue, Sanftmut (und) Keuschheit." Angesprochen ist hier die persönliche Veränderung im Verhalten und Charakter, so, dass die Art und Weise Jesu an uns sichtbar wird. Bemerkenswert ist, dass hier nicht von „Früchten" die Rede ist, sondern von „der Frucht" (Einzahl). Eva von Tiele-Winckler zufolge besteht die Frucht einzig und allein in der Liebe. Sie setzt statt des Kommas hinter „Liebe" einen Doppelpunkt – was der griechische Urtext durchaus hergibt. Die folgenden Begriffe sind für sie lediglich eine Entfaltung des Begriffs „Liebe" in verschiedene Richtungen: Freude ist die jubelnde Liebe. Friede ist die ruhige Liebe. Geduld ist die tragende Liebe. Freundlichkeit ist die wärmende Liebe. Güte ist die teilende Liebe. Treue ist die ausharrende Liebe. Sanftmut ist die wehrlose Liebe. Keuschheit ist die zurückhaltende Liebe. Die Frucht eines Menschen, der in Christus verwurzelt ist und von Gott gereinigt wird, ist letzten Endes Liebe in ihrer vollen Entfaltung.

Oft ist ein Hindernis der größte Glücksfall.
Aus Frankreich

FRAGEN

» Teilen Sie die Auffassung, dass Christsein bedeutet, mit Christus „wesensmäßig verbunden" zu sein?

» Was können wir dafür tun, bei Christus zu bleiben? Was tut er dafür?

» Welche Erfahrungen im Leben haben Sie am meisten reifen lassen?

» Sind alle Verlusterfahrungen auf das „Winzermesser" Gottes zurückzuführen?

» Welche der auf Seite 269 genannten „Früchte" sind in Ihrem Leben bereits sichtbar gewachsen?

ANREGUNG ZUM GEBET

Das Winzermesser
Blicken Sie in Ihrem Leben zurück: Wo gab es große Einschnitte und Verluste? Welche Erfahrungen haben Sie dadurch gemacht, die Ihnen sonst verborgen geblieben wären? Sind Sie dadurch gereift? Danken Sie Gott, für alle Dinge, die Sie im Nachhinein verstehen, und fragen Sie ihn nach den Dingen, die Sie nicht verstehen.

MERKVERS

Jesus spricht: Ich bin der Weinstock, ihr seid die Reben. Wer in mir bleibt und ich in ihm, der bringt viel Frucht; denn ohne mich könnt ihr nichts tun.
Johannes 15, 8

MEDITATION

Einer sagte mir weise:
„Zeig mir deine Freunde,
dann weiß ich, wer du bist."

Da fing ich an aufzuzählen:
Der da mag mich,
die schätzt mich,
die sehe ich ab und an,
nun, die müssen mich mögen,
die gehören zur Familie,
und dann gibt es da noch
den einen
oder die andere ...

Und ich wurde immer
kleinlauter,
kleiner und lauter,
weil es in mir so still war.

Dabei habe ich eines längst erkannt:
Heimat,
das ist kein Land,
das ist keine Stadt,
das ist kein Haus und
das ist auch keine Erinnerung.
Heimat,
das sind Menschen.
Menschen,
zu denen ich gehöre
und die zu mir gehören.
Menschen,
die mich durchs Leben tragen
und die sich von mir tragen lassen:
Freunde

Nur:
Vielleicht
könnte es sein
dass mein Begriff
von Freundschaft
wachsen muss:
Freunde,
nicht einfach die,
die mich schätzen.
nicht einfach die,
die ich sympathisch finde.
nicht einfach die,
mit denen es so nett ist.
nicht einfach die,
die meine Themen kennen.

Sondern die,
die wie ich,
den Weg Gottes gehen wollen,
stolpernd, strauchelnd,
gefährdet und unsicher –
und die nur deshalb vorankommen,
weil sie einander beistehen.

18 Und Jesus trat herzu und sprach zu ihnen: Mir ist gegeben alle Gewalt im Himmel und auf Erden.

19 Darum gehet hin und machet zu Jüngern alle Völker: Taufet sie auf den Namen des Vaters und des Sohnes und des Heiligen Geistes

20 und lehret sie halten alles, was ich euch befohlen habe. Und siehe, ich bin bei euch alle Tage bis an der Welt Ende.

Jesus kam zu den Jüngern und sagte:
„Gott hat mir alle Vollmachten gegeben –
im Himmel und auf der Erde.
Darum geht zu allen Völkern und helft ihnen,
Glaubende zu werden.
Tauft sie – im Namen des Vaters
und des Sohnes und des Heiligen Geistes.
Bringt ihnen all das bei,
was ich euch anvertraut habe.
Und vergesst dabei nicht:
Ich bin immer bei euch;
bis zum Ende der Zeit."

Die Worte, die Sie eben gelesen haben, werden im Allgemeinen als „Missionsbefehl Jesu" bezeichnet. Sie finden sich – in leichten Abwandlungen – in allen vier Evangelien sowie am Anfang der Apostelgeschichte. Übereinstimmend überliefern uns diese Texte den Missionsbefehl als letzte Worte des irdischen Jesus an seine Jünger. Es handelt sich dabei also um eine Art Vermächtnis Jesu. Darum hat der Missionsbefehl auch eine besondere Stellung unter den vielen Weisungen Jesu. Er ist neben dem Doppelgebot der Liebe das am häufigsten zitierte Gebot Jesu.

Das Wort „Mission" ist allerdings hochgradig umstritten, und zwar inner- wie außerkirchlich. Zu viel Missbrauch ist damit getrieben worden. Menschen wurden lange Zeit unter Druck gesetzt und ganze Völker wurden gegen ihren Willen christianisiert. Unter dem Deckmäntelchen des Christentums pfropfte man fremden Kulturen die westliche Lebensweise auf. Und auch das, was hier zu Lande manchmal unter dem Stichwort „Mission" an Bekehrungsdruck und unguten Autoritätsstrukturen aufgebaut wurde, schreit zum Himmel. Ich kann gut verstehen, dass viele Menschen das Bedürfnis haben, das Wort „Mission" nie wieder in den Mund zu nehmen.

Und doch wäre es ungerecht und verkehrt, die Missionsgeschichte einseitig als Missbrauchsgeschichte darzustellen. Ich habe unzählige Menschen kennen gelernt, die in gutem Sinn – das heißt liebevoll, unaufdringlich und überzeugend – missioniert wurden, dadurch freikamen von Ängsten und Gebundenheiten und zu einem lebendigen, erfüllenden Glauben an Gott fanden. Genau betrachtet frage ich mich, wie jemand zum Glauben finden will, ohne dass ein anderer mit Wort und Tat werbend für die Gute Nachricht von Jesus eintritt, auf gut Deutsch: ohne dass jemand „Mission" betreibt.

„Mission" ist zunächst einmal nichts anderes als die Fortführung der Mission Jesu. Die Mission Jesu aber war es, Menschen mit der Liebe Gottes in Berührung zu bringen. Entsprechend beauftragte er seine Jüngerinnen und Jünger, diese seine Mission fortzuführen: „Bringt die Menschen in Kontakt mit der vergebenden und verändernden Liebe Gottes." Das ist der zentrale Auftrag der Kirche. Er ist uns nicht ins Belieben gestellt, sondern die Kirche wurde ins Leben gerufen, um die Mission Jesu fortzusetzen. Eine Kirche, die die Menschen nicht für den Glauben gewinnen möchte, ist wie eine Lampe, die sich weigert zu leuchten, oder eine Posaune, die keine Töne von sich geben möchte. Sie ist vielleicht noch schön anzusehen, aber ihren eigentlichen Zweck und ihre eigentliche Bestimmung erfüllt sie nicht mehr. Grund genug, sich den Missionsbefehl etwas genauer anzusehen.

Der erste Auftrag: „Gehet hin!"

Es ist erstaunlich, was wir als Kirche aus diesem Auftrag Jesu gemacht haben. Aus einer „Gehet hin"-Kirche ist eine „Kommet her"-Kirche geworden. „Kirche", das war in der Anfangszeit ein Begriff für Menschen, die zu anderen hingingen. Erst seit dem vierten Jahrhundert bauen Christen Häuser, die sie Kirchen nennen, und erwarten seither, dass die Menschen dorthin kommen. Und wenn sie das nicht tun, klagen die Kirchen über gottlose Zeiten. In der Tat sind die Zeiten heute nicht sonderlich christlich, aber ich würde das nicht daran festmachen, dass die Leute nicht mehr zu uns kommen, sondern dass wir nicht mehr zu ihnen hingehen.

Unsere Kirche ist erschütternd sesshaft geworden. Selbst wenn eine Gemeinde missionarisch sein will – was heute eher die Ausnahme als die Regel ist –, lädt sie die Leute bestenfalls zu sich ein, aber sie geht nicht hin zu ihnen. Wir suchen die Menschen nicht (auf). Besuche überlassen wir den Pfarrern; und zu den Gestrandeten, den Drogenabhängigen, den Knastis, den „Zöllnern, Sündern und Huren" geht erst recht keiner.

Unsere Kirche wird heute nicht mehr durch den Begriff der „Sendung", sondern durch den Begriff der „Sitzung" charakterisiert. Im besten aller Fälle wollen wir eine „einladende" Kirche sein, nicht aber eine „hingehende" Kirche. Doch eine Kirche, die nicht zu den Leuten hingeht, kommt auch nicht an. Ich halte viel von einer guten Öffentlichkeitsarbeit, aber selbst der beste Handzettel und die genialste Pressemitteilung werden nie ersetzen können, dass wir zu den Leuten hingehen. Nicht aufdringlich und plump wie man das von vielen Zeugen Jehovas kennt, sondern hilfsbereit und mit einem echten Interesse an den Menschen. Das Wort Inter-esse bedeutet seinem Wortsinn nach „dazwischen sein". Eine Kirche, die wirklich Interesse an den Menschen hat, ist mitten unter ihnen. Wenn sie sich hingegen in ihre kirchliche Wagenburg zurückzieht und wartet, dass jemand vorbeikommt, offenbart sie, dass sie im Grunde kein Interesse an den Menschen hat. Unter und zwischen den Leuten sein, das ist unser Auftrag. Wenn wir den erfüllen, dann werden sich die Leute auch nicht scheuen, zu uns zu kommen. Denn sie kämen ja nicht zu Fremden, sondern zu Freunden. Genau so hat es Jesus gemacht.

Der zweite Auftrag: „Macht zu Jüngern"

Diese etwas technokratisch klingende Formulierung liegt an einer Unbeholfenheit der deutschen Sprache, die das im griechischen Urtext stehende Wort „matheteuo" nur unter Zuhilfenahme des Hilfsverbs „machen" übersetzen kann. Fabian Vogt übersetzt diesen Begriff daher mit „helft ihnen, zu Glau-benden zu werden" – was einerseits eine Entfernung vom ursprünglichen Wortlaut ist, andererseits das Gemeinte deutlich besser trifft. Denn man kann Menschen nicht zu Jüngern „machen". Man kann sie einladen, ihnen zur Seite stehen, Glaubenshindernisse beseitigen und einiges mehr. Aber man kann und darf sie nicht in den Glauben hineinschubsen. Die Freiheit des Men-schen ist ein hohes Gut. Gott selber respektiert diese Freiheit, und wo immer Christen meinen, dies übergehen zu können – und sei es auch noch so subtil –, richten sie mehr Schaden als Nutzen an.

Wie hat Jesus Jünger gemacht – oder sagen wir besser: gewonnen? Ich habe eben geschrieben: Er ist hingegangen zu den Menschen und ihr Freund geworden, erst dann hat er sie eingeladen. Die schönste Einladung ist viel-leicht ausgesprochen in Matthäus 11, 28: „Kommt her zu mir alle, die ihr müh-selig und beladen seid, ich will euch erquicken." Jesus hat die Menschen also nicht eingeladen, um sie unverständlichen Riten zu unterziehen, um ihnen ein schlechtes Gewissen zu machen oder sie mit theologischen Streitfragen zu verwirren. Er hat sie eingeladen, um sie zu erquicken. Wenn wir als Kirche Menschen zu Jüngern Jesu machen wollen – sollten wir genau dies tun: Wir sollten sie einladen, erfrischen, aufbauen und stärken. Für mich ist die Kir-che so etwas wie eine „Flügelverleihanstalt". Das sollte sie zumindest sein. Eigentlich müsste jemand, der zu uns kommt und noch nicht an Jesus glaubt, sich jedes Mal fragen: „Woran liegt das eigentlich, dass ich hier regelmäßig ein Stück fröhlicher, ein Stück lebenstüchtiger, ein Stück erfrischter nach Hau-se gehe?" Wenn die Leute in unserer Mitte die aufbauende und erquickende Kraft Christi spüren, werden sie auch gern zu Christen. Dazu müssen wir gar nicht viel „machen", sondern einfach da sein und versuchen, so transparent wie irgend möglich für die Liebe Gottes zu werden.

Der dritte Auftrag: „Tauft sie!"

Manchmal denke ich, wenn Jesus gewusst hätte, was die Kirche aus diesen Worten machen würde, hätte er sie nicht gesagt. Wie viel gedankliche Energie ist in den letzten 2000 Jahren auf die Frage der Taufe verwendet worden, wie viel Spaltung und nutzlosen Streit hat es darüber gegeben! Sagen wir es deut-lich: Durch die Taufe allein wird kein Mensch zu einem Christen. Das haben die frühmittelalterlichen Zwangstaufen zu Genüge bewiesen. Wir können also nicht hingehen und möglichst viele Menschen mit Wasser besprengen und dann sagen: „Jetzt sind diese Menschen Christen." Das stimmt einfach nicht, auch wenn ein großer Teil der Bevölkerung in unserem Land davon ausgeht und in dieser Ansicht von manchen Vertretern der Kirche auch noch unterstützt wird. Nicht durch die Taufe, sondern durch seinen Glauben wird der Mensch zum Christen. Einen Gott, der das ewige Schicksal eines Menschen – also Himmel und Hölle – davon abhängig macht, ob dieser auf Erden getauft oder nicht getauft wurde, könnte ich nicht ernst nehmen. Einen solchen Gott stellt uns die Bibel auch nicht vor.

Warum aber sagt Jesus, dass wir die Menschen taufen sollen? Erstens, weil ein Mensch sich in der Taufe symbolisch von seinem alten Leben trennt. Er wird – jedenfalls in der Urform der Taufe – untergetaucht, das heißt, sein altes Leben ohne Christus wird „ertränkt", und er wird herausgezogen zu einem neuen Leben mit Christus. Nicht um Wasser geht es in der Taufe, sondern um das, was dadurch symbolisiert wird: „Ich vergesse, was da hinten ist und strecke mich aus nach dem, was da vorne ist" (Philipper 3, 13). Die Taufe symbolisiert also einen Neuanfang. Nicht das Wasser ist notwendig, um Christ zu werden, wohl aber dieser Neuanfang. Mit dieser Frage werden wir uns morgen noch näher beschäftigen.

Freilich hat die Kirche schon früh angefangen, kleine Kinder zu taufen. Vermutlich geschah dies aus seelsorgerlichen Gründen, weil zur Zeit der Christenverfolgung christliche Eltern sich im Fall des drohenden Märtyrertodes darüber trösteten, dass ihre Kinder getauft waren und somit zur christlichen Gemeinde gehörten. Mit dieser Praxis aber trat die erste Bedeutungsebene der Taufe – die Abkehr vom alten Leben – mehr und mehr in den Hintergrund, und die andere gewann zunehmend an Bedeutung: eben dass Menschen durch die Taufe in die christliche Gemeinschaft aufgenommen werden. Taufe bedeutet Inkorporation (Eingliederung) in die Gemeinde, in den „Leib Christi", wie Paulus sie gerne nennt. Er schreibt: „Wir sind durch einen Geist zu einem Leib getauft" (1. Korinther 12, 13). Als Christen sind wir nicht nur berufen, für uns selbst in unserem Herzen an Jesus zu glauben, sondern auch zum Leib Christi zu gehören. Es geht im Christsein nicht nur um unser Verhältnis zu Gott, auch nicht um eine „christliche Gesinnung", sondern ganz konkret darum, Gemeinschaft mit anderen Christen zu haben. „Tauft sie" heißt darum: „Macht die Menschen nicht nur zu Christen, sondern integriert sie in eure Gemeinschaft. Macht sie nicht nur zu passiven Mitgliedern, sondern lasst sie in der Kraft des Heiligen Geistes zu aktiven und lebendigen Gliedern und Organen an meinem Leib werden."

Der vierte Auftrag: „Lehret sie halten alles, was ich euch befohlen habe!"

Bitte beachten wir, dass hier nicht nur steht „lehret sie", sondern „lehret sie *halten*". In unserer kirchlichen Praxis wird das sehr oft verwechselt. Egal, ob im Unterricht, in unseren Gruppen und Kreisen oder im Gottesdienst: Das Schwergewicht unserer Verkündigung liegt ganz stark auf der Vermittlung von Wissen. Gegen diese ist im Prinzip nichts einzuwenden, aber unsere Verkündigung darf sich nicht darin erschöpfen. Die Lehre Jesu zielt nicht in erster Linie auf Wissensvermittlung, sondern auf Lebensveränderung. Darum brauchen wir weniger „Lehrer", die das Kopfwissen der Leute anreichern, als vielmehr Mentoren und Anleiter, die uns vorleben und tatkräftig vermitteln, wie es aussehen kann, heute als Christen zu leben.

Jakobus schreibt: „Seid aber Täter des Wortes und nicht Hörer allein, sonst betrügt ihr euch selbst" (1, 22). Darum müssen wir in unseren Gemeinden darauf achten, dass mit der Wissenserweiterung gleichzeitig die entsprechende Lebensveränderung einher geht. Christliche Lehre, die nicht zur Tat wird, hat keinen Wert, sondern führt auf Dauer zur Lähmung und in letzter Konsequenz sogar zur Verblendung und Verstockung. Wie viele Menschen gehen seit Jahrzehnten Woche für Woche in die Kirche oder sogar in einen Bibelkreis und haben in dieser Zeit unglaublich viel gelernt – aber sind nicht *einen* Schritt gegangen! Und es steht zu befürchten, dass sie auch nicht mehr loslaufen werden. Die vielen kleinen Dosen an Kopfwissen haben sie im Lauf der Zeit gegen die Stimme Gottes immunisiert. Sie „kennen" alles schon, in dem fatalen Sinn, dass es sie nicht mehr wirklich ergreift.

„Lehret sie halten alles, was ich euch befohlen habe": Dieses uns Befohlene und Anbefohlene ist nichts anderes als Liebe. Wir sollen Gott über alles lieben und unseren Nächsten wie uns selbst. Dies zu vermitteln und die Flamme am Brennen zu halten, ist eine wesentliche Aufgabe der Gemeinde. Das geschieht nicht auf dem Weg der Wissensvermittlung, sondern indem Menschen von Herz zu Herz weitergeben, was sie bewegt. Es passiert nicht durch Lehren und Moralisieren, sondern durch Vorleben und Begeistern. Mit Recht sagt der Kirchenvater Augustin: „Du kannst in anderen nur entzünden, was auch in dir selbst brennt."

Der oberste Zweck der christlichen Kirche ist es, Jesus Christus auf der ganzen Breite des persönlichen Lebens so zu verkündigen, dass man Ihn kennen lernt, Ihm vertraut, Ihm gehorcht und Ihm nachfolgt. Das ist die wichtigste Aufgabe jedes Christen. Das ist der nötigste, aber auch der am meisten vernachlässigte Dienst.

John Mott

FRAGEN

» Waren Sie selbst schon einmal im Fokus missionarischer Bemühungen von Christen? Wie ging es Ihnen damit?

» Kennen Sie Menschen, deren Glaube ansteckend ist? Was genau begeistert Sie an diesen Christen? Anders gefragt: Wie müsste ein Christ sein, der Sie allein aufgrund seines Glaubens begeistert?

» Ist es missionarisch genug, wenn die Kirche einfach Nächstenliebe betreibt?

» Ist Ihre Kirchengemeinde eine „Flügelverleihanstalt"? Wenn nicht, was müsste sich ändern?

» Wieso will Jesus, dass Menschen, die an ihn glauben, Glied der christlichen Gemeinde werden?

ANREGUNG ZUM GEBET

Mein Weg zum Glauben

Wem haben Sie Ihren Glauben oder auch nur Ihre Suche nach einem lebendigen Glauben zu verdanken? Schreiben Sie die Namen auf und danken Sie Gott für diese Menschen. Beten Sie für sie und überlegen Sie, ob Sie ihnen nicht einmal sagen wollen, wie wichtig sie für Sie geworden sind.

MERKVERS

Gehet hin und machet zu Jüngern alle Völker: Taufet sie auf den Namen des Vaters und des Sohnes und des heiligen Geistes und lehret sie halten alles, was ich euch befohlen habe.

Matthäus 28, 19–20

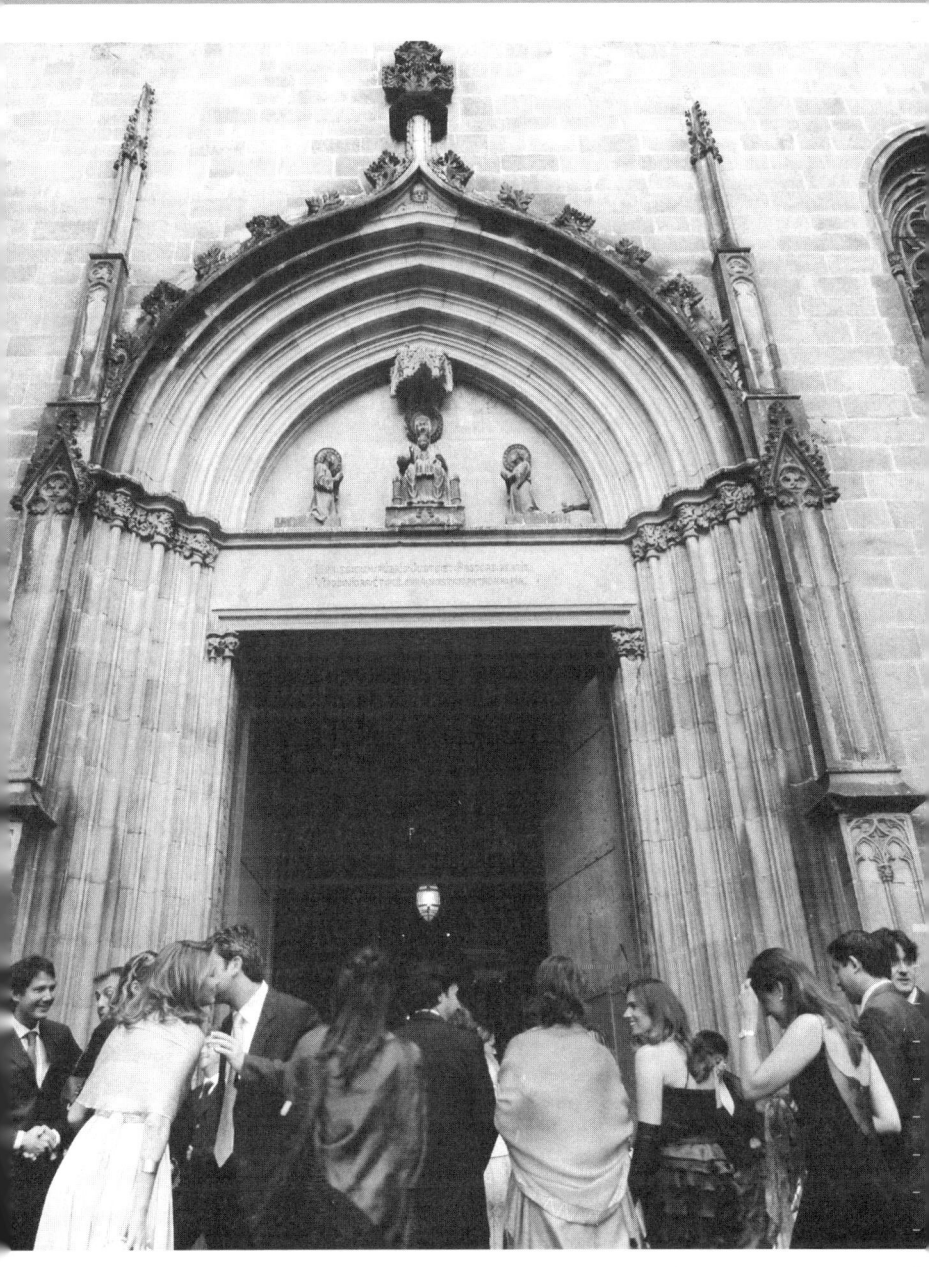

APOSTELGESCHICHTE 2

1 Und als der Pfingsttag gekommen war, waren sie alle an einem Ort beieinander.

2 Und es geschah plötzlich ein Brausen vom Himmel wie von einem gewaltigen Wind und erfüllte das ganze Haus, in dem sie saßen.

3 Und es erschienen ihnen Zungen, zerteilt wie von Feuer; und er setzte sich auf einen jeden von ihnen,

4 und sie wurden alle erfüllt von dem Heiligen Geist und fingen an zu predigen in andern Sprachen, wie der Geist ihnen gab auszusprechen.

5 Es wohnten aber in Jerusalem Juden, die waren gottesfürchtige Männer aus allen Völkern unter dem Himmel.

6 Als nun dieses Brausen geschah, kam die Menge zusammen und wurde bestürzt; denn ein jeder hörte sie in seiner eigenen Sprache reden.

7 Sie entsetzten sich aber, verwunderten sich und sprachen: Siehe, sind nicht diese alle, die da reden, aus Galiläa?

8 Wie hören wir denn jeder seine eigene Muttersprache?

9 Parther und Meder und Elamiter und die wir wohnen in Mesopotamien und Judäa, Kappadozien, Pontus und der Provinz Asien,

10 Phrygien und Pamphylien, Ägypten und der Gegend von Kyrene in Libyen und Einwanderer aus Rom,

11 Juden und Judengenossen, Kreter und Araber: wir hören sie in unsern Sprachen von den großen Taten Gottes reden.

An Pfingsten waren alle versammelt.
Da brach plötzlich mitten in dem Haus,
in dem sie saßen, ein Sturm los,
ein gewaltiges Rauschen vom Himmel;
mächtig wie ein Orkan.
Dann erschienen feurige Zungen,
die sich auf ihren Köpfen niederließen.
Und mit einem Mal wurden alle
mit dem Geist Gottes erfüllt.
Sie fingen völlig unerwartet an,
in ganz unterschiedlichen Sprachen zu reden;
so wie es ihnen der Geist gerade eingab.

Nun wohnten aber in Jerusalem damals
gottesfürchtige Juden
aus ganz verschiedenen Ländern der Erde.
Die hatten das laute Rauschen gehört,
waren zusammengeströmt
und stellten nun fassungslos fest,
dass jeder seine Muttersprache hörte.

Völlig erstaunt riefen sie:
„Was ist denn hier los?
Sind das nicht alles Galiläer?
Wieso beherrschen die auf einmal
die Sprachen unserer Heimatländer?
Guckt doch, wer hier alles steht:
Parther, Meder und Elamiter,
Menschen aus Mesopotamien, Judäa,
Kappadozien, Pontus
und aus der Provinz Asien,
aus Phrygien, Pamphylien, Ägypten,
aus der Gegend von Kyrene in Lybien
und sogar Einwanderer aus Rom.
Ganz gleich, ob wir als Juden geboren wurden
oder den jüdischen Glauben
angenommen haben,
alle, ob Kreter oder Araber:
Jeder von uns hört diese Leute da

12 Sie entsetzten sich aber alle und wurden ratlos und sprachen einer zu dem andern: Was will das werden?

13 Andere aber hatten ihren Spott und sprachen: Sie sind voll von süßem Wein.

in seiner eigenen Sprache
von den großen Taten Gottes erzählen."

Verwirrt und ratlos fragten
die Leute einander:
„Was hat das bloß zu bedeuten?"
Andere dagegen spotteten:
„Die haben wohl zu viel getrunken!"

Der Heilige Geist ist ein schwieriges Thema. Viele Menschen sehen nicht ein, warum sie außer an Gott und Jesus Christus auch noch an den Heiligen Geist glauben sollen. Es ist ja auch schwer zu verstehen, wer oder was dieser Geist wirklich ist. Unter „Geist" versteht die deutsche Sprache die unterschiedlichsten Dinge, angefangen von einem Gespenst bis hin zur menschlichen Intelligenz. Wir können mit Recht vermuten, dass mit dem Heiligen Geist weder das eine noch das andere gemeint ist – aber was genau *ist* gemeint?

Zu diesen theoretischen Fragen kommen ganz praktische Probleme. Was genau ist damals passiert? So etwas, wie wir es hier beschrieben finden, kennen die wenigsten von uns aus eigener Erfahrung. Pfingsten, die Ausgießung des Geistes, gilt als Geburtstag der Kirche, aber vom Feuer und Sturm und der anfänglichen Begeisterung ist heute oft nur wenig zu spüren. Das ursprüngliche Feuer brennt nur noch auf Sparflamme und aus dem Sturm ist ein laues Lüftchen geworden. Was also sollen wir mit diesem Text anfangen?

Der 3-D-Gott

Ich fange mit dem theoretischen Problem an: Warum glauben Christen an den Heiligen Geist? Was haben sie davon, wenn sie, statt einfach an einen Gott zu glauben, diesen Gott in drei Erscheinungsweisen, Begegnungsformen oder gar Personen differenzieren? Zuallererst: Mir persönlich hilft es, mir vorzustellen, dass Gott uns auf drei verschiedenen Ebenen begegnet. Es ist derselbe Gott, der sich in diesen drei Dimensionen offenbart, aber er wirkt jedes Mal anders und vermittelt ein jeweils völlig anderes Lebensgefühl.

Da ist zum einen der *Gott über uns* – die biblische Tradition bezeichnet ihn als den „Vater". Mit vielen Religionen dieser Welt teilen wir diese Erfahrung: Gott ist uns Menschen absolut überlegen. Er ist der Schöpfer und Herr dieser Welt. Von ihm kommen wir her, zu ihm kehren wir zurück. Ihm müssen wir Rechenschaft ablegen über unser Leben. Es ist der „Gott über uns", der uns im Naturspiel beeindruckt, vor dem wir uns beugen und dessen Weisheit wir vertrauen müssen, wenn das Leben uns hart mitspielt. Aber er ist auch der, dessen Strenge und Unerbittlichkeit uns immer wieder zur Verzweiflung bringt.

Christen glauben aber nicht nur an den Gott über uns, sondern auch an Jesus Christus – den Sohn Gottes. Der Sohn ist der *Gott an unserer Seite*. Jesus sagt: „Wer mich sieht, sieht den Vater." (Johannes 14, 9) Indem wir uns Jesus, den Gott an unserer Seite, anhören und anschauen, können wir Dinge über Gott erfahren, die wir aus unserem Denken und aus unserer Natur- und Geschichtsbetrachtung heraus nicht wissen können: zum Beispiel, dass Gott die Liebe ist. Dass Gott ein guter Vater ist. Dass sein Vergebungs- und Versöhnungswille größer ist als seine Heiligkeit. In Jesus ist Gott uns zum Bruder geworden, der unser Leiden und sogar unseren Tod aus eigenem Erleben kennt und erträgt und so von innen heraus verwandelt.

Doch selbst beim „Sohn", der uns so nahe gekommen ist, bleibt letztlich ein Abstand zu uns Menschen. Zum einen ist Jesus nicht mehr da. Er ist ja zu Gott in den Himmel aufgefahren. Zum andern blieb auch zu Jesu Lebzeiten auf Erden trotz intensivster Gemeinschaft zwischen ihm und seinen Jüngerinnen und Jüngern jener letzte Abstand, der immer zwischen zwei Menschen besteht: Sie sind einfach nicht eins, sondern bleiben getrennte Personen. Hier kommt nun die „dritte Dimension" Gottes ins Spiel: nicht mehr der Gott über uns, auch nicht mehr nur der Sohn an unserer Seite, sondern der *Gott in uns.* Der Heilige Geist, der Geist Jesu in uns. Der Heilige Geist ist Gott, der sein Leben durch uns hindurch lebt. Christen glauben daher an einen 3-D-Gott.

Der Heilige Geist – Kraft und Person zugleich

Es ist eine alte Streitfrage, ob der Heilige Geist als eine Art übernatürliche Kraft zu verstehen ist oder als eigenständige Person. Fakt ist, dass die Bibel sowohl in der einen als auch in der anderen Weise von ihm redet. Wenn wir uns den heutigen Text anschauen, liegt es erst mal nahe, uns den Heiligen Geist als eine Kraft vorzustellen, die wie eine Naturgewalt hereinbricht. In der Tat reden viele Bibeltexte von der enormen Kraft, die mit dem Heiligen Geist in das Leben eines einzelnen Christen oder einer ganzen Gemeinde kommt.

Doch der biblische Befund geht weit über diese unpersönliche Deutung hinaus. Quer durch das Neue Testament hindurch werden vom Heiligen Geist Dinge gesagt, die man nur von einer Person sagen kann: Jesus bezeichnet ihn als einen „Tröster", der redet, hört, verkündigt, leitet und einen eigenen Willen hat. Der Geist erforscht und offenbart die Tiefen Gottes und man kann ihn betrüben. Er ist neben Jesus unser göttlicher Fürsprecher usw. Im Missionsbefehl Jesu, den wir gestern betrachtet haben, stellt Jesus den Heiligen Geist auf die gleiche Ebene wie sich und seinen Vater. All diese Aussagen führten dazu, dass die Kirche den Geist als eigenständige Person bekannte, wobei sie gleichzeitig an der Kernaussage aller westlichen Religionen festhielt, dass es nur einen Gott gibt. Diese so genannte „Dreieinigkeitslehre", die im Jahr 381 zur verbindlichen Kirchenlehre wurde, ist in der Bibel nur ansatzweise zu finden, liegt aber durchaus in ihrer logischen Konsequenz.

Die Bibel berichtet von konkreten Erfahrungen, die Menschen mit dem Geist gemacht haben, und die Kirche hat mit der Dreieinigkeitslehre versucht, diese Erfahrungen in ein denkerisches System zu fassen und aufkommenden Irrlehren ein starkes Korrektiv entgegenzusetzen. Dabei lässt sie viele Fragen unbeantwortet. Viel wichtiger als das äußere Übernehmen solcher Formeln finde ich daher, dass wir versuchen, den Erfahrungen, von denen die Bibel redet, nachzuspüren und Gott darum zu bitten, dass er uns vergleichbare Erfahrungen machen lässt.

Wirkungen des Heiligen Geistes

Unser Text erzählt uns vor allem von drei Wirkungen des Heiligen Geistes. Er ist wie ein Sturm, der die Jünger in Bewegung setzt. Wie Feuerzungen legt er sich auf sie und erfüllt sie. Und er gibt ihnen eine neue Sprache, die Verständigung schafft, aber auch eine Sichtung unter den Menschen hervorruft.

Zunächst also: der Sturm. Sowohl im Griechischen als auch im Hebräischen – das heißt sowohl im Neuen als auch im Alten Testament – ist das Wort für „Geist" (pneuma bzw. ruach) identisch mit dem Wort für „Wind" oder „Atem". Wie nahe diese Begriffe beieinander liegen, sieht man nicht nur an unserem Text, sondern auch an dem „kleinen Pfingsttext" des Johannesevangeliums, wo es heißt: „Und als er dies gesagt hatte, hauchte er sie an und spricht zu ihnen: Empfanget den Heiligen Geist!" (Johannes 20, 22). Der Atem Gottes ist die lebensspendende Macht schlechthin. In Genesis 2, 7 haucht Gott dem Adam den Lebensatem (ruach) ein. In ähnlicher Weise haucht der auferstandene Christus seine Jünger an, um sie an seinem neuen Leben teilhaben zu lassen. Am Pfingsttag sehen wir den Anfang einer neuen Schöpfung. Ich finde es schön, dass es sowohl eine „laute", als auch eine „leise" Version der „Pfingsterfahrung" gibt: Der Heilige Geist erscheint als Sturm und als Hauch. Zum einen kann er eine Macht sein, die einen packt und vorwärts treibt, vergleichbar mit einem Orkan oder einer Naturgewalt. Die andere Erfahrung ist aber mindestens ebenso wichtig: dass der Geist nämlich eine stille, uns von innen heraus inspirierende Kraft ist. Im Alten Testament macht der Prophet Elia eine vergleichbare Erfahrung, als er nicht im lauten Sturm, nicht im Erdbeben oder im Feuer, sondern in einem ganz leisen Säuseln die Stimme Gottes vernimmt (vgl. 1. Könige 19, 11–12).

Sodann: das Feuer. Dieses Bild ist sehr naheliegend. Feuer entzündet, bringt zum Glühen, setzt große Energie frei. In ähnlicher Weise strahlt ein Mensch, der vom Heiligen Geist ergriffen ist, Licht und Wärme und Energie für andere Menschen aus. Im Deutschen benutzen wir Redewendungen wie „Feuer und Flamme sein" oder „der Funke ist übergesprungen", wenn ein Mensch sich für etwas begeistert oder von etwas begeistert ist. Ich frage mich, was geschehen ist, dass die Begriffe „Kirche" und „Begeisterung" heute oft so weit voneinander entfernt sind wie der Morgen vom Abend. Damals, zur Geburtsstunde der Kirche, gehörten sie jedenfalls noch unmittelbar zusammen. In ähnlicher Weise, wie wir das bereits beim brennenden Dornbusch kennen gelernt haben, handelt es sich hier um ein Feuer, das brennt, aber nicht verbrennt. Neu ist, dass es Menschen selbst erfasst, während Mose noch Abstand halten musste. Aber: Das Feuer, von dem hier die Rede ist, kommt nicht aus uns Menschen heraus. Es kommt von oben. Alle Argumente, Methoden, Hebel und Kniffe können wohl eine Menge heiße Luft produzieren, aber pfingstlich wird die Kirche nur durch Gott. Alles, was wir dazu tun können, ist, wie die Jünger beieinander zu bleiben und darum zu beten.

Jesus sagt: „Der Vater im Himmel wird den Geist denen geben, die ihn darum bitten!" Darum sitzen am Anfang der Geschichte die Jünger zusammen und beten. Und das können und müssen wir auch tun. Denn der Heilige Geist drängt sich niemandem auf. Der Schriftsteller C.S. Lewis hat einmal gesagt: Der Heilige Geist ist ein „Gentleman". Er kommt nur, wenn man ihn hinein bittet. Ich frage mich nur: Wollen wir das überhaupt, dass der Heilige Geist uns in Brand setzt und uns und unsere Gemeinde von Grund auf verwandelt?

Und schließlich: die neue Sprache. Die „Zungen von Feuer" lassen sich auf den Jüngern nieder, und diese beginnen, „in anderen Zungen" (Sprachen) zu reden. Im griechischen Urtext findet sich hier das gleiche Wort: glossa. Das Sprachwunder ist eine direkte Folge des Feuers. Die Vertreter der verschiedensten Völker können ihre Muttersprache hören und verstehen. Die Pfingstgeschichte ist damit die Gegengeschichte zu der Sprachverwirrung beim Turmbau zu Babel (vgl. Genesis 11, 1–9). Der Heilige Geist schafft Verständigung über alle kulturellen und ethnischen Grenzen hinweg.

Doch das andere muss auch gesagt werden: Nicht alle haben die Jünger damals verstanden. Wer für das Gesagte empfänglich war, ließ sich überzeugen, andere aber hielten die Jünger für betrunken. Wer sich dem Geist öffnet, wird Wunder erleben. Wer sich ihm hingegen verschließt, dem bleibt das Ganze ein fragwürdiges Spektakel, eine „windige Angelegenheit". Der Geist eint nicht nur, er trennt auch. Er verbindet nicht nur, sondern provoziert auch eine Sichtung zwischen denen, die sich dem Wort Gottes gegenüber öffnen und denen, die sich ihm gegenüber. Davon morgen mehr.

Ohne den Heiligen Geist ist Gott fern, bleibt Christus Vergangenheit, ist das Evangelium ein toter Buchstabe, die
Kirche ein bloßer Verein, die Autorität eine Herrschafts-
form, die Mission Propaganda, die Liturgie eine Geisterbe-
schwörung und das christliche Leben eine Sklavenmoral.

Patriarch Athenagoras von Konstantinopel

FRAGEN
» Als was haben Sie den Heiligen Geist bisher gesehen:
als Person, Kraft, Phantasieprodukt der Kirche ...?
» Ist die Vorstellung von einem „3-D-Gott" für Sie eher
hilfreich oder eher verwirrend?
» Worin würden Sie den Heiligen Geist eher entdecken:
in einem Sturm oder in einem „sanften Säuseln"?
» Kann das Feuer von Pfingsten auch heute noch auf
eine Gemeinschaft von Christen fallen?
» Wie könnte eine Sprache beschaffen sein, derer sich
der Heilige Geist bedient?

ANREGUNG
ZUM GEBET

Der 3-D-Gott
Schreiben Sie ein Gebet, das sich nacheinander an Gott,
den Vater, den Sohn und den Heiligen Geist richtet. Spüren Sie sich hinein, was es bedeutet, dass Gott als Vater
über Ihnen waltet, dass er als Sohn an Ihrer Seite ist, dass
er als Geist in Ihnen und durch Sie wirken möchte. Zum
Beispiel: „Gott, Vater, du bist über mir. Das spüre ich an ...
Das hilft mir bei ... Das macht mir aber auch zu schaffen,
weil ... – Jesus Christus, du bist der menschgewordene
Sohn Gottes. Das tröstet mich, wenn ... Das ist mir wichtig, weil ... Ich danke dir, dass ... – Heiliger Geist, du bist der
Gott, der in mir und durch mich hindurch wirkten möchte.
Ich bitte dich um ... Ich möchte ... Ich bin bereit ..."

MERKVERS
Gott hat uns nicht gegeben den Geist der Furcht, sondern
der Kraft und der Liebe und der Besonnenheit.

2. Timotheus 1, 7

Tag 31 / **Zur Umkehr berufen**

MUSIK

Eigentlich ist das ja ein Traum: eine Gemeinschaft zu haben, in der man sich mit ganzem Herzen zu Hause fühlt. Offensichtlich ist es in 2000 Jahren immer wieder passiert, dass Menschen ihre Gemeinden genau so erlebt haben. Ja, die Wissenschaftler sind sich sogar darin einig, dass das attraktivste am Christentum von Anfang an die Tatsache war, dass die Christinnen und Christen das, was sie glaubten, tatsächlich lebten. Das Lied „Sei willkommen hier!" (Track 6) beschreibt, was damit gemeint ist.

© aller Titel bei den Autoren
© 2006 C. & P. Verlagsgesellschaft mbH

C&P AndreasNetz

IN 40 TAGEN DURCH DIE BIBEL

APOSTELGESCHICHTE 2

14 Da trat Petrus auf mit den Elf, erhob seine Stimme und redete zu ihnen: Ihr Juden, liebe Männer, und alle, die ihr in Jerusalem wohnt, das sei euch kundgetan, und lasst meine Worte zu euren Ohren eingehen!

15 Denn diese sind nicht betrunken, wie ihr meint, ist es doch erst die dritte Stunde am Tage;

16 sondern das ist's, was durch den Propheten Joel gesagt worden ist:

17 „Und es soll geschehen in den letzten Tagen, spricht Gott, da will ich ausgießen von meinem Geist auf alles Fleisch; und eure Söhne und eure Töchter sollen weissagen, und eure Jünglinge sollen Gesichte sehen, und eure Alten sollen Träume haben;

18 und auf meine Knechte und auf meine Mägde will ich in jenen Tagen von meinem Geist ausgießen, und sie sollen weissagen.

22 Ihr Männer von Israel, hört diese Worte: Jesus von Nazareth, von Gott unter euch ausgewiesen durch Taten und Wunder und Zeichen, die Gott durch ihn in eurer Mitte getan hat, wie ihr selbst wisst –

23 diesen Mann, der durch Gottes Ratschluss und Vorsehung dahingegeben war, habt ihr durch die Hand der Heiden ans Kreuz geschlagen und umgebracht.

Da trat Petrus
mit den anderen elf Jüngern vor
und rief laut in die Menge:
„Hört mich an,
Juden und Bewohner von Jerusalem.
Ich möchte euch etwas sagen.
Die Leute hier sind nicht betrunken,
wie ihr vielleicht denkt –
es ist doch noch früh am Morgen.
Nein, das, was schon der Prophet Joel
angekündigt hat, ist passiert:
,Gott verkündet euch:
In den letzten Tagen werde ich meinen Geist
über alle Menschen ausgießen.
Dann werden eure Töchter und Söhne
zu Propheten:
junge Menschen haben Visionen
und die älteren Träume.
Die Frauen und Männer, die mir dienen,
überschütte ich mit meinem Geist,
damit sie die Zeichen der Zeit erkennen.'

Ihr Männer aus Israel,
hört, was ich euch zu sagen habe:
Jesus von Nazareth
wurde von Gott durch all die kraftvollen
und erstaunlichen Wunder bestätigt,
die er mit seiner Hilfe
unter euch vollbracht hat –
aber das wisst ihr ja selbst.
Und genau diesen Mann
habt ihr umgebracht,
habt ihn durch gesetzlose Menschen
ans Kreuz schlagen lassen.
Doch Gott hat ihn wieder auferweckt,
ja, er hat ihn
aus der Gewalt des Todes befreit,
weil der Tod ihn unmöglich festhalten konnte.

24 Den hat Gott auferweckt und hat aufgelöst die Schmerzen des Todes, wie es denn unmöglich war, dass er vom Tode festgehalten werden konnte.

32 Diesen Jesus hat Gott auferweckt; dessen sind wir alle Zeugen.

36 So wisse nun das ganze Haus Israel gewiss, dass Gott diesen Jesus, den ihr gekreuzigt habt, zum Herrn und Christus gemacht hat.

37 Als sie aber das hörten, ging's ihnen durchs Herz und sie sprachen zu Petrus und den andern Aposteln: Ihr Männer, liebe Brüder, was sollen wir tun?

38 Petrus sprach zu ihnen: Tut Buße und jeder von euch lasse sich taufen auf den Namen Jesu Christi zur Vergebung eurer Sünden, so werdet ihr empfangen die Gabe des Heiligen Geistes.

39 Denn euch und euren Kindern gilt diese Verheißung und allen, die fern sind, so viele der Herr, unser Gott, herzurufen wird.

40 Auch mit vielen andern Worten bezeugte er das und ermahnte sie und sprach: Lasst euch erretten aus diesem verkehrten Geschlecht!

41 Die nun sein Wort annahmen, ließen sich taufen, und an diesem Tage wurden hinzugefügt etwa dreitausend Menschen.

Gott hat Jesus von den Toten auferweckt.
Das können wir euch alle bezeugen.

Das ganze Volk Israel kann jetzt gewiss sein:
Gott hat diesen Jesus,
den ihr gekreuzigt habt,
zum Herrn und zum Christus,
also zum Retter, gemacht."

Als die Menschen das hörten,
berührte es sie so sehr,
dass sie zu Petrus
und den anderen Aposteln sagten:
„Liebe Geschwister.
Was sollen wir denn nun machen?"
Petrus antwortete: „Verändert euer Leben!
Lasst euch taufen –
auf den Namen Jesu Christi,
durch den euch eure Sünden
vergeben werden.
Dann werdet auch ihr
den Heiligen Geist geschenkt bekommen.
Das hat Gott nicht nur euch
und euren Kindern versprochen,
sondern auch allen,
die jetzt noch weit weg sind,
aber von Gott, unserem Herrn,
eingeladen werden."

Petrus erklärte seinen Zuhörern ausführlich,
was er damit meinte, und sagte dann:
„Lasst euch von Gott befreien
aus einer Generation,
die den falschen Weg geht."
Alle Leute, die er
mit seinen Worten überzeugte,
ließen sich taufen,
so dass an diesem Tag etwa dreitausend Leute
zur Gemeinde dazukamen.

Allein die Tatsache, dass Petrus hier vor Tausenden von Menschen das Wort ergreift und von Jesus redet, ist ein Wunder des Heiligen Geistes. Wenige Wochen zuvor hatte derselbe Mann vor lauter Angst geleugnet, Jesus überhaupt zu kennen. Aber nicht nur das. Auch der Inhalt der Predigt ist eine unmittelbare Folge des Pfingstereignisses. Mit Recht können wir vermuten, dass sich in dieser ersten christlichen Predigt, die je gehalten wurde, wesentliche Elemente der christlichen Verkündigung der Anfangszeit widerspiegeln. Das sind: 1. der starke Rückbezug auf die Heilige Schrift, 2. die Konfrontation mit dem gekreuzigten und auferstandenen Jesus, 3. der Ruf zur Umkehr und 4. die Einbindung in die Gemeinde. Alle vier Elemente werden im Allgemeinen eng mit dem Wirken des Heiligen Geistes in Verbindung gebracht.

1. Der Heilige Geist legt die Schrift aus

Wenn man die Pfingstpredigt des Petrus im Gesamten liest (hier haben Sie ja nur einen Ausschnitt), kommt für den modernen Leser leicht ein Gefühl der Langeweile auf. Das hat damit zu tun, dass Petrus sich ausführlich mit verschiedenen alttestamentlichen Texten auseinandersetzt: Erst deutet er das aktuelle Pfingstgeschehen mit einer Prophetie des Joel, und dann zitiert er mehrere Texte des Königs David, um seine Botschaft zu untermauern. Anders als den Zuhörern damals sind uns diese Texte nicht vertraut, und sie sind für uns erst recht keine Autorität. Darum können wir die Spannung kaum mehr nachvollziehen, die damals bei den Zuhörern geherrscht haben muss.

Petrus knüpft also an die heiligen Schriften an, weil diese bei den Juden 1. bekannt und 2. als Autorität anerkannt waren. Jesus selbst hatte es seinen Jüngern so vorgemacht, indem er ihnen ständig sein Handeln und Reden aus den Schriften des Alten Testamentes heraus erläuterte. Auch, als das Evangelium seine Kreise über Jerusalem und Palästina hinaus zog, wandten sich die christlichen Apostel und Missionare in der Regel zuerst an die Juden. Zum einen war das eine Reminiszenz an den jüdischen Ursprung des Evangeliums – eine Art „Dankeschön" an die Mutterreligion –, zum andern hatten sie mit der Heiligen Schrift eine gemeinsame Grundlage. In der sich dann entwickelnden Verkündigung für die „Heiden" (= Nichtjuden) spielte der Rückbezug auf das Alte Testament naturgemäß keine so große Rolle mehr. Die Heiden kannten diese Schriften ja nicht, zudem hatte eine Argumentation aus der Schrift heraus für sie keinerlei Beweis- oder Überzeugungskraft. Doch das Alte Testament war auch in der Predigt den Heiden gegenüber eine wesentliche Grundlage. Zwar glaubten die Nichtjuden nicht an die Autorität der Schrift, aber die

Prediger taten es. Das heißt, sie zitierten die Schrift vielleicht nicht so häufig wie gegenüber Juden, aber ihre Inhalte gründeten auf der Schrift. Wenn Heiden sich dann bekehrten, beeilten sich die christlichen Missionare, sie mit der Heiligen Schrift vertraut zu machen und sie in diesem Wort zu verwurzeln. Der Heilige Geist führt nicht in fromme Gefühle, sondern in das Wort Gottes. Eine gute Predigt muss die Bibel nicht immer im Wort führen, aber sie resultiert aus der Heiligen Schrift und führt zu ihr hin. Es war Überzeugung der ersten Christen, dass der Geist Gottes die Heilige Schrift lebendig macht (2. Korinther 3, 6). Das heißt, die Schrift muss im Geist gelesen und ausgelegt werden – genau das tut Petrus hier, und die Wirkung ist gewaltig.

2. Der Heilige Geist konfrontiert uns mit dem gekreuzigten und auferstandenen Jesus

Ich wähle bewusst den Begriff der „Konfrontation", denn um eine solche handelt es sich. Petrus hält sich nicht lange mit Artigkeiten auf, sondern geht direkt zum Angriff über: „Gott hat seinen Sohn gesandt und seine Sendung mit vielerlei Zeichen und Wundern beglaubigt. Ihr aber habt nichts Besseres zu tun gehabt, als ihn zu töten. Dies ließ Gott nicht auf sich sitzen und hat Jesus auferweckt. Wir – seine Jüngerinnen und Jünger – haben das erlebt und bezeugen euch das. Aber nicht nur wir: Schaut in die Heilige Schrift, sie ist es, die Jesus ebenso bestätigt wie unser Zeugnis, und wie die Wunder und Zeichen es taten, die er vollbrachte."

Es ist interessant, dass in dieser ersten christlichen Predigt kein Wort von dem steht, was viele normalerweise als den zentralen Inhalt der christlichen Botschaft ansehen: nämlich von der Nächstenliebe. Petrus sagt nicht: „Liebet euren Nächsten!" Seine Botschaft lautet vielmehr: „Gott hat Jesus auferweckt, den ihr umgebracht habt. – Leute, ihr habt ein Problem!" Auch spätere Predigten der Apostel, die sich an einen ganz anderen Adressatenkreis richten, kommen wieder auf diese beiden Punkte zu sprechen: das Kreuz und die Auferstehung Jesu.

Christus predigen heißt: sein Kreuz und seine Auferstehung predigen. Und das heißt immer auch, von der unrühmlichen Rolle zu reden, die wir Menschen dabei gespielt haben, sprich: von unserer Sünde und Schuld. Das Kreuz offenbart, wozu wir in unserer Gottgetrenntheit fähig sind: nämlich das edelste Leben, das die Welt je gesehen hat, die Liebe und Güte Gottes in Person, ans Kreuz zu bringen und zu zerstören. Insofern war die Kreuzigung Jesu das größte Verbrechen der Menschheitsgeschichte. Nirgendwo wird der

Widerstand des Menschen gegen Gott und das Gute offensichtlicher als am Kreuz. Ob man diese Botschaft nun derart konfrontativ ausrichtet, wie Petrus das hier tut, oder etwas sanftere Töne anschlägt: Wenn wir von Christus predigen wollen, kommen wir nicht umhin, von der Sünde zu predigen, die ihn ans Kreuz brachte. Und darauf hinzuweisen, dass Gott Jesus auferweckt hat, um ihn zu rechtfertigen was unser Unrecht vollends offenbart. Die Auferweckung Jesu ist gleichzeitig ein nochmaliges Gnadenangebot Gottes: Noch einmal gibt er uns die Möglichkeit, umzukehren: „Wer den Namen des Herrn anruft, der soll errettet werden" (Vers 21). – Wenn wir dieses Angebot auch noch ausschlagen, wer kann uns dann noch helfen?

3. Der Heilige Geist führt zur Umkehr

Eine Predigt, wie Petrus sie hier hält, kann vielerlei Reaktion hervorrufen: Unverständnis, spöttische Ablehnung, Gleichgültigkeit oder offene Aggression. Wenige Wochen zuvor hatten die Bewohner Jerusalems Jesus ans Kreuz gebracht. Der Ausgang dieser mutigen Worte war daher völlig ungewiss. Doch die Zuhörer des Petrus lassen sich vom Geist berühren und bewegen: „Da ging es ihnen durchs Herz", sie wurden in ihrem Innersten erschüttert.

Dass ein Mensch seine Sünde erkennt, ist nach dem Zeugnis des Neuen Testamentes ein Werk des Heiligen Geistes. Menschen können andere Menschen wohl einschüchtern, ihnen Druck oder ein schlechtes Gewissen machen, nicht aber zur Erkenntnis ihres wahren Zustandes vor Gott bringen. Die Erkenntnis unserer Sünde kommt nicht durch äußeres Drängen und Treiben zustande, sondern durch ein Wirken des Heiligen Geistes in uns. Genau dies passiert in unserem Text.

„Ihr Männer, liebe Brüder, was sollen wir tun?" Ein Schrecken hat die versammelten Menschen erfasst. Und Petrus antwortet das, was bereits Johannes der Täufer und auch Jesus den Menschen nahe gelegt hat: „Tut Buße!" Wie wir schon gesehen haben, ist das ein Wort, das eine lange Leidens- und Missbrauchsgeschichte hinter sich hat. Die gesetzliche und überaus strenge Bußpraxis des Mittelalters, die den Widerstand eines Martin Luthers auf den Plan rief, der manchmal allzu drängende und Menschen unter Druck setzende Bekehrungseifer mancher Kreise im Protestantismus oder auch der säkular verflachte Gebrauch des Wortes in unserer Umgangssprache – etwa wenn wir von einem „Bußgeld" reden – hat den ursprünglichen Sinn dieses Wortes bis zur Unkenntlichkeit entstellt. Wie bereits früher in diesem Buch erwähnt, bedeutet Buße einfach so viel wie „Umkehr" bzw. „Neuausrichtung auf Gott".

So eine Buße, Umkehr oder Bekehrung kann auf zweierlei Weise passieren: entweder „Knall auf Fall" oder in einem Prozess. Der biblische Prototyp für eine sofortige Bekehrung nach einem einschneidenden Erlebnis ist Paulus selbst, der Jesus begegnet und sofort sein ganzes Leben umkrempelt. Auch die Zuhörer/innen der Pfingstpredigt gehören zu diesem Typus. Derartige Geschichten ereignen sich bis heute, und sie sind oft beeindruckend. Dabei dürfen wir eines aber nicht übersehen: Bei den meisten Menschen geht der Heilige Geist sehr viel langsamer vor. Auch sie kehren um, aber ihre Lebenswende zieht sich über längere Zeit hin, nicht selten über mehrere Jahre. Erst im Rückblick stellen sie fest, dass sie glauben, und können oft gar nicht genau sagen, wann und wie das genau angefangen hat. Und das ist auch nicht nötig.

Wir müssen uns hüten, Menschen auf einen der beiden Bekehrungswege festlegen zu wollen. Gott geht mit jedem Menschen einen eigenen Weg. Die Kirche darf keinen Menschen darauf festnageln, auf welche Weise er sich zu bekehren hat. Aber von einem kann und darf sie ihn nicht entbinden: Nämlich von der Tatsache, dass es kein Christsein ohne Buße bzw. Bekehrung gibt. So wie das natürliche Leben mit der Geburt beginnt, beginnt auch das geistliche Leben eines Menschen mit einer Art neuen Geburt. Sei es durch einen bewussten Akt der Bekehrung oder in einem sich über eine längere Zeit hinziehenden Prozess: Man wird jedenfalls nicht als Christ geboren, sondern jeder Mensch kann sich entscheiden, ob er den Ruf Jesu zum Glauben und zur Nachfolge annimmt oder nicht.

4. Der Heilige Geist schafft Gemeinde

Der Begriff, den das Neue Testament für Gemeinde verwendet, heißt: „Ekklesia". Ekklesia heißt wörtlich übersetzt: „die Herausgerufene". Gemeint ist die Gemeinschaft von Menschen, die sich von Gott aus der großen Masse herausrufen ließen. Dieses „Sich-Herausrufen-Lassen" haben wir eben als „Bekehrung" bezeichnet. Das „Herausrufen" des Heiligen Geistes zielt aber nicht auf ein frommes Einzelgängertum, sondern ist gleichzeitig ein „Hereinrufen" in die Gemeinde.

Und das hat weitreichende Bedeutung: Ein Mensch, der neu Christ geworden ist, ist wie ein frisch geborenes Baby: Er hat ein neues Leben begonnen, er ist ein Kind Gottes geworden. Jedes neu geborene Leben ist aber hochgradig gefährdet. Gerade wenn ein Mensch frisch zum Glauben kommt, gibt es relativ viel, was er falsch machen und was den neu gewonnenen Glauben verletzen, ja sogar zerstören kann. Es ist eine ernüchternde Tatsache, dass die überwiegende Anzahl der Menschen, die ein Bekehrungserlebnis aufweisen können, schon nach relativ kurzer Zeit ihren Glauben wieder verlieren. Es genügt also nicht, den Menschen zu erzählen, dass sie Jesus in ihr Leben und in ihr Herz hineinbitten sollen, und dass er ihnen ihre Schuld vergibt. Das ist alles richtig und wichtig. So werden Menschen zu Christen – aber so bleiben sie es nicht.

Wenn ein Baby frisch geboren ist, darf man es nicht einfach an die Seite legen und sich selbst überlassen. Vielmehr legt die Hebamme das Baby in der Regel in den Arm der Mutter, wo es Geborgenheit und Liebe erfährt und die nötige Nahrung bekommt, dass es wachsen kann. Das gilt auch für einen Menschen, der von neuem geboren wird. Er darf sich nicht selbst überlassen werden. Er wächst und gedeiht nicht von selbst, sondern braucht die liebende und nährende „Mutter". Die Funktion dieser Mutter hat im christlichen Glauben die Gemeinde. Ein Mensch, der frisch zum Glauben kommt, muss, wenn sein Glaube überleben soll, in die Arme einer Gemeinde gelegt werden, die sich seiner und seines Glaubens liebevoll und nährend annimmt.

Freilich stößt das Bild vom Baby und seiner Mutter hier an seine Grenzen. Denn das Kind reift heran und lernt es, mehr und mehr unabhängig von seiner Mutter zu werden, bis es sich schließlich – erwachsen geworden – vollends von seinen Eltern löst. Auch im Christsein geht es um ein Wachsen und Reifen, auch um ein Mündigwerden innerhalb der Gemeinde. Dieses führt aber nie dazu, dass ein Christ oder eine Christin sich völlig von der Gemeinde löst und ein autarkes Leben führt. Das Christentum ist und bleibt eine Gemeinschaftsreligion. „Allein geht man ein", heißt es zu Recht. Und Mündigwerden *innerhalb* der Gemeinde bedeutet keineswegs, mündig zu werden *von der* christlichen Gemeinde. Das würde dem Bild vom Leib und den Gliedern widersprechen, das wir uns übermorgen anschauen wollen. Zuvor aber wollen wir uns mit der Frage beschäftigen, welche Qualitäten eine Gemeinde mit sich bringen muss, damit sie wirklich „Mutterfunktion" für einen Christen oder eine Christin übernehmen kann.

NACH-DENKEN Bekehrung gehört nicht zu unserer Arbeit, weil nur Gott bekehren kann.

Mutter Teresa

FRAGEN
» Fällt es Ihnen leicht, mit anderen Menschen über Glauben zu sprechen?
» Wie hängen „Heiliger Geist" und „Heilige Schrift" miteinander zusammen?
» Was halten Sie von dem Satz: „Von Christus reden heißt von Kreuz und Auferstehung reden"?
» Was ist der Unterschied zwischen einem schlechten Gewissen und Sündenerkenntnis?
» Welches ist für Sie die größere Herausforderung: das Herausrufen oder das Hineinrufen?

ANREGUNG ZUM GEBET
Umkehr
Reflektieren Sie über folgende Fragen: An welchen Punkten meines Lebens bin ich grundlegend umgekehrt (nicht nur im religiösen Sinne)? Hatte das etwas mit dem Heiligen Geist zu tun? Was hat das mit mir gemacht? An welchen Punkten spüre ich, dass ich umkehren müsste? Reden Sie mit Gott über diese Dinge!

MERKVERS
Es sei denn, dass jemand von neuem geboren werde, so kann er das Reich Gottes nicht sehen.

Johannes 3, 3

CARTOON

42 Sie blieben aber beständig in der Lehre der Apostel und in der Gemeinschaft und im Brotbrechen und im Gebet.

43 Es kam aber Furcht über alle Seelen und es geschahen auch viele Wunder und Zeichen durch die Apostel.

44 Alle aber, die gläubig geworden waren, waren beieinander und hatten alle Dinge gemeinsam.

45 Sie verkauften Güter und Habe und teilten sie aus unter alle, je nachdem es einer nötig hatte.

46 Und sie waren täglich einmütig beieinander im Tempel und brachen das Brot hier und dort in den Häusern, hielten die Mahlzeiten mit Freude und lauterem Herzen

47 und lobten Gott und fanden Wohlwollen beim ganzen Volk. Der Herr aber fügte täglich zur Gemeinde hinzu, die gerettet wurden.

Die ersten Christen hielten fest zusammen.
Sie hörten auf das, was die Apostel lehrten,
feierten miteinander Abendmahl
und beteten gemeinsam.
Und weil die Apostel
viele Wunder vollbrachten,
wurden die Menschen
von Ehrfurcht ergriffen.

Alle, die angefangen hatten zu glauben,
waren eine starke Gemeinschaft
und teilten alles, was sie besaßen.
Sie verkauften sogar
ihr Hab und Gut, um den Erlös
für die Bedürftigen einzusetzen.

Sie trafen sich jeden Tag
einträchtig im Tempel,
und in ihren Häusern feierten sie Abendmahl
und aßen zusammen –
mit großer Begeisterung und ganzer Hingabe.
Sie lobten Gott und hatten bald
überall einen guten Ruf.

Gott aber schickte jeden Tag
neue Menschen in die Gemeinde.

Unser heutiger Text ist *der* Sektentext schlechthin. Immer wieder haben Menschen den enormen Kontrast zwischen dem hier Beschriebenen und der real existierenden Kirche festgestellt und dies zum Anlass genommen, letztere zu verlassen und eine neue Kirche zu gründen. Die Erfahrung zeigt, dass diese neu gegründeten Kirchen schon nach relativ kurzer Zeit einen ähnlichen Zerfallsprozess vorweisen und die Ähnlichkeit mit der in der Apostelgeschichte beschriebenen Urgemeinde mehr und mehr abnimmt, was dann irgendjemand zum Anlass nimmt, wieder eine neue Kirche zu gründen. Auf über 600 christliche und semi-christliche Konfessionen haben wir es auf diese Weise bisher gebracht.

Unser Text beschreibt ein Idealbild von Gemeinde, an dem sich jede Gemeinde dieser Welt orientieren sollte, von dem wir uns aber bewusst sein sollten, dass wir es niemals erreichen werden. Vielleicht fragen Sie sich, welchen Sinn es hat, sich an einem Ideal zu orientieren, wenn man es ohnehin nicht erreichen kann. Doch das gehört zum Wesen von Idealen. Niemand wird beispielsweise die Perfektion eines Duden erreichen, trotzdem orientieren wir uns an ihm. Gemeinden können schon deswegen nicht perfekt sein, weil sie sich aus fehlbaren Menschen und Sündern zusammensetzen. Aber auch fehlbare Menschen können sich in der Gestaltung ihrer Gemeinde von unserem Text inspirieren und gegebenenfalls auch korrigieren lassen.

Manche fragen: Ist das, was wir hier lesen, jemals so passiert? Ich weiß es nicht. Der Evangelist Lukas, der diese Ereignisse aufschreibt, hat sie selbst nicht miterlebt. Zumindest wissen wir, dass der hier beschriebene Idealzustand nicht lange anhielt. Schon bald kam es zu ersten Konflikten, die Lukas – und das spricht für seine Glaubwürdigkeit – ungeschönt berichtet. Auch die Sache mit der Gütergemeinschaft hielt nicht sehr lange durch. Die ersten Wochen der jungen christlichen Gemeinde waren sicherlich eine Zeit besonderer Gnade: „Jedem Anfang wohnt ein Zauber inne." In dieser kurzen Zeit blitzt etwas von dem auf, was die christliche Gemeinde sein könnte und ihrem Wesen nach sein soll: eine Art Beet von jenem Garten, nach dem wir alle Sehnsucht haben, seitdem wir das Paradies hinter uns gelassen haben. Das Wunderbare ist: Die Pflanzen, die dieses Beet trägt, gibt es alle heute noch! Ich sehe eine wichtige Aufgabe unserer Gemeinden heute darin, eine möglichst große Anzahl dieser „Pflanzen" in ihrem Garten zu säen und ihr Wachstum nach Kräften zu fördern. Je mehr davon zusammenkommen, desto ähnlicher wird die christliche Gemeinde ihrer Urgestalt. Unser Text nennt uns sieben solcher „Pflanzen", sieben Merkmale einer lebendigen Gemeinde.

1. Merkmal: Das Festhalten an der Lehre der Apostel. Die Apostel waren Augen- und Ohrenzeugen Jesu. Was sie von Jesus empfangen hatten, gaben sie an die nächste Generation weiter. Diese Lehre der Apostel wurde in den Evangelien, der Apostelgeschichte und den neutestamentlichen Briefen gesammelt und festgehalten. An der Pfingstpredigt des Petrus können wir beobachten, in welch starkem Maße die „Lehre der Apostel" aber auch Auslegung des Alten Testamentes war. Die Gemeinde ist also „erbaut auf dem Grund der Apostel und Propheten" (Epheser 2, 20). Beide zusammen – Altes wie Neues Testament – bilden das Fundament der christlichen Gemeinde. Das heißt: Nicht die Tat steht am Anfang, wie es in Goethes „Faust" heißt (modern gesprochen: nicht die Aktion), sondern entscheidend ist und bleibt das Wort. Dieses Wort hat die Gemeinde gegründet, dieses Wort erhält sie am Leben, dieses Wort – in der Kraft des Heiligen Geistes ausgelegt und angewandt – führt Menschen zum Glauben und lässt sie im Glauben wachsen. Eine lebendige Gemeinde wird darum Menschen zu einem lebendigen Umgang mit der Heiligen Schrift führen. Sie wird dabei einen besonderen Akzent auf die Anwendung und Umsetzung dieses Wortes legen, auf die Frage, wie Menschen von diesem Wort her ihren Alltag angehen und gestalten und verändern können (vgl. hierzu Apostelgeschichte 17, 11 oder 2. Timotheus 3, 14–17).

2. Merkmal: Intensive Gemeinschaft. Die ersten Christen trafen sich nicht nur zum Gottesdienst, sondern Tag für Tag in den Häusern. Sie aßen miteinander, entwickelten Freundschaften, beteten mit- und füreinander, unternahmen Dinge gemeinsam, ja, sie teilten sogar ihren Besitz untereinander. Nicht ein einziges Mal ist in unserem Text vom „Christen an und für sich" die Rede, und zwar aus dem einfachen Grunde, weil es das nach neutestamentlicher Auffassung nicht gibt: *„Ein* Christ ist *kein* Christ". Christsein war am Anfang gleichbedeutend mit: sich aktiv am Gemeindeleben beteiligen. Selbst die Schwachen und Kranken waren aktiv eingebunden, wie wir aus anderen Texten des Neuen Testamentes wissen. Nun mag man einwenden, dass dies in der heutigen volkskirchlichen Situation mit Gemeindegrößen von mehreren Tausend Menschen nicht mehr möglich ist. Aber wir dürfen nicht vergessen, dass die Jerusalemer Gemeinde nach der Pfingstpredigt des Petrus aus über 3000 Menschen bestand und nach dem Zeugnis der Apostelgeschichte später sogar noch mehr wuchs. Unser Text legt nahe, dass es vor allem die Hausgemeinschaften waren, in denen die Menschen selbst bei einer solchen Gemeindegröße verlässliche und tragfähige Beziehungen aufbauten.

3. Merkmal: Die Feier des Abendmahls. Diese wird gleich zweimal in unserem kurzen Text erwähnt. Für mich ist dabei von erheblichem Lernwert, dass im gesamten Neuen Testament das Abendmahl nicht im Gottesdienst gefeiert wurde, sondern in den Häusern, und zwar im Rahmen eines normalen Sättigungsmahls. Ich glaube, wir würden einen ganz neuen, ungeahnten Zugang zum Abendmahl bekommen, wenn wir es wieder verstärkt in Häusern und kleinen Gruppen feiern würden. Damit plädiere ich nicht dafür, das gottesdienstliche Abendmahl abzuschaffen, wohl aber dafür, es um das regelmäßig in Häusern gefeierte Abendmahl zu ergänzen. Überdies sollten wir uns Gedanken machen, wie man die gottesdienstliche Mahlfeier so gestalten kann, dass man dort die stärkende und lebensspendende Gegenwart des auferstandenen Christus wirklich spüren und erfahren kann. Diese wird vom Abendmahl zwar theologisch behauptet, aber nur von den Allerwenigsten wirklich erlebt. Zu einseitig kreist unsere Abendmahlsfrömmigkeit um die Erinnerung an Jesu Sterben und das Bedenken der eigenen Schuld. Im Neuen Testament war das deutlich anders. Dort herrscht – bei allem Rückbezug auf das Leiden und Sterben Jesu – eine viel stärkere Gegenwarts- und Zukunftsorientierung vor. Dort geht es primär um die Freude an der Gemeinschaft untereinander und an der Gegenwart des auferstandenen Christus, um Dankbarkeit über den Zuspruch der Vergebung, ums Tanken neuer Kraft, Erneuerung der Gemeinschaft und vor allem um die Vorfreude auf das himmlische Festmahl.

4. Merkmal: Leidenschaftliche Spiritualität. Etwas, was bei der Beschreibung der ersten Gemeinde auffällt, ist, dass das ganze Zusammenleben in der Gemeinde von einer ausgesprochen spirituellen Grundatmosphäre geprägt ist. Alles, was uns hier berichtet wird, ist eingetaucht in Elemente wie Gebet, Abendmahl, Gottesdienst, Danksagung und Lobpreis. Sie sind so etwas wie die geheime Achse, um die sich das gesamte Gemeindeleben dreht. Ob sie nun Gottesdienst feierten, Dinge untereinander zu regeln hatten oder dienend und missionierend nach „draußen" gingen· Stets wandten sich die ersten Christen zuerst oder doch zumindest gleichzeitig auch an Gott. Sie brachten das, was sie bewegte, gemeinsam vor Gott. Das ist heute signifikant anders. Das Gebet ist in vielen christlichen Gemeinden heute in ein liturgisches Getto verbannt. Man betet im Gottesdienst oder für sich selbst, ab und zu wird ein Lied gesungen, und das war's! 95 Prozent unserer Kirchgänger – von den anderen Kirchenmitgliedern ganz zu schweigen! – würde man absolut damit überfordern, wenn man ihnen sagte: „Betet doch mal miteinander!" Sagen wir es deutlich: Das Gebetsleben der meisten Christinnen und Christen und auch Gemeinden dümpelt vor sich hin wie eine Pflanze, die man nur alle ein bis zwei Wochen gießt. Eine solche Pflanze mag vielleicht mit Glück überleben, aber sie wird nicht wachsen, blühen, gedeihen oder gar Frucht bringen. Gebet und leidenschaftliche Spiritualität sind der Schlüssel zu einem lebendigen Christsein und darum auch zu einer vitalen Gemeinde!

5. Merkmal: Freude und Begeisterung. Friedrich Nietzsche sagte bekanntlich über die Christen, dass er ja bereit wäre, an ihren Erlöser zu glauben, wenn sie nur erlöster aussehen würden. Dieses Spottwort transportiert sehr viel Wahrheit. Die Christen hierzulande sehen in der Tat bisweilen nicht allzu erlöst, sondern eher streng und oft auch ein wenig angestrengt aus. Aber das geht auch anders. In ausnahmslos allen lebendigen und wachsenden Gemeinden, die ich kennen gelernt habe, herrschte ein spürbarer Grundton der Freude, der Freundlichkeit und der Begeisterung. Das ist auch sachgemäß. Immerhin geht es in der Gemeinde um das „Evangelium" – um eine „gute Botschaft" – und das sollte spürbar sein. Ein Christentum, das überwiegend von Strenge, Pflicht und emotionaler Kälte geprägt ist, steht nicht nur im Gegensatz zum Kern seiner Botschaft, sondern wirkt auch nach außen hin wenig attraktiv. Um Nietzsches Wort etwas abzuwandeln: Warum sollten die Menschen an einen Geist glauben, der offensichtlich so wenig zu be-geistern vermag? Natürlich kann man Freude und Begeisterung nicht „machen" und künstlich herstellen. Aber in der Art, wie wir miteinander umgehen, wie wir unsere Gottesdienste gestalten oder auf andere zugehen, können wir sehr wohl Weichen in die eine oder andere Richtung stellen. Wir können einiges dazu tun, eine Atmosphäre zu schaffen, die von Dankbarkeit, freudiger Erwartung und Positivität gekennzeichnet ist. Eine wichtige Rolle spielte in der Urgemeinde in diesem Zusammenhang der Lobpreis. Die ersten Christen waren offensichtlich derart erfüllt von Freude und Staunen über ihren Gott, dass sich das in dieser besonderen Form des Gebets ausdrückte.

6. Merkmal: Interesse an den Menschen. Bereits weiter oben habe ich geschrieben: „Interesse" an den Menschen heißt dem Wortsinn nach: „mitten unter ihnen sein". Das taten die ersten Christen. Sie waren mitten unter den Menschen. Sie schotteten sich nicht ab, sondern gingen Tag für Tag in den Tempel, dorthin, wo die Menschen waren. Natürlich sahen sie seit der Auferstehung Jesu einige Dinge anders als die anderen Besucher des Tempels. Aber sie nahmen das nicht zum Anlass, sich zurückzuziehen. Die Dynamik der ersten Gemeinde wuchs daraus, dass sich die Christen einerseits „hier und dort in den Häusern" trafen, auf der anderen Seite aber mitten unter den Menschen waren, dass sie mit Worten und Taten der Liebe für sie da waren, so sehr, dass sie „Wohlwollen beim ganzen Volk" fanden. Die christliche Gemeinde kann sehr wohl eine hohe Akzeptanz auch bei der nichtchristlichen Bevölkerung gewinnen, wenn diese den Eindruck bekommt: „Die Christen haben nicht nur Worte, sie *tun* auch etwas." Von Dietrich Bonhoeffer stammt der Satz: „Kirche ist nur dann Kirche, wenn sie Kirche für andere ist." Das heißt: Kirche ist kein Selbstzweck, sondern das Instrument, durch das Gott für die Menschen da sein will. Das geht aber nur, wenn die Kirche sich nicht in ein Getto zurückzieht, sondern dort präsent ist, wo die Menschen sind.

7. Merkmal: Glaube, der Kreise zieht. „… und der Herr fügte zur Gemeinde hinzu täglich, die gerettet wurden." Die erste Gemeinde entfaltete eine enorme missionarische Wirkung. Können Sie sich vorstellen, was passieren würde, wenn in Ihrer Gemeinde jeden Tag neue Menschen zum Glauben kämen? (Würde das überhaupt jemand wollen?) Ehrlich gesagt: Ich wäre schon froh, wenn in unserer Gemeinde jede *Woche* jemand neu zum Glauben fände. Vermutlich geriete man damit hierzulande bereits unter Sektenverdacht. Dass in der Jerusalemer Gemeinde so viele Menschen zum Glauben kamen, lag zum einen an einer klaren Verkündigung der Apostel, zum anderen aber an der besonderen Ausstrahlung, die von der Gemeinde als Ganzes ausging. Beides sollte eine gleichwertige Rolle spielen. Eine Gemeinde mag noch so attraktiv sein, kein Mensch kommt allein deswegen zum Glauben. Irgendjemand muss da sein, der das Evangelium weitersagt. Auf der anderen Seite hilft die bloße Proklamation des Evangeliums nicht viel, wenn unsere Gemeinden auf die Menschen um uns herum nicht anziehend wirken. Darum brauchen wir beides: Wir brauchen Menschen, die in der Lage sind, das Evangelium von Jesus Christus in unaufdringlicher, liebevoller und überzeugender Weise auf den Punkt zu bringen. Wir brauchen aber auch Gemeinden, die so attraktiv sind und in denen das Reich Gottes so spürbar und erfahrbar gegenwärtig ist, dass es gar nicht so sehr großer Worte bedarf, sondern die Leute von alleine kommen. Ich bin davon überzeugt: Derselbe Heilige Geist, der dies in der ersten Gemeinde bewirkt hat, kann dies auch in unseren Gemeinden bewirken. Die Frage ist, ob wir das wollen und ob wir bereit sind, den Preis der dafür notwendigen Veränderung zu bezahlen.

Herr, erwecke deine Kirche und fange bei mir an.

Herr, baue deine Gemeinde auf und fange bei mir an.

Herr, bringe deine Liebe und Wahrheit zu allen Menschen und fange bei mir an.

Aus China

FRAGEN

» Inspiriert Sie der heutige Bibeltext oder schreckt er Sie eher ab?

» Welche der genannten Merkmale vermissen Sie in Ihrer Gemeinde am meisten?

» Wo und wie kann man lernen, mit Leidenschaft in der Bibel zu lesen und zu beten?

» Was hilft Ihnen persönlich mehr zu glauben: wenn Menschen überzeugend vom Glauben reden oder wenn sie ihr Christsein überzeugend leben?

» Was können Sie persönlich dazu beitragen, dass Ihre Gemeinde für andere Menschen attraktiver wird?

ANREGUNG ZUM GEBET

Meine Gemeinde und ich

Gehen Sie die oben aufgeführten sieben Merkmale einer gesunden Gemeinde nach und nach durch. Überlegen Sie, inwiefern diese Merkmale, die für Gemeinden gelten, auf Sie persönlich zutreffen. Sind Sie 1. in der Lehre der Apostel verankert, 2. verlässlich in Ihren Beziehungen, 3. regelmäßig gestärkt durch das gemeinsame Mahl, 4. leidenschaftlich in Ihrer Spiritualität, 5. voller Freude und Begeisterung, 6. in Wort und Tat für andere Menschen da und 7. in Ihrem Glauben attraktiv für andere?

MERKVERS

Sie blieben aber beständig in der Lehre der Apostel und in der Gemeinschaft und im Brotbrechen und im Gebet.

Apostelgeschichte 2, 42

Tag 33 / **Miteinander herausgefordert**

WOHLFÜHLINSPIRATION

Manchmal gewinnt sogar ein theologisches Buch durch ein Koch- oder Backrezept! Hier ist mein Vorschlag für ein wirklich gemeinschaftliches Erlebnis: Laden Sie am Wochenende Menschen zum Kaffeetrinken ein, die Sie nett finden, aber eigentlich gar nicht so gut kennen, und backen Sie zu diesem Anlass den folgenden Kurchen. Er ist der Hammer!

Das Rezept: Verrühren Sie 125 g Butter mit 125 g Zucker und 2 Eiern, geben Sie 300 g Mehl, vermischt mit 2 Tl Backpulver, dazu, und verkneten Sie alles miteinander. Verteilen Sie den Teig auf einem mit Butter eingefetteten Backblech und stechen Sie mehrfach mit einer Gabel auf ihn ein. Dann backen Sie ihn bei 180 Grad 12 bis 15 Minuten. Schütten Sie dann den Belag auf den Teig, verzieren Sie diesen mit abgetropften Mandarinen oder Kirschen und backen Sie das Ganze noch einmal bei 160 Grad 45 Minuten. Lassen Sie den Kuchen danach noch etwa 15 Minuten im Ofen abkühlen.

Ach ja: Der Belag besteht aus 4 Eiern, 300 g Zucker, 1/4 l Öl, 1 kg Magerquark, 1/2 l Buttermilch und 2 Päckchen Vanillepuddingpulver – alles miteinander verrührt! Nach dem Backen überziehen Sie den Kuchen noch mit einem Tortenguss, für den Sie den Saft der Mandarinen oder Kirschen verwenden können. Zum Kuchen dann noch ein schönes Tässchen Kaffee oder Tee – wohl bekomm's!

12 Denn wie der Leib einer ist und doch viele Glieder hat, alle Glieder des Leibes aber, obwohl sie viele sind, doch ein Leib sind: so auch Christus.

13 Denn wir sind durch einen Geist alle zu einem Leib getauft, wir seien Juden oder Griechen, Sklaven oder Freie, und sind alle mit einem Geist getränkt.

14 Denn auch der Leib ist nicht ein Glied, sondern viele.

15 Wenn aber der Fuß spräche: Ich bin keine Hand, darum bin ich nicht Glied des Leibes, sollte er deshalb nicht Glied des Leibes sein?

16 Und wenn das Ohr spräche: Ich bin kein Auge, darum bin ich nicht Glied des Leibes, sollte es deshalb nicht Glied des Leibes sein?

17 Wenn der ganze Leib Auge wäre, wo bliebe das Gehör? Wenn er ganz Gehör wäre, wo bliebe der Geruch?

18 Nun aber hat Gott die Glieder eingesetzt, ein jedes von ihnen im Leib, so wie er gewollt hat.

19 Wenn aber alle Glieder ein Glied wären, wo bliebe der Leib?

20 Nun aber sind es viele Glieder, aber der Leib ist einer.

21 Das Auge kann nicht sagen zu der Hand: Ich brauche dich nicht; oder auch das Haupt zu den Füßen: Ich brauche euch nicht.

22 Vielmehr sind die Glieder des Leibes, die uns die schwächsten zu sein scheinen, die nötigsten;

Mit der Gemeinde Christi
verhält es sich wie mit einem Körper.
Ein Körper ist zwar ein Ganzes,
besteht aber aus vielen Gliedern.
Und die Glieder sind, trotz ihrer
Unterschiedlichkeit, ein Körper.

In der Taufe hat der Geist uns alle zu einem
Körper zusammengefügt,
ganz gleich, ob wir Juden, Griechen,
Sklaven oder Freie sind –
uns verbindet der gleiche Geist.
Und ein Leib besteht eben
nicht nur aus einem Körperteil,
sondern aus vielen.

Wenn ein Fuß sagen würde:
„Weil ich keine Hand bin,
gehöre ich nicht zum Körper",
bleibt er dann nicht trotzdem
ein Teil des Ganzen?
Und wenn ein Ohr sagen würde:
„Weil ich kein Auge bin,
gehöre ich nicht zum Körper",
ist es dann nicht weiterhin ein Teil davon?

Außerdem: Wenn der ganze Körper
nur aus Auge bestünde,
wie könnte man dann hören?
Wenn er nur aus Ohren bestünde,
was wäre mit dem Riechen?
Gott hat die Glieder des Leibes
bewusst so zusammengesetzt,
denn wenn alle gleich wären,
gäbe es überhaupt keinen Leib.

Obwohl es viele Körperteile gibt,
bilden sie zusammen einen Körper.
Das Auge kann nicht einfach zur Hand sagen:
„Dich brauche ich nicht."

23 und die uns am wenigsten ehrbar zu sein scheinen, die umkleiden wir mit besonderer Ehre; und bei den unanständigen achten wir besonders auf Anstand;

24 denn die anständigen brauchen's nicht. Aber Gott hat den Leib zusammengefügt und dem geringeren Glied höhere Ehre gegeben,

25 damit im Leib keine Spaltung sei, sondern die Glieder in gleicher Weise füreinander sorgen.

26 Und wenn ein Glied leidet, so leiden alle Glieder mit, und wenn ein Glied geehrt wird, so freuen sich alle Glieder mit.

27 Ihr aber seid der Leib Christi und jeder von euch ein Glied.

Und der Kopf kann auch nicht
den Füßen verkünden:
„Ich brauche euch nicht mehr."
Die Körperteile, die uns manchmal
am unbedeutendsten erscheinen,
sind oft die wichtigsten.
Die unansehnlichen Körperteile
kleiden wir doch in der Regel
besonders schön ein,
und die unanständigen werden
schön anständig bedeckt;
unsere schönen Seiten brauchen
wir ja nicht zu verstecken.

Gott hat uns als Leib zusammengefügt,
und die nicht ganz so edlen Körperteile
besonders geehrt,
damit es nicht zu Streit kommt,
und damit die einzelnen Glieder
füreinander sorgen.

Wenn ein Körperteil leidet,
dann leiden alle anderen mit.
Und wenn eines geehrt wird,
dann freuen sich alle anderen.
Ihr seid der Leib Christi –
und jeder von euch ist ein Körperteil.

Das Neue Testament benutzt eine Vielzahl von Bildern, um das Wesen der christlichen Gemeinde zu verdeutlichen. Einige entstammen dem anorganischen Bereich, etwa wenn die Gemeinde mit einem Tempel, einer Säule, einem Haus oder einer Stadt verglichen wird. Andere Bilder entstammen dem organischen Bereich, etwa die Familie Gottes, die Herde Gottes, der Weinstock und die Reben und eben: der Leib Christi. Die organischen Bilder betonen eher das von uns nicht Machbare, von Gott Abhängige: das Wachsen und Fruchtbringen, das Geführt- und Begleitetwerden. Die anorganischen Bilder hingegen reden von unserer menschlichen Verantwortung. Gemeinde ist nicht nur ein Organismus, der sich ohne unser Zutun entwickelt, sondern auch ein Bau, dessen Tragfähigkeit und Schönheit auch von uns Menschen abhängt und für den wir uns zu verantworten haben. In der kirchlichen Praxis wird oft das eine oder das andere vergessen. Die einen reden davon, dass „der Geist weht, wo er will" und dass in der Gemeinde alles von Gottes Gnade abhängt. Die anderen „bauen" nach Kräften Gemeinde, als ob deren Entwicklung und Wachstum in ihrer eigenen und nicht in Gottes Hand läge. Dabei müssen wir beides im Blick haben: das, was Gott macht und das, was unsere Aufgabe ist.

Im Bild vom Leib Christi malt Paulus uns wunderbar vor Augen, was Gemeinde im Innersten zusammenhält und was ihr Lebenspuls ist, wie sie funktionieren kann und was sie auszeichnet. Es geht um fünf große Themen: um die Einheit der Gemeinde, um die Verschiedenheit ihrer Mitglieder, um das Zusammenspiel in der Gemeinde, um den Wert jedes Einzelnen, und um die „Problemfälle" in der Gemeinde.

Die Einheit der Gemeinde

Das Wort, das in unserem Text neben den Leitbegriffen „Leib" und „Glieder" am häufigsten vorkommt, ist die Zahl „eins". Spannend: Hauptthema bei einem Text, der wie kein anderer die Unterschiedlichkeit der einzelnen Gemeindeglieder reflektiert, ist die Einheit. Wenn man die ersten elf Verse unseres Kapitels dazu nimmt, verstärkt sich dieser Eindruck noch einmal: Da geht es um einen Gott, einen Herrn, einen Geist – alles andere als Einheit innerhalb der Gemeinde wäre dem nicht angemessen. Im Bild des Leibes Christi gesprochen: Es ist ein Haupt, von dem alle Impulse ausgehen und auf das letztlich alles zuläuft – Jesus Christus. Daher ist Uneinigkeit und Spaltung innerhalb der Gemeinde im Neuen Testament eine der ernsthaftesten Sünden überhaupt.

Die Trennung der Kirche in Hunderte von Abspaltungen ist daher ein bleibendes Ärgernis. Die Spaltung der Kirche ist Fakt und in vielen Fällen mit durchaus nachvollziehbaren Gründen vollzogen worden. Es wäre unrealistisch zu glauben, wir könnten diese Entwicklung, die sich in den letzten 2000 Jahren vollzogen hat, einfach wieder rückgängig machen. Zumindest für die große, uns alle bedrängende Trennung zwischen Evangelisch und Katholisch sehe ich diese Entwicklung auf absehbare Zeit nicht. Man wird davon auf beiden Seiten träumen dürfen, sollte aber die gewaltigen Unterschiede im Grundsätzlichen nicht unter den Teppich kehren. Einheit, die dadurch erkauft wird, dass man die Wahrheitsfrage unter den Tisch kehrt, ist keine wirkliche Einheit, sondern Augenwischerei.

Dennoch ist es möglich – und es gibt eine Vielzahl guter Ansätze dazu –, trotz und inmitten der Unterschiedlichkeit der Konfessionen Zeichen für die Einheit der Kirche zu setzen: etwa in gemeinsamen Gesprächen, gemeinsamen Gebeten, gemeinsamen Verlautbarungen usw. Dass es unterschiedliche Glaubensrichtungen gibt, muss noch nicht unbedingt den Leib Christi zersprengen. Würden sie sich untereinander achten und respektieren, könnten sie sogar eben jene Vielfalt der Glieder widerspiegeln, von der auch in unserem Text die Rede ist. Leider wird dagegen häufig viel Leidenschaft darauf verwendet, anderen das wahre Christsein abzusprechen, und das macht letztlich die gesamte Kirche vor der Welt unglaubwürdig.

Verschiedenheit innerhalb der Gemeinde
Unterschiedlichkeit innerhalb der Gemeinde kann ungeheure Probleme auslösen. Paulus weiß das sehr wohl: In einem fiktiven Gespräch lässt er Hand, Fuß und Auge miteinander streiten. Aber er betont, dass es Gottes Absicht ist, dass er die Gemeinde so und nicht anders zusammengefügt hat, denn nur so kann ein lebendig funktionierender Organismus entstehen. Können Sie sich einen Leib aus hundert am Kopf befestigten Händen vorstellen? Oder aus zwanzig Augen? Ein solches Gebilde würde man mit Fug und Recht ein „Monster" nennen. Wenn wir alle gleich wären oder auch nur gleiche Schwerpunkte setzen würden, wo bliebe der Leib?

Unser Ideal ist oft die Gleichheit, aber das ist ein ziemlich lebensfeindliches Prinzip. „Vor Gott sind alle Menschen gleich", sagen wir gerne. Interessanterweise sucht man diesen Satz in der Bibel vergebens. Denn die Menschen sind nicht gleich, und sie sollen es auch nicht sein. Sie sind gleich viel wert, doch das ist etwas anderes. Gott liebt Individualität! Gott möchte Verschiedenheit, denn er mag es bunt. Erleben Sie das manchmal, dass Sie anders sind als andere Menschen? Ärgern Sie sich womöglich darüber? Ich habe die

Erfahrung gemacht: Hinter fast all unserem Ärger steckt der Wunsch, die anderen Menschen wären auch so wie wir. Zum einen ist dieser Wunsch sinnlos, weil die Menschen das niemals sein werden. Zum andern wäre das Ergebnis ein „Monster". Die Gemeinde soll eine bunte Blumenwiese sein und keine Monokultur.

Das Zusammenspiel in der Gemeinde

Gott hat uns nicht nur deswegen verschieden geschaffen, weil er Buntheit liebt, sondern auch, damit wir einander ergänzen. Ja mehr noch: Hand, Fuß und Auge ergänzen sich nicht nur, sie sind geradezu aufeinander angewiesen. Das gilt zunächst einmal ganz simpel dafür, dass ein Auge oder eine Hand, die sich vom Körper lösen, nicht überlebensfähig sind. Ohne Einbindung in den Gesamtzusammenhang der Gemeinde können wir unser Christsein nicht leben. Wie weit würde die Hand kommen ohne Fuß, was könnte ein Auge ausrichten ohne Hand, wohin würde ein Fuß gehen ohne Auge? Unterschiedlichkeit innerhalb der Gemeinde ist zwar manchmal ziemlich anstrengend, aber das Beste, was uns überhaupt passieren kann!

Solange wir uns über Christus als dem gemeinsamen Haupt einig sind, muss das alles keine Zerreißprobe werden. Im Gegenteil, dann können wir uns freuen, dass der Andere anders ist, denn er ergänzt uns, er wird dort aktiv, wo wir unsere Schwächen haben – wenn nur Christus der Kopf ist. Dann brauchen wir uns nicht mehr zufriedenzugeben mit toter *Einheitlichkeit*, denn dann haben wir *Einheit*. Dann müssen wir uns unsere Verschiedenartigkeit nicht mehr zum Vorwurf machen, sondern erleben sie als Bereicherung.

Nur in der Verschiedenheit der einzelnen Glieder kann der Leib alle Funktionen wahrnehmen, die er wahrnehmen soll. In unserer Verschiedenheit sind wir miteinander herausgefordert in des Wortes doppelter Bedeutung: Zum einen bedeutet die Andersartigkeit der Anderen für uns eine ständige Herausforderung. Zum anderen sind wir als Gemeinschaft höchst unterschiedlicher Glieder und Organe herausgefordert, Christus zu verkörpern in einer Welt, die ihn größtenteils noch nicht kennt. Erst in der Vielfalt der Gaben, der Begabungen, der Wesenseigenschaften und der Lebensführung wird Gemeinde ein Ganzes und kann ihre genauso vielfältigen Aufgaben in der Welt wahrnehmen. Um diese Verschiedenartigkeit zu nutzen, bedarf es aber eben des tiefen Respekts vor der Andersartigkeit des Anderen und des Vertrauens, dass gerade diese andere Art notwendig ist.

Der Wert der Einzelnen in der Gemeinde

Schon die Jünger Jesu stritten sich über die Frage, wer der Wichtigste unter ihnen sei (vgl. Matthäus 18, 1–5). Diese Frage ist deshalb sinnlos, weil in der Gemeinde jeder jeden braucht. Auch wenn das Auge noch so sehr denkt, es sei wichtiger als die Hand, hat es kein Recht dazu. In weniger personalisierter Form hat die Frage, welche Aufgabe in der Gemeinde die wichtigste sei und was denn wichtiger sei: Diakonie oder Evangelisation – ein Christentum der Tat oder ein Christentum des Wortes –, eine Vielzahl von Kirchenspaltungen hervorgebracht. Dabei ist auch diese Frage so sinnlos wie ein Kropf. Jesus hat beides getan: gepredigt und geheilt. Und eine Gemeinde, die ihn glaubhaft in dieser Welt verkörpern möchte – und davon redet ja das Bild vom „Leib Christi" – wird natürlich beides tun.

Gibt es wichtigere oder unwichtigere Glieder und Organe am Leib Christi? Wenn Sie meinen bisherigen Ausführungen gefolgt sind, werden Sie antworten: „Nein." Aber das stimmt nicht ganz. Unser Text stellt uns noch vor eine weitere Herausforderung. „Es ist so", schreibt Paulus, „dass die Teile des Leibes, die uns am schwächsten und am unansehnlichsten vorkommen, oft die wichtigsten sind." Das ist eine verblüffende Aussage, aber frappierend richtig. Wir denken beim Gleichnis vom Leib und den Gliedern sehr schnell an Hände, Augen, Mund und Füße. Aber wenn man es recht betrachtet: All diese Glieder sind im Grunde verzichtbar. Es tut weh, wenn sie fehlen, aber der Körper bleibt überlebensfähig. Bei eher unscheinbaren Organen wie etwa der Niere oder der Leber ist das hingegen nicht der Fall. Wenn sie ausfallen oder fehlen, bricht der ganze Organismus in sich zusammen. Je herausragender unsere Position innerhalb der Gemeinde ist, desto mehr sollten wir uns bewusst sein, dass es die eher im Hintergrund befindlichen und oft gar nicht bemerkten Dienste sind, von denen die Gemeinde wirklich lebt.

Die so genannten „Problemfälle" in der Gemeinde

Jede Gemeinde hat schwierige Menschen in ihrer Mitte: Das kann gar nicht anders sein, denn wenn sie Jesus wirklich verkörpert, werden sich die gleichen Menschen von ihr angezogen fühlen wie seinerzeit von Jesus: viele „Mühselige und Beladene", physisch und psychisch Kranke sowie viele, die von der sonstigen Gesellschaft als „nicht okay" empfunden werden. Es gibt natürlich auch andere. Aber es wird sich immer eine gewisse Anzahl problematischer Menschen in der Gemeinde finden. Auf sie geht Paulus in unserem Text in besonderer Weise ein.

Zunächst einmal erklärt er diese „schwachen Glieder" für wertvoll und vollwertig, ja für unentbehrlich. Auch sie haben einen Beitrag, den sie leisten, und sei es, dass sie uns Geduld lehren. Und nicht zuletzt: Wenn der Leib Christi es nicht vorlebt, dass er für seine schwachen Glieder in eben solcher Weise da ist wie für die anderen, was unterscheidet ihn dann von dem Rest der Welt? Woran soll diese Welt die leidenschaftliche Liebe Gottes für die Armen und Schwachen erkennen, wenn nicht daran, dass der „Leib Christi" diese Liebe verkörpert?

Doch Paulus geht noch weiter. Er redet nicht nur von „starken" und „schwachen" Gliedern am Leib Christi, sondern von „anständigen" und „weniger anständigen". Letztere, sagt er, gilt es in besonderer Weise zu ehren. Denn, so argumentiert Paulus, Gott hat den Leib so zusammengefügt. Dieser Text war nicht nur damals revolutionär, als in Korinth die Menschen danach fragten, wer die wichtigsten Leute in der Gemeinde seien. Auch heute bergen die Worte des Paulus jede Menge Sprengstoff in unseren Gemeinden, in denen bereits Menschen einer anderen sozialen Schichtung als Störfaktor empfunden werden, von Menschen, die sich vom allgemein üblichen Verständnis von Sittlichkeit, Wohlanständigkeit und Normalität unterscheiden, ganz zu schweigen. Wie willkommen wäre beispielsweise in unseren Gemeinden ein langmähniger Mann mit Totenkopftätowierungen an den Oberarmen? Oder eine Punkerin mit schriller Irokesenfrisur und Lippenpiercing? Wie willkommen wäre ein Homosexueller mit seinem Freund oder eine Transsexuelle?

Paulus argumentiert, dass es absurd wäre, wenn die Hand oder das Auge sich Gedanken darüber machten, wer zum Leib dazugehören darf und wer nicht, und das womöglich daran festmachen wollte, ob und inwiefern er zu den anderen „passt". Gott hat den Leib zusammengefügt, und zwar aus starken und schwachen, aus anständigen und weniger anständigen Gliedern. Statt einander zu verurteilen und den anderen ihre Andersartigkeit zum Vorwurf zu machen, ist es vielmehr Auftrag aller Glieder, einander in Liebe zu begegnen und für einander da zu sein. Den anderen gerade in ihrer Andersartigkeit oder auch in ihrer Fragwürdigkeit „mit um so mehr Ehre" zu begegnen, statt über sie zu richten und zu urteilen. Ob stark, ob schwach, ob anständig oder weniger anständig: Gott hat den Leib so zusammengefügt. Er will, dass alle diese Glieder zum Leib Christi gehören. Alle diese Glieder *sind* der Leib Christi.

NACH-DENKEN

Wer seinen Traum von christlicher Gemeinschaft mehr liebt als die christliche Gemeinschaft selbst, der wird zum Zerstörer jeder christlichen Gemeinschaft, und ob er es persönlich noch so ehrlich, noch so ernsthaft und hingebend meinte.

Dietrich Bonhoeffer

FRAGEN

» Was spricht Sie mehr an: Das Bild vom Haus oder das Bild vom Leib?

» Wie einheitlich, wie unterschiedlich ist man in Ihrer Gemeinde?

» Wie gehen Sie selbst mit Christen um, die völlig anders sind als Sie?

» In welcher Weise könnten Sie Ihrer Gemeinde bzw. anderen Christen besonders helfen?

» Wie kann es trotz verschiedener Kirchen so etwas geben wie „die Einheit der Kirche"?

ANREGUNG ZUM GEBET

Der Leib Christi

Meditieren Sie sich in verschiedene Körperteile hinein: Hand, Fuß, Auge, Mund, Ohr, Herz, Blutkreiskauf, Lunge, Skelett, Niere, Hirn, Fortpflanzungsorgane ... Welche Bedeutung haben diese? Was könnten diese Körperteile im übertragenen Sinn für den Leib Christi bedeuten?

MERKVERS

Lasst uns aber wahrhaftig sein in der Liebe und wachsen in allen Stücken zu dem hin, der das Haupt ist, Christus.

Epheserbrief 4, 15

21 Nun aber ist ohne Zutun des Gesetzes die Gerechtigkeit, die vor Gott gilt, offenbart, bezeugt durch das Gesetz und die Propheten.

22 Ich rede aber von der Gerechtigkeit vor Gott, die da kommt durch den Glauben an Jesus Christus zu allen, die glauben. Denn es ist hier kein Unterschied:

23 sie sind allesamt Sünder und ermangeln des Ruhmes, den sie bei Gott haben sollten,

24 und werden ohne Verdienst gerecht aus seiner Gnade durch die Erlösung, die durch Christus Jesus geschehen ist.

25 Den hat Gott für den Glauben hingestellt als Sühne in seinem Blut zum Erweis seiner Gerechtigkeit, indem er die Sünden vergibt, die früher

26 begangen wurden in der Zeit seiner Geduld, um nun in dieser Zeit seine Gerechtigkeit zu erweisen, dass er selbst gerecht ist und gerecht macht den, der da ist aus dem Glauben an Jesus.

27 Wo bleibt nun das Rühmen? Es ist ausgeschlossen. Durch welches Gesetz? Durch das Gesetz der Werke? Nein, sondern durch das Gesetz des Glaubens.

28 So halten wir nun dafür, dass der Mensch gerecht wird ohne des Gesetzes Werke, allein durch den Glauben.

Gott hat eine höhere Gerechtigkeit als wir.
Sie ist uns zwar schon durch die Gebote
und die Propheten verkündet worden,
doch jetzt erst zeigt sich,
dass sie gerade nicht gesetzlich ist.

Versteht ihr: Gott spricht alle Menschen frei,
die an Jesus Christus glauben.
Der Glaube macht gerecht. Der Unterschied
liegt nicht darin, wie jemand handelt.
Vor Gott sind alle Menschen Sünder,
weil alle die ursprüngliche Herrlichkeit verloren
haben, die Gott ihnen geschenkt hatte.
Darum hängt das Urteil über uns
nicht von unserem Tun ab.
Der Freispruch kommt ganz unverdient,
durch die Gnade,
die im Handeln Jesu erkennbar wurde.

Gott hat Jesus hingegeben,
weil sein Blut die Wiedergutmachung ist –
für alle, die daran glauben.
Die Gerechtigkeit Gottes sieht so aus,
dass er alle Schuld vergibt, die wir früher,
als er noch geduldig auf Besserung hoffte,
auf uns geladen haben.
Jetzt ist die Zeit seiner Gerechtigkeit
angebrochen, in der er uns zeigt,
dass er selbst gerecht ist,
und dass er den freispricht, der Jesus vertraut.

Gibt es in diesem Zusammenhang
irgendetwas, auf das wir stolz sein
könnten? Nein! Und warum?
Weil das alles nichts mit der Richtigkeit
unseres Handelns zu tun hat,
sondern allein mit unserem Glauben.
Ich bin fest davon überzeugt:
Ein Mensch wird nicht durch sein Handeln,
sondern nur durch seinen Glauben gerecht.

Dieser hochgradig theologische Text ist nicht einfach zu verstehen, aber eine Zentralstelle der Bibel. Man kann mit Fug und Recht sagen, dass er die größte Revolution der rund 2000jährigen Kirchengeschichte ausgelöst hat. Der Theologieprofessor Martin Luther realisierte anhand dieses Kapitels, dass die gesamte theologische Grundlage der römischen Kirche dem Evangelium des Paulus zuwiderlief – so entstand die evangelische Kirche.

Ich schreibe „das Evangelium des Paulus", und das mag Sie verwundern. Wir bringen den Begriff „Evangelium" normalerweise mit den Namen Matthäus, Markus, Lukas und Johannes zusammen und meinen damit ihre Erzählungen vom Leben Jesu. Doch der Begriff „Evangelium" (auf Deutsch: Gute Botschaft) ist viel älter als die Evangelien. In der Tat ist es Paulus, der diesen Begriff so häufig verwendet wie kein anderer biblischer Autor. Für ihn ist „Evangelium" ein stehender Begriff für den Kern der christlichen Botschaft. Und seine Schriften sind allesamt deutlich älter als die vier Evangelien. Obwohl der Begriff in unserem Text nicht vorkommt, bringt er die „Gute Botschaft" von Jesus Christus wie kaum ein anderer auf den Punkt. Ich schließe diese Woche, in der es ja vor allem um die Gemeinde geht, mit diesem Text ab, weil hier noch einmal die Grundlage deutlich wird, auf der das Christsein basiert. Ich orientiere mich dabei an vier theologischen Kernbegriffen unseres Textes: Gerechtigkeit, Gesetz, Glaube und Gnade.

1. Gerechtigkeit
Für uns bedeutet „Gerechtigkeit" so viel wie „Gleichberechtigung", „Gleichbehandlung" oder „Fairness". In der Bibel aber hat das Wort eine sehr viel umfassendere Bedeutung. „Gerechtigkeit" heißt dort so viel wie: dem anderen gerecht werden. „Gerechtigkeit" ist deswegen auch nicht eine Eigenschaft, die ein Mensch besitzt, sondern ein Ereignis, das in jeder Begegnung, die ich habe, neu errungen werden muss. Denken Sie nur einmal an die Menschen, denen Sie gestern begegnet sind. Ihr Partner, Ihre Kinder, Ihr Nachbar, die Leute, die Sie getroffen haben: Sind Sie ihnen „gerecht" geworden? Haben Sie diesen Menschen die Zuwendung gegeben, die sie brauchten? Ich rede nicht von überzogenen Forderungen, ich rede von dem, was „recht und billig" ist.

Wenn ich so über diese Frage nachdenke, merke ich, wie oft ich meinen Mitmenschen nicht gerecht werde. Gerechtigkeit unter uns Menschen ist wohl eher die Ausnahme als die Regel. Keiner von uns ist wirklich gerecht. Nicht in unserem Verhältnis unseren Mitmenschen gegenüber – und schon gar nicht in unserem Verhältnis zu Gott. Oder können Sie das von sich sagen:

dass Sie heute – oder gar in Ihrem ganzen Leben – Gott gerecht geworden sind? Die Frage zu stellen bedeutet, sie zu verneinen. Paulus sagt: „Da ist auch nicht einer, der wirklich gerecht wäre" (Römer 3, 10).

Allerdings brauchen wir Gerechtigkeit, um zusammenzuleben. Wie wollen Sie mit Menschen zusammenleben, wenn Sie einander nicht wenigstens halbwegs gerecht werden? Das ist genau der Punkt, an dem viele Ehen scheitern: dass die beiden Partner einander nicht mehr gerecht werden. Ohne Gerechtigkeit gibt es keine Gemeinschaft. Das gilt im zwischenmenschlichen Bereich, das gilt aber auch in unserer Beziehung zu Gott. Damit sind wir bei der entscheidenden Frage: Wie wird man Gott eigentlich gerecht?

2. Gesetz

Wenn Paulus vom „Gesetz" redet, meint er zunächst einmal das jüdische Gesetz, das uns im Alten Testament überliefert ist, allem voran die Zehn Gebote. Aber der Begriff „Gesetz" beinhaltet mehr. Er ist ein Sinnbild, eine Metapher. Das Wort steht bei Paulus letztlich für alle Bemühungen des Menschen, Gott dadurch gerecht zu werden, dass man irgendwelche Regeln einhält.

Ich glaube, dass sich an dieser Stelle der größte Unterschied zwischen dem Christentum auf der einen und den Religionen auf der anderen Seite auftut. Denn alle Religionen dieser Welt laufen letztlich auf die gleiche Antwort hinaus: „Du wirst Gott (und letztlich auch den Menschen) gerecht, indem du Regeln befolgst." Was diese Regeln sind, da gibt es große Unterschiede zwischen den einzelnen Religionen. Da gibt es die fünf Säulen des Islam, den achtfachen Weg des Buddhismus, die zehn Gebote des Judentums. Doch so unterschiedlich sie im Einzelnen auch sein mögen – es sind alles Regeln. Religion kann man geradezu so definieren, dass man sagt: „Der Mensch versucht Gott gerecht zu werden, indem er Regeln befolgt."

Viele Menschen halten auch das Christentum für eine Religion in dem eben beschriebenen Sinne: ein System von Normen und Regeln, die ein Mensch zu befolgen hat, um Gott zu gefallen. Die meisten Menschen halten Christsein und Regelbefolgung sogar für ein und dasselbe Wort.

Doch das ist nicht der Fall. Der Inbegriff der Regelbefolgung waren vielmehr die Pharisäer. Es ist ein Irrtum, zu meinen, sie seien alle Heuchler gewesen. Im Gegenteil: Sie die biblischen und viele außerbiblische Regeln peinlichst genau. Aber Jesus sagte: „Wenn ihr nicht etwas anderes aufzuweisen habt als Regelbefolgung, könnt ihr's vergessen." (vgl. Matthäus 5, 20) So wird man weder Gott noch seinen Mitmenschen gerecht.

Im gleichen Sinne sagt Paulus: „So halten wir nun dafür, dass der Mensch gerecht wird ohne des Gesetzes Werke, allein durch den Glauben." Im Kern des christlichen Glaubens geht es um eine Vertrauensbeziehung, nicht um die Einhaltung von Regeln. Man kann das durchaus mit einer Beziehung zwischen zwei Menschen vergleichen. Stellen Sie sich vor, Sie formulieren für Ihre Partnerschaft „Zehn Gebote": „Ich werde dir einmal die Woche Blumen mitbringen. Ich werde immer den Abwasch machen. Ich werde viermal die Woche meine ‚eheliche Pflicht' erfüllen" und dergleichen mehr. Manch eine(r) denkt bei dieser Vorstellung vielleicht: „Himmlisch!", aber ich sage Ihnen: So sinnvoll diese Inhalte im Einzelnen vielleicht auch sein mögen, Sie können die Regeln alle einhalten, und Ihrem Partner wird trotzdem das Entscheidende fehlen, wenn er eins nicht hat: nämlich Ihr Herz.

Das Gleiche gilt für unsere Beziehung zu Gott: Er will nicht, dass wir irgendwelche Regeln befolgen, er will unser Herz. In Sprüche 23, 26 heißt es: „Gib mir, mein Sohn, dein Herz und lass deinen Augen meine Wege wohlgefallen." Nur so wird der Mensch Gott gerecht: indem er ihm sein Herz schenkt, sein Vertrauen, seine Liebe. Dann kann es auch sein, dass er Regeln befolgt, aber das ist dann nicht der Punkt. Gott gerecht wird er durch diese Regeln nicht. Sein Christsein definiert sich nicht von diesen Regeln her. Er ist auch dann Christ, wenn er die Regeln nicht einhält. Er wird auch dann Gott gerecht. „Allein durch Glauben", wie Paulus hier sagt.

3. Glauben

Das, was Paulus hier schreibt, ist unter Christen keineswegs allgemein anerkannt und akzeptiert. Schon damals bekam er eine Menge Ärger mit sehr renommierten Leuten aus der Gemeinde, zum Beispiel mit Petrus. Petrus sagte: „Das mit dem Glauben ist ja alles schön und gut, aber die Regeln müssen trotzdem eingehalten werden." Und ich vermute mal, dass er vielen von uns damit aus dem Herzen spricht. Sie sagen: „Glauben ja, aber auch die Regeln."

Doch an dieser Stelle ist Paulus – und in seiner Nachfolge auch Luther – ziemlich eindeutig. Es geht nicht um die Frage, ob die Zehn Gebote gut sind. Das bejahen beide aus vollem Herzen. Es geht um die Frage, wodurch wir Gott gerecht werden. Wenn ich meinem Mitmenschen sein Eigentum nicht wegnehme und ihn nicht töte und mich an die Wahrheit und an meinen eigenen Ehepartner halte, dann ist das alles sicherlich gut und schön – aber werde ich dadurch Gott gerecht? – Nein! Gott gerecht werden wir nur durch Glauben. Früher war Gerechtigkeit ein hohes Ideal, das irgendwo am Ende eines langen, beschwerlichen Weges stand. Man mühte sich und tat und schaffte – und irgendwo am Ende stand dann das Urteil: „Dieser Mensch war gerecht. Er wurde Gott durch seine Lebensführung gerecht." Das ist im Grunde der Ansatz nahezu jeder Religion.

Das Christentum aber funktioniert völlig anders: Da steht der Freispruch, das Wort der Erlösung, da steht Gerechtigkeit nicht am Ende eines langen Weges, sondern an dessen Anfang. Bevor der Mensch sich überhaupt auf den Weg macht, sagt Gott: „Du bist gerecht. Du bist mir recht." – „Herr, womit habe ich das verdient?" – „Gar nicht. Nur weil du mich darum bittest, weil du mir glaubst oder doch zumindest glauben willst, weil du mir deine leeren Hände hinhältst mit der Bitte, sie zu füllen. Das ist es, was dich vor mir gerecht macht. Das ist es, worin du mir gerecht wirst. Nicht in deinem Geben, sondern in deinem Empfangen. Nicht in deinem Tun, sondern in deinem Glauben."

Vielleicht denken Sie sich jetzt: „Das ist aber ungerecht!" In gewisser Weise haben Sie Recht: Die Gerechtigkeit durch Glauben ist nach menschlichen Maßstäben tatsächlich ungerecht. Sie ist in gewisser Weise nicht fair. Der Schächer, der neben Jesus am Kreuz hing, das heißt, jemand, der ein Leben des Verbrechens geführt hat, kommt in den selben Himmel wie ein Petrus und ein Paulus, die ihr Leben für Christus gegeben haben. Einfach weil er glaubt. Ist das gerecht? „Nein", sagt Paulus, „es ist Gnade."

4. Gnade

Gnade ist der Gegenentwurf zu dem Lebenskonzept, das ich eben als „Gesetz" bezeichnet habe. In Johannes 1, 17 heißt es: „Das Gesetz ist durch Mose gegeben; die Gnade und Wahrheit ist durch Jesus Christus geworden." Auch hier ist beides gegenübergestellt: Gesetz und Gnade, zwei grundlegend verschiedene Konzepte von Religion.

Gesetz heißt: „Ich tue etwas, ich mühe mich ab, um Gott gerecht zu werden." Gnade hingegen ist das genaue Gegenteil. Hier müht sich sozusagen Gott ab, um uns gerecht zu werden. Das Gesetz sagt: „Ob Gott und du Gemeinschaft miteinander haben, das liegt an dir." Die Gnade hingegen sagt: „Vergiss es! Du kannst durch deine Bemühungen Gott nicht gerecht werden. Weder durch zehn noch durch tausend Gebote. Es geht nicht. Egal, welches Gesetz du aufrichtest – du kannst Gott nicht gerecht werden." Das ist die schlechte Nachricht. Die gute Nachricht ist: Du brauchst es auch nicht. Gott hat ein anderes Konzept. Nicht das Konzept des Gesetzes, sondern das Konzept der Gnade.

An dieser Stelle müssen wir eine Entscheidung treffen. Was wollen wir von Gott: das, was wir verdienen – oder wollen wir Gnade? Entscheiden Sie weise: Gott wird Ihnen das geben, was Sie wollen. Ich kenne Leute, die sagen: „Ich lasse mir nichts schenken! Ich will nur mein Recht!" Sie werden es bekommen. Wenn Sie Gottes Gnade für ungerecht halten, haben Sie gute Argumente für sich. Aber vielleicht ist diese Ungerechtigkeit Gottes das Beste, was uns überhaupt passieren kann. Ja, Gott ist in gewisser Weise „ungerecht". Aber nur mit dieser Ungerechtigkeit wird er uns Menschen gerecht.

Entscheiden Sie weise, was Sie von Gott wollen: Gerechtigkeit, wie wir sie verstehen, oder Gerechtigkeit, wie Gott sie versteht. Wenn Sie sich aber für die Gnade entscheiden, dann bleiben Sie bitte konsequent dabei. Dann können Sie das nicht für sich in Anspruch nehmen und andere Christen dann doch nach den Maßstäben des Gesetzes beurteilen. Wenn Sie Gnade für sich in Anspruch nehmen, müssen Sie auch Gnade gewähren. Denn der Maßstab, mit dem wir andere messen, ist derselbe, nach dem wir gemessen werden.

Und damit sind wir wieder beim Thema „Gemeinde". In den letzten Tagen haben wir viel darüber nachgedacht, was die Gemeinde sein könnte und was sie idealerweise auch sein sollte. Aber wir sollten über alledem eines nicht vergessen: Die Gemeinde Jesu ist eine Gemeinschaft begnadigter Sünder. Sie ist durch Gnade entstanden und bleibt dauerhaft auf Gnade angewiesen. Denn dadurch, dass wir Christen werden, hören wir ja nicht auf, Sünder zu sein. Das heißt: In der Gemeinde treffen begrenzte Menschen auf begrenzte Menschen. Da ist nicht einer, der nicht seine Ecken und Kanten und Abgründe hätte.

Verstehen Sie, warum das Konzept der Gnade so wichtig ist? Gemeinde lebt von der Gnade Gottes. Sie lebt aber auch von einem gnadenvollen Umgang der Gemeindeglieder untereinander. Es ist leicht, der Gemeinde vorzuwerfen, dass sie dem neutestamentlichen Ideal nicht entspricht. Die Frage ist, wie wir damit umgehen. Einerseits möchte Gott, dass sich seine Gemeinde dem neutestamentlichen Ideal mehr und mehr annähert. Aber der Weg dorthin führt nicht über Forderungen, Vorwürfe oder aufgebauten Druck, sondern über Liebe, Geduld, Vergebungsbereitschaft und kleine Schritte. Die Gnade Gottes zielt darauf, dass wir selbst gnädiger werden im Umgang miteinander und auch mit uns selbst. Es ist gut, ein ambitioniertes Ziel vor Augen zu haben. Aber wir dürfen darüber unsere Grundlage nicht vergessen. Die Grundlage sowohl unseres Christseins wie auch der Gemeinde aber heißt Gnade.

Gerechtigkeit ist nur in der Hölle, im Himmel ist Gnade, und auf Erden das Kreuz.

Gertrud von Le Fort

FRAGEN

» Kennen Sie das Gefühl, jemandem nicht gerecht zu werden? Wie gehen Sie mit so einem Gefühl um?

» Was heißt es, dass wir nicht durch das „Gesetz", sondern durch „Glauben" gerecht werden?

» Wenn „Gnade" das Grundprinzip ist: Muss man dann an sich selbst oder an der Gemeinde überhaupt noch etwas ändern?

» Von welchen der genannten vier „G"-Begriffe finden Sie in Ihrem Leben am meisten wieder?

» Wenn Sie einem Freund das Evangelium – die Gute Botschaft – von Jesus Christus erzählen wollen, was sagen Sie ihm (in zwei bis drei Sätzen)?

ANREGUNG
ZUM GEBET

Gnade

Reflektieren Sie: Wo haben Sie in Ihrem Leben Gnade erfahren – von Gott und/oder von Menschen? Danken Sie Gott dafür. Überlegen Sie: Wo haben Menschen Ihre „Gnade" nötig – nicht zuletzt auch in der Gemeinde? Beten Sie für diese Menschen – und um Kraft, dass Sie ihnen mit der nötigen Gnade begegnen können.

MERKVERS

So halten wir nun dafür, dass der Mensch gerecht wird ohne des Gesetzes Werke, allein durch den Glauben.

Römer 3, 28

Woche 6 / **Zukunft**

Wohin gehe ich?

ÜBERBLICK

Dass einer dem Tod ein Schnippchen schlägt und dabei fröhlich andeutet: „Das schafft ihr auch!" ist die schönste Pointe der Menschheitsgeschichte – und sie verwirrte verständlicherweise nicht nur die Augenzeugen der Auferstehung. Einerseits hatte noch nie ein Toter das Grab lebend wieder verlassen, andererseits war diese Behauptung so unglaublich persönlich. Warum? Weil die Frage, ob es nach dem Tod irgendwie weitergeht, wohl eine der am meisten verdrängten und zugleich die unausweichlichste aller menschlichen Fragen ist.

Natürlich freuten sich die Jünger mit den vielen neu dazu kommenden Christinnen und Christen unfassbar über dieses ach so verlockende Geschenk der Ewigkeit, so recht daran glauben konnten sie dann aber doch nicht. Außerdem hatte Jesus in seinen Reden mehrfach so komische Andeutungen gemacht, dass es im Himmel erst einmal ein Gericht geben könnte, vor dem nicht alle bestehen würden.

Offensichtlich wurde dieses Thema in den frühen Gemeinden heiß diskutiert, denn der Apostel Paulus geht in seinen Briefen immer wieder auf strittige Fragen ein, die in diesem Zusammenhang entstehen: „Ist Jesus wirklich auferstanden? Also: So ganz real? Oder war das mehr symbolisch?" „Was passiert, wenn ich jetzt doch nicht so lebe, dass es Gott gefällt?" „Was ist mit denen, die schon gestorben sind?" und so weiter und so weiter. Letztlich ist das nichts anderes als eine Komprimierung des großen Glaubensthemas „Worauf vertraue ich?"

Das Ganze wird allerdings dadurch verkompliziert, dass Jesus sich im Bezug auf die Zukunft tatsächlich nicht so recht festlegt und sehr vieldeutige Bilder benutzt: Einerseits redet er davon, dass die Wirklichkeit Gottes schon im Hier und Jetzt aufbricht und heilvoll erlebt werden kann, andererseits weist er darauf hin, dass es eines Tages einen gewaltigen Umbruch in der Geschichte geben wird, eine Art Weltaufgang, eine völlige Neu- und Umgestaltung der Schöpfung, in der die Trennung von weltlicher und göttlicher Sphäre ein für alle Mal aufgehoben ist. Diese Doppelbotschaft aus zwei eigentlich nebeneinander lebensfähigen Prophezeiungen bleibt so tiefgründig, dass die einzelnen Gedanken oft miteinander vermischt wurden und werden. Zum Beispiel gingen die jungen Gemeinden lange davon aus, dass der Weltaufgang als Wiederkehr Jesu unmittelbar bevorstünde.

Einige der unzähligen in dieser Zeit entstandenen Visionen und Vorstellungen von der Zukunft finden wir in der Offenbarung des Johannes wieder: Nach einer wilden Zeit des Übergangs und der Unsicherheit wird Gott mitten unter den Menschen wohnen, er wird ihnen ganz nah sein. Alles Böse wird vernichtet, und alles Gute triumphiert. Es wird eine himmlische Wohnstätte, das neue Jerusalem, geben, und der friedvolle Zustand des Paradieses wird wieder hergestellt – mit einer kleinen Veränderung: ohne Schlange.

In dieser Abschlusswoche schauen wir uns verschiedene neutestamentliche Bilder und Ideen von der Zukunft an und werden dabei etwas äußerst Interessantes entdecken: Jedes Bild, das wir uns von der Zukunft machen, prägt unsere Gegenwart schon jetzt mit, es bestimmt unsere Entscheidungen, verändert unseren Horizont, schenkt Hoffnung und weist den Weg.

PSALM 139

1 Ein Psalm Davids, vorzu-singen.

HERR, du erforschest mich und kennest mich.

2 Ich sitze oder stehe auf, so weißt du es; du verstehst meine Gedanken von ferne.

3 Ich gehe oder liege, so bist du um mich und siehst alle meine Wege.

4 Denn siehe, es ist kein Wort auf meiner Zunge, das du, HERR, nicht schon wüsstest.

5 Von allen Seiten umgibst du mich und hältst deine Hand über mir.

6 Diese Erkenntnis ist mir zu wunderbar und zu hoch, ich kann sie nicht begreifen.

7 Wohin soll ich gehen vor deinem Geist, und wohin soll ich fliehen vor deinem Angesicht?

8 Führe ich gen Himmel, so bist du da; bettete ich mich bei den Toten, siehe, so bist du auch da.

9 Nähme ich Flügel der Morgenröte und bliebe am äußersten Meer,

10 so würde auch dort deine Hand mich führen und deine Rechte mich halten.

11 Spräche ich: Finsternis möge mich decken und Nacht statt Licht um mich sein –,

12 so wäre auch Finsternis nicht finster bei dir, und die Nacht leuchtete wie der Tag. Finsternis ist wie das Licht.

13 Denn du hast meine Nieren bereitet und hast mich gebildet im Mutterleibe.

Ein Lied des Königs David.
Gott, du durchschaust mich.
Du weißt alles von mir.
Du weißt sogar, ob ich sitze oder stehe.
Du durchschaust meine Gedanken,
in all deiner Größe.

Ganz gleich, ob ich arbeite oder ausruhe:
Du bist mir nah
und kennst jeden meiner Schritte.
Bevor meine Zunge ein Wort ausspricht,
weißt du es schon.
Du umgibst mich von allen Seiten
und beschützt mich mit deiner Hand.
Dass du mich so gut kennst,
kann ich überhaupt nicht fassen.
Das übersteigt meinen Verstand.

Ich wüsste gar nicht, wohin ich gehen sollte,
wenn ich dir entkommen wollte.
Wohin sollte ich denn fliehen,
damit du mich nicht mehr siehst?
Wenn ich in den Himmel hinaufsteige –
dann bist du da.
Und wenn ich in die Unterwelt hinabsteige –
dann bist du ebenfalls da.
Fliege ich bis zum Morgenrot
oder ans Ende des Meeres,
wo die Sonne untergeht,
dann wird mich auch dort
deine Hand führen und halten.
Wenn ich sagen würde:
„Ich möchte mich im Dunkeln verstecken.
Es soll überall Nacht sein",
dann wäre die Finsternis für dich nicht finster,
und die Nacht wäre hell wie der Tag.

Du hast mein Innerstes geprägt
und mich im Schoß meiner Mutter geformt.
Ich danke dir, dass du mich

14 Ich danke dir dafür, dass ich wunderbar gemacht bin; wunderbar sind deine Werke; das erkennt meine Seele.

15 Es war dir mein Gebein nicht verborgen, als ich im Verborgenen gemacht wurde, als ich gebildet wurde unten in der Erde.

16 Deine Augen sahen mich, als ich noch nicht bereitet war, und alle Tage waren in dein Buch geschrieben, die noch werden sollten und von denen keiner da war.

17 Aber wie schwer sind für mich, Gott, deine Gedanken! Wie ist ihre Summe so groß!

18 Wollte ich sie zählen, so wären sie mehr als der Sand: Am Ende bin ich noch immer bei dir.

19 Ach Gott, wolltest du doch die Gottlosen töten! Dass doch die Blutgierigen von mir wichen!

20 Denn sie reden von dir lästerlich, und deine Feinde erheben sich mit frechem Mut.

21 Sollte ich nicht hassen, HERR, die dich hassen, und verabscheuen, die sich gegen dich erheben?

22 Ich hasse sie mit ganzem Ernst; sie sind mir zu Feinden geworden.

23 Erforsche mich, Gott, und erkenne mein Herz; prüfe mich und erkenne, wie ich's meine.

24 Und sieh, ob ich auf bösem Wege bin, und leite mich auf ewigem Wege.

so wunderbar gemacht hast.
Alles, was von dir kommt, ist herrlich,
das weiß ich doch.
Schon als ich tief im Schoß der Erde
Gestalt angenommen habe,
wusstest du, dass es mich gibt.
Deine Augen haben gesehen,
wie ich entstand –
und noch bevor mein erster Tag begann,
hattest du mein ganzes Leben
in deinem Buch vorgezeichnet.

Aber für mich ist es oft so schwer,
deine Gedanken zu begreifen, Gott.
Es sind so viele, mehr als alle Sandkörner.
Ich käme beim Zählen nie ans Ende.

Gott, kannst du nicht all die beseitigen,
die dich missachten?
Halte mir die Übeltäter vom Leib.
Sie lästern über dich
und tun so, als sprächen sie
in deinem Namen.
Ich hasse alle, die dich hassen,
und verabscheue alle,
die gegen dich rebellieren.
Es sind auch meine Feinde,
die ich zutiefst verachte.

Sieh mich an, Gott,
schau in mein Herz,
prüfe mich und meine Gedanken.
Und wenn ich einen falschen Weg gehe,
dann führe mich zurück auf den Weg,
der zu dir führt.

Ein großes Staunen geht durch diesen Psalm: das Staunen über die unüberbietbare Nähe Gottes, über das unfassbare Geheimnis jener Wirklichkeit, die den Namen „Jahwe" trägt, und von der der Mensch rings umschlossen ist. Nichts ist uns so nahe wie Gott. Ja: Gott ist uns näher als wir uns selbst sind. Je mehr der Psalmbeter über dieses Geheimnis nachsinnt, desto unbegreiflicher erscheinen ihm Gottes Wesen und Walten:

> Ich sitze oder stehe auf, so weißt du es; du verstehst
> meine Gedanken von ferne. Ich gehe oder liege,
> so bist du um mich und siehst alle meine Wege.
> Denn siehe, es ist kein Wort auf meiner Zunge,
> das du, HERR, nicht schon wüsstest.

„Der liebe Gott weiß alles." – Das klingt fast nach einem „Big Brother", einem himmlischen Auge, das uns überall verfolgt. In vergangenen Zeiten hat dieses Gottesbild in der Erziehung leider eine verhängnisvolle Rolle gespielt: „Der liebe Gott sieht alles, und er wird dein Fehlverhalten nicht ungestraft lassen." So wurde vielen Menschen Angst vor Gott eingepflanzt und ein unbehagliches Lebensgefühl obendrein. Dass man nie unbeobachtet ist und dass man daher ständig auf seine Haltungsnoten achten muss, ist wahrscheinlich nur den allerwenigsten Menschen angenehm.

Dabei ist allerdings entscheidend, welches Gottesbild wir mit dem Wesen verbinden, das uns da so nahe rückt. Verbinden wir mit dem Wort „Gott" eher Begriffe wie „Strenge", „Prüfung", „Heiligkeit" oder „Gericht", dann ist der Gedanke an die Allgegenwart dieses Gottes in der Tat etwas schier Unerträgliches. Ist Gott für uns hingegen in erster Linie der Inbegriff der Güte, Barmherzigkeit und Liebe, fällt uns dieser Gedanke sehr viel leichter und kann sogar eine enorm tröstende Kraft entwickeln: Wir sind rundum geborgen. Schließlich hat jeder von uns eine derartige Erfahrung schon einmal gemacht: Wir alle waren monatelang im Leib unserer Mutter von Wärme und Liebe umgeben und haben dort eine totale Geborgenheit erlebt, und das war für uns durch und durch positiv. In der Tat bekommen wir einen leichteren Zugang zu unserem Psalm, wenn wir Gott von seiner mütterlichen Seite her sehen, als wenn wir ihn uns als Vater vorstellen. Die Erfahrung unserer ersten Lebensmonate im Mutterleib, an die sich jeder Mensch gefühlsmäßig erinnert, hilft uns zu verstehen, was die Bibel hier sagt: Die allumfassende Gegenwart Gottes ist keine Bedrohung, sondern unsere Lebensgrundlage, ja, mehr noch: Ohne diese allumfassende Liebe könnten wir nicht eine Sekunde überleben.

Vielleicht sagen Sie: „Ich würde Gott ja gerne von seiner mütterlichen Seite her verstehen, aber meine Angst lässt sich nicht einfach wegargumentieren. Zu sehr ist mir in Vergangenheit ein strenger, massiver, männlicher Gott vermittelt worden." Das kann ich gut nachvollziehen, und wer es mit Sicherheit noch viel besser nachvollziehen konnte, war der Beter des 139. Psalms. Er wuchs in der patriarchalischen Kultur des Alten Orients mit einem durch und durch „männlichen" Gottesbild auf. Sein erster Gedanke ist darum auch nicht: „Ach, wie schön!", sondern: „Wohin kann ich fliehen?"

Fluchtgedanken

Der Psalmist spielt zunächst verschiedene Optionen durch, wie man diesem allgegenwärtigen Gott vielleicht entkommen könnte:

> *Wohin soll ich fliehen vor deinem Angesicht?*
> *Führe ich gen Himmel, so bist du da;*
> *bettete ich mich bei den Toten, siehe, so bist du auch da.*
> *Nähme ich Flügel der Morgenröte und bliebe am äußersten Meer,*
> *so würde auch dort deine Hand mich führen*
> *und deine Rechte mich halten.*
> *Spräche ich: Finsternis möge mich decken*
> *und Nacht statt Licht um mich sein,*
> *so wäre auch Finsternis nicht finster bei dir,*
> *und die Nacht leuchtete wie der Tag.*

Die Leitfrage, die uns in dieser Woche unserer Expedition beschäftigt, lautet: „Wohin gehe ich?" Der 139. Psalm thematisiert diese Frage auf überraschende Art, indem er nämlich fragt: „Wohin kann ich gehen, um Gott zu entkommen? Gibt es irgendwo eine Möglichkeit, seiner Gegenwart zu entfliehen?" Vier potenzielle Fluchtziele werden hier genannt: der Himmel, das Totenreich, das Ende des Meeres und die Finsternis. Diese vier Fluchtziele beschreiben vier Lebensausrichtungen:

Die einen wollen hoch hinaus, wollen alles selbst im Griff behalten und immer mehr erreichen, den Himmel stürmen, vielleicht wollen sie sogar „sein wie Gott". Die christliche Tradition nennt diesen Weg: „Hochmut".

Die anderen hingegen stürzen ab, lassen sich hängen und richten sich in ihrer Verzweiflung ein. Das „Totenreich" ist sehr lebendig unter uns: dort wo Menschen nur noch vor sich hinleben, ohne Antrieb, ohne Hoffnung, ohne Ziel. Auch hierfür hat die christliche Tradition einen Namen: „Schwermut".

Andere wählen einen Lebensstil, der einfach fern von Gott ist. Sie sind weder besonders „hochmütig" noch „schwermütig", sie leben ihr Leben einfach ohne Gott. Doch selbst damit sind sie letztendlich in Gottes Hand.

Ja sogar der Wille, sich dorthin zu begeben, wo kein Lichtstrahl Gottes mehr hinreicht, ist zum Scheitern verurteilt. Wohl kann man seinem Leben ein Ende setzen, nicht aber der Gegenwart Gottes. Seit Gott in Jesus Christus kam, ist die Finsternis nicht mehr finster.

Der Beter geht in Gedanken alle Möglichkeiten einer Flucht vor Gott durch, um letztendlich festzustellen, dass dies „unmögliche Möglichkeiten" sind. Wir können der Gegenwart Gottes nicht entfliehen, und das ist gut so. Denn Gott ist der Inbegriff des Lebens und der Lebensqualität. Ein Fisch, der allen Ernstes versuchen wollte, dem Wasser zu entkommen, das ihn umgibt, wäre, wenn ihm dies tatsächlich gelänge, dem sicheren Tod preisgegeben. Gott ist unser Lebenselixier. Gott sei Dank ist es uns unmöglich, ihm zu entkommen!

Von Gott wunderbar geschaffen

Nicht nur an den Rändern und am Ende unseres Lebens, sondern auch an seinem Ursprung trifft der Beter des 139. Psalms auf die Spuren Gottes:

> *Du hast mich gebildet im Mutterleibe.*
> *Ich danke dir dafür, dass ich wunderbar gemacht bin;*
> *wunderbar sind deine Werke; das erkennt meine Seele.*

Was für eine Erkenntnis: „Ich bin wunderbar gemacht!" Wie vielen Menschen würde ich gerne empfehlen, sich diese Wahrheit täglich zu vergegenwärtigen! Der Psalmbeter kommt von der Erkenntnis, dass er wunderbar gemacht ist, zu dem Schluss: Also muss es ein wunderbarer Schöpfer sein, der mich gemacht hat. Vielen Menschen, die ich kenne, geht es genau umgekehrt. Sie haben überhaupt keine Wahrnehmung, was für wunderbare Geschöpfe sie eigentlich sind. Sie haben erhebliche Selbstwertprobleme und sind von Minderwertigkeitsgefühlen geplagt. Erst der Glaube an Gott lässt sie nachdenken, warum dieser Gott, der die Welt so wunderbar geschaffen hat, nun ausgerechnet bei ihnen einen Fehler gemacht haben sollte. Viele Menschen können überhaupt nur an sich glauben, weil sie an Gott glauben.

Egal, welchen dieser Wege wir beschreiten: Wenn wir das doch glauben könnten! Wir waren von Anfang an so, wie wir sind, gedacht und gewollt. Wir sind kein Zufallsprodukt der Natur, nicht irgendwie ins Dasein geworfen, sondern kunstvoll im Mutterleib gewoben, jeder und jede von uns ist ein kostbares Einzelstück. Wir sind, so wie wir sind, gewollt. Unsere Eltern wollten (im Idealfall) ein Kind. Gott wollte *uns*. Es kann sein, dass die Jahre einiges aus uns gemacht haben, was Gott so nicht wollte. Aber nichts kann uns derart entstellen, dass Gott uns nicht als seine einzigartige Schöpfung wiedererkennen würde. Über jedem von uns steht unverbrüchlich diese Aussage: „Ich bin von Gott gewollt! Ich bin von Gott bejaht! Ich bin von Gott geliebt!" Keiner in dieser Welt ist ungeliebt. Keiner muss an sich selbst verzweifeln. Die Fragen: „Wer bin ich? Wozu bin ich da? Wo komme ich her? Warum bin ich überhaupt da? Wo gehe ich hin? Was wird aus mir?" finden in Gott eine gute Antwort.

Zwischen Geborgenheit und Unruhe

Im Amerikanischen gibt es ein Sprichwort: „If you can't beat them, join them – Wenn du sie nicht besiegen kannst, vereinige dich mit ihnen." Etwas Ähnliches scheint sich im 139. Psalm abzuspielen, wenn der Beter erst Fluchtgedanken hat, um sich schließlich in die Tatsache zu fügen, dass man Gott nicht entfliehen kann. Der einzige Ort, zu dem man vor Gott fliehen kann – ist Gott selbst! Und doch ist es nicht Resignation, die aus diesem Psalm spricht. Es ist vielmehr volle Bejahung. Der Beter hat sich sein „Ja" zu Gott nicht leicht gemacht, aber am Schluss kann er es aus vollem Herzen sprechen. Er hat seinem Unbehagen und seiner Angst vor Gott ins Auge geschaut, um schließlich in ihm Geborgenheit zu finden. Heißt das: Ende gut, alles gut? Nein.

Der 139. Psalm ist seit vielen Jahren mein persönlicher Lieblingspsalm. Als überaus störend empfand ich allerdings immer die Verse 19 bis 22, bei denen ich mir lange überlegt habe, ob ich sie in diesem Buch nicht einfach weglassen soll. Plötzlich, inmitten der frommsten und erbaulichsten Gedanken, dort, wo die Geborgenheit des Beters in Gott am tiefsten zu spüren ist, bricht aus ihm der pure Hass heraus:

> *Ach Gott, wolltest du doch die Gottlosen töten! Dass doch die Blutgierigen von mir wichen! Denn sie reden von dir lästerlich, und deine Feinde erheben sich mit frechem Mut. Sollte ich nicht hassen, HERR, die dich hassen, und verabscheuen, die sich gegen dich erheben? Ich hasse sie mit ganzem Ernst; sie sind mir zu Feinden geworden.*

Wahrscheinlich haben Sie schon einmal gehört, dass es in der Bibel „Rachepsalmen" gibt, in denen die übelsten Verwünschungen gegen andere Menschen und andere Völker ausgesprochen werden. Am Anfang ihres Glaubens würde ich Menschen raten, diese Psalmen einfach zu ignorieren. Sie haben ihren Sinn, aber der erschließt sich, wenn überhaupt, erst später. Doch hier finden wir nun eine solche Passage inmitten eines der allerschönsten Psalmen, und das kann man nicht einfach ignorieren. Wichtig ist zu sehen, dass der Zorn des Beters aus der Beobachtung der Ungerechtigkeit in der Welt erwächst. Es gibt Menschen, die gehen über Leichen. Sie verkaufen Menschen für ein Paar Schuhe, wie der Prophet Amos sagt. Sie ziehen eine Spur von Angst und Bedrängnis hinter sich her und saugen anderen das Blut aus. Wo Menschen derart rücksichtslos miteinander umgehen, fällt es schwer, noch an Gottes Liebe und Fürsorge zu glauben. Die Aussage „Sie sind mir zu (persönlichen) Feinden geworden" weist darauf hin, dass es sich nicht um persönliche Gegner handelt, sondern um Menschen, die durch ihre Machenschaften den Glauben an einen sorgenden Schöpfergott zerstören. Die also bei anderen genau den Glauben torpedieren, zu dem der Beter durch langes Ringen hindurch gefunden hat: den Glauben an einen mütterlich sorgenden Gott.

Wir können an dem Ausbruch des Psalmbeters darum etwas Wichtiges erkennen: Es geht ihm nicht um eine rein mystische Beziehung zu Gott – „Hauptsache, ich bin bei Gott geborgen" –, sondern die Beziehung zu Gott provoziert unser Engagement in der Welt! Die Gegenwart Gottes hat nicht nur eine beruhigende, sondern auch eine beunruhigende, weltverändernde Kraft. Es gibt keine rechte Anbetung der Größe Gottes ohne Empörung über die Ungerechtigkeit der Menschen. „Nur wer für Juden schreit, darf auch gregorianisch singen" sagte Dietrich Bonhoeffer in der Zeit des Dritten Reiches.

Irgendwie muss auch der Beter des 139. Psalms über seinen eigenen Ausbruch erschrocken sein. Darum bittet er, dass Gott seine Motive prüfen, sein Herz erforschen und seine Wege korrigieren möge. Mit der Aussage, dass Gott uns kennt und erforscht, fing der Psalm an. Jetzt ist das Gleiche als Bitte formuliert. Je engagierter wir innerlich sind, desto wahrscheinlicher ist es, dass sich unter unsere vorgeblich geistlichen Beweggründe auch höchst ungeistliche Motive mischen. Das soll uns nicht eine Sekunde davon abbringen, uns zu engagieren. Wohl aber sind wir aufgerufen, uns inmitten unseres Engagements immer wieder der Prüfung Gottes zu unterziehen:

Erforsche mich, Gott, und erkenne mein Herz;
prüfe mich und erkenne, wie ich's meine.
Und sieh, ob ich auf bösem Wege bin,
und leite mich auf ewigem Wege.

Frömmigkeit ist der Entschluss, die Abhängigkeit von Gott als Glück zu bezeichnen.

Hermann von Bezzel

» Tröstet oder beängstigt Sie der Gedanke an eine allumfassende Gegenwart Gottes?

» Haben Sie schon einmal versucht, vor Gott zu fliehen?

» Können Sie für sich den Satz bejahen: „Ich bin wunderbar gemacht!"?

» Können Sie sich aufregen über Ungerechtigkeit in der Welt oder nehmen Sie sie hin?

» Wie stark geben Sie Gott Gelegenheit, Sie zu prüfen, zu korrigieren und zu leiten?

Zwischen Ruhe und Unruhe

Es gibt eine göttliche Ruhe und eine göttliche Unruhe. Von beidem ist in unserem Psalm die Rede. Nehmen Sie Ihr Gebetstagebuch und schreiben Sie in Gebetsform auf, wo Gott Sie ruhig und wo er Sie unruhig macht. Wo Sie Frieden gefunden haben und wo Gott Sie aus dem Schlaf und Ihrer Trägheit reißt.

Von allen Seiten umgibst du mich und hältst deine Hand über mir. Diese Erkenntnis ist mir zu wunderbar und zu hoch, ich kann sie nicht begreifen.

Psalm 139, 5–6

Tag 36 / **Das Letzte und das Vorletzte**

MEDITATION

Irgendwann
einfach nicht mehr da sein.
Nicht mehr lachen.
Nicht mehr aufwachen.
Nicht mehr leben.
Wie viele Sorgen hat mir
dieser Gedanke gemacht.

Irgendwann
einfach diese Erde verlassen.
Nicht mehr arbeiten.
Nicht mehr planen.
Nicht mehr lieben.
Wie viel Unruhe hat mir
dieser Gedanke gemacht.

Und ich wusste plötzlich
dass es eines gibt,
das schlimmer ist als
alles:
nichts.

Irgendwann
einfach vertrauen können.
Nicht mehr fragen.
Nicht mehr grübeln.
Nicht mehr weinen.
Wie viel Hoffnung hat mir
dieser Gedanke gemacht.

Irgendwann
fing ich an zu verstehen,
dass es keinen Grund gibt,
Angst zu haben,
im Gegenteil,
ich sah,
dass möglicherweise
der Tod auf Erden
nicht das Ende,
sondern ein Anfang ist,
dass das Beste
erst noch vor mir liegt:
Gottes unverhüllte
Gegenwart.
Eintauchen in seine Liebe –
und einfach
sein
sein
unbegrenzt
ungefährdet
unglaublich

Irgendwann
einfach bei Gott sein.
Nicht mehr zweifeln.
Nicht mehr suchen.
Nicht mehr kämpfen.
Dieser Gedanke
hat Zukunft.

1. BRIEF DES PAULUS AN DIE GEMEINDE IN KORINTH 7

29 Das sage ich aber, liebe Brüder: Die Zeit ist kurz. Fortan sollen auch die, die Frauen haben, sein, als hätten sie keine; und die weinen, als weinten sie nicht;

30 und die sich freuen, als freuten sie sich nicht; und die kaufen, als behielten sie es nicht;

31 und die diese Welt gebrauchen, als brauchten sie sie nicht. Denn das Wesen dieser Welt vergeht.

Liebe Schwestern und Brüder,
ich will euch eines sagen:
„Die Zeit auf Erden ist kurz.
Darum sollten auch die,
die verheiratet sind,
innerlich so ungebunden leben,
als wären sie es nicht.
Wer trauert,
soll die Trauer nicht zu wichtig nehmen,
wer sich freut,
die Freude nicht überbewerten,
und wer etwas kauft,
soll sein Herz nicht daran hängen.

Lebt so in der Welt, als bräuchtet ihr sie nicht,
denn ihre Wirklichkeit vergeht."

„Die Zeit auf Erden ist kurz." – „Die Wirklichkeit der Welt vergeht." Wie eine Klammer umschließen diese beiden Sätze diesen Text, der merkwürdig fremd in unseren Ohren klingt. Und wenn wir dann noch bedenken, dass fast 2000 Jahre vergangen sind, seit diese Zeilen geschrieben wurden, kommen wir nicht umhin, einige Fragezeichen anzubringen. So kurz war die Zeit dann offenbar doch nicht, wie die ersten Christen zunächst dachten. Damals ging man tatsächlich davon aus, dass Jesus in Bälde wiederkommen und dass das Ende der Welt unmittelbar bevorstehen würde. Dies hat sich nicht als richtig erwiesen. Darum stellt sich die Frage: Hat uns dieser Text heute noch etwas zu sagen? Zweifellos ist uns das Ende der Welt 2000 Jahre näher gerückt. Aber ein unmittelbar bevorstehendes Ende ist deswegen nicht wahrscheinlicher geworden. Allen Unkenrufen und sektiererischen Berechnungen zum Trotz kann es sehr gut sein, dass uns noch ein paar Tausend Jahre bevorstehen.

Aber ist die Aussage, dass die Zeit kurz ist, deswegen nicht trotzdem richtig? Heutige Christen weist dieser Satz vielleicht nicht so sehr auf das bald bevorstehende Weltende hin, auf jeden Fall aber auf die eigene Vergänglichkeit. Keiner von uns weiß, wann seine Zeit um ist. Auch wenn diese Welt in 100 oder 1000 Jahren noch steht: Für Sie und mich ist diese Welt dann vergangen – wir sind dann nicht mehr da. So oder so stimmt für uns der Satz: Die Zeit ist kurz. Die Frage ist: Welche Konsequenz ziehen wir daraus?

Leben mit angezogener Handbremse?

Auf den ersten Blick muten einen die Aufforderungen des Paulus merkwürdig an: Was ist das denn für eine Ehe, in der die Eheleute so tun, als wären sie nicht verheiratet? Was ist das für eine Freude, wenn man sich dieser Freude nicht hingeben darf? Und was ist das für eine Trauer, die ich nicht wichtig nehmen soll? Was hat Paulus mit alledem im Sinn? Das klingt fatal nach einem Leben mit angezogener Handbremse. Leben, aber doch nicht so ganz. Das erinnert mich an einen Vorwurf, den ich einmal hörte: „Ihr Christen seid eigentlich nie so richtig bei der Sache, denn ihr habt immer den lieben Gott, den Himmel oder sonst irgendetwas Unsichtbares mit im Blick."

Was die zweite Hälfte dieses Satzes betrifft, ist das in der Tat richtig. Ja, es stimmt: Wir Christen haben bei allem, was wir tun, gleichzeitig die Wirklichkeit Gottes mit im Blick. Was allerdings die erste Hälfte des Satzes betrifft, möchte ich vehement widersprechen: Deswegen sind wir sehr wohl bei der Sache, ja sogar mehr noch, als wenn wir diese Wirklichkeit nicht mit im Blick hätten. Es ist wie mit einem Gegenstand, den mir eine Person, die ich sehr liebe, mit den Worten anvertraut hat: „Pass darauf auf, denn es ist mir lieb und teuer." Die Wertschätzung und Liebe für diese Person lässt meine Aufmerksamkeit für diesen Gegenstand nicht geringer werden, sondern eher noch größer. Selbst in Momenten, in denen ich geneigt wäre, ihn zu vernachlässigen, gibt mir die Beziehung zu der Person, die mir den Gegenstand anvertraut hat, Anlass und Kraft, mich weiter um ihn zu kümmern.

In ähnlicher Weise hilft Christen der Blick auf die Wirklichkeit Gottes, besonders aufmerksam und verantwortungsvoll mit der Weltwirklichkeit umzugehen. Ich gehe mit einem Menschen anders um, wenn ich weiß, dass er ein geliebtes Kind Gottes ist, als wenn ich nur den „Stinkstiefel" sehe, der mich eben beleidigt hat, oder einen Fremden, der mir egal ist. Ich gehe mit der Schöpfung anders um, wenn ich weiß, dass Gott sie meiner Hege und Pflege anvertraut hat, als wenn ich das nicht weiß und mir darum keiner Verantwortung bewusst bin. Und ich gehe auch mit meiner Zeit anders um, wenn ich weiß, dass sie kurz ist und dass mir die Ewigkeit Gottes bevorsteht. Angesichts der Perspektive der Ewigkeit relativieren sich viele Dinge, die mir heute Sorge und Mühe bereiten. Die Perspektive der Ewigkeit ist es aber auch, die mir Kraft gibt, die Dinge anzupacken und zu verändern. Wir Christen schöpfen unsere Ressourcen – Gott sei Dank! – nicht nur aus unserer begrenzten Zeit, sondern aus der unbegrenzten Ewigkeit Gottes.

Den größeren Zusammenhang sehen

Paulus fordert uns in diesem Text nicht zum Weltverzicht auf. Diesen Text als Aufforderung zur Askese (= Weltentsagung) zu nehmen, wäre darum völlig verkehrt. Vielmehr geht es darum, die Welt und unser Leben in einem größeren Zusammenhang zu sehen. Die Dinge, die uns in dieser Welt beschäftigen, sind nicht das Letzte, sondern nur das Vorletzte. Diesen Zusammenhang vergessen wir oft und verheddern uns auf Gebieten, die eigentlich nebensächlich sind. Darum – und das ist kein Widerspruch – fordert uns Paulus zu einer gewissen Distanz dieser Welt gegenüber auf. Zu große Nähe heißt oft, dass man das große Bild aus den Augen verliert. Auf diese Weise wird man vielen Dingen gerade nicht gerecht.

Wenn Sie nur ein einziges Wort dieser Seite, die Sie gerade lesen, kennen würden – nehmen wir beispielsweise das Wort „Bild" –, könnten Sie mit ihm nicht viel anfangen. Natürlich wissen Sie, was das Wort „Bild" im Allgemeinen bedeutet, aber Sie wissen nicht, was es im konkreten Zusammenhang dieses Buches bedeutet. Um das zu erfassen, dürfen Sie eben nicht nur dieses eine

Wort lesen, sondern brauchen auch die Worte, die vorher und nachher stehen, das heißt: um die Bedeutung des Wortes zu erfassen, müssen Sie von diesem für einen Moment absehen und auf den Zusammenhang achten, auf das „größere Bild". So muss auch diese Welt und unser Leben in einem größeren Zusammenhang gesehen werden, um ihm bzw. ihr wirklich gerecht zu werden. Dazu aber ist es notwendig, einen Schritt zurückzutreten und eine gewisse Distanz dazu einzunehmen. Das ist kein Weltverzicht. Im Gegenteil: Nur so wird man dieser Welt überhaupt gerecht.

Der größere Zusammenhang unserer Welt und unseres Lebens aber zeigt uns: „Die Zeit ist kurz, und das Wesen dieser Welt vergeht." Das heißt: Diese Welt steht auf der Abbruchliste wie ein baufälliges Haus. Solange wir das neue Haus nicht bezogen haben, ist es unser Auftrag, das alte Haus so wohnlich zu gestalten wie nur möglich. Aber wir müssen wissen: Früher oder später steht uns ein Umzug bevor. Unsere letzte Unterkunft ist das nicht. Das klingt nach einer schlechten Nachricht für uns, die wir uns behaglich darin eingerichtet haben. Es ist aber eine gute Nachricht für die, die im Keller wohnen oder oben unter dem Dach, wo es im Sommer unerträglich heiß ist und im Herbst hereinregnet. Wir gut situierten Westeuropäer dürfen nicht vergessen, dass der weit überwiegende Teil der Menschheit bitter leidet. Und auch vor unseren Toren macht das Leid nicht Halt. Auch für uns ist es letztlich eine gute Nachricht, dass Gott für uns eine neue Wohnung bereithält. Dieses „neue Haus" übertrifft selbst die besten und schönsten Verhältnisse, die wir aus dieser Welt kennen, in unendlicher Weise. Viele sehnen sich heute schon nach einer neuen Welt. Aber auch wenn wir uns nicht danach sehnen: Diese neue Welt steht bevor, sagt Paulus, und es ist für uns alle gut so. Wir wissen nicht genau, wann, aber die Zeit ist kurz. „Wir haben hier keine bleibende Stadt, sondern die zukünftige suchen wir" (Hebräer 13, 14).

Leben angesichts der Ewigkeit Gottes

Was aber ist die Konsequenz daraus? Sollen wir das „alte Haus" verlottern und verfallen lassen? Sollen wir vielleicht sogar selbst mit Hand anlegen und bei seinem Verfall ein wenig nachhelfen? (Lachen Sie nicht: Es gibt genügend Fundamentalisten, die allen Ernstes dem Kommen des Reiches Gottes ein wenig nachhelfen wollen und dafür nötigenfalls auch einen Krieg anzetteln würden.) Nichts von alledem! Unsere Zeit ist von der Ewigkeit Gottes umgeben und umdrängt. Die Konsequenzen daraus sind: 1. Weltverantwortung, 2. Nüchternheit und 3. Gelassenheit.

1. Weltverantwortung. Christen leben und agieren mitten in der Welt und nehmen sich von dem, was die Menschheit sonst umtreibt, nicht aus. Wie unser Text sagt: Sie lieben und heiraten, sie partizipieren am Wirtschaftsleben, sie haben Anteil an Freud und Leid dieser Welt. Sie stehen nicht abseits und tun dabei so, als ginge sie das, was das normale Leben ausmacht, nichts an. Ja, bis ins Emotionale hinein sind sie in dieser Welt und für diese Welt engagiert. Diese Welt wird vielleicht niemals gut, aber sie kann allemal besser werden! Das Engagement des Christen für diese Welt ergibt schon allein auf Grund des Schöpfungsauftrages: „Seid fruchtbar und mehrt euch; bebaut und bewahrt." Die Tatsache, dass die verbleibende Zeit kurz ist, hebt diesen Auftrag nicht auf. Im Gegenteil: Sie gibt jedem Tag ein besonderes Gewicht und lässt ihn besonders kostbar erscheinen. Es ist wie bei einem Urlaub, von dem man weiß, dass er in Kürze zu Ende geht. Von jeder Stunde weiß man, dass sie nicht wiederkommt und darum auszuschöpfen ist. Was knapp ist, schätzt man umso mehr. Darum heißt es an anderer Stelle: „Kauft die Zeit aus" (Epheser 5, 16; Kolosser 4, 5). Zumal nach dem Verständnis der Bibel unser Umgang mit der Zeit unsere Ewigkeit mitprägt. Von einem zu Ende gehenden Urlaub können wir nur Erinnerungen und Andenken mitnehmen. Von unserer zu Ende gehenden Zeit aber nehmen wir sehr viel mehr in die neue Welt Gottes mit: nämlich Glaube, Liebe und Hoffnung. Wir können hier auf Erden „Schätze im Himmel" sammeln, wie wir am 15. Tag unserer Expedition sahen. Dadurch tun wir nicht nur Gutes für die Ewigkeit, sondern auch für diese Zeit.

2. Nüchternheit. Paulus geht ganz selbstverständlich davon aus, dass Christen an den Freuden und am Leid dieser Welt teilhaben. Aber er mahnt uns zu einer gewissen Nüchternheit. Dabei geht es, wie wir oben gesehen haben, nicht um Weltentsagung, nicht um Halbherzigkeit oder um einen Rückzug in eine vermeintlich bessere Innerlichkeit. Nüchternheit heißt vielmehr: von den Dingen dieser Welt nicht das Heil zu erwarten. Christen öffnen ihr Herz für diese Welt, sie sind mit ganzem Herzen dabei, aber – und das ist oft eine schmale Gratwanderung – sie hängen ihr Herz nicht an Dinge und Personen dieser Welt. Das, was sie im Letzten und Tiefsten trägt, ist etwas anderes. Martin Luther hat einmal gesagt: „Woran du dein Herz hängst, das ist in Wahrheit dein Gott." Es ist nicht sonderlich klug, sein Herz an Dinge zu hängen, die ebenso der Vergänglichkeit unterworfen sind wie wir selbst. Es ist töricht, mit vorletzten Dingen so umzugehen, als wären es letzte Dinge. Wer um den Himmel weiß, wird die Erde sehr wohl wertschätzen und würdigen. Aber er wird sie nicht zum Himmel machen. Denn wo immer wir das tun, machen wir uns und andere unglücklich. Wir überfordern den anderen mit unseren Erwartungen und werden früher oder später enttäuscht. Es ist, wie wenn ein Ertrinkender sich an einen anderen Ertrinkenden klammert: Sie gehen miteinander unter und das hilft niemandem. Wer sich hingegen an etwas festhält, was wirklich trägt, rettet nicht nur sich, sondern kann auch andere retten. Das ist es, worum es Paulus in unserem Text geht: dass wir loslassen, was uns unfrei macht und uns stattdessen an Gott festhalten. Erst so werden wir wahrhaftig frei: frei von dieser Welt für diese Welt.

3. Gelassenheit. Fehlende Gelassenheit hat immer etwas damit zu tun, dass wir vorletzte und letzte Dinge miteinander verwechseln. Gelassene Menschen wissen, dass unser irdisches Leben Grenzen hat und können akzeptieren, dass die Dinge so sind, wie sie sind. Wer um die Ewigkeit weiß, kann mit der Begrenztheit von Raum und Zeit ganz anders umgehen als jemand, für den Zeit und Raum das Letzte und Einzige sind. Das heißt nicht, dass Christen deswegen alles hinnehmen müssten. Es gehört vielmehr zur ihrer Welt- und Selbstverantwortung, dass sie sich sehr wohl dafür einsetzen, Dinge zu ändern, die geändert werden sollten und die geändert werden können. Ein bekanntes Gebet aus dem 19. Jahrhundert drückt das folgendermaßen aus: „Gott, schenke mir die Gelassenheit, Dinge hinzunehmen, die ich nicht ändern kann; gib mir den Mut, Dinge zu ändern, die ich ändern kann, und die Weisheit, das eine vom anderen zu unterscheiden." Auch Christen neigen – wie die meisten anderen Menschen auch – dazu, mit dem Unabänderlichen zu hadern bzw. untätig zu bleiben, wo eigentlich ihr Engagement gefordert wäre. Auch ihnen fehlt es oft an Weisheit. Was Christen von anderen unterscheidet ist das Wissen, wo sie diese Weisheit her bekommen können: von Gott. Sie können in der Bibel nachlesen, wie diese Weisheit im Einzelnen aussieht. Außerdem wissen sie um das „Letzte" und können daher mit der Begrenztheit des „Vorletzten" leben. Sie wird auch ein unwiederbringlicher Verlust nicht vollends aus der Bahn werfen. Ein Christ wird trauern und Leid empfinden, aber nicht ins Bodenlose fallen. Denn er ist über allen Abgründen gehalten und weiß um einen letzten, stichhaltigen Trost, ebenso wie selbst die größte irdische Freude überholt und überboten wird durch eine letzte Freude, die uns niemand mehr nehmen kann. Das macht bei allem Engagement heiter und gelassen. Wir brauchen unsere Hoffnung nicht allein auf diese Welt zu setzen – und genau darin besteht Hoffnung für uns und die Welt.

Wenn morgen die Welt unterginge, würde ich heute noch ein Apfelbäumchen pflanzen.
Martin Luther

FRAGEN

» Haben Sie für Ihr Leben ein „größeres Bild" vor Augen?
» Verheddern Sie sich auch manchmal in Nichtigkeiten und verlieren das große Ganze aus den Augen? Was kommt dabei heraus?
» Gibt es für Sie einen Unterschied zwischen „mit ganzem Herzen bei etwas sein" und „sein Herz an etwas hängen"? Wenn ja, welchen?
» „Die Zeit ist kurz und das Wesen dieser Welt vergeht": Stärkt oder schwächt dieser Gedanke Ihr Gefühl für Weltverantwortung?
» Was würden Sie tun, wenn Sie wüssten, dass in einem Jahr die Welt untergeht?

ANREGUNG
ZUM GEBET

Das Gebet der Gelassenheit
Bitte ergänzen Sie in Ihrem Gebetstagebuch das berühmte „Gebet der Gelassenheit" mit Ihren eigenen, ganz persönlichen Gedanken:

1. „Gott, gib mir die Gelassenheit, Dinge hinzunehmen, die ich nicht ändern kann."

2. „Gib mir den Mut, Dinge zu ändern, die ich ändern kann."

3. „Gib mir die Weisheit, das eine vom anderen zu unterscheiden."

MERKVERS

Wir haben hier keine bleibende Stadt, sondern die zukünftige suchen wir.
Hebräer 13, 14

Tag 37 / **Die christliche Hoffnung**

28 Wir wissen aber, dass denen, die Gott lieben, alle Dinge zum Besten dienen, denen, die nach seinem Ratschluss berufen sind.

29 Denn die er ausersehen hat, die hat er auch vorherbestimmt, dass sie gleich sein sollten dem Bild seines Sohnes, damit dieser der Erstgeborene sei unter vielen Brüdern.

30 Die er aber vorherbestimmt hat, die hat er auch berufen; die er aber berufen hat, die hat er auch gerecht gemacht; die er aber gerecht gemacht hat, die hat er auch verherrlicht.

31 Was wollen wir nun hierzu sagen? Ist Gott für uns, wer kann wider uns sein?

32 Der auch seinen eigenen Sohn nicht verschont hat, sondern hat ihn für uns alle dahingegeben – wie sollte er uns mit ihm nicht alles schenken?

33 Wer will die Auserwählten Gottes beschuldigen? Gott ist hier, der gerecht macht.

34 Wer will verdammen? Christus Jesus ist hier, der gestorben ist, ja vielmehr, der auch auferweckt ist, der zur Rechten Gottes ist und uns vertritt.

35 Wer will uns scheiden von der Liebe Christi? Trübsal oder Angst oder Verfolgung oder Hunger oder Blöße oder Gefahr oder Schwert?

36 Wie geschrieben steht: „Um deinetwillen werden wir getötet den ganzen Tag; wir sind geachtet wie Schlachtschafe."

Eines wissen wir:
Für die, die Gott lieben und die er berufen hat,
werden alle Dinge gut ausgehen.

Denn die Menschen, die er ausgewählt hat,
haben die Berufung,
dem Vorbild seines Sohnes gleich zu werden,
so dass dieser wie der Älteste
von vielen Geschwistern wird.
Wenn Gott Menschen dazu bestimmt hat,
dann hat er sie auch berufen.
Und wenn er sie berufen hat,
dann hat er sie auch freigesprochen.
Und wenn er sie freigesprochen hat,
dann erleben sie auch die Herrlichkeit.

Was soll ich noch sagen?
Wenn Gott auf unserer Seite ist,
wer kann da gegen uns sein?

Gott hat seinen eigenen Sohn
nicht verschont,
sondern ihn für uns alle geopfert –
warum sollte er uns irgendetwas
vorenthalten?

Wer könnte die Menschen anklagen,
die Gott erwählt hat,
wenn er sie doch selbst freispricht?
Wer kann die Menschen verurteilen,
wenn Jesus Christus,
der nicht nur gestorben ist,
sondern auch wieder auferweckt wurde,
an Gottes Seite unsere
Verteidigung übernimmt?
Wer kann uns von der Liebe Christi trennen?
Leid, Angst, Verfolgung, Hunger,
Schwäche, Gefahr oder der Tod
durch das Schwert?

37 Aber in dem allen überwinden wir weit durch den, der uns geliebt hat.

38 Denn ich bin gewiss, dass weder Tod noch Leben, weder Engel noch Mächte noch Gewalten, weder Gegenwärtiges noch Zukünftiges,

39 weder Hohes noch Tiefes noch eine andere Kreatur uns scheiden kann von der Liebe Gottes, die in Christus Jesus ist, unserm Herrn.

In Psalm 44 heißt es:
„Wegen dir schweben wir
ständig in Lebensgefahr.
Man sieht uns an wie Schafe
auf dem Weg zur Schlachtbank."
All diese Herausforderungen
bestehen wir mit Hilfe dessen,
der uns seine Liebe so sehr bewiesen hat.

Ich bin ganz sicher:
Weder der Tod noch das Leben,
weder die Engel noch irgendwelche Mächte,
weder die Gegenwart noch die Zukunft,
weder Himmel noch Hölle,
nichts, aber auch gar nichts
kann uns von der Liebe Gottes trennen,
die sich in Jesus Christus, unserem Herrn,
offenbart hat.

Die Hoffnung ist neben dem Glauben und der Liebe eine der drei so genannten „Kardinaltugenden" des Christentums. Über den Glauben haben wir auf unserer Expedition viel gesprochen, über die Liebe ebenfalls. In dieser Woche geht es vornehmlich um die Hoffnung. Sie wird unter den genannten Drei meist etwas vernachlässigt. Außerdem ist sie eine durchaus umstrittene Tugend. Ich erinnere mich an einen Vortrag, auf dem der Referent sagte: „Hoffnung ist das Schlimmste, was es gibt! Denn solange der Mensch hofft, handelt er nicht." Ich möchte hier gerne die Gegenthese aufstellen: Hoffnung ist das, was uns überhaupt handeln lässt. Sobald der Mensch aufgehört hat zu hoffen, hat er auch keine Kraft und kein Motiv mehr zu handeln.

Die Hoffnung ist die Quelle unserer größten Stärken, aber auch unserer größten Schwächen. Hoffnung gibt dem Menschen die Kraft, weiterzuleben, auch wenn vieles oder sogar alles um ihn herum schlecht aussieht. Menschen, die keine Hoffnung mehr auf eine positive Zukunft haben, verlieren auch die Lust an der Gegenwart. Sie sind antriebsarm, müde und resigniert. Natürlich kann man auch ohne Hoffnung leben, aber nur im biologischen Sinne. Leben im Vollsinn des Wortes gibt es nicht ohne Hoffnung. Hoffnung kann allerdings auch hinderlich zum Leben sein, wenn sie uns nämlich die Realität nicht erkennen lässt und uns somit zu großen Fehlern verleitet. Oder wenn unsere Hoffnung den Moment übersieht, an dem das eigene Handeln gefragt ist. Man wird also trennen müssen zwischen der echten Hoffnung, dass etwas besser wird, und dem Selbstbetrug, den mancher begeht, um sich vor der Realität zu schützen. Zu wirklicher Hoffnung gehört daher, dass man absolut ehrlich zu sich selbst ist und die Realität so nüchtern wie nur möglich einschätzt.

Hoffnung ist die Erwartung, dass die Zukunft etwas Positives für uns bereithält. Diese Erwartung kann sich aus verschiedenen Quellen speisen:

Zunächst einmal bestimmt die *Stärke unseres Wunsches* die Intensität unserer Hoffnung. Je intensiver ich mir etwas wünsche, desto stärker halte ich an dem Glauben fest, dass es auch eintreffen wird. Die Gefahr der Selbsttäuschung ist hier freilich mit Händen zu greifen.

Zum anderen ist die Frage, ob ein Mensch eher eine positive oder eine negative Erwartung an die Zukunft hat, durchaus auch *Veranlagungssache*. Neuere Forschungen haben ergeben, dass der Hang zum Optimismus bzw. Pessimismus zumindest teilweise in unseren Genen liegt.

Drittens bestimmen die *Menschen, die uns umgeben*, stark, wie wir die Welt sehen. Es ist schwer, unter Pessimisten ein positives Weltbild zu entwickeln und umgekehrt. Oft können Menschen ihre Lebenseinstellung schon dadurch ändern, dass sie das äußere Umfeld wechseln.

Die vierte Quelle der Hoffnung sind unsere *Erfahrungen*. Menschen, die gute Erfahrungen gemacht haben, haben mehr Anlass zu einem positiven Weltbild als solche, die viel Negatives erlebt haben. Aber: Erfahrungen sind keineswegs objektiv. Menschen können die gleiche Situation höchst unterschiedlich erfahren und bewerten.

Und eine letzte Quelle möchte ich nennen: nämlich die Hoffnung, die auf *Zusagen anderer* basiert. Eine Hoffnung dieses Zuschnitts lebt von der Vertrauenswürdigkeit dessen, der einem die entsprechende Zusage gibt. Insofern hat die Qualität dieser Hoffnung immer etwas mit der Beziehung zu tun, in der wir zu dieser Person stehen. Dem Versprechen der eigenen Mutter oder der Partnerin vertrauen wir mehr als der Zusage eines Politikers, der uns schon bei der letzten Wahl belogen hat.

Worauf basiert die christliche Hoffnung?

Grundlage aller christlichen Hoffnung sind die Verheißungen Gottes. Die Bibel ist randvoll gefüllt mit solchen Zusagen, auf die wir in schweren Zeiten ebenso zurückgreifen können wie in guten. Um die Glaubwürdigkeit dieser Zusagen zu belegen, berichtet uns die Bibel überdies in Hunderten von Geschichten, wie Gott seine Zusagen in der Vergangenheit eingehalten hat. Neben vielen Mutmachgeschichten finden wir aber auch Erzählungen mit scheinbar negativem Ausgang, die uns aber Hilfen an die Hand geben, zu erkennen, dass Gott zu seinen Zusagen steht, auch wenn die Umstände manchmal anders aussehen.

Freilich sind das alles nur Worte. Sowohl die Verheißungen als auch die Geschichten sind zunächst nur bedrucktes Papier. Dass und inwieweit ein Mensch sich auf diese Zusagen wirklich einlässt und verlässt, ist eine Frage der Beziehung, die er zu Gott hat. Ohne Beziehung zu Gott wird uns das biblische Wort nicht viel sagen. Das Problem ist nur: Ohne dieses Wort bekommen wir gar keine Beziehung zu Gott. Das sieht nach einem Teufelskreis aus, ist aber keiner.

Stellen Sie sich vor, Sie kommen an einen zugefrorenen Teich, vor dem ein Schild steht: „Das Eis hält. Viele Grüße und viel Spaß, Ihre Bürgermeisterin." Als vorsichtiger Mensch werden Sie erst einmal überlegen, ob das Schild echt ist. Sie sehen die aufwändige Fertigung und das Stadtwappen – also wenn es gefälscht ist, dann ist es gut gemacht. Also stellen Sie die nächste Frage:

„Wie vertrauenswürdig ist die Bürgermeisterin?" Vielleicht können Sie diese Frage positiv beantworten, vielleicht aber auch nicht. So oder so werden Sie vermutlich nicht mit einem Satz auf die Mitte des Teiches springen, sondern erst mal vorsichtig einen Fuß auf das Eis setzen, dann stärker belasten, und je mehr Sie den Eindruck bekommen, dass das Eis tatsächlich hält, umso mehr werden Sie riskieren.

Ähnlich ist es mit den Verheißungen der Bibel. Wenn Sie nicht ein absolut vertrauensseliger Mensch sind, werden Sie sich zunächst darüber informieren, wie verlässlich das Buch ist, in dem sich die Verheißungen Gottes finden. Ich denke, da konnten Sie in den letzten fünf Wochen einiges an Informationen sammeln, die Ihnen hoffentlich Mut gemacht haben. Doch selbst dann werden Sie jetzt nicht „volle Kanne" aufs Eis springen, sondern vorsichtig und nach und nach testen, ob das „Eis" tatsächlich hält. Eine Garantie haben Sie nicht. Aber mit zunehmend guten Erfahrungen wächst Ihr Vertrauen, dass auf die Zusagen Gottes wirklich Verlass ist. Sie entwickeln mehr und mehr Hoffnung – eine Hoffnung, die auf Gottes Zusagen und seinem Wort basiert.

Was Gott uns verspricht

In der Bibel finden sich – wie gesagt – Hunderte von Verheißungen. Allein in unserem kurzen Text finden sich so viele zentrale Verheißungen, dass ich Ihnen gerne empfehlen möchte, diese Verse auswendig zu lernen. Es sind Worte, die einen im Leben und im Sterben tragen können. Fünf der in unserem Text enthaltenen Zusagen möchte ich herausstellen:

1. Denen, die Gott lieben, müssen alle Dinge zum Besten gereichen. Bitte schauen Sie genau hin: Hier steht nicht, dass die Dinge immer gut ausgehen, sondern dass Gott sie zum Positiven, ja zu unserem Besten wendet. Viele Schicksalsschläge werden mit den Worten „Gott hat es so gewollt" schöngeredet. Davon steht hier kein Wort. Schicksalsschläge kommen nicht von Gott. Aber Gott kann etwas daraus machen, wenn wir sie ihm hinhalten wie Kinder, die ihren Eltern ein kaputtes Spielzeug reichen. „Denen, die Gott lieben" klingt sehr exklusiv. Manch einer, der an Gott glaubt, aber von sich nicht zu behaupten wagt, dass er Gott liebe, wird sich hier vielleicht ausgeschlossen sehen. Hier möchte ich auf den 13. Tag unserer Expedition erinnern, an dem ich unter anderem ausgeführt habe, dass „Gott lieben wollen" bereits „Gott lieben" ist. Grundsätzlich gilt aber: Gott kann nur dann etwas aus den Scherben unseres Lebens machen, wenn wir sie ihm hinhalten.

2. Gott enthält uns nichts vor. Diese Aussage findet ihre Spitze in dem Satz: „Der auch seinen eigenen Sohn nicht verschont hat, sondern hat ihn für uns alle dahingegeben – wie sollte er uns mit ihm nicht alles schenken?" Wenn Gott uns das Liebste und Teuerste gegeben hat, was er überhaupt hat, glauben wir wirklich, dass es noch irgendetwas gibt, was er uns vorenthalten würde? Wenn mir jemand sein ganzes Bankkonto übertragen hat, gehe ich wohl nicht davon aus, dass er um ein paar Münzen in seinem Portmonee mit mir feilscht. Das Misstrauen Gott gegenüber – seit Adam und Eva die Ursünde schlechthin – war schon immer grundlos. Seit dem Tod und der Auferstehung Jesu aber ist unser Misstrauen absurder denn je.

3. Es gibt kein Urteil über uns. Keiner kann uns verklagen, weil Gott selbst uns gerecht spricht, wie es zweimal in unserem Text heißt. Egal, ob unser eigenes Gewissen uns verklagt, andere Menschen oder der Teufel, der in der Bibel oft als „Verkläger" dargestellt wird: Nichts und niemand kann das Urteil aufheben, das Gott in Jesus Christus über uns gesprochen hat. Dieses Urteil lautet: „Schuldig, aber amnestiert." Die Amnestie gilt für alle, die das Urteil annehmen. Luther nannte das die „Rechtfertigung des Sünders", ein Begriff, der Geschichte gemacht hat, heute allerdings missverständlich ist. Denn heute verstehen wir unter „Rechtfertigung", dass jemand auf seine fehlende oder doch verminderte Schuld hinweist. Im Mittelalter bedeutete der Begriff, dass jemand, der die Macht hatte – etwa ein Richter oder König –, einen Menschen vor Gericht freisprach. Derjenige galt als „gerechtfertigt", ganz gleich, ob er schuldig war oder nicht. Es geht also nicht um eine Nicht-schuldig-Erklärung, sondern um einen rechtsgültigen Freispruch.

4. Wir haben einen Fürsprecher bei Gott, der für uns eintritt. Dieser Fürsprecher ist sozusagen die Gegeninstanz zum eben erwähnten Ankläger. Wann immer Letzterer seine Anklagen vor Gott bringt, stellt sich Jesus sozusagen schützend vor uns und sagt: „Das mag alles stimmen, aber ich bin auch für ihn (sie) gestorben." Dieser Gedanke der Fürbitte Jesu war der Urchristenheit sehr wichtig (vgl. 1. Johannesbrief 2, 1; Hebräer 7, 25). Die Fürbitte Jesu bezieht sich zum einen auf die Vergebung unserer Sünden, weil wir ja dadurch, dass wir Christen geworden sind, nicht aufhören, Sünder zu sein. Zum anderen bezieht sie sich darauf, dass unser Glaube nicht aufhöre (vgl. Lukas 22, 32) und wir nicht in Versuchung fallen.

5. Weder der Tod noch etwas Schlimmeres kann uns scheiden von der Liebe Gottes. Vielleicht fragen Sie sich: Gibt es denn etwas Schlimmeres als den Tod? Nach biblischer Vorstellung allemal. Die Menschen zur Zeit des Neuen Testamentes hatten eine ziemlich klare Vorstellung von dem, was sich hinter den Begriffen „Mächte und Gewalten" verbirgt. Es ist die Macht des Bösen, mit der wir heute weniger rechnen als die Menschen zur Zeit des Neuen Testamentes. Zum einen ist das gut so: Wir haben nicht mehr so viel Angst, und vor allem nehmen wir die Bilder, die sich die Menschen für das Böse gemacht haben, nicht für bare Münze. Auf der anderen Seite frage ich mich, ob es nicht auch ein Verlust an Realitätssinn ist, wenn wir das Böse so wenig wahrnehmen. Erst das Böse bzw. unsere Sünde (sozusagen der Brückenkopf des Bösen in unserem Leben) geben dem Tod seine katastrophale Macht. Doch ob es nun das Böse ist oder der Tod, was uns Angst macht, für Paulus kommt es aufs Gleiche heraus: Nichts davon und auch nichts anderes kann uns scheiden von der Liebe Gottes, die in Jesus Christus offenbar wurde.

Ich fasse zusammen: Christen glauben an einen Gott, der die Liebe in Person ist, der für uns das Beste möchte, der uns gebrauchen möchte, das Gute zu schaffen, und der alle Macht hat, das Negative, ja sogar den Tod zu überwinden. Richtig finster kann es für einen Menschen, der das glaubt, daher nicht werden. Das Christentum ist geradezu der Inbegriff einer positiven Weltsicht. Jemand, der davon ausgeht, dass er Gott auf seiner Seite hat und dass dieser Gott alles Negative, das sich uns entgegenstellen will, entweder überwinden oder uns nutzbar machen kann, kann im Grunde keine negative Weltsicht entwickeln. Es ist uns von unserem Glauben her schlichtweg nicht möglich, die Dinge nur von ihrer negativen Seite her zu sehen. In Josua 1, 9 heißt es: „Siehe, ich habe dir geboten, dass du getrost und unverzagt seist. Lass dir nicht grauen und entsetze dich nicht; denn der HERR, dein Gott, ist mit dir in allem, was du tun wirst."

Vielleicht sind wir von unserem „Naturell" oder unserer sozialen Prägung her keine „Optimisten", aber die Hoffnung ist und bleibt ein Gebot Gottes! Ein wunderschönes überdies – oder können Sie sich ein schöneres Gebot Gottes vorstellen, als dass wir unser Leben genießen und hoffnungsfroh in die Zukunft schauen sollen? Darum ist Hoffnung, auch wenn sie sich stark auf die Zukunft bezieht, eine Tugend der Gegenwart. Wir erhoffen uns etwas von der Zukunft, aber wir erhoffen es für *heute*. Das gibt uns heute Kraft und lässt uns heute geduldig sein, handeln und anderen Menschen Mut zusprechen.

Hoffnung ist nicht die Überzeugung, dass etwas gut ausgeht, sondern die Gewissheit, dass etwas Sinn hat, egal
wie es ausgeht.

Václav Havel

FRAGEN

» Sind Sie eher ein Optimist oder ein Pessimist? Worauf
führen Sie das zurück?

» Wie können Sie herausfinden, ob der Gott der Bibel
vertrauenswürdig ist?

» Welche der fünf genannten Verheißungen spricht Sie
am meisten an?

» Glauben Sie, dass schlechte Zeiten ein Zeichen sind,
dass Gott gegen uns ist? Was sagt unser heutiger
Bibeltext dazu?

» Haben Sie den Eindruck, dass Sie etwas von der Liebe
Gottes scheidet?

ANREGUNG
ZUM GEBET

Nichts kann uns scheiden
Schreiben Sie unseren heutigen Text in Ihr Gebetstage-
buch ab und notieren Sie anschließend die Gedanken, die
Ihnen dazu einfallen. Beenden Sie Ihren Eintrag mit einem
Gebet.

MERKVERS

Denn ich bin gewiss, dass weder Tod noch Leben, weder
Engel noch Mächte noch Gewalten, weder Gegenwärtiges
noch Zukünftiges, weder Hohes noch Tiefes noch eine
andere Kreatur uns scheiden kann von der Liebe Gottes,
die in Christus Jesus ist, unserm Herrn.

Römer 8, 38–39

Tag 38 / **Die Auferstehung der Toten**

MUSIK

Weil Hoffnung immer zwei Perspektiven hat, gibt es heute auch zwei Lieder: „Du bist die Zukunft" (Track 7) erzählt, warum es so gut tut, vertrauensvoll leben und nach vorne schauen zu können, und „Du sollst ein Segen sein" macht deutlich, dass man gesegnete Menschen vor allem daran erkennt, dass sie anderen Segen bringen. Insofern freuen wir uns sehr, wenn Sie sich von diesen Songs ermutigen und inspirieren lassen.

14 Ist aber Christus nicht auferstanden, so ist unsre Predigt vergeblich, so ist auch euer Glaube vergeblich.

15 Wir würden dann auch als falsche Zeugen Gottes befunden, weil wir gegen Gott bezeugt hätten, er habe Christus auferweckt, den er nicht auferweckt hätte, wenn doch die Toten nicht auferstehen.

16 Denn wenn die Toten nicht auferstehen, so ist Christus auch nicht auferstanden.

17 Ist Christus aber nicht auferstanden, so ist euer Glaube nichtig, so seid ihr noch in euren Sünden;

18 so sind auch die, die in Christus entschlafen sind, verloren.

19 Hoffen wir allein in diesem Leben auf Christus, so sind wir die elendesten unter allen Menschen.

20 Nun aber ist Christus auferstanden von den Toten als Erstling unter denen, die entschlafen sind.

21 Denn da durch einen Menschen der Tod gekommen ist, so kommt auch durch einen Menschen die Auferstehung der Toten.

22 Denn wie sie in Adam alle sterben, so werden sie in Christus alle lebendig gemacht werden.

23 Ein jeder aber in seiner Ordnung: als Erstling Christus; danach, wenn er kommen wird, die, die Christus angehören;

Wenn Christus nicht auferstanden ist,
dann ist all unsere Predigt
und euer ganzer Glaube sinnlos.
Wir wären Lügner und hätten Gott
einen schlechten Dienst erwiesen,
wenn wir im Widerspruch
zur Wahrheit behaupten würden,
er habe Christus auferweckt,
wenn er das gar nicht getan hätte,
weil Tote nun einmal nicht auferstehen.
Wenn Tote nicht auferstehen können,
dann hieße das ja, dass auch Christus
nicht auferweckt wurde.
Und wenn das stimmt,
dann macht euer Glaube
überhaupt keinen Sinn,
und ihr seid weiterhin Gefangene
eurer Sünden.

Dann sind übrigens auch all die verloren,
die schon im Vertrauen
auf Christus gestorben sind.
Und wenn wir nur in unserem irdischen Leben
auf Christus hoffen,
dann sind wir ohnehin
die armseligsten Gestalten auf Erden.

Aber Christus ist von den Toten
auferstanden –
und zwar als erster von allen Verstorbenen.

Der Tod kam durch einen
einzelnen Menschen in die Welt,
und die Auferstehung von den Toten
kommt auch durch einen
einzelnen Menschen:
Durch Adam müssen alle sterben –
durch Christus werden alle wieder lebendig.

Dahinter steckt eine klare Rangfolge:
Zuerst wird Christus wieder lebendig,

24 danach das Ende, wenn er das Reich Gott, dem Vater, übergeben wird, nachdem er alle Herrschaft und alle Macht und Gewalt vernichtet hat.

25 Denn er muss herrschen, bis Gott ihm „alle Feinde unter seine Füße legt".

26 Der letzte Feind, der vernichtet wird, ist der Tod.

27 Denn „alles hat er unter seine Füße getan". Wenn es aber heißt, alles sei ihm unterworfen, so ist offenbar, dass der ausgenommen ist, der ihm alles unterworfen hat.

28 Wenn aber alles ihm untertan sein wird, dann wird auch der Sohn selbst untertan sein dem, der ihm alles unterworfen hat, damit Gott sei alles in allem.

35 Es könnte aber jemand fragen: Wie werden die Toten auferstehen und mit was für einem Leib werden sie kommen?

36 Du Narr: Was du säst, wird nicht lebendig, wenn es nicht stirbt.

37 Und was du säst, ist ja nicht der Leib, der werden soll, sondern ein bloßes Korn, sei es von Weizen oder etwas anderem.

38 Gott aber gibt ihm einen Leib, wie er will, einem jeden Samen seinen eigenen Leib.

39 Nicht alles Fleisch ist das gleiche Fleisch, sondern ein anderes Fleisch haben die Menschen, ein anderes das Vieh, ein anderes die Vögel, ein anderes die Fische.

dann – wenn er wiederkehrt –
diejenigen, die an ihn glauben,
und dann kommt das
Ende dieser Welt,
wenn Christus Gott, seinem Vater,
das Reich übergeben wird,
nachdem er alle Macht- und
Herrschaftsstrukturen vernichtet hat.
Denn er soll herrschen, bis Gott ihm
„alle Feinde zu Füßen legt". (Psalm 110)

Der letzte Feind aber, der vernichtet
werden muss, ist der Tod.
Es heißt ja: „Er hat ihm alles zu
Füßen gelegt." (Psalm 8)

Wenn da steht,
Christus sei alles unterworfen,
dann gilt das natürlich nicht für Gott,
der ihm ja alles unterworfen hat.
Auch wenn Christus alles untertan ist,
wird er sich selbst demjenigen unterwerfen,
der ihm das alles unterworfen hat,
damit Gott allein der Herr über alles ist.

Nun fragt vielleicht jemand:
„Auferstehung der Toten –
wie wird das genau sein?
Mit was für einem Körper
werden die erscheinen?"
Du, Dummkopf. Wenn du etwas säst,
wird es doch auch nicht lebendig,
wenn es nicht vorher gestorben ist.
Du säst ja auch nicht die fertige Pflanze,
sondern nur ein Welzenkorn
oder etwas anderes.
Erst Gott gibt jedem Samenkorn
eine eigene Gestalt.

Es sind schließlich
nicht alle Lebewesen gleich –
die Menschen haben eine andere Gestalt

40 Und es gibt himmlische Körper und irdische Körper; aber eine andere Herrlichkeit haben die himmlischen und eine andere die irdischen.

41 Einen andern Glanz hat die Sonne, einen andern Glanz hat der Mond, einen andern Glanz haben die Sterne; denn ein Stern unterscheidet sich vom andern durch seinen Glanz.

42 So auch die Auferstehung der Toten. Es wird gesät verweslich und wird auferstehen unverweslich.

43 Es wird gesät in Niedrigkeit und wird auferstehen in Herrlichkeit. Es wird gesät in Armseligkeit und wird auferstehen in Kraft.

44 Es wird gesät ein natürlicher Leib und wird auferstehen ein geistlicher Leib.

als die Tiere, die Vögel oder die Fische.
Genau so gibt es eben auch
himmlische und irdische Körper.
Wobei die himmlischen natürlich
eine größere Herrlichkeit haben
als die auf der Erde.
Die Sonne hat einen anderen Glanz
als der Mond oder die Sterne,
ja, eigentlich unterscheidet sich jeder Stern
vom anderen durch seinen Glanz.

So wird es auch bei der
Auferstehung der Toten sein:
Man sät etwas Vergängliches –
und es ersteht etwas Unvergängliches.
Man sät etwas Unbedeutendes –
und es ersteht etwas Herrliches.
Man sät etwas Armseliges –
und es ersteht etwas ungeheuer Kraftvolles.
Man sät einen irdischen Körper –
und es ersteht ein vom Geist erfülltes Wesen.

Die Frage, was nach dem Tod passiert, hat die Menschen schon immer fasziniert. Kein Wunder: Es gibt kaum eine Frage, von der mehr für uns abhängt. Die Antworten reichen dabei von „Nach dem Tod ist alles aus" über „Es gibt ein persönliches Weiterleben" bis hin zu „Nach dem Tod gehen wir im göttlichen Urgrund auf", das heißt: Es gibt ein Weiterleben, aber nicht als Individuum und Person. Daran hat sich im Grunde genommen seit der Zeit des Neuen Testamentes nicht viel geändert. Das Etikett, das man diesen Weltanschauungen anheftet, wurde zwischenzeitlich ein paarmal ausgetauscht, die drei genannten Vorstellungen aber findet man damals wie heute.

Die junge Christenheit verbreitete sich binnen weniger Jahre in Windeseile durch das Römische Reich. Kulturell und religiös war dieses durch und durch von den Griechen und ihrer Philosophie geprägt. In nahezu allen größeren Städten gab es aber auch jüdische Synagogen. Beide Adressaten hatten die neutestamentlichen Autoren im Blick. Das spiegelt auch unser Text wider.

Da waren zum einen die *Juden*. Innerhalb des Judentums war es damals hoch umstritten, ob es so etwas wie eine Auferstehung der Toten überhaupt gibt. Die Sadduzäer beispielsweise – eine Gruppe hochgebildeter Priester und Theologen – lehnten diese Auffassung rundheraus ab. In der Tat gibt das Alte Testament, was die Hoffnung auf ein Weiterleben nach dem Tod anbetrifft, nicht viel her. Die fünf Bücher Mose, die den Juden als besonders heilig gelten, sagen zu diesem Thema überhaupt nichts. In den anderen Schriften kommen die Menschen nach dem Tod in den „Scheol", eine Art Schattenreich, das oft fälschlich mit „Hölle" übersetzt wird. Ähnlich wie der griechische Hades ist dort alles ziemlich grau, düster und emotionslos. Die Menschen leiden nicht, freuen sich aber auch nicht. Diese Vorstellung spiegelt sich vor allem in den Psalmen wider (vgl. Psalm 6, 6; 30, 10; 39, 14; 88, 11–13; 115, 17). Erst in sehr späten Schichten des Alten Testamentes finden sich erste Andeutungen über ein Leben nach dem Tod (vgl. Hiob 19, 25–26; Psalm 16, 9–11 und 73, 24). Vielleicht lag es daran, dass die Phantasie der Israel umgebenden Völker in puncto Weiterleben nach dem Tode zu wilde Blüten trieb. Oder wollte Gott, dass sein Volk über die Jahrhunderte Glauben und Liebe entwickelte, ohne vorschnell auf himmlischen Lohn zu schielen? Auf jeden Fall hielt Jahwe seine Anhänger in puncto Jenseitserwartung ziemlich kurz. Erst in den letzten drei Jahrhunderten vor unserer Zeitrechnung setzte sich innerhalb des Judentums der Glaube an eine persönliche Auferstehung mehr und mehr durch – gegen die damalige Schrift, wie man sagen muss. Und er wird von vielen frommen Juden bis heute als liberale Verwässerung des ursprünglichen Glaubens abgelehnt.

Unter den *Griechen* herrschte ebenfalls eine breit gefächerte Vielfalt an Auffassungen. So gab es durchaus die Meinung, dass nach dem Tod alles aus ist. Von Epikur (341 bis 270 v. Chr.) stammt der berühmte Satz: „Der Tod geht mich nichts an, denn solange ich da bin, ist der Tod nicht da. Sobald der Tod aber da ist, bin ich nicht mehr da." Die meisten Griechen glaubten jedoch an eine Unsterblichkeit der menschlichen Seele, verbunden mit der Auffassung, dass der menschliche Leib ein „Gefängnis" dieser Seele ist. Wenn der Mensch stirbt, wird die Seele aus dem Gefängnis befreit und der „göttliche Funke" in uns kehrt zu Gott zurück. Die menschliche Seele lebt also im göttlichen Urgrund weiter, aber nicht als Individuum, sondern als Teil des Göttlichen. Eine leibliche Auferstehung, wie sie von den Christen propagiert wurde, war für die Griechen daher ebenso unvorstellbar wie der Gedanke an ein persönliches Weiterleben nach dem Tod.

Es ist spannend, wie Paulus in unserem Text diese verschiedenen Ansichten aufgreift und diskutiert. „Christus ist auferstanden – und zwar leiblich." Das ist die Grundaussage, von der er ausgeht. Von dort aus unterzieht er die einzelnen weltanschaulichen Entwürfe seiner Zeit einer ausführlichen Kritik. Ich mache das an drei Fragen fest: 1. Ist nach dem Tode alles aus? 2. Gibt es ein persönliches Weiterleben nach dem Tode? Und 3. Wird bei der Auferstehung nur die Seele auferweckt oder auch der Leib?

1. Ist nach dem Tode alles aus?

Die Korinther hatten sich aus verschiedenen zeitgenössischen Strömungen eine eigene Philosophie zusammengebastelt. Als Christen glaubten sie an die Auferstehung Jesu. Ohne diese Botschaft wären sie wohl gar nicht erst Christen geworden. Aber – und das ist das Interessante – eine allgemeine Auferstehung der Toten lehnten sie weiterhin ab. Ob eher griechisch oder jüdisch beeinflusst – ihre Devise war: „Nach dem Tod ist alles aus." Sie glaubten an die Auferstehung Jesu, aber nicht an eine allgemeine Auferstehung. Bei uns ist es heute weithin umgekehrt: Viele Menschen glauben durchaus an ein Leben nach dem Tod, nicht aber an die persönliche oder gar leibliche Auferstehung Jesu. Darum ist die Argumentation des Paulus für uns heute schwer nachzuvollziehen. Was für ihn und die Korinther gleichermaßen klar war, nämlich dass Jesus auferstanden ist, ist für uns heute viel fragwürdiger als das, was er damit beweisen will: nämlich dass es deswegen auch eine allgemeine Auferstehung der Toten geben muss.

Nach dem Tod kann nicht alles aus sein, sagt Paulus, denn Christus ist auferstanden. Welchen Sinn soll die Auferstehung Jesu haben, wenn wir nach dem Tod im Grab verbleiben? Der Tod, so wie wir ihn kennen, ist der Sünde Lohn (vgl. 6. Tag). Was nützt uns die Vergebung, wenn wir dennoch im Tod verbleiben müssen? Wofür musste Jesus sterben, wenn nicht, um den Tod zu besiegen? Was nützt uns die grundlegende Solidarität des Gottessohnes, der Mensch wurde und sogar unseren Tod teilte, wenn diese Weggemeinschaft ausgerechnet in dem Moment aufhört, in dem er von den Toten aufersteht?

Die Frage, ob Jesus von den Toten auferstanden ist, haben wir am 27. Tag ausführlich erörtert. Uns beschäftigt hier also nur die Frage, ob es eine allgemeine Auferstehung der Toten gibt. An dieser Stelle wird Paulus glasklar: Wenn es keine Auferstehung von den Toten gibt, ist das Christentum grund-, halt- und sinnlos. Die christliche Predigt wäre ein Lügengebäude, der Glaube vergeblich, die christliche Hoffnung eine Illusion. Zwar kam der alttestamentliche Glaube ohne Vorstellung eines Lebens nach dem Tod aus, aber seit der Auferstehung Jesu können wir das nicht mehr, weil damit im Grunde alles, was das Christentum in seinem Wesen ausmacht, ad absurdum geführt wäre. Ein rein auf das Diesseits bezogenes Christentum nimmt sich selbst seinen besten Inhalt und ist darum schlechterdings nicht denkbar.

2. Gibt es ein persönliches Weiterleben nach dem Tode?
Um diese Frage zu beantworten, müssen wir zunächst einen Blick auf den Begriff des „Weiterlebens" werfen. Die Griechen damals glaubten an die Unsterblichkeit der menschlichen Seele. „Weiterleben" hieß für sie: Die Seele wird vom Gefängnis des Leibes befreit, die Seele bzw. der göttliche Funke in uns kehrt zu Gott zurück. – In der Bibel finden wir von alledem kein Wort. Der von Gott geschaffene Leib ist kein Gefängnis, und es ist auch keineswegs so, dass der Leib der Sitz des Bösen und die Seele bzw. der Geist in uns der Sitz des Guten wären. Der Mensch ist viel mehr *durch und durch* Sünder, und an ihm ist nichts abtrennbar Göttliches, das aus eigener Kraft einfach weiterleben könnte. Der Tod ist der Lohn der Sünde, die Sünde ist aber nicht nur fleischlich, wie die Griechen dachten, sondern etwas höchst Geistiges! Das heißt: Auch Seele und Geist sind vom Tod betroffen, nicht nur der Leib. Darum redet Paulus nicht davon, dass der Mensch unsterblich ist, sondern von der Auferweckung des Menschen durch Gott – und zwar mit Leib *und* Seele.

Wenn wir also vom Leben nach dem Tod oder gar von einem Weiterleben nach dem Tod sprechen, beachten Sie bitte den Unterschied zwischen „Unsterblichkeit der Seele" und „Auferweckung des Menschen durch Gott". Die Auferstehung ist nicht mehr und nicht weniger als eine neue Schöpfung. Wir tauchen sozusagen kurz in den Tod ein – und zwar ganz, mit Leib und Seele –, um dann durch einen schöpferischen Eingriff Gottes erneuert mit Leib und Seele aufzuerstehen. „Noch heute wirst du mit mir im Paradiese sein", verheißt Jesus dem Schächer am Kreuz (Lukas 23, 43).

Am Ende, sagt Paulus, wird Gott „alles in allem" sein. Das ist eine wunderbare Verheißung: Gott wird sich in jeder Hinsicht durchsetzen. Sein Reich wird kommen, sein Wille wird geschehen! Dass Gott „alles in allem" sein wird, erinnert aber auch an die griechische Vorstellung, dass die menschliche Seele nach dem Tod im „göttlichen Urgrund" aufgeht. Paulus spielt hier sehr bewusst mit dieser Vorstellung: „Ja, das, woran ihr Griechen glaubt und wovon ihr träumt, wird durchaus geschehen. Aber wir werden deswegen nicht vom Göttlichen absorbiert." Die Tatsache, dass Gott am Ende alles in allem sein wird, löscht unsere Persönlichkeit und unsere Individualität nicht aus, sondern bezieht sie mit ein.

3. Wird nur die Seele auferweckt oder auch der Leib?
Paulus und die anderen neutestamentlichen Autoren gehen durchgängig von einer Auferweckung des *ganzen* Menschen aus, das heißt von einer Auferstehung von Seele und Leib. So wie der auferstandene Jesus einen Leib hatte und diesen nutzte, um seinen Jüngern zu erscheinen, mit ihnen zu kommunizieren und mit ihnen zu essen und zu trinken. Unser Leib ist unser Medium der Kommunikation. Ohne Leib gäbe es keinen Austausch mit anderen. Wir müssen in irgendeiner Weise sicht- oder hörbar sein, uns in irgendeiner Weise mit anderen austauschen können, das ist aber schlechterdings nicht vorstellbar, wenn wir rein geistige Wesen wären. Die Auferstehung des Leibes ist deswegen so wichtig, weil daran die Auferstehung der Kommunikation hängt, die Auferstehung der Beziehungsfähigkeit und der Liebe!

Freilich wäre es absurd, zu denken, dass es der gleiche Leib ist, der auferstehen wird. Die meisten Zellen unseres Körpers erneuern sich alle paar Jahre. Der Leib eines alten Menschen ist ein anderer als der eines Babys. Allein das lässt uns fragen, welcher Leib denn auferstehen wird, und ob auch angeborene oder im Lauf des Lebens hinzugekommene Behinderungen dazugehören werden? Doch Paulus behauptet nicht, dass wir mit dem *selben* Leib auferstehen werden. Er redet von einem „geistlichen Leib", der auferstehen wird, einem Leib, der unserem begrenzten irdischen Leib haushoch überlegen ist.

Richtig vorstellen können wir uns das nicht. Es ist ebenso schwierig, wie wenn wir versuchten, vom Anblick einer verpuppten Raupe auf den Schmetterling zu schließen, der aus ihr hervorgeht. Von dem auferstandenen Jesus wird uns berichtet, dass ihn seine Jünger teilweise sofort erkannten, teilweise erst später am Klang seiner Stimme oder an der Art, wie er das Brot brach. Er besuchte seine Jünger durch verschlossene Türen hindurch, andererseits aß er Brot und Fisch mit ihnen. Er trug – was besonders irritierend ist – sogar die Wundmale seiner Kreuzigung an Händen und Füßen. Und doch war sein Auferstehungsleib wunderbar und himmelsgleich genug, um unverändert in die Herrlichkeit Gottes aufgenommen zu werden. In ähnlicher Weise können wir uns auch den Leib vorstellen, mit dem Gott uns auferwecken wird.

Lassen Sie mich mit einer grundsätzlichen Bemerkung schließen: Die Frage, was nach dem Tode geschieht, ist im Grunde genommen nur spekulativ zu beantworten. Das gilt selbst für eine so nüchtern erscheinende Aussage wie die, dass nach dem Tode alles aus ist. Auch diese scheinbar „ungläubige" Aussage ist letztlich eine Glaubensaussage. Wer nur glaubt, was er sieht, glaubt auch: nämlich dass seine Augen alles Relevante sehen – eine Aussage, die uns das Leben Tag für Tag widerlegt. Die Antwort auf die Frage, was nach dem Tod kommt, ist immer eine Antwort des Glaubens und damit weder beweis- noch widerlegbar. Jemand kann noch so überzeugt von seiner Meinung sein und ihm können noch so viele beipflichten, im Grunde stochern wir in dieser Frage alle nur im Nebel. Auch jene Erfahrungen, die wir als „Nahtod-Erlebnisse" bezeichnen, sind dem Tod eben nur *nahe* und keine wirklichen Todeserfahrungen. Der einzige, der wirklich weiß, was nach dem Tod passiert, ist Gott.

Die christliche Vorstellung von dem, was nach dem Tod passiert, ist zunächst einmal ebenso wenig beweisbar wie jede andere. Aber sie begründet sich anders. Sie basiert nicht auf menschlichen Gedanken und Spekulationen, sondern auf einer Offenbarung Gottes. Auf die Frage: „Wie kommt ihr auf solche Aussagen?" antwortet das Christentum: „Gott hat es so gesagt. Wir glauben, dass Gott in Jesus war. Wir glauben, dass er ihn von den Toten auferweckt hat. Und wir glauben, dass Gott durch die Bibel zu uns spricht." Das heißt letzten Endes: Die christliche Auferstehungsvorstellung basiert auf der Auferstehung Jesu. Und darauf, dass die Bibel uns ein authentisches Zeugnis der damaligen Ereignisse gibt. Ich halte das für ein solides Fundament. Vielleicht sind Sie da anderer Meinung, aber einen besseren Grund für die Hoffnung auf ein Leben nach dem Tod werden Sie in dieser Welt nicht finden.

Die Auferstehung ist die einfachste Sache von der Welt: Der, welcher den Menschen einmal geschaffen hat, kann ihn auch zweimal schaffen.

Voltaire

FRAGEN

» Was, glauben Sie, kommt nach dem Tod? Womit begründen Sie Ihre Auffassung?
» Wieso steht und fällt das Christentum mit der Auferstehung Jesu?
» Glauben Sie, dass die Seele vom Tod des Menschen mitbetroffen ist?
» Warum ist Paulus die leibliche Auferstehung so wichtig?
» Kann man an die Auferstehung glauben und dennoch Angst vor dem Tod haben?

ANREGUNG
ZUM GEBET

Was sich durch Jesu Auferstehung ändert
Wenn die Auferstehung Jesu wirklich wahr ist, was würde das für Sie bedeuten? Schreiben Sie Ihre Gedanken dazu in Form eines Briefes an Gott auf. Leitfragen könnten dabei sein: Was bedeutet die Auferstehung Jesu für meine Auffassung vom Tod? Was bedeutet sie für meine Hoffnung auf ein Leben über den Tod hinaus? Was bedeutet die Auferstehung Jesu für mein bisheriges und für mein weiteres Leben? Müsste sich etwas ändern?

MERKVERS

Also hat Gott die Welt geliebt, dass er seinen eingeborenen Sohn gab, damit alle, die an ihn glauben, nicht verloren werden, sondern das ewige Leben haben.

Johannes 3, 16

CARTOON

Als sie nun zuhörten, sagte er ein weiteres Gleichnis:

12 Ein Fürst zog in ein fernes Land, um ein Königtum zu erlangen und dann zurückzukommen.

13 Der ließ zehn seiner Knechte rufen und gab ihnen zehn Pfund und sprach zu ihnen: Handelt damit, bis ich wiederkomme!

14 Seine Bürger aber waren ihm Feind und schickten eine Gesandtschaft hinter ihm her und ließen sagen: Wir wollen nicht, dass dieser über uns herrsche.

15 Und es begab sich, als er wiederkam, nachdem er das Königtum erlangt hatte, da ließ er die Knechte rufen, denen er das Geld gegeben hatte, um zu erfahren, was ein jeder erhandelt hätte.

16 Da trat der erste herzu und sprach: Herr, dein Pfund hat zehn Pfund eingebracht.

17 Und er sprach zu ihm: Recht so, du tüchtiger Knecht; weil du im Geringsten treu gewesen bist, sollst du Macht haben über zehn Städte.

18 Der zweite kam auch und sprach: Herr, dein Pfund hat fünf Pfund erbracht.

19 Zu dem sprach er auch: Und du sollst über fünf Städte sein.

20 Und der dritte kam und sprach: Herr, siehe, hier ist dein Pfund, das ich in einem Tuch verwahrt habe;

21 denn ich fürchtete mich vor dir, weil du ein harter Mann bist; du nimmst, was du nicht angelegt hast, und erntest, was du nicht gesät hast.

Jesus erzählte ihnen noch ein Gleichnis:

„Ein Fürst reiste in ein weit entferntes Land,
in dem er sich krönen lassen wollte,
um als König zurückzukehren.
Vorher ließ er zehn seiner
Untergebenen rufen,
gab ihnen jeweils ein Pfund Silber und sagte:
‚Macht etwas daraus, bis ich wiederkomme.'

Da ihn die Bürger hassten,
schickten sie Boten hinter ihm her,
die verkünden sollten: ‚Wir wollen nicht,
dass dieser Mann unser König wird.'

Als nun der Fürst nach seiner
Krönung zurückkehrte,
ließ er die Untergebenen zu sich rufen,
denen er das Geld anvertraut hatte,
weil er hören wollte, was sie
damit gemacht hätten.

Der Erste trat vor und sagte:
‚Herr. Ich habe mit dem Pfund
zehn weitere verdient.'
Der König strahlte: ‚Sehr gut.
Du bist ein tüchtiger Mann.
Weil du dich in diesen
unbedeutenden Dingen
als zuverlässig erwiesen hast,
übertrage ich dir die Herrschaft
über zehn Städte.'

Da trat der Zweite vor und sagte:
‚Herr. Dein Pfund hat weitere
fünf eingebracht.'
Da erwiderte der König:
‚Dann bekommst du fünf Städte.'

Der dritte aber sagte:
‚Herr. Hier ist dein Pfund Silber.
Ich habe es einfach

22 Er sprach zu ihm: Mit deinen eigenen Worten richte ich dich, du böser Knecht. Wusstest du, dass ich ein harter Mann bin, nehme, was ich nicht angelegt habe, und ernte, was ich nicht gesät habe:

23 warum hast du dann mein Geld nicht zur Bank gebracht? Und wenn ich zurückgekommen wäre, hätte ich's mit Zinsen eingefordert.

24 Und er sprach zu denen, die dabeistanden: Nehmt das Pfund von ihm und gebt's dem, der zehn Pfund hat.

25 Und sie sprachen zu ihm: Herr, er hat doch schon zehn Pfund.

26 Ich sage euch aber: Wer da hat, dem wird gegeben werden; von dem aber, der nicht hat, wird auch das genommen werden, was er hat.

in meinem Nackentuch aufbewahrt.
Ich hatte Angst,
weil du ein sehr strenger Mann bist.
Du machst andauernd Zinsgewinne,
und kassierst von den Ernten,
obwohl du gar nichts gesät hast.'

Da sagte der Herrscher:
,Du bist ein schlechter Diener
und hast dir gerade selbst
das Urteil gesprochen.
Wenn du wusstest,
dass ich ein strenger Mann bin,
der Geld abhebt,
das er gar nicht eingezahlt hat,
und Dinge erntet, die er nicht gesät hat:
Warum hast du dann mein Geld
nicht bei der Bank angelegt?
Dann hätte ich es bei meiner Rückkehr
wenigstens mit Zinsen wiederbekommen.'

Er befahl den anderen Leuten,
die dabeistanden:
,Nehmt ihm das Pfund ab und gebt es dem,
der zehn erwirtschaftet hat.'
Erstaunt sagten die Männer:
,Aber, Herr, er hat doch schon zehn Pfund.'
,Ja. Wer viel hat,
der wird noch mehr bekommen.
Und wer nichts hat,
der wird auch noch das verlieren,
was er hat.'"

Unter den Gleichnissen Jesu nimmt dieses eine Sonderstellung ein, weil es das einzige ist, das sich auf einen historischen Vorgang bezieht. Nach dem Tod des Herrschers Herodes wurde sein Land unter seinen drei Söhnen Antipas, Philippus und Archelaos aufgeteilt. Die drei mussten sich ihre Herrschaft vom Kaiser in Rom bestätigen lassen. Und da passierte es: Während Archelaos in Rom weilte, sandten die Einwohner der ihm zugeteilten Provinz eine Gesandtschaft nach Rom, die den Kaiser bekniete, ihn nicht zum König zu machen. Augustus lehnte das ab, und Archelaos kam als König nach Judäa zurück und rechnete mit seinen Gegnern ziemlich gründlich ab. Alles in allem ein nicht gerade schmeichelhafter Hintergrund, um uns zu verdeutlichen, wie Gott handelt, aber Jesus liebte provokante Vergleiche (etwa auch Lukas 16, 1–9 oder 18, 1–8). Vor diesem geschichtlichen Hintergrund redet Jesus also von jener Wirklichkeit, die wir „Gericht" nennen. Die Frage, die uns beschäftigt, ist: Warum spielt in einer Religion, die derart von Liebe und Vergebung geprägt ist wie das Christentum, das Gericht eine so wichtige Rolle?

Das Leben ist kein Spiel

Anders als in den östlichen Religionen, denen zufolge der Mensch endlos viele „Durchgänge" hat und für die jedes Leben sozusagen das Gericht für ein früheres und gleichzeitig Bewährungsmöglichkeit für ein zukünftiges Leben ist, glauben Christen, dass der Mensch nur ein einziges Leben hat. „Es ist dem Menschen gesetzt, einmal zu sterben, danach aber (kommt) das Gericht" heißt es in Hebräer 9, 27, wobei das griechische Wort für „einmal" besonders betont ist: also wirklich nur *ein* Mal. Für die Reinkarnationslehre ist innerhalb des Christentums kein Platz. Wenn wir unsere Sünden wirklich selbst büßen und uns aus eigener Kraft zum Göttlichen „hochdienen" könnten, hätte Jesus nicht zu kommen und zu sterben brauchen.

Wir haben nur ein einziges Leben, und wir müssen eines Tages darüber Rechenschaft ablegen. Gott hat uns mit diesem Leben und für dieses Leben eine Fülle von Gaben und Möglichkeiten mit auf den Weg gegeben. Das heißt: Unser Leben hat einen Auftrag. „Handelt, bis ich wiederkomme", heißt es im Gleichnis. Das Wort „handeln" ist hier im Sinn von „Handel" gemeint, und nicht so sehr von „Tun". Handeln aber bedeutet: tauschen, interagieren, vermehren. Der Fürst gibt jedem seiner zehn Knechte ein bestimmtes Startkapital mit der Maßgabe, etwas daraus zu machen bzw. es zu vermehren. Das bedeutet: Unser Lebensauftrag besteht darin, dass wir das, was Gott uns anvertraut hat, für ihn multiplizieren.

Sind Sie künstlerisch begabt? Dann sehen Sie zu, dass viele Menschen sich an Ihrer Kunst freuen. Sehen Sie aber auch zu, dass viele Menschen von Ihrer Kunst lernen und selber zu guten Künstlern werden. Ich bin Theologe. Meine Aufgabe ist es, dass viele Menschen von meinen Gedanken profitieren und selbst zu möglichst guten Theologen werden. Haben Sie viel Geld? Tun Sie Gutes damit. Vermehren Sie es nach Möglichkeit und setzen Sie es im Sinne Gottes ein. Multiplikation ist der Auftrag unseres Lebens.

Dabei haben wir durchaus einen gewissen Handlungsspielraum. Dass Gott uns Gaben und Möglichkeiten anvertraut, heißt in der Tat, dass er uns vertraut. Und es heißt auch, dass unser Lebensweg von Gott nicht vorherbestimmt ist. Wir alle haben zwar einen Lebensauftrag, aber große Freiheit, wie wir diesem Auftrag nachkommen wollen. Der Fürst übergab seinen Dienern das Geld, und jeder konnte damit so umgehen, wie er es für richtig hielt. Sicherlich wäre es für die Knechte leichter gewesen, wenn sie von ihrem Herrn strikte Vorgaben bekommen hätten, aber das hätte ihre Freude an der Aufgabe empfindlich eingeschränkt. Auf Grund seines Handlungsspielraumes verzehnfacht der eine Knecht das Kapital, der andere verfünffacht es nur, aber das ist für den zurückkehrenden König völlig okay. Anders der dritte Knecht: Der hat es erst gar nicht versucht. Und das nimmt ihm der König übel.

Worüber Gott sauer ist

Im sogenannten Nazaräerevangelium, einer späten Schrift, die nicht in die Bibel aufgenommen wurde, wird unser Gleichnis ebenfalls überliefert, dort aber mit einer völlig anderen Pointe. Auch dort bekommen drei Knechte ein bestimmtes Kapital anvertraut. Der erste erwirtschaftet großen Gewinn damit, der zweite vergräbt es aus Angst, und der dritte verprasst es. Es kommt, wie es kommen muss: Der Herr kommt wieder, und es folgt der Tag der Abrechnung. Der Knecht, der das große Kapital eingefahren hat, wird überreich belohnt. Der, der das Geld vergraben hat, wird zwar getadelt, behält aber seine Stellung. Nur der, der das Geld des Herrn verprasst hat, wird bestraft.

Doch diese Version bricht dem, was Jesus sagen wollte, die Spitze ab. Zwar entspricht sie unserem Gerechtigkeitsgefühl und unserer bürgerlichen Moral. Wenn *wir* dieses Gleichnis erzählen sollten, würden wir es wahrscheinlich ähnlich machen: Wir würden die Menschheit einteilen in einige herausragend gute und schlechte Menschen und in das große, graue Mittelfeld, zu dem wir uns auch zählen. Denn dann können wir entspannt sagen: „Na ja, es gibt Schlimmere als uns!" Es ist nicht so, dass wir für Gott Erträge über Erträge eingebracht hätten. Aber es ist auch nicht so, dass wir Gottes Gaben nun einfach verprasst und verschwendet hätten. Wir sind vielleicht nicht ganz das, was sich Gott einmal unter uns vorgestellt hat, aber er hat andererseits nun auch nicht so viel Grund, mit uns unzufrieden zu sein. Wir haben unser anvertrautes Kapital nur zurückbehalten. Andere hingegen haben es verprasst!

Wieso ist der König so sauer auf den Mann mit dem Schweißtuch? Ganz einfach: Es ist die Haltung, die sich hinter seinem Nichthandeln verbirgt. Der Auftrag seines Herrn ist ihm egal. Als Grund für sein Verhalten nennt er „Furcht", aber wenn er wirklich Angst vor seinem Herrn gehabt hätte, hätte er getan, was dieser ihm aufgetragen hat. Im Grunde ist seine Antwort eine bodenlose Frechheit. Oder ein ziemlich geschickter Kunstgriff: Hier wird Gott selbst dafür verantwortlich gemacht, dass ein Mensch seinen Auftrag nicht erfüllt. Das ist Gottlosigkeit, als Gottergebenheit getarnt! Man hat so viel „Ehrfurcht" vor Gott, dass man ihm nicht mehr gehorcht. Die Religion wird so hoch erhoben, dass man sagt: „Was soll ich kleiner Mensch schon zu Gottes großem Plan beitragen können – also versuche ich es erst gar nicht!"

Dieser Knecht bringt also tatsächlich „fromme" Gründe für seine Gottlosigkeit hervor, anstatt zuzugeben, dass er ganz einfach andere Interessen hatte oder dass er das Risiko scheute, das immer damit verbunden ist, wenn ein Mensch Gottes Auftrag Folge leistet: Nur ja nichts falsch machen, niemanden vor den Kopf stoßen, keine Experimente! Die Angst, etwas falsch zu machen – wie viele Talente sind ihr schon zum Opfer gefallen! Oder war er vielleicht ganz einfach zu träge und zu gleichgültig, zu oberflächlich und zu bequem dazu, seine Gaben zu entdecken, zu entfalten und für seinen Herrn zu multiplizieren? Vielleicht war seine verweigernde Haltung auch ein versteckter Protest gegen seinen Herrn und er gehörte zu jenen, die hinter seinem Rücken ausrichten ließen: „Wir wollen nicht, dass dieser über uns herrsche."

All das – auch Letzteres – kann vergeben werden. Anders als Archelaos ist der Gott, den Jesus uns verkündigt, ein langmütiger Herr. Vielleicht haben Sie sich bei dem Gleichnis gefragt: „Wo bleibt denn hier die Vergebung?" Der Punkt ist, dass der dritte Knecht gar keine Vergebung *will*. Statt dessen macht er seinem Herrn Vorwürfe. Was Gott so sauer macht, ist weniger, dass ein Mensch etwas falsch gemacht hat, als vielmehr, dass er es nicht zugibt, sondern er sich rechtfertigt und letzten Endes auch noch Gott die Schuld gibt. Das erinnert sehr an die Sündenfallgeschichte, in der Adam, nachdem Gott ihn zur Rede stellt, sich entschuldigt: „Das Weib das du (der Vorwurf ist kaum zu überhören!) mir zugesellt hast, hat mich verführt!"

In dem Handeln bzw. Nichthandeln des dritten Knechts äußert sich eine Haltung der Gleichgültigkeit, ja wahrscheinlich sogar der Ablehnung seines Herrn. Im Handeln bzw. Nichthandeln aller drei Knechte in unserem Gleichnis äußert sich, welcher Art die Beziehung ist, die sie zu ihrem Herrn haben. Ich bin mir sicher: Hätte einer dieser Knechte das Geld eingesetzt und dabei alles verloren und wäre mit der Bitte um Vergebung vor die Augen seines Herrn getreten: dieser hätte ihm eine neue Chance gegeben. Der dritte Knecht aus unserem Gleichnis aber möchte diese Chance gar nicht. Er kann den König nicht leiden.

Das Jüngste Gericht

Wenn man die Menschen auf der Straße fragt, wonach Gott uns im Jüngsten Gericht beurteilen wird, bekommt man im Allgemeinen die Antwort: „Danach, ob wir Gutes oder Böses getan haben." So verbreitet diese Auffassung auch ist, sie entspricht nur einer sehr oberflächlichen Betrachtung der Bibel. Natürlich beurteilt Gott auch unser Handeln. Aber er bleibt nicht bei der äußeren Handlung stehen, sondern schaut auf die innere Haltung, die sich in diesem Handeln äußert. Er sieht auf die Beziehung, die sich darin artikuliert. Auf den Punkt gebracht: Das, was Gott letzten Endes beurteilt, ist die Beziehung, in der wir zu ihm stehen. Seit Adam und Evas Zeiten geht es um dieses Eine: unsere Beziehung zu Gott. Diese hat immer Auswirkung auf unser Handeln, aber es geht letztlich nicht um unser Tun oder Lassen, sondern um das, was darin zum Ausdruck kommt.

Hier komme ich noch einmal auf den historischen Hintergrund des Gleichnisses zurück. Als Archelaos aus Rom zurückkam, glauben Sie, ihn hat nur interessiert, was seine Untertanen in der Zwischenzeit erwirtschaftet hatten? Er hat sich sicherlich gefreut, wenn sie gut gewirtschaftet haben, aber was ihn in allererster Linie interessierte, war die Frage: Auf welcher Seite stehst du? Warst du mir treu oder hast du in der Zeit meiner Abwesenheit an meinem Stuhl gesägt und meine Herrschaft hintertrieben? Wie gesagt: Bei Archelaos hatten wir es mit einem gnadenlosen Herrscher zu tun. Gott hingegen ist mehr als bereit zu vergeben. Nichtwissen kann vergeben werden. Irrtümer können vergeben werden. Unfähigkeit und Fehleinschätzungen, Sünden und falsche Handlungen können vergeben werden. Abgelehnte Beziehungen hingegen sind irreparabel. Wenn ein Mensch keine positive Beziehung zu Gott haben möchte, kann dieser sie ihm nicht aufzwingen. Denn zu einer gelingenden Beziehung gehören immer zwei.

Es geht im Jüngsten Gericht um unsere Beziehung zu Gott. Weil das so ist, kann Jesus sagen: „Wahrlich, wahrlich, ich sage euch: Wer mein Wort hört und glaubt dem, der mich gesandt hat, der hat das ewige Leben und kommt nicht in das Gericht." (Johannes 5, 24) Warum kommt ein Mensch, der auf Jesus hört und an Gott glaubt, nicht in das Gericht? Weil sich im Hören und Glauben genau das artikuliert, was Gott sonst in unseren Handlungen suchen würde: unser Vertrauen zu Gott, unsere Liebe zu Jesus, unsere Hoffnung darauf, dass er durch seinen Geist Leben schafft: vor wie nach dem Tod.

So erklärt sich auch der Satz, mit dem Jesus sein Gleichnis abschließt: „Wer da hat, dem wird gegeben werden; von dem aber, der nicht hat, wird auch das genommen werden, was er hat." Es ist ein ehernes Lebensgesetz, das Jesus hier formuliert. Es gilt für unsere Talente wie für unsere Beziehungen: Wenn wir sie nicht nutzen und pflegen, nehmen sie ab. Egal, ob wir eine Sportart betreiben, ein Musikinstrument spielen oder eine Sprache lernen: Wer ein Talent besitzt und es nutzt, wird immer mehr damit anfangen können. Wer seine Talente hingegen brach liegen lässt, wird sie über kurz oder lang verlieren. Das Leben lehrt uns, dass die einzige Möglichkeit, die Gaben, die wir empfangen haben, nicht zu verlieren, darin besteht, sie zu nutzen. Wenn wir sie aber nutzen, vermehren und entfalten sie sich fast wie von selbst.

Das Gleiche gilt auf der Ebene der Beziehungen. In Beziehungen gibt es keinen Stillstand. Entweder sie wachsen oder sie nehmen ab. Es geht entweder aufwärts oder abwärts. Wenn wir unsere Beziehung zu Gott pflegen und in sie investieren, dann wird sie wachsen: Wer da hat, dem wird gegeben werden. Wenn wir sie hingegen brach liegen und verlottern lassen, wird sie mehr und mehr verloren gehen, selbst wenn sie einmal vorhanden war.

Manche haben – durch Jesus Christus – bereits eine Beziehung zu Gott. Bei anderen wird Gott in den Taten suchen, welche Haltung, welche Sehnsucht, welche Beziehung oder welcher Wunsch nach Beziehung sich in ihnen artikuliert. Er wird beurteilen, was wirklich dahinter steht. Ich stelle mir das Jüngste Gericht weniger als ein Strafgericht, sondern eher wie ein Schiedsgericht vor: Es wird offenbar werden, was wirklich hinter unseren Taten steckte und worauf diese Taten letztlich zielten. Es wird offenbar werden, was der „rote Faden" in unserem Leben war: die Sehnsucht nach Gott oder der Wunsch, dass dieser „nicht über uns herrsche". Das, was wir im Tiefsten gewollt haben, werden wir bekommen: so oder so.

Am Ende gibt es nur zwei Arten von Menschen: die, die zu Gott sagen: „Dein Wille geschehe" und die, zu denen Gott am Ende sagt: „Dein Wille geschehe".

C. S. Lewis

FRAGEN

» Was sind Ihre fünf größten Gaben?
» Was bedeutet es konkret, seine Gaben zu multiplizieren?
» Wonach wird Gott die Menschen im Jüngsten Gericht beurteilen?
» Gibt es etwas, was Gott nicht vergeben kann?
» Wieso kommt jemand, der an Jesus glaubt, nicht ins Gericht? Wie muss ein solcher Glaube aussehen?

ANREGUNG
ZUM GEBET

Die Sehnsucht hinter meinem Handeln
Schreiben Sie fünf Dinge auf, die Sie in letzter Zeit mit innerem Engagement getan haben. Gehen Sie diesen Handlungen auf den Grund: Warum haben Sie das getan, welche Sehnsucht steckt hinter Ihren Handlungen, was haben diese Handlungen mit Ihrer Beziehung zu Gott zu tun? Was würde Gott zu Ihren Handlungen sagen? Reden Sie mit ihm darüber!

MERKVERS

Wahrlich, wahrlich, ich sage euch: Wer mein Wort hört und glaubt dem, der mich gesandt hat, der hat das ewige Leben und kommt nicht in das Gericht, sondern er ist vom Tode zum Leben hindurch gedrungen.

Johannes 5, 24

Tag 40 / **Gottes zukünftige Welt**

WOHLFÜHLINSPIRATION

Ich glaube daran, dass es im Himmel wunderschön sein wird. Nur weiß ich leider nicht, ob es dort Kettenkarussells gibt! Ich liebe es aber, Kettenkarussell zu fahren! Daher: Bevor ich einmal das Zeitliche segnen und in den Himmel kommen werde, möchte ich gerne einige Vorzüge des irdischen Daseins genießen, und dazu gehört für mich das Kettenkarussell.

Was gehört für Sie dazu: Vielleicht Schokolade? Ein Besuch in Feuerland? Frische Luft? Einmal life im Hockenheim-Ring dabei sein? Ein Apfelbäumchen pflanzen? Lustvoll lieben? Wenn die Sonne hinter der Skyline von Frankfurt untergeht? Gute Freundschaften?

Schreiben Sie doch mal ein paar Ihrer Erdenfreuden auf – vielleicht gibt es in der nächsten Zeit Gelegenheit, eine dieser Freuden zu genießen. Bis zum Himmel alles Gute!

1 Und ich sah einen neuen Himmel und eine neue Erde; denn der erste Himmel und die erste Erde sind vergangen, und das Meer ist nicht mehr.

2 Und ich sah die heilige Stadt, das neue Jerusalem, von Gott aus dem Himmel herabkommen, bereitet wie eine geschmückte Braut für ihren Mann.

3 Und ich hörte eine große Stimme von dem Thron her, die sprach: Siehe da, die Hütte Gottes bei den Menschen! Und er wird bei ihnen wohnen, und sie werden sein Volk sein und er selbst, Gott mit ihnen, wird ihr Gott sein;

4 und Gott wird abwischen alle Tränen von ihren Augen, und der Tod wird nicht mehr sein, noch Leid noch Geschrei noch Schmerz wird mehr sein; denn das Erste ist vergangen.

5 Und der auf dem Thron saß, sprach: Siehe, ich mache alles neu! Und er spricht: Schreibe, denn diese Worte sind wahrhaftig und gewiss!

6 Und er sprach zu mir: Es ist geschehen. Ich bin das A und das O, der Anfang und das Ende. Ich will dem Durstigen geben von der Quelle des lebendigen Wassers umsonst.

7 Wer überwindet, der wird es alles ererben, und ich werde sein Gott sein und er wird mein Sohn sein.

Ich habe einen neuen Himmel gesehen
und eine neue Erde –
der alte Himmel und die alte Erde
waren einfach nicht mehr da,
nicht einmal das Meer war noch da.

Ich habe die heilige Stadt gesehen,
das neue Jerusalem;
als sie von Gott aus dem Himmel herabkam,
sah sie aus wie eine geschmückte Braut,
die auf ihren Mann wartet.
Ich habe vom Thron
eine gewaltige Stimme gehört:
„Das ist Gottes Zuhause bei den Menschen.
Er wird von nun an bei ihnen wohnen.
Sie werden sein Volk sein,
und er wird ihr Gott sein.
Er wird alle Tränen
von ihren Augen abwischen,
und es wird keinen Tod mehr geben,
kein Leid, keine Traurigkeit
und keinen Schmerz.
Das ist ein für alle mal vorbei."

Dann sagte der, der auf dem Thron saß:
„Sieh hin! Ich erschaffe alles neu."
Und er forderte mich auf:
„Schreib meine Worte auf,
weil sie wahr sind,
vertrauenswürdig und ..." – er sah mich an –
„... weil sie schon in Erfüllung gegangen sind.
Ich bin das Alpha und das Omega,
der Anfang und das Ende.
Wer Durst hat, dem werde ich von der
Quelle des Lebenswassers zu trinken geben.
Und wer am Glauben festhält,
der wird das alles geschenkt bekommen.
Ich werde sein Gott sein und er mein Kind."

Kein Buch der Bibel hat zu so vielen Spekulationen Anlass gegeben wie die Offenbarung des Johannes. Sie ist eine Spielwiese von „Sehern, Grüblern, Enthusiasten", der Ausgangspunkt für die widersprüchlichsten und abstrusesten Phantasien. Dabei lag Johannes gar nicht daran, den Christen späterer Zeit einen „Fahrplan für die Zukunft" an die Hand zu geben, sondern er schrieb seine Offenbarung als Trostbuch für die Christen seiner Zeit.

Das ausgehende erste Jahrhundert war eine Zeit massiver Christenverfolgungen. Auch Johannes war ein Opfer dieser Verfolgung geworden. Man hatte ihn – weit über achtzigjährig – auf der Sträflingsinsel Patmos ausgesetzt, wo er unter Schwerverbrechern leben musste. Über diese Zeit wissen wir nur zwei Dinge: zum einen, dass er dort die Offenbarung schrieb, und zum anderen, dass er dort starb. Es ist nicht sicher, ob es sich bei dem Verfasser der Offenbarung um den Jünger Johannes handelt, aber wenn – und dafür spricht einiges –, war er der einzige der zwölf Apostel, der nicht umgebracht wurde, sondern eines natürlichen Todes starb. Vorher war er jahrelang der geistliche „Hirte" der Gemeinde in Ephesus gewesen, und das Schicksal der Menschen, die er dort zurückgelassen hatte, plagte ihn auf Patmos zutiefst. Für sie und für andere Gemeinden in der Verfolgung schrieb er seine Offenbarung. Ziel des Buches ist es, sie zu trösten: Gott hat die Kontrolle über die Weltgeschichte keineswegs verloren. Im Gegenteil: Was gerade passiert, sind die Vorzeichen der Tatsache, dass Gott in Jesus Christus das Regiment wieder übernimmt. Das alte, von Gott losgelöste „System" nimmt das nicht kampflos hin, aber Gott wird sich am Ende durchsetzen.

Johannes bedient sich in seinem Buch einer Bildsprache, die uns heute völlig fremd ist, die den Menschen seiner Zeit aber wohl vertraut war: aus der sogenannten jüdischen Apokalyptik. Dies war eine Bewegung, die davon ausging, dass das Ende der Welt bald bevorstand. All das, was für uns ziemlich abstrus klingt – angefangen von der „Hure Babylon" über das Tier mit den zehn Hörnern bis hin zur Vorstellung eines himmlischen Jerusalems mit edelstein-besetzten Toren und goldenen Straßen –, war den Menschen seiner Zeit daher durchaus vertraut. Die Bilder, die Johannes benutzt, sind daher keineswegs spezifisch christlich, sondern entstammen der Requisitenkammer dieser Bewegung. Johannes bedient sich der vorhandenen Bilder und gibt ihnen eine spezifisch christliche Wendung. Das bedeutet nicht, dass Johannes keine eigenen Visionen hatte. Aber die Bilder, die Gott ihm zeigte, waren zumindest innerhalb des jüdisch-christlichen Kulturraumes bekannt bzw. wurden allgemein verstanden.

Wir auf jeden Fall müssen aufpassen, dass wir das Buch der Offenbarung nicht losgelöst von seiner ursprünglichen Absicht lesen, Trostbuch für verfolgte Christen zu sein, und dass wir die Bilder nicht zum Anlass nehmen, wild darauf los zu spekulieren. Wenn wir uns mit dem Buch der Offenbarung beschäftigen, was ich – mit Ausnahme der drei Anfangs- und der beiden Schlusskapitel – wirklich nur nach einigen Jahren des Christseins empfehlen kann, müssen wir uns gleichzeitig mit der Frage beschäftigen, wie die Gemeinden das damals verstanden haben. Das kann man beispielsweise unter Zuhilfenahme eines guten Kommentars. Aber ehrlich gesagt, ich wüsste 77 andere Themen der Bibel, mit denen sich zu beschäftigen ich für dringlicher halte. Dennoch schließen wir unsere Expedition mit einem Text der Offenbarung ab. Er entstammt den Kapiteln, die noch vergleichsweise einfach zu verstehen sind. Johannes reißt hier eine gewaltige Perspektive der Hoffnung auf. Kein Text der Bibel zeigt uns so eindringlich und schön den dreifachen Horizont, auf den wir uns zubewegen.

Der erste Horizont: Hoffnung für die Welt

Die erste Hoffnung des Johannes bezieht sich auf Himmel und Erde. Hier, im vorletzten Kapitel der Bibel, schließt sich der Kreis, indem Johannes auf das erste Kapitel des Buches Genesis zurückgreift. Hieß es dort: „Im Anfang schuf Gott Himmel und Erde", heißt es hier: „Und ich sah einen neuen Himmel und eine neue Erde; denn der erste Himmel und die erste Erde sind vergangen, und das Meer ist nicht mehr." Das heißt: Das Schöpfungswerk Gottes vollendet sich in einer neuen Welt, über die sich ein neuer Himmel wölbt.

Gott hatte eine gute Welt geschaffen: „Und Gott sah an alles, was er gemacht hatte, und siehe, es war sehr gut" (Genesis 1, 31). Aber dann verließen die Menschen Gott und stürzten diese Welt und sich ins Chaos. Das Chaos ist mittlerweile so groß und die Probleme sind so komplex geworden, dass wir es nicht mehr in den Griff bekommen werden. Darum muss „das Wesen" dieser Welt vergehen. Albert Einstein zufolge lassen sich Probleme niemals mit der gleichen Denkweise lösen, durch die sie entstanden sind. Unsere Probleme sind dadurch entstanden, dass wir uns von Gott abgewandt haben. Solange die Menschheit sich als Ganzes Gott nicht zuwendet, wird sie ihre Probleme nicht lösen können. Das aber wird nicht erfolgen. Das heißt, das Neue, auf das wir hoffen, entwickelt sich nicht aus dem Alten. Es ist auch nicht möglich, dieses Alte einfach zu reparieren. Dass Johannes trotzdem hoffnungsfroh ist und er die Zukunft positiv sieht, liegt weder in einer optimistischen Weltsicht noch einem positiven Menschenbild begründet, sondern in dem Glauben, dass Gott die Welt nicht fallen lässt. Diese positive Zukunft wird nicht von Menschen herbeigeführt (auch nicht von Christen!), sondern von Gott.

Die Aussage, dass das Meer nicht mehr ist, ist ein Beispiel dafür, dass wir die visionären Bilder des Johannes in ihrer Symbolik verstehen müssen, sie bedeutet nicht, dass wir im Himmel nur noch Urlaub in den Bergen machen dürfen, weil die Nordsee geschlossen wurde, sondern ist ebenfalls ein Rückgriff auf den Anfang der Bibel, wo die Urflut das Sinnbild des Chaos schlechthin ist. Wir können also frei übersetzen: Das Chaos und die Finsternis, das Böse wird nicht mehr sein. Das freilich – so zeigen es die vorhergehenden Kapitel der Offenbarung – geschieht nicht kampflos. Die neue Schöpfung Gottes ist keineswegs von allen gewollt, sie muss sich gegen das Alte durchsetzen und scheidet darum die Menschheit in jene, die Gottes neue Welt wollen, und jene, sie sich ihr entgegenstellen.

Der zweite Horizont: Hoffnung für die Gemeinschaft

Es ist ein eigentümliches Doppelbild, das Johannes für die Gemeinschaft der Menschen im zukünftigen Reich Gottes benutzt: die himmlische Stadt Jerusalem, in der Gott wohnt, und die geschmückte Braut. Auch hier müsste man in den Kapiteln vorher nachblättern, wo von der „Hure Babylon", dem Inbegriff des Lasters und der Auflehnung gegenüber Gott und der Bedrängung unschuldiger Menschen die Rede ist. Hier also findet sich das exakte Gegenbild: die himmlische, als Braut geschmückte Stadt. Was will es uns sagen?

Erstens: Die biblische Hoffnung bezieht sich nicht auf das Individuum, sondern auf die Gemeinschaft der Menschen. Das himmlische Jerusalem ist das Sinnbild gelingender Gemeinschaft schlechthin. Alle Menschen wohnen friedlich beieinander. Die Stadt wird vom Himmel herabgelassen, das heißt, sie ist kein Menschenwerk, sondern eine neue Schöpfung Gottes. Das Bild der Stadt versinnbildlicht diese Gemeinschaft der Menschen untereinander.

Zweitens: Gott wird in dieser Stadt wohnen. Das hier verwendete Wort „zelten" erinnert an die Stiftshütte, die das Volk Israel Jahrhunderte lang als Sinnbild der Gegenwart Gottes mit sich herumführte. Die Stiftshütte wurde später vom Jerusalemer Tempel abgelöst. Die Juden wussten sehr wohl, dass Gott eigentlich im Himmel „wohnt", aber in der Stiftshütte bzw. im Tempel nahm er sein „Zelt", wenn er bei den Menschen war. Die Stiftshütte war längst verschollen, und im Jahr 70 nach Christus wurde die Stadt Jerusalem mitsamt dem Tempel von den Römern zerstört. Johannes greift mit seinem Bild also die uralte Hoffnung auf, dass es einen Ort für sie geben werde, an dem Gott dauerhaft wohnt und mit ihnen Gemeinschaft hat. Das Bild vom Zelt Gottes versinnbildlicht daher die Gemeinschaft Gottes mit den Menschen.

Drittens: Johannes sieht die Menschen, die in der Stadt wohnen, als eine geschmückte Braut. In diesem Bild spiegelt sich die uralte Menschheitshoffnung von einer „heiligen Hochzeit" zwischen Gott und den Menschen. Diese Hochzeit wird stattfinden, sagt Johannes, und zwar zwischen den Menschen und – Christus. Die Bewohner des himmlischen Jerusalems sind also so eng auf Christus bezogen, wie eine Braut auf ihren Bräutigam. Fakt ist: Es gibt keine Braut ohne Bräutigam. Sie definiert sich allein von ihm her. Sie ist auf ihn bezogen und empfängt aus der innigen Gemeinschaft mit ihm ihre Bestimmung und den Inhalt ihres Daseins. Schon Jesus hatte seine Beziehung zu seinen Jüngern mit der von Bräutigam und Braut verglichen (vgl. Matthäus 9, 15; 25, 1; Johannes 3, 29). Im himmlischen Jerusalem wird das passieren, was die christliche Gemeinde immer versucht hat, zu leben, aber nur höchst unzureichend und nur ansatzweise verwirklichte. Die Gemeinde Jesu auf Erden war und ist – salopp gesprochen – oft eine ziemlich ramponierte Braut. Es gibt genügend gute Gründe, sich über die Kirche zu beschweren. Die Gemeinschaft untereinander ist oft nicht zum besten bestellt, und auch ihre Beziehung zu Gott ist oft nur oberflächlich und korrupt. Im Himmel wird das aufhören. Das Bild von der geschmückten Braut verdeutlicht die enge Verbundenheit zwischen den Bewohnern der Stadt und Gott selbst.

Der dritte Horizont: Hoffnung für die Menschen

Es ist ein ergreifendes Bild, das Johannes uns hier vor Augen malt: Gott wird abwischen alle Tränen von den Augen, und der Tod wird nicht mehr sein, noch Leid noch Geschrei noch Schmerz wird mehr sein, denn das Erste ist vergangen. Wie eine Mutter, die ihrem Kind die Tränen vom Gesicht wischt und es tröstet: „Schau: Das, wovor du so große Angst hattest – es ist nicht mehr da!", so wird Gott jeden einzelnen Menschen trösten. Tränen stehen für Trauer, Leiden, Enttäuschung, Angst oder Schmerz – all das wird nicht mehr da sein. Es wird kein „Geschrei" mehr geben. Dabei ist es gleich, ob wir an wütende Schreie denken oder Schreie der Qual: Es wird sie nicht mehr geben und es wird auch keinen Anlass mehr dazu geben.

Welch eine Hoffnung für die unzähligen Leidenden in dieser Welt, für die Menschen in Gefängnissen, Krankenhäusern und Altenheimen, für die Menschen, die an Hunger und Armut leiden, die in Kriege und Streit verwickelt sind, für die Menschen in Angst und Verfolgung, für die Sterbenden und Trauernden, das heißt für alle Menschen, denen äußere Verhältnisse oder innere Dämonen das Leben zur Hölle machen: Das alles wird eines Tages nicht mehr sein. Gott wird abwischen alle Tränen, und es wird gut sein. Alles wird gut!

Eine ungeheure Kraft geht von diesen Worten aus. Bereits früher haben wir gesehen, dass die Bibel kein Hoffen auf ein „Jenseits" kennt, das nicht schon seine Spuren in dieses irdische Leben hinein vorausschickte. Wir stehen nicht resigniert an einem Ufer und warten, dass der Fährmann Tod uns nach „drüben" ins Paradies übersetzt; die christliche Hoffnung bewährt sich vielmehr darin, dass wir uns auf den Weg machen. Die christliche Hoffnung ist wie der Polarstern, an dem man sich orientiert, auch wenn man weiß, dass man ihn auf Erden nie erreichen wird. Auch wenn Gott selbst die neue Welt schaffen wird, gilt es, dass wir bis dahin so viel wie nur möglich Leid in Freude verwandeln, Schmerzen lindern, Tränen trocknen und Ruhe in das allgemeine Geschrei bringen; dass wir Gemeinden bauen, die ein Hinweis sind auf das himmlische Jerusalem, in denen Gottes Gegenwart nicht nur geglaubt, sondern auch erfahren wird, und in denen wir als Kinder Gottes die Verbundenheit mit dem Vater suchen: In alledem bezeugen wir, dass wir jenes Bild nicht nur als Wunschtraum, sondern als echtes Ziel vor Augen haben, zu dem wir unterwegs sind.

Alles wird gut! Denn der, der auf dem Thron sitzt, spricht: „Siehe, ich mache alles neu." Zum ersten Mal spricht im Buch der Offenbarung nicht ein Engel oder eine andere himmlische Gestalt, sondern Gott selbst, Jahwe, das majestätische ICH. Und er spricht: „Schreibe, denn diese Worte sind wahrhaftig und gewiss!" Diese Worte sind unfassbar, sie klingen zu schön, um wahr zu sein. Aber sie stammen von Gott selbst, sie stammen von dem, der Himmel und Erde bereits einmal geschaffen hat und der sie ein weiteres Mal schaffen wird. Dass er es *kann*, ist nicht so sehr das Wunder, immerhin ist er Gott. Aber dass er es will, dass er unsere Menschheit noch nicht abgeschrieben hat, sondern es noch einmal mit uns versuchen will, das ist das Wunder aller Wunder! Wenn Sie, liebe Leserin und lieber Leser, sich in den letzten 40 Tagen von diesem Wunder haben ergreifen und bewegen lassen, dann sind Sie dem ICH ein Stück näher gekommen – und dann hat sich unsere Expedition gelohnt.

Bei der Auferstehung wird die Welt in Gestalt eines abscheulichen alten Weibes kommen, und keiner erblickt sie, ohne sie zu hassen. Sie wird den Geschöpfen vorgeführt, die dann gefragt werden: „Kennt ihr die da?", und sie werden sagen: „Gott bewahre, dass wir so eine kennen sollten!" Dann sagt man ihnen: „Dies ist die Welt, deren ihr euch so sehr gerühmt habt und um derentwillen ihr euch bekämpft habt!"

Mohammed

FRAGEN

» Warum geht für viele Menschen von der Offenbarung des Johannes eine starke Faszination aus?

» Haben Sie ein Bild von der Zukunft, das Ihre Gegenwart positiv prägt?

» Wie stehen Sie zu dem Satz: „Solange die Menschheit sich als Ganzes Gott nicht zuwendet, wird sie ihre Probleme nicht lösen können"?

» Welcher der drei genannten Horizonte der Hoffnung ist für Sie der wichtigste?

» Was können Sie persönlich tun, um ein Zeichen der Hoffnung aufzurichten: in der Welt, in der Gemeinde, in Ihrem persönlichen Leben?

ANREGUNG ZUM GEBET

Gott sieht unsere Tränen

Schreiben Sie auf, wann und zu welchem Anlass Sie in jüngerer Zeit geweint haben. Überlegen Sie: Wofür waren diese Tränen gut? Wie werden Sie in 10 Jahren darüber denken? Was werden Sie in der Ewigkeit darüber denken? Was können Sie tun, um Tränen bei anderen zu trocknen?

MERKVERS

Ich sah einen neuen Himmel und eine neue Erde ... Und Gott wird abwischen alle Tränen von ihren Augen, und der Tod wird nicht mehr sein, noch Leid noch Geschrei noch Schmerz wird mehr sein.

Offenbarung 22, 1 und 4

Die 40 Tage sind zu Ende. Aber vielleicht haben Sie ja Lust bekommen, weiter in der Bibel zu lesen. Unsere Empfehlung: jeden Tag einen Abschnitt. Zum Beispiel so: zuerst das Markusevangelium, dann die Apostelgeschichte, dann den 1. Korintherbrief – und das möglichst nicht alleine, sondern zusammen mit anderen, mit denen Sie sich regelmäßig austauschen. Eine Person wäre schon einmal ein Anfang.

Wir bedanken uns, dass Sie so lange mit uns unterwegs waren, und verabschieden uns mit einem der schönsten Texte der Bibel, den so genannten Seligpreisungen, mit denen Jesus seine berühmte Bergpredigt einleitet.

MATTHÄUSEVANGELIUM 5

1 Als er aber das Volk sah, ging er auf einen Berg und setzte sich; und seine Jünger traten zu ihm.

2 Und er tat seinen Mund auf, lehrte sie und sprach:

3 Selig sind, die da geistlich arm sind; denn ihrer ist das Himmelreich.

4 Selig sind, die da Leid tragen; denn sie sollen getröstet werden.

5 Selig sind die Sanftmütigen; denn sie werden das Erdreich besitzen.

6 Selig sind, die da hungert und dürstet nach der Gerechtigkeit; denn sie sollen satt werden.

7 Selig sind die Barmherzigen; denn sie werden Barmherzigkeit erlangen.

8 Selig sind, die reinen Herzens sind; denn sie werden Gott schauen.

9 Selig sind die Friedfertigen; denn sie werden Gottes Kinder heißen.

Als Jesus die vielen Menschen sah,
stieg er auf einen Berg, setzte sich,
und seine Jünger umringten ihn.
Dann sprach er zu der Menge:

Glücklich werden die, die wissen, dass Gott
unendlich viel größer ist als sie –
weil sie den Himmel erleben.

Glücklich werden die, die voller Trauer sind –
weil Gott sie trösten kann.

Glücklich werden die Einfühlsamen –
weil sie die Größe bekommen,
die Erde zu regieren.

Glücklich werden die,
die nach Gerechtigkeit hungern und dürsten –
weil Gott sie satt machen möchte.

Glücklich werden die Barmherzigen –
weil auch sie Barmherzigkeit erfahren.

Glücklich werden die,
die ein reines Herz haben –
weil sie Gott sehen können.

10 Selig sind, die um der Gerechtigkeit willen verfolgt werden; denn ihrer ist das Himmelreich.

11 Selig seid ihr, wenn euch die Menschen um meinetwillen schmähen und verfolgen und reden allerlei Übles gegen euch, wenn sie damit lügen.

12 Seid fröhlich und getrost; es wird euch im Himmel reichlich belohnt werden. Denn ebenso haben sie verfolgt die Propheten, die vor euch gewesen sind.

Glücklich werden die,
die sich um den Frieden bemühen –
weil man sie Kinder Gottes nennen wird.

Glücklich werden die,
die wegen ihres Glaubens verfolgt werden –
auch sie erleben den Himmel.

Glücklich werdet ihr,
wenn euch die Leute beschimpfen,
verfolgen und schlecht über euch reden
(zumindest, wenn sie damit lügen),
weil ihr mir nachfolgt.

Seid fröhlich, weil eines sicher ist:
Im Himmel werdet ihr reich belohnt.

Und vergesst nie:
Ihr tretet ein großes Erbe an.
Schließlich wurden
schon die Propheten verfolgt.

Anhang

DIE EXPEDITIONSLEITER

Dr. Klaus Douglass, geboren 1958 in Lausanne/Schweiz, studierte Theologie und Philosophie und ist seit 1989 Pfarrer der Andreasgemeinde in Niederhöchstadt. Als vielfacher Autor (Glaube hat Gründe, Die neue Reformation, Gottes Liebe feiern, Motivieren u.a.) und gefragter Redner auf Seminaren und Kongressen gilt er als einer der führenden deutschen Experten in Fragen des Gemeindeaufbaus. Im säkularen Bereich hat er sich in den letzten Jahren überdies einen ausgezeichneten Ruf als Trainer und Coach aufgebaut. Zur „Expedition" steuerte er neben den täglichen Auslegungen vor allem die grau unterlegten Seiten bei: die Denk-Sprüche, die Fragen für das persönliche Nachdenken bzw. für die Gruppenarbeit sowie die Anregungen zum Gebet.

» www.douglass.de

Fabian Vogt, geboren 1967 in Frankfurt am Main, hat Theologie, Germanistik und Gesang studiert und arbeitet als Pfarrer und Schriftsteller. In verschiedenen Sonderpfarrämtern hat er mit Leidenschaft neue Gottesdienstformen entwickelt und zahlreiche Fachbücher über kreative Gemeindeentwicklung veröffentlicht. Für seinen Debütroman „Zurück" wurde er mit dem „Deutschen Science Fiction Preis" ausgezeichnet. In seinem neuen Erzählband „Die erste Ölung" zeigt er, wie phantasievoll man literarische Raffinesse und Glauben verbinden kann. Er ist verheiratet (» Miriam Küllmer-Vogt) und Vater zweier Kinder. In diesem Buch war er für die „KreAperitive" zuständig, besonders für die Überblicke, die Meditationen und die Lieder. Außerdem hatte er die ehrenvolle Aufgabe, die Bibeltexte neu zu übertragen.

» www.fabianvogt.de

Thees Carstens, geboren 1967 in Hamburg, arbeitet als Autor und Zeichner für Buch- und Zeitschriftenverlage in Deutschland und der Schweiz. Zu seinen regelmäßigen Aufträgen gehören ein Comicstrip für Tageszeitungen, Cartoons und Comics für das Magazin dran und Illustrationen für die Zeitschriften „family" und „AufAtmen", sowie für Wirtschaftspublikationen. Außerdem schreibt er einen Comic für Kinder – Mister Kläx – und hat mehrere Bücher illustriert. Hier ist er mit einigen Cartoons vertreten.

» www.theescarstens.de

Markus Göbel, Jahrgang 1971, arbeitet als selbständiger Grafiker und Programmierer in Wiesbaden unter anderem für renommierte Agenturen, aufgeschlossene Verlage ;-) und namhafte Pharmakonzerne. Daneben ergreift er als Schlagzeuger fast jede sich bietende Gelegenheit, in Musicals und ähnlichen Projekten mitzuspielen. Dieses Buch hat er mehrfach gestaltet, zweimal layoutet und schließlich in die Druckerei gebracht ...

» mawww.de

Miriam Küllmer-Vogt, geboren am Weltfrauentag, dem 8. März 1973, arbeitet als Pfarrerin, Künstlerin und Sängerin. Ihr Schwerpunkt in der kirchlichen Arbeit liegt in der Leitung und kreativen Gestaltung von besonderen Gottesdiensten für Kirchendistanzierte und in Organisation und Mitarbeiterbegleitung. Darüber hinaus ist sie Initiatorin von „Brot und Rosen", einer Gemeinschaft kreativer Christinnen in gesellschaftlicher Verantwortung. Sie ist verheiratet (» Fabian Vogt) und Mutter zweier Kinder. Für die „Expedition zum ICH" hat sie die Wohlfühlinspirationen verfasst und Bilder gemalt.

Pietro Sutera, 1965 als Sohn von Sizilianern an der Grenze zur Schweiz geboren, lebt als selbständiger Fotograf im Rhein-Main-Gebiet. Seine Haupt-Auftraggeber sind Unternehmen, sowie Verlage und Agenturen aus dem In- und Ausland. Unterschiedliche Veröffentlichungen und Ausstellungen entstanden als Ergebnisse zahlreicher Reisen. Seine Schwerpunkte liegen im Bereich Menschen und Portrait, Reportage, Reise und Werbung. Mit seinen Fotografien für dieses Buch möchte er die Leser auch auf visuelle Art auf der Expedition motivieren.

» www.pietro-sutera.de

Diese „Expedition" ist mehr als nur ein Buch, sie ist ein literarischer Ausflug, den Sie auch als 40-Tage-Aktion mit Ihrer gesamten Gemeinde durchführen können und so gemeinsam in sechs Wochen Kerntexte der Bibel kennen lernen, passende Gottesdienste feiern und über das Gelesene in kleinen Gruppen ins Gespräch kommen können. Dabei zeigt sich, dass die Bibel ihren Leserinnen und Lesern über die Geschichten Gottes mit der Welt existentielle Zugänge zu sich selbst verschafft – so dass das Ganze tatsächlich zu einer „Expedition zum ICH" wird.

Damit eine solche 40-Tage-Aktion keine Belastung, sondern ein echter Gewinn wird, gibt es neben dem Buch, das Sie gerade in den Händen halten, ein Handbuch zur Vorbereitung der Aktion, Vorschläge für Gottesdienste, Predigtkonzepte, Liedmaterialien, Theaterstücke und viele andere Hilfsangebote für die Begleitveranstaltungen.

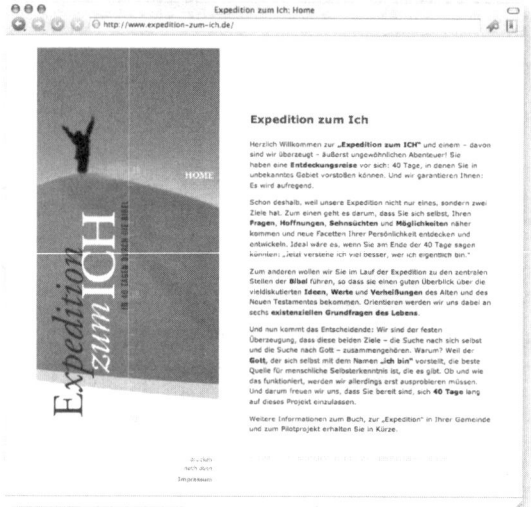

Die Erfahrungen unserer eigenen Gemeinde zeigen, dass ein Großteil der über 400 Teilnehmerinnen und Teilnehmer der Aktion so viel Spaß an dem Buch hatten, dass sie sich das Buch direkt im Anschluss an die „40 Tage" gleich noch einmal vornahmen: diesmal aber über 40 Wochen verteilt. Der Stoff, den dieses Buch bietet, ist so reichhaltig, dass man daraus ein komplettes Kleingruppenprogramm für ein ganzes Jahr gestalten kann. Dann kommen übrigens die „grauen Seiten" erst richtig zum Zuge.

Wenn Sie sich über die Aktion „Expedition zum ICH – In 40 Tagen durch die Bibel" informieren wollen oder Interesse an einer Beteiligung haben, dann finden Sie weitere Informationen im Internet unter:

» www.expedition-zum-ich.de

ARBEITSHEFT FÜR KLEINGRUPPEN

Ideal für alle, die die „Expedition" gern in Hauskreisen, Gesprächsrunden oder Teams gemeinsam lesen und erleben wollen: dieses spezielles Arbeitsheft, das die einzelnen Themen in praktischen Einheiten vorbereitet und damit ganz konkret hilft, die Treffen so zu strukturieren, dass sie für alle Teilnehmerinnen und Teilnehmer zu einer bleibenden und inspirierenden Erfahrung werden.

UMFANG	ca. 80 Seiten, geheftet
FORMAT	14,8 × 21 cm
PREIS	8,95 Euro (D)
ISBN	978-3-86770-084-9

Mit vielen Anregungen, Impulsen, Ideen und Hilfestellungen, die Lust machen, tatsächlich miteinander die herausfordernde Suche nach dem „ICH" zu wagen und die Stärke der Gemeinschaft zu entdecken.

TAGEBUCH

Für die meisten Teilnehmerinnen und -teilnehmer sind sie die wichtigsten und persönlichsten Momente der „Expedition": die konkreten Fragen und Hilfen am Ende jedes Tages. Darum gibt es dieses Tagebuch, das viel Raum bietet, die eigenen Gedanken, Gebete und Fortschritte festzuhalten, das Sie die ganze Zeit begleitet und die Leitverse noch einmal anführt - und das dadurch auch die den Möglichkeit gibt, den Prozess später noch einmal nachzuvollziehen.

UMFANG	ca. 80 Seiten, Ringbindung
FORMAT	14,8 × 21 cm
PREIS	8,95 Euro (D)
ISBN	978-3-86770-086-3

Ein stillvolles und feines Angebot, mit dem man die „Expedition" wirklichzu seiner machen kann und statt Block oder Zettelwirtschaft lieber einen sorgfältig gestalteten „Weggefährten" bei sich hat.

Beide Titel sind erhältlich in jeder Buchhandlung oder direkt bei

C & P Versandbuchhandlung
Postfach 11 65
D-61477 Glashütten
Telefon 0180/567 00 15*
Fax 0180/567 00 16*
Internet shop.cundp.de

Deutsche Bibelgesellschaft
Internet www.bibelonline.de

*) 0,12 Euro/Minute

DIE CD ZUM BUCH

Auf der beiliegenden CD finden Sie Themenlieder zu den Leitmotiven der einzelnen Wochen: einmal in einer Komplett-Version zum Anhören, dann in einer Playbackversion, mit deren Hilfe Sie selbst oder andere Musiker diese Stücke präsentieren können.

Notensätze zu den Liedern finden Sie als PDF-Dateien ebenfalls auf der CD. Legen Sie dazu die CD in das CD-ROM-Laufwerk Ihres Computers ein. Zum Lesen und Ausdrucken von PDF-Dateien benötigen Sie das Programm „Adobe Reader", das Sie unter www.adobe.de kostenlos herunterladen können.

© aller Titel bei den Autoren
℗ 2006 C & P Verlagsgesellschaft mbH

 AndreasNetz

Expedition *zum* ICH

IN 40 TAGEN DURCH DIE BIBEL

CD-Abbildung entlang der gestrichelten Linie ausschneiden und in eine
normale CD-Hülle („Jewel-Case") einlegen – fertig ist das Cover für die CD!
Die Tracklist und weitere Infos finden Sie auf der Rückseite.

EXPEDITION ZUM ICH

TRACKS	KOMPLETT	PLAYBACK
Wer bin ich?	01	09
Das Lied der Schöpfung	02	10
In der Wüste	03	11
Es ist nicht egal	04	12
Jesus	05	13
Sei Willkommen hier	06	14
Du bist die Zukunft	07	15
Du sollst ein Segen sein	08	16

Text und Musik aller Lieder: Fabian Vogt
Gesang: Miriam Küllmer-Vogt und Fabian Vogt
Arrangements und Aufnahme: Dirk Schmalenbach
Gitarre: Peter Schneider

c+p AndreasNetz

GOTT

EINE LIEBESGESCHICHTE IN LIEDERN

01 OUVERTÜRE

02 SEHNSUCHT

03 SCHÖPFUNG

04 SEHR GUT

05 FREIHEIT

06 ERZÄHLUNG

07 LEBEN

08 GOTTESKNECHT

09 ICH STEH AN DEINER KRIPPEN HIER

10 O HAUPT VOLL BLUT UND WUNDEN

11 WOHIN GEHÖREN WIR?

12 SEI WILLKOMMEN HIER

13 ICH MACHE ALLES NEU

14 GOTT

c+p AndreasNetz

4 260075 210209

Gott –
Eine Liebesgeschichte in Liedern

Kann man die Bibel in Liedern nacherzählen? Ja, man kann!

Auf diesem einzigartigen Konzeptalbum haben Künstlerinnen und Künstler die wesentlichen Erfahrungen und Geschichten des Alten und des Neuen Testamentes in mitreißende Lieder und traumhafte Balladen gefasst – ein musikalischer und dabei äußerst inspirierender Genuss.

Mit Daniel Jakobi, Drumlet, Fabian Vogt (Duo Camillo), Esther Groß, Peter Krausch, Miriam Küllmer-Vogt, Verena Küllmer, Andie Mette, Peter Neubauer, Superzwei, Tom Wahl – und vielen anderen

Gott
Eine Liebesgeschichte in Liedern

FORMAT	CD Audio
UMFANG	14 Tracks
PREIS	14,95 Euro
BESTELLNR.	4-260075-210209

Erhältlich in jeder Buch- oder Schallplattenhandlung oder direkt bei

C & P Versandbuchhandlung
Postfach 11 65
D-61477 Glashütten

Telefon 0180/567 00 15*
Fax 0180/567 00 16*
Internet shop.cundp.de

*) 0,12 Euro/Minute

Douglass · Scheunemann · Vogt[2]

Heiße Eisen

Verblüffende Predigten
zu herausfordernden
Themen

UMFANG	Paperback, 160 Seiten
FORMAT	13,5 × 21 cm
PREIS	12,80 Euro (D)
ISBN	978–3–86770–076–4

Vorsicht! Heiß!

Wie sieht es im 21. Jahrhundert denn nun aus mit dem Christentum oder der Gentechnik, mit Frauen- und Männerrollen, mit Homosexualität oder dem Leid in der Welt, mit dem Problem des Burnout, den Spannungen zwischen Glaube und Naturwissenschaften, der Faszination des Buddhismus oder der Erotik?

Gerade Menschen, die der Kirche distanziert oder kritisch gegenüberstehen, erwarten, dass sie von Christinnen und Christen überzeugende Antworten auf solche existentiellen Fragen bekommen.

Die Autoren haben mit „GoSpecial, der etwas andere Gottesdienst" ein Forum für die Auseinandersetzung mit derart heißen Eisen geschaffen – lebensnah, konkret, verständlich und herausfordernd. Hier gehen sie fünfzehn brandaktuellen und zugleich faszinierenden Themen auf den Grund.

Klaus Douglass, Kai Scheunemann, Miriam Küllmer-Vogt und *Fabian Vogt* arbeiten als Pastoren in der Evangelischen Andreasgemeinde Niederhöchstadt. Als Autorenkollektiv haben sie unter anderem die Bestseller „Ein Traum von Kirche", „Lebe deinen Traum" und „Halte deine Träume fest" geschrieben. Alle sind vielgefragte Redner zum Thema „Gemeindeentwicklung".

Lust auf mehr!

Wer über längere Zeit Teams begleitet oder aktiv mitarbeitet, weiß, wie schnell die Faszination der ersten Zeit schwindet und sich Frustration, Trägheit und Antriebslosigkeit einschleichen. „Schade", meint Klaus Douglass, und zeigt, wie man das Feuer am Leben erhält.

MOTIVIEREN LEICHT GEMACHT!

Dieses Taschenbuch zeigt Ihnen, wie Sie sich selbst und Ihre Gemeinde für wichtige Ziele begeistern können!

» Wie Sie sich selbst motivieren

» Wie Sie für sich sorgen und sich auf Ihre Stärken konzentrieren

» Wie Sie andere motivieren

» Wie Sie Menschen aufbauen

» Welche Grundregeln der Motivation Ihnen zu positivem Handeln verhelfen

Das Wichtigste auf einen Blick – mit vielen Tests und Checklisten.

Klaus Douglass ist Gemeindepfarrer in Niederhöchstadt bei Frankfurt am Main. Als Autor mehrerer Bücher ist er durch seine Referententätigkeit im In- und Ausland bekannt. Seine wegweisenden Gottesdienste sprechen viele Menschen an.

Klaus Douglass
Motivieren
Sich selbst und andere begeistern!

UMFANG	Paperback, 144 Seiten
FORMAT	11 × 18 cm
PREIS	7,95 Euro (D)
ISBN	978-3-86770-074-0

Beide Titel sind erhältlich in jeder Buchhandlung oder direkt bei

C & P Versandbuchhandlung
Postfach 11 65
D-61477 Glashütten

Telefon 0180/567 00 15*
Fax 0180/567 00 16*
Internet shop.cundp.de

*) 0,12 Euro/Minute

Die Jahresbibel
nach der Übersetzung Martin Luthers

UMFANG	1090 Seiten
EINBAND	Leinen mit farbiger Prägung
FORMAT	12,5 × 19 cm
PREIS	18,00 Euro (D)
ISBN	3-438-01591-9

In einem Jahr die ganze Bibel kennen lernen!

Sie wollten schon immer einmal die ganze Bibel von A bis Z lesen? 15 Minuten täglich reichen aus!

Und mit der Jahresbibel fällt Ihnen auch das Durchhalten leicht: Der vollständige Text der Lutherbibel ist in 365 gleich große Einheiten aus Altem und Neuem Testament aufgeteilt. Jeden Tag lesen Sie parallel einen Abschnitt aus dem Alten und Neuen Testament. Damit wird das Bibellesen nicht nur abwechslungsreicher (verglichen mit einer Lektüre, die einfach bei 1. Mose 1, 1 beginnt und mit der Offenbarung des Johannes endet); vielmehr werden auf diese Weise auch Altes und Neues Testament miteinander ins Gespräch gebracht. Eröffnet wird die tägliche Bibellektüre durch einige Psalmverse.

Die spezielle Internet-Seite *www.diejahresbibel.de* und regelmäßige Newsletter geben Ihnen zusätzliche Anregungen und Informationen.

Wer nicht am Jahresbeginn starten kann oder will, kann dies grundsätzlich auch an jedem anderen Tag tun. Wann immer Sie beginnen, nach einem Jahr kennen Sie die ganze Bibel. Das stößt nicht nur auf Respekt, sondern lohnt sich auch für Sie persönlich!

Für alle, die mehr wissen wollen

Zu jeder Bibelstelle eine Erklärung? – Dafür muss man eine ganze Kommentarreihe im Regal haben. Oder man nutzt die *Stuttgarter Erklärungsbibel.* Zu jedem Abschnitt des Bibeltextes haben Sie hier die wichtigsten Ergebnisse der exegetischen Forschung parat.

Fundierte historische und theologische Kommentare zu jeder Stelle erschließen den Bibeltext, ohne dass Sie die fortlaufende Lektüre für das Nachschlagen in anderen Werken unterbrechen müssen. Einleitungen und Inhaltsübersichten zu allen biblischen Büchern sowie ein Anhang mit ausführlichen Sach- und Worterklärungen, 13 Landkarten und Zeittafel sorgen für zusätzliche Orientierung.

Bereits in ihrer bisherigen Fassung war die Stuttgarter Erklärungsbibel für viele Menschen in Gemeindearbeit, Schule oder theologischen Seminaren eine zuverlässige und unverzichtbare Begleiterin.

In der Neuausgabe wurden viele Erklärungen entsprechend den neuen Erkenntnissen der Bibelwissenschaft aktualisiert und der Text der Apokryphen samt Kommentar hinzugefügt. In ihrer neuen Gestalt ist die Stuttgarter Erklärungsbibel einzigartig: kompakt, kompetent und komplett.

Stuttgarter Erklärungsbibel
Lutherbibel mit Erklärungen

UMFANG	2000 Seiten
EINBAND	Leinen mit farbiger Prägung
FORMAT	15,8 × 23,8 cm
PREIS	56,00 Euro (D)
ISBN	3-438-01123-9

Beide Titel sind erhältlich in jeder Buchhandlung oder direkt im Internet unter **www.bibelonline.de**

⊞ Deutsche Bibelgesellschaft

Die Lexikon Bibel
Gute-Nachricht-Über-
setzung mit Bildern und
Erklärungen

UMFANG	1504 Seiten
EINBAND	Kunstleder mit Schutzumschlag
FORMAT	17 × 23 cm
PREIS	60,00 Euro (D)
ISBN	3-438-01653-2

Aufschlagen, lesen, verstehen!

So macht Bibelstudium Freude: Auf einen Blick macht die Lexikon-Bibel klar, was im Bibeltext gemeint ist. Denn direkt neben dem Bibeltext finden Sie Erläuterungen zu einzelnen Worten oder Versen sowie Fotos von biblischen Stätten und Gegenständen. Für den größeren Überblick und das nötige Hintergrundwissen sorgen:

» kompakte Einführungen zu allen biblischen Büchern
» rund 100 farbige Sonderseiten zum geschichtlichen Hintergrund der Bibel
» zahlreiche Landkarten, Zeittafeln und Tabellen
» ausführliche Sacherklärungen zu wichtigen biblischen Begriffen
» Angaben zur unterschiedlichen Textüberlieferung einzelner Stellen
» Verzeichnis biblischer Namen und Themen

Nutzen Sie diese vielseitige und großzügig ausgestattete Bibelausgabe, um sich näher mit der Welt der Bibel vertraut zu machen oder anderen mit einem wertvollen Geschenk einen Zugang zur Bibel zu eröffnen.

Der Ausgabe liegt die moderne und verlässliche Übersetzung der Gute Nachricht Bibel in der aktuellen durchgesehenen Fassung von 2000 zugrunde.

Erhältlich in jeder Buchhandlung
oder direkt im Internet unter
www.bibelonline.de